IDEAL LIBRARY

역사에 민족의 길을 묻다

송건호의 인물론

이상의 도서관 25

한길사

이상의 도서관 25

역사에 민족의 길을 묻다
송건호의 인물론

지은이 · 송건호
펴낸이 · 김언호
펴낸곳 · (주)도서출판 한길사

등록 · 1976년 12월 24일 제74호
주소 · 413-756 경기도 파주시 교하읍 문발리 520-11
　　　www.hangilsa.co.kr
　　　E-mail: hangilsa@hangilsa.co.kr
전화 · 031-955-2000~3　　팩스 · 031-955-2005

상무이사 · 박관순 | 영업이사 · 곽명호
편집 · 박희진 안민재 김진구 성기승 | 전산 · 한향림
마케팅 및 제작 · 이경호 이연실 | 관리 · 이중환 문주상 장비연 김선희

출력 · 지에스테크 | 인쇄 · 현문인쇄 | 제본 · 쌍용제책

개정판 제1쇄 2009년 6월 10일

값 17,000원
ISBN 978-89-356-6133-6 03990

• 잘못 만들어진 책은 구입하신 서점에서 바꿔드립니다.

이 도서의 국립중앙도서관 출판시도서목록(CIP)은
e-CIP 홈페이지(http://www.nl.go.kr/cip.php)에서 이용하실 수 있습니다.
(CIP제어번호: CIP2009001654)

역사적 삶을 살아간다는 것

• 머리말

인물평을 쓴다는 것은 생각처럼 쉬운 일이 아니다. 우선 누구를 그 대상으로 선정해야 할 것인가라는 기준부터 문제가 되겠다. 일단 선정한 다음에는 그 인물을 어떻게 그려야 할 것인가가 또한 문제가 된다.

물론 인물평은 누구나 쓸 수 있을 것이다. 필자는 10여 년 전부터, 아니 그보다 훨씬 오래전부터, 이른바 인물론이라는 것을 시도해보았다. 그러나 오늘의 시점에서 볼 때 내가 어떤 기준에서 인물들을 평가했던가 싶어 그 시절이 궁금해진다.

한 인물을 평가한다는 것은 한 인간을 가치판단하는 것이다. 인간을 가치판단한다는 것은 단지 이데올로기만 가지고 되는 것이 아니다. 삶의 경험만 가지고 되는 것도 아니다. 도덕교과서와 같은 윤리만 가지고 되는 것도 아닐 것이다. 사람에 대한 평가는 그의 도덕적 생활, 인간관계, 이념적 관점, 민족적 입장 등 여러 시각에서 총체적으로 이루어져야 하며, 또한 그 시대상황과도 관련시켜보아야 할 것이다. 같은 행위를 했을 경우에도 어떤 사람에 대해서는 가혹하게 평가해야 할 것이고 또는 관대하게 이해해주거나 문제 삼지 않을 경우도 있겠다.

이 책에서 필자는 11명의 인물을 중심으로 필자 나름대로 평을 해보았다. 그 평가의 기준을 필자는 민족의 역사적 상황과 관련시켜 잡았다. 역사의 길을 간 인물과 현실의 길을 걸어간 인물로 대별시킨 것이다. 물론 역사의 길과 현실의 길을 왔다갔다 한 경우도 다루어보았다.

역사의 길이란 무엇인가? 역사란 본래 발전의 개념이다. 역사의 길이란 인간 및 사회의 발전에 무엇인가 기여하는 삶을 걷는 것을 의미한다.

후진국에서 진정한 의미의 발전은 '민족'에 의해 비로소 근거가 잡힌다. 한 민족이 평화와 번영과 정의를 누리려면 민주주의를 확립해야 하고 자유를 위해 싸울 줄 아는 용기와 양심을 가지고 있어야 한다. 우리의 경우, 한 인물에 대한 평가의 기준 내지 근거는 '민주주의'뿐 아니라 '민족'이 되어야 한다. 이 민족의 통일, 이 사회의 민주주의, 그리고 민족의 자주와 자유를 기준으로 하여 문제 삼지 않으면 안 될 것이다.

이것이 바로 역사의 길이다. 역사의 길은 형극의 길이자 수난의 길이다. 사회의 온갖 세속적 가치로부터 소외되는 길이다. 그리하여 사람들은 역사의 길을 택하지 않고──그것이 옳다는 것을 알면서도──현실의 길을 걷는다. 현실의 길은 안락의 길이자 세속적 영화의 길이다. 그러기에 수난의 일제 식민통치 하에서 얼마나 많은 유위(有爲)한 인재들이 역사의 길을 버리고 현실의 길을 택했던가.

그러나 현실의 길을 걸으면서도 그것을 택한 사람들은 갖가지 명분을 내세운다. 그 길이 모두 민족을 위하는 길이고 독립을 향하는 길이며, 또 통일을 위하는 길이라고 강변한다. 민족을 배반하고 영구분단의 길을 걷는다고 사실대로 말하는 사람은 한 사람도 없었다. 이완용·송병준·이용구·이광수·최남선 같은 민족의 배신자도 자신들이 걷는 길이 역사의 길이라고 강변했던 것이다.

꼭 조국과 민족을 배반하는 변절은 아니라고 할 수 있으나 8·15 후 현실의 길을 택한 사람도 다루었다. 이승만이 이 경우에 속하고 안재홍이 어느 일면 현실의 길을 택했다고 하겠다. 이승만이 걸은 현실의 길이 국제적 단위 속에서 자기 생존의 길을 찾자는 것이었다면, 안재홍의 길은 국제적 질서에 의해 조성된 상황을 현실로 받아들이고 그 현실을 타개하자는 '명분'에서 택한 길이었다. 그러나 백범처럼 역사의 길과 현실의 길 사이에서 타협하지 않고 철저하게 역사의 길을 걷다가 역사 속에 생명을 바친 경우도 있었다. 이승만의 길, 안재홍의 길, 김구의 길 등 제각기 다른 세 가지 길은 두고두고 역사에 의해 평가될 것이다.

사람들은 이용구의 길, 송병준·이완용 등의 길을 매국의 길이라고 매도한다. 그러나 과연 이완용·이용구·송병준의 길을 매국의 길이라고 간단히 차치해버릴 수 있을까? 이러한 부류의 인간상은 시대와 장소가 다를 뿐 오늘에도 얼마든지 있지 않을까? 우리는 이용구의 논리와 삶을 오늘에도 만날 수 있지 않은가.

이광수와 최남선의 길도 간단하지 않다. 오늘날 사람들은 이들이 친일했다고 간단히 처리해버린다. 그러나 이들은 자신이 걸은 길이 당시의 상황에서는 가장 현실적인 민족의 길이었다고 되레 반격할 것이다. 우리는 이를 민족의 역사발전에 비추어 심각하게 논의해볼 필요를 절감하게 되는 것이다.

산다는 것은 어렵다. 어려운 역사적 상황에서, 역사적 삶을 살아간다는 것은 참으로 어렵다. 어떻게 사는 것이 참삶일까 하는 문제는 생각할수록 어려워신나. 누군가가 이런 말을 했다. 세상에는 옳은 길, 그른 길이 분명히 있다. 그것은 현실적인 판단이다. 그러나 영원의 시간, 영겁의 속에서 되돌아보면 무엇이 옳고 그른지 가치판단하는 자체가 무의미하다고. 영원 속에서는 모든 것이 무의미하고 무가치하다는 뜻인가? 그래서 되는 대로 살자는 것인가? 영원 속에서는 옳고 그른 것을 따지는 게 한낱 부질없는 일일까?

그러나 한 가지 분명한 것은 우리는 영원 속에 살지 않고 유한 속에 사는 인간이라는 사실이다. 우리가 택하는 가치도 따라서 유한의 인간사가 희구하는 가치이지, 영원 속의 그런 관념적이고 추상적인 것은 결코 아니다.

우리가 추구하는 가치는 오늘 이곳 이 민족이 요구하는 가치이자 살아갈 길이다. 그것은 이 민족을 주체로 하는 가치다. 이 분단된 국토와 이곳에 사는 민족의 현실을 떠난 가치가 아니다. 국제패권주의가 도도히 넘쳐흐르는 오늘의 이 시대상황에서 민족을 주체로 하는 역사의 길을 의미한다. 민족이 걸어야 할 역사의 길은 그러나 수난의 길이다. 현실의 길로 치닫는 도도한 대세, 이 현실의 길을 가기 위해 수단과 방법을 가리지 않는 오늘에 타협을 거부하고 역사의 길을 가다가 수난 당한 수많은 선인들, 그리고 오늘도 살아 계시는 선배들을 그리는 일은 지나간 역사에 매달리기 위함은 물론 아니다. 역사의 길을 찾아 고민하는 오늘의 우리들, 오늘의 민족현실 타개를 위한 자기 다짐이자 몸부림이라고 할 것이다.

수록된 11명의 인물론과 그것을 위한 일종의 서설은 잡지와 여기저기 단행본 등에 발표된 것도 있고 이 책을 엮어내면서 새로 쓴 것도 있다. 미숙한 것들이나마, 역사의 길 속에서 오늘도 우리들에게 여전히 살아 있는 인물들의 삶의 족적을 더듬으면서 무엇인가 느끼고 배우는 바가 있다면 저자로서 그 이상의 보람과 기쁨이 없을 것이다.

끝으로 민족지도자들 내지 민족 지도노선에 대한 규명이 이 시대의 정신사 정립을 위해 필요하다면서 이 같은 책의 집필을 권유한 김언호 형께 사의를 표한다.

1984년 1월
송건호

역사에 민족의 길을 묻다

송건호의 인물론

역사적 삶을 살아간다는 것 | 머리말 · 5

김구   자주독립의 길 통일정부의 이상 ·············· 15

서민적 풍모의 자주적 민족주의자 · 17
구절양장이라도 옳은 길을 간다 · 20
첫째도 둘째도 자주독립뿐 · 25
문화국가의 꿈 · 28
독재에 대한 철저한 반대 · 30
백범의 민족통일사상 · 34
자주적 통일정부 수립의 길 · 40
북행을 결심하다 · 43
위대한 민족의 양심 · 47

여운형   오해로 얼룩진 미완의 정치 여정 ·············· 53

좌경으로 오인돼온 몽양 · 55
이제부터는 상전도 종도 없다 · 57
파리로 간 신한청년당 · 60
동경에서 외친 조선독립 만세 · 64
레닌 · 손문과의 만남 · 70
테러, 체포, 수감 · 73
『조선중앙일보』의 사장시절 · 78
몽양의 두 번째 동경행 · 81
건국동맹의 조직과 활동 · 86
해방 정국의 건국준비위원회 · 92
테러로 숨진 유능한 지도자 · 97

김창숙 민족을 향한 한 유림의 지조론 ······················ 103

시대를 앞서간 새시대의 유생 · 105
3·1운동으로 다시 가다듬은 정신 · 111
의열단운동으로 길을 모색하다 · 116
일제의 법률 자체를 거부하다 · 120
감옥에서 찢어버린 『일선융화론』 · 123
어머니 무덤 앞에 서다 · 126
광복의 그날은 왔으나 · 129
이승만의 야심을 통박하다 · 131
공위 참가를 거부한 유일한 민주의원 · 134
통일정부 수립의 염원 · 137
칠십 노구로 나선 반독재투쟁 · 140
아! 겨레의 슬픈 운명이여 · 144

안재홍 좌우를 아우르고자 했던 신민족주의자 ······· 151

걸인의 모습을 한 '민족의 양심' · 153
민족운동을 시작하다 · 155
신간회운동을 주도하다 · 159
언론인으로서의 활동과 역사연구 · 163
좌우합작을 주장한 정치노선 · 167
신민족주의론의 허실 · 172
민세의 민족주의 사상 · 178

이동녕 기울어가는 임시정부의 마지막 등대 ··········· 181

상해 임정의 '상징성' · 183
더 넓은 세계를 향해 · 185
길가에 굴러다니는 돌이 되리라 · 190
독립협회에서의 활동 · 192
망국의 소용돌이 속에서 사귄 동지들 · 195
서전의숙과 헤이그 밀사 파견 · 198
신민회를 창립했지만 · 200
만주에 근거지를 개척하다 · 203
신흥무관학교의 창설 · 206
대한광복군정서의 실패 · 208

세계에 울려퍼진 대한독립 만세 · 212
임정의 초대의정원 의장에 오르다 · 214
임시정부의 내부 분열 · 219
끊이지 않는 파쟁 · 221
가난, 한탄, 절망 그리고 분열 · 226
새로운 구심점을 거듭 모색하다 · 228
이역만리에서 치른 임시정부의 국장 · 232

안창호 교육적 민족운동의 선구자 ⋯⋯⋯⋯ 235
타고난 웅변가이자 교육자 · 237
지성과 성실로 교포들을 지도하다 · 239
교육적 성격을 띤 도산의 독립운동 · 244
이토 히로부미와의 면담 · 248
강온 양론으로 벌어진 청도회담 · 253
흥사단을 조직하다 · 255
상해 임정의 산파 구실을 하다 · 261
독립운동과 도덕운동의 갈림길 · 262

이승만 분단체제를 부른 영욕의 지도자 ⋯⋯⋯⋯ 267
미국 망명시절 · 269
미군정의 정치적 입장 · 271
친일파와 결탁하다 · 278
선 분단 후 통일 노선 · 282
남한 단독선거의 길로 · 286
이승만의 통치와 과오 · 292

김교신 민족 기독교의 참 신앙정신 ⋯⋯⋯⋯ 297
종교의 보수주의 문제 · 299
우치무라 간조의 문하에 들다 · 300
『성서조선』에 심혈을 기울이다 · 305
김치 냄새 나는 기독교를 찾아서 · 308
생활의 현장이 바로 교회다 · 312
신앙에 바탕을 둔 참된 교육 · 315
불길해져가는 시국 · 319

『성서조선』의 폐간, 그리고 투옥 · 321
참말이 그리운 시절 · 325

한용운 민족을 위한 불교혁신의 생애 ························· 329
홀로 빛난 민족의 양심 · 331
민족불교의 살길 · 332
불교 유신의 선두에서 · 334
만해의 민족의식 · 343
민족자존성 혹은 비타협적 민족주의 · 348
민중운동에 대한 긍정적 태도 · 351
소설 속에 담긴 사회주의적 경향 · 353
만해의 역사의식 · 357
승려 만해 인간 만해 · 360

신채호 천고의 기개로 세운 민족사학 ························· 363
항일언론활동과 민족사관의 형성 · 365
민족 주체적인 개화를 역설하다 · 370
신랄한 친일파 비판 · 373
「친구에게 절교하는 편지」 · 377
개화와 척사를 넘어서 · 382
상해 임정과 손을 끊다 · 385
무력에 의한 독립투쟁전략 · 387
민족의 무한한 자랑 · 390

함석헌 잠든 혼을 일깨우는 씨올의 스승 ························· 393
함석헌과 언론 · 395
생각하는 백성이라야 산다 · 398
언론자유를 위한 투쟁 · 406
『씨올의 소리』 발간 · 417
폐간된 『씨올의 소리』 · 425

찾아보기 · 435

● 일러두기

이 책은 송건호전집(전20권)의 제11권 『한국현대인물사』를 새롭게 편집한 것이다.
내용의 이해를 돕기 위해 관련 사진을 수록했으며, 중간제목을 고치거나 새로 달았다.
인명과 지명, 사건명칭 등은 집필 당시의 표기를 대체로 존중하였고,
한자(漢子)는 의미의 명확성을 위해 필요한 경우에만 병기했다.

"나는 일찍 우리 독립정부의 문지기가 되기를 원하였거니와
그것은 우리나라가 독립국만 되면
나는 그 나라의 가장 미천한 자가 되어도 좋다는 뜻이다."

김구
자주독립의 길 통일정부의 이상

서민적 풍모의 자주적 민족주의자

백범(白凡) 김구(金九, 1876~1949)의 사상은 고전적 민족주의였다는 점에 특징이 있다. 역사적 관점에서는 전근대적이라고 하는 편이 오히려 적절하겠으나 굳이 고전적이라는 표현을 쓰는 것은, 그의 사상이 구시대적이면서도 중국에서의 항일투쟁에서나 8·15 후의 국토분단과 정치적 혼란 속에서나, 그 민족노선이 이승만과는 달리 냉전의 물결에 편승하지 않고 오로지 민족의 자주와 통일을 위해, 즉 민족의 이익을 위해 생애를 바쳤다는 순수성 때문이다.

그의 민족사상은 누구보다도 순수했고, 또 누구나 느끼는 것이겠지만 서민적이라는 점이 특징이었다. 그의 민족사상을 민주적이라 하지 않고 굳이 서민적이라 하는 것은, 단재 신채호의 경우처럼 항일투쟁에서 주체로서의 민중의 역사적 임무를 긍정적으로 평가하지 못했기 때문이다.

김구는 민중을 자기가 구원해야 할 객체로 보았을 뿐이며 민중이야말로 항일투쟁전선에서 스스로를 해방시킬 '주체'라는 사실을 인식하지 못했다. '민중의, 민중을 위한, 민중에 의한'이라는 철학은 그가 겪은 시대적 여건 속에서는 인식하기 어려웠는지 모른다. 자기 자신 민중의 한 사람이었으면서도 '민중에 의한'에 대한 인식이 투철하지 못했다. 오히려 일종의 '메시아적 사명감'에서 자신을 희생시킬 생각이 앞섰다. 통일을 위해 38선을 베개 삼아 죽음 각오라는 그의 말 속에 이러한 메시아적 사명감이 역력히 나타나 있다. 이같이 김구의 민족사상이 서민적이기는 했으나 '서민에 의한' 사상, 즉 민주주의에는 투철하지 못했으며 바로 이러한 섬에서 그의 사상을 민주적이라 하기는 어렵다고 해야 할 것이다.

그러나 오늘날 그의 민족사상은 새로운 역사적 조명을 받기 시작했다. 정부수립 후 30년간 망각의 시대를 거쳐 민중의 차원에서 다시 그의 민족사상이 새로운 연구과제로 제기된 것은 냉전의 시대가 지나고 바야흐로 통일의 시대가 찾아왔다는 역사적 단계와 관련이 없지 않다고 본다. 민족통일 없이는 5천만 민족의 고난, 즉 동족상잔의 새로운 위기, 끝없는 경제적 고통, 정치적 수난, 민족문화의 오염 등을 도저히 극복할 수 없다는 민족적 자각, 바꾸어 말하면 이러한 모든 문제들이 오로지 통일의 달성에 의해서만 실현될 수 있다는 사실을 점차 깨닫게 된 때문이 아닌가 한다.

김구는 가난과 거듭되는 역경으로 교육을 제대로 받을 기회가 없었으며 자기 사상을 이론화·체계화할 처지가 못 되었고, 게다가 행동인으로서의 생활을 계속해왔기 때문에 사색에 잠기며 자기 철학을 심화시킬 만한 환경이 못 되었다. 따라서 일반적 의미에서 그의 민족사상을 탐구하려 한다면 다소의 어려움을 경험하게 될 것이다.

김구의 민족사상을 이해하려면 우선 그의 성장과정을 알아볼 필요가 있다. 김구가 정치의식에 눈뜨게 된 것은 자기가 상민 신분이라는 것을 뼈저리게 느낀 것에서 시작된다. 아버지가 하찮은 양반들로부터도 천대를 받고 반항적 행각을 하는 것을 본 경험, 또는 자기 자신 천대를 받고 후에는 혼담도 이런저런 이유로 5, 6차례나 깨어지는 등 신분적 차별을 느꼈던 것이 그를 분발시키는 계기가 되었다. 양반이 되고자 아버지 이름으로 대신 과거를 치렀지만 물론 급제할 수 없었고 끝까지 상민의 신세에서 벗어나지 못했으며 이것이 김구로 하여금 동학에 가담케 하는 계기를 만들어주었다. 그러나 김구는 동학도로서는 성공하지 못하고 대신 강렬한 민족자주사상과 평등사상을 접하게 된다. 그리고 이 같은 그의 민족자주사상은 그로 하여금 조선조 양반사회에 대한 반체제운동에서 일제침투 후로는 다시 항일투쟁에 가담케 했으나, 바로 이러한 사상적 과정 속에 그의 민족사상이 근대적 훈련을 받을 기회가 적었는지도 모른다.

아무튼 그는 동학—국모살해범 쓰치다 조료(土田讓亮) 타살—신민회 가입—애국계몽운동—중국망명 등으로 항일투쟁을 전개하는데 이런 과정에서도 그의 소박한 서민적 애국심이 사람들을 감동시킨다. 안명근 사건으로 서대문감옥에 있을 때 김구는 감옥 청소를 하면서, "내 나라가 서면 정부 청사의 문지기가 되어도 영광"이라고 말한 적이 있었다. 그후 김구는 상해 임시정부 때 임정 청사의 수위가 되겠다고 자청해 임정요인들을 감동시켰으나 20대의 새파란 청년들도 차관이다 대의원이다 하는 판에 40이 훨씬 넘은 나이에 어떻게 수위로 있을 수 있겠느냐는 안창호의 요청으로 경무국장이 되었다. 경무국장 시절 그의 밑에서 경호원으로 있던 청년 중에 조봉암이 있었다. 김구는 경무국장 자리를 5년간 지키면서 일제의 밀정을 잡는 데 많은 업적을 세웠다. '가장 천한 자리'를 희망해 경무국장이 되었으나 사실은 이 자리가 임정을 지키는 데 '가장 중요한 역할'을 하였다.

김구는 이동녕 의정원 의장이 찾아와 국무령이 되어달라고 했을 때 나 같은 '미천한 사람'이 어떻게 국가원수가 될 수 있겠느냐고, 국가와 국민의 위신에 큰 관계가 있다 하여 한사코 사양한 일이 있었다. 김구는 자기가 상민 출신이라 하여 '높은 벼슬'을 고사한 것인데 이것은 그가 겸손한 때문이요, 또 '자기 분수에 넘는' 자리에 앉아서는 안 된다는, 보기에 따라서는 출세욕이 많지 않았기 때문으로 볼 수도 있다. 대통령 아니면 절대 수락할 수 없다고 왕자연(王者然)한 이승만하고는 본질적으로 대조적임을 알 수 있다.

김구는 자기 호를 백범이라 지었는데 이것은 백정이나 범인과 같은 미천한 사람들과 자기를 관련시켜 생각한 때문이다. 김구는 상해에서의 생활이나 윤봉길 의사의 거사 후 피신생활을 할 때나 언제나 초라한 옷에 가난한 생활을 감수하고 있었다. 그는 언제나 그 자신 가난한 서민의 한 사람으로 만족하고 있었다. 김구의 민족사상이 친미사대적인 것과는 달리 강한 자주성을 보이고 있는 이유가 이런 점에 있었는지도 모른다.

구절양장이라도 옳은 길을 간다

김구는 한번 품은 사상에는 일편단심 변화가 없었다. 이러한 그의 정신은 그의 민족사상·운동에도 결정적 영향을 주었다. 민족을 위해 조국을 떠나 중국으로 망명할 정도라면 보통 신념과 의지로는 불가능했으며 상해에 모여든 사람들은 거의 이러한 사람들뿐이었다. 김구는 이런 사람들 중에서도 특히 두드러진 사람이었다. 상해 임정의 간판을 끝까지 고수하여 8·15 후 귀국할 때 임정 주석으로 돌아왔다는 사실이 이같이 강한 그의 신념을 무엇보다도 잘 말해준다. 이러한 집념이 없이는 일제하의 항일독립운동이란 상상도 못할 일이었다.

김구는 그의 자서전 『백범일지』에서 다음과 같이 말하고 있다.

나는 애당초 임시정부의 문파수를 지원하였던 것이 경무국장으로, 노동국총판으로, 내무총장으로, 국무령으로, 오를 대로 다 올라가 다시 국무위원이 되고 주석이 되었다. 이것은 문파수의 자격이던 내가 진보한 것이 아니라 사람이 없어진 때문이었다. 비기건대 이름났던 대가가 몰락하여 거지의 소굴이 된 것과 마찬가지였다. [……] 한때는 중국인

백범 김구는 임시정부를 끝까지 고수하며 민족의 자력 광복을 위해 힘썼고,
광복 이후에는 자주적 통일정부를 수립하기 위해 진력했다.

은 물론이요, 눈 푸르고 코 높은 영·미·법 등 외국인도 정청에 찾아
오는 일이 있었으나 지금은 서양사람이라고는 불란서 순포가 경관을
대동하고 사람을 잡으러 오거나 밀린 집세 채근을 오는 것밖에는 없었
다. 그리고 한창 적에는 천여 명이나 되던 독립운동자가 이제는 수십
명도 못되는 형편이었다.

머지않아 독립의 서광이 비치리라던 조선의 운명은 나날이 강해지는
듯이 세력을 뻗쳐가는 일제의 욱일승천과 같은 발전에 밀려 독립투사들
은 모두 기가 죽고 절망해 김구가 개탄한 바와 같이 이광수·정인과와 같
은 임정 간부들이 일제에 투항·귀국해버리는 등 점점 암담해져 갔다. 또
한 국내의 각도·각군에 조직되어 있던 연통제(聯通制)도 발각되어 많은
동지들이 희생되고 게다가 생활난까지 겹쳐 저마다 뿔뿔이 흩어져버렸
다. 임정에는 돈도 사람도 모이지 않아 이승만도 미국으로 되돌아갔다.
그후 박은식이 대통령이 되었고, 이상룡이 국무령이 되어 서간도에서 상
해로 취임하러 왔으나 각원을 고르다가 지원자가 없어 다시 서간도로 돌
아갔다. 다음 홍진이 선임되어 진강에서 왔으나 역시 내각조직에 실패하
고 되돌아갔다. 이리하여 임정은 한때 정부 없는 상태가 되고, 결국 김구
가 국무령이 될 수밖에 없었다. 이 무렵의 생활을 김구는 이렇게 회고하
고 있다.

　나는 임시정부 청사에서 자고, 밥은 돈벌이 직업을 가진 동포의 집으
로 이집저집 돌아다니며 얻어먹었다.
　동포의 직업이라야 전차회사의 차표 검사원이 대부분이어서 70명
가량 되었다. 나는 이들의 집으로 다니며 아침저녁을 빌어먹는 것이니

거지 중에도 상거지였다.

이것이 1920년대 후반기부터 1930년에 걸친 김구의 숨김 없는 생활이었다. 그러나 이 정도의 불운에 좌절할 김구는 아니었다. 바로 이러한 절망적인 상황을 역전시키기 위한 것이 이봉창·윤봉길 의사의 거사였다.

수많은 사람들이 임정을 떠나도 김구는 변함없이 임정을 고수했다. 그의 평생은 임정을 떠나서는 생각할 수 없었고, 그가 귀국 후 모스크바 3상회의의 신탁통치 결정에 그토록 앞장서 반대한 것도 30년간 지켜온 3·1운동의 민족염원인 임정을 연합국이 무시한 데 원인이 있었다. 그는 언젠가 귀국 후 이런 말을 했다.

우리는 현실적이냐 비현실적이냐가 문제가 아니라 그것이 정도(正道)냐 사도(邪道)냐가 생명이라는 것을 명기하여야 한다.

비록 구절양장(九折羊腸)일지라도 그 길이 정도라면 그 길을 택하여야 하는 것이요, 우리가 망명생활을 30여 년 간이나 한 것도 가장 비현실적인 길인 줄 알면서도 민족 지상명령이기 때문에 그 길을 택한 것이다. 과거의 일진회(一進會)도 '현실적인 길'을 가야 한다고 주장한 것이다.

이 짤막한 말 한마디는 그대로 김구의 전 생애를 말해준다. 일단 옳다고 생각한 사상, 옳다고 믿은 길은 죽을 때까지 변하지 않고 지키는 일관된 자세 속에 김구의 진가는 찬연히 빛난다.

1919년 당시 상해 임시정부 청사의 모습. 김구는 확고부동한 민족적 사명감으로
초라한 임정 살림을 광복의 그날까지 지켜나갔다.

첫째도 둘째도 자주독립뿐

김구의 민족사상을 다소라도 정리하여 체계적으로 밝힌 글은 귀국 후 발표한 「나의 소원」이라는 글이다. 그리 길지는 않으나 그의 민족사상의 이념이 감동적으로 담겨 있다. 김구는 이 글 속에서 자기의 첫째 소원도 둘째 소원도 그리고 셋째 소원도 오직 '대한독립뿐'이라고 말했는데, 이 것은 그의 말대로 이 소원을 위해 70 평생을 바쳐온 사람으로서는 당연한 비원(悲願)이라 할 것이다. 김구는 이 같은 심정을 다음과 같이 설명하고 있다.

독립이 없는 백성으로 70 평생에 설움과 부끄러움과 애탐을 받은 나에게는 세상에 가장 좋은 것이 완전하게 자주독립한 나라의 백성으로 살아보다가 죽는 일이다. 나는 일찍 우리 독립정부의 문지기가 되기를 원하였거니와 그것은 우리나라가 독립국만 되면 나는 그 나라의 가장 미천한 자가 되어도 좋다는 뜻이다. 왜 그런고 하면 독립한 제 나라의 빈천이 남의 밑에 사는 부귀보다 기쁘고 영광스럽고 희망이 많기 때문이다.

그러면 이렇게 꿈에도 잊지 못하는 조국의 독립을 어떻게 달성하려 했던가. 김구는 『백범일지』에서 우리나라의 독립은 오직 우리 자신의 힘으로 하는 것이지 남이 해주는 것이 아니라고 말했다. 그는 누구보다도 자주정신에 철저한 사람이었다.

나라는 내 나라요 남들의 나라가 아니다. 독립은 내가 하는 것이지 따로 어떤 사람이 하는 것이 아니다. 우리 민족 3천만이 저마다 이 이치를 깨달아 이대로 행한다면 우리나라가 독립이 아니 될 수도 없고 또 좋은 나라 큰 나라로 이 나라를 보전하지 않을 수 없을 것이다. 나 김구가 평생에 생각하고 행한 일이 이것이다.

김구는 자기 나라의 독립은 어디까지나 자기의 힘으로 찾아야 한다는 확고한 신념을 보이고 있다. 김구는 8·15광복의 소식을 듣고, 조국의 해방을 위해 별로 한 일이 없는 사이에 해방이 되었으니 장차 대한의 독립에 연합국의 관여가 있을 것을 두려워했다. 이미 모스크바 3상회의의 이른바 신탁통치안을 예견한 것이다. 김구가 신탁통치에 맹렬히 반대한 것은 그의 민족사상으로 보아 당연한 행동으로 보아야 할 것이다.

혹자는 외교의 힘으로 대한의 독립을 달성하려 한 이승만을 정치가라 평가하고 자기 이념을 끝내 지키면서 독립노선을 고수한 김구는 혁명가는 되어도 정치인은 못 된다고 보는 견해가 있으나 이는 김구와 이승만을 잘못 평한 것이다. 이승만은 하와이 교포들이 말한 것처럼 말과 행동이 달랐다. 입으로는 민주주의를 내세우면서 실제 행동은 언제나 독선과 독재를 일삼고 목적〔政權〕을 위해서는 수단·방법을 가리지 않는(친일파와도 야합) 사람이었다.

그러나 김구는 입장이 뚜렷했다. 이승만은 1948년 7월 29일의 대통령 취임사에서 "새 나라를 건설하려면 새로운 헌법과 정부가 다 필요하지만 새 백성이 아니고는 결코 될 수 없는 것입니다. 부패한 백성으로 신선한 국가를 이루지 못하니" 하면서도 수많은 새로운 백성을 제쳐놓고 반민특위의 활동을 폭력으로 해산시켰으며 낡고 썩은 친일 민족배신자들과 야합, 정권을 잡았다는 것은 세상이 다 아는 일이다.

또 이승만은 8·15정부수립 시정방침 연설에서 "독재주의가 아니면 초창기의 어려운 대국을 뚫고 나갈 길이 없는 줄로 생각하는 이도 있으나 이것은 커다란 잘못입니다. 민주제도가 어렵기도 하고 더디기도 한 것이지만 의로운 것이 마침내는 악을 이긴다는 이치를 우리는 믿어야 합니다"라며 '민주주의 실현' '자유민권의 보장' '정당한 자유권의 행사'를 강조했다. 그러나 이러한 그가 바로 자기의 출마지인 동대문구 경쟁자인 최능진(崔能鎭: 미군정 하의 경찰간부)이 출마하지 못하도록 구속한 후 1·4후퇴시 혼란을 틈타 살해했고, 2년 후인 1952년 봄 부산 정치파동 때는 반대파 야당의원들을 공산당으로 때려잡는 폭행을 자행했다. 이승만은 정권장악을 위해선 수단과 방법을 가리지 않는 마키아벨리스트였다.

그러나 김구는 지나칠 정도로 정직했고 겸손했다. 중국에서는 국무령이 되라는 요청을 자기는 못나고 상민이라 해서 거듭 사양하였으며 귀국 후의 정치행동에서도 자기의 정치이론을 충실히 지켜나갔다. 김구는 「나의 소원」에서 이렇게 말한다.

우리 민족으로서 하여야 할 최고의 임무는 첫째로 남의 절제도 아니 받고 남에게 의뢰도 아니 하는 완전한 자주독립의 나라를 세우는 일입니다.

김구가 반탁운동을 한 것과 군정을 반대하고 남북협상을 고집한 것이 국가와 민족을 위해 어떠한 의미가 있었는가는 별문제로 치고, 하여간 그가 자기의 평소 이념과 이론에 충실했던 것만은 사실이다. 언행이 일치하지 않고 식언을 일삼으며 목적을 위해서는 수단방법을 가리지 않는 것이 정치인이라면 김구는 정치인이 아니고 이승만은 탁월한 정치인이었다.

문화국가의 꿈

김구는 자기가 가장 이상으로 그리는 조국에 대해 이렇게 말하였다.

나는 우리나라가 세계에서 가장 아름다운 나라가 되기를 원한다. 가장 부강한 나라가 되기를 원하는 것은 아니다.

내가 남의 침략에 가슴이 아팠으니 내 나라가 남을 침략하는 것은 원치 아니한다. 우리의 부력은 우리의 생활을 풍족히 할 만하고 우리의 강력은 남의 침략을 막을 만하면 족하다.

오직 한없이 가지고 싶은 것은 높은 문화의 힘이다. 문화의 힘은 우리 자신을 행복하게 하고 나아가서 남에게 행복을 주겠기 때문이다. [……] 나는 우리나라가 남의 것을 모방하는 나라가 되지 말고 이러한 높고 새로운 문화의 근원이 되고 목표가 되고 모범이 되기를 원한다. 그래서 진정한 세계의 평화가 우리나라에서 세계로 실현되기를 원한다.

김구를 단순한 테러리스트로 보는 사람이 없지 않으나 이것은 그를 제대로 이해하지 못한 때문이다. 그의 이러한 문화국가에 대한 꿈은 김구가 남달리 교육에 깊은 관심을 보인 것과 무관하지 않다. 그래서 「나의 소원」에서도 "나는 우리의 힘으로, 특히 교육의 힘으로 반드시 이 일이 이루어질 것을 믿는다. 우리나라의 젊은 남녀가 다 이 마음을 가질진대 아니 이루어지고 어찌하랴"라고 하였다.

김구는 한민족에 대한 무한한 긍지로 그 가능성을 기대하고 있었다. 그의 철저한 민족주의사상도 이 같은 민족적 긍지에서 생겼을 것이다.

어느 민족도 일찍 그러한 일을 한 이가 없었으니 그것은 공상이라고 하지 말라. 일찍 아무도 한 이가 없길래 우리가 하자는 것이다. 이 큰 일은 하늘이 우리를 위하여 남겨놓으신 것임을 깨달을 때에 우리 민족은 비로소 제 길을 찾고 제 일을 알아볼 것이다. 나는 우리나라의 청년 남녀가 모두 과거의 조그맣고 좁다란 생각을 버리고 우리 민족의 큰 사명에 눈을 떠서 제 마음을 닦고 제 힘을 기르기로 낙을 삼기를 바랐다.

젊은 사람들이 모두 이 정신을 가지고 이 방향으로 힘을 쓸진대 30년이 못하여 우리 민족은 괄목상대하게 될 것을 나는 확신한다.

김구가 그리는 이상적 국가는 한마디로 민족문화가 찬란히 꽃피는 문화국가임을 알 수 있다. 그의 말만으로도 그의 조국상은 충분히 이해될 수 있다. 더 설명할 필요가 없다. 그러나 민족주의자가 흔히 빠지기 쉬운 민주주의에 대한 이질감을 그에게서는 전혀 찾아볼 수 없다. 김구는 철저한 자유의 신봉자였다. 역시 「나의 소원」에서 그는 이렇게 말한다.

어느 한 학설을 표준으로 하여서 국민의 사상을 속박하는 것은 어느 한 종교를 국교로 정하여서 국민의 사상을 강제하는 것과 마찬가지로 옳지 아니한 일이다. 산에 한 가지 나무만 나지 아니하고 들에 한 가지 꽃만 피지 아니한다. 여러 가지 나무가 어울려서 위대한 산림의 아름다움을 이루고 백 가지 꽃이 섞여 피어서 봄들[春野]의 풍성한 경치를 이루는 것이다.

우리가 세우는 나라에는 유교도 성하고 불교도 예수교도 자유로 발달하고 또 철학으로 보더라도 인류의 위대한 사상이 다 들어와서 꽃이 피고 열매를 맺게 할 것이니 이러하고야만 비로소 자유의 나라라 할 것이요, 이러한 자유의 나라에서만 인류의 가장 크고 가장 높은 문화가 발생할 것이다.

민족문화를 꽃피우게 하되 그것은 완전히 자유로운 문화활동 속에서 열매를 맺게 해야 한다는 것이다.

독재에 대한 철저한 반대

문화의 발달이 자유로운 활동 속에서만 이루어지듯 인간의 정치발달도 억압 없는 자유로운 여론활동에서 실현될 것이다.

모든 생물에는 다 환경에 순응하여 저를 보존하는 본능이 있으므로 가장 좋은 길은 가만히 두는 일이다. 작은 꾀로 자주 건드리면 이익보다 해가 많다.

개인생활에 너무 잘게 간섭하는 것은 결코 좋은 정치가 아니다. 국민은 군대의 병정도 아니요, 감옥의 죄수도 아니다. 한 사람 또는 몇 사람의 호령으로 끌고 가는 것이 극히 부자연하고 또 위태로운 것은 파시스트 이탈리아와 나치 독일이 불행하게도 가장 잘 증명하고 있지 아니한가.

무슨 일을 의논할 때에 처음에는 백성들이 저마다 제 의견을 발표하여서 훤훤효효(喧喧囂囂)하여 귀일(歸一)한 바를 모르는 것 같지만 갑론을박으로 서로 토론하는 동안에 의견이 차차 정리되어서 마침내 두어 큰 진영으로 포섭되었다가 다시 다수결의 방법으로 한 결론에 달하여 국회의 결의가 되고 원수의 결재를 얻어 법률이 이루어지면 이에 국민의 의사가 결정되어 요지부동하게 되는 것이다.

이 모양으로 민주주의란 국민의 의사를 알아보는 한 절차 또는 방식이요, 그 내용은 아니다. 즉 언론의 자유, 투표의 자유, 다수결의 복종이 세 가지가 곧 민주주의다. 국론, 즉 국민의 의사 내용은 그때그때의 국민의 언론전으로 결정되는 것이어서 어느 개인이나 당파의 특정한 철학적 이론에 좌우되는 것이 아님이 미국적 민주주의의 특색이다.

김구의 민주주의론은 짤막하나 위의 인용문 속에 잘 나타나 있다. 독재는 결코 안 된다고 김구는 강력히 주장하고 있다.

나는 어떠한 의미로든 독재정치를 배격한다. 나는 우리 동포를 향하여 부르짖는다. 결코, 결코 독재정치가 아니 되도록 조심하라고. 우리 동포 개인이 십분의 언론자유를 누려 국민 전체의 의견대로 되는 정치를 하는 나라를 건설하자고. 일부 당파나 어떤 한 계급의 철학으로 다른 다수를 강제함이 없고 또 현재의 우리들의 이론으로 우리 자손의 사상과 신앙의 자유를 속박함이 없는 나라, 천지와 같이 넓고 자유로운 나라, 그러면서도 사랑의 덕과 법의 질서가 우주자연의 법칙과 같이 준수되는 나라가 되도록 우리나라를 건설하자고.

그러나 김구는 자유와 민주주의를 신봉하되 절대적 자유, 무제한의 사유와 민수수의를 수상하는 것이 아니라고 분명하게 밝혔다. 그는 말한다.

우리가 세우는 나라는 자유로운 나라여야 한다. 자유란 무엇인가. 절대로 각 개인이 제멋대로 사는 것을 자유라 하면 이것은 나라가 생기기 전이나 저 레닌이 말한 것처럼 나라가 소멸된 뒤에나 있을 일이다. 국가생활을 하는 인류에게 이러한 무조건의 자유는 없다.

왜 그런고 하면 국가란 일종의 규범의 속박이기 때문이다. 국가생활을 하는 우리를 속박하는 것은 법이다. 개인의 활동이 국법에 속박되는 것은 자유 있는 나라나 자유 없는 나라나 마찬가지다.

자유와 자유 아님이 갈리는 길은 개인의 자유를 속박하는 법이 어디서 오느냐 하는 데 달렸다. 자유 있는 나라의 법은 국민의 자유로운 의사에서 오고, 자유 없는 나라의 법은 국민 중의 어떤 일개인 또는 일집단에서 온다.

김구의 이 말에서 우리는 정부수립 후 지난 30년간의 이 나라 정치사를 그대로 예언한 것을 발견한다. 온갖 명분, 그럴듯한 구실을 붙여 독재를 했으나 그것이 한결같이 국민의 자유로운 의사에서 벗어난 한 개인 또는 한 집단의 이익만을 위하는 정치, 즉 독재였다는 것을 체험했던 것이다.

김구는 끝으로 이렇게 말하고 있다.

만일 우리의 오늘날 형편이 초라한 것을 보고 자굴지심(自屈之心)을 발하여 우리가 세우는 나라가 그처럼 위대한 일을 할 것을 의심한다면 그것은 스스로를 모욕하는 일이다. 우리 민족의 지나간 역사가 빛나지 아니함이 아니라 그것은 아직 서곡이었다. 우리가 주연배우로 세계무대에 나서는 것은 오늘 이후다. 3천만의 우리 민족이 옛날의 그리스 민족이나 로마 민족이 한 일을 못한다고 생각할 수 있겠는가.

김구는 우리 민족 속에 남아 있는 자긍지심, 즉 엽전의식을 의식한 때문에 특히 민족적 긍지를 강조한 것이 아닌가 생각한다. 일반적으로 이승만은 미국에서 망명생활을 오랫동안 했기 때문에 '민주적'인 인물로 생각되고, 김구는 중국에서 망명생활을 했기 때문에 민주적 사고나 생활을 모르며 게다가 이봉창·윤봉길 의사의 테러행위와 관련되어 있어 마치 정치를 테러로 착각하는 무식한 인사로 생각하는 경향이 있으나 사실은 그 반대였다.

우리는 이상에서 소개한 바와 같이 김구가 얼마나 '평화'와 '민중'과 '민주주의'와 '자유'와 '문화'를 갈망하고 있었는가를 발견한다. 그의 이러한 이념적 지향은 이승만과는 달리 그의 행동이 뒷받침해주고 있다.

김구는 기회 있을 때마다 자기는 상민출신이고 못난 사람이며 국가의 대표가 될 인물이 아니라고 거듭 말했고, 말뿐 아니라 그 자신이 직접 교포들의 가난한 사회 속에서 가난한 생활을 해왔다. 그가 독재자가 아니라는 것은 임시정부 주석으로서 자기 마음대로 독재를 한 일이 없고 하려고 한 일도 없었으며 따라서 망명생활 동안 끊임없이 파쟁을 일삼은 이승만과는 달리 오히려 2차대전 종전을 앞두고 임정을 좌우합작에 의해 국민적인 정부로 개편하는 데 노력한 것을 보면 명백하다. 단지 그는 일제에 대한 불 같은 증오심만은 철저해 강도 일본 침략자들을 처단하는 일과 민족을 배신한 반역친일파에 대해서만은 추호의 사정도 없었다.

귀국 후 장덕수 살해사건의 증인으로 법정에 나섰을 때 김구는 일인과 친일 민족반역자 외에는 사람을 해친 일이 없다고 답변했던 것이다. 김구를 무식한 테러리스트로 보는 것은 그야말로 친일파들이 만들어낸 조작이었다. 그는 평화적 민주주의자였던 것이다.

백범의 민족통일사상

김구의 민족운동은 그 일관성에서 다른 많은 독립투사에 비해 두드러진 점이 있었지만, 특히 8·15 후의 통일운동에서 그의 애국적 민족운동은 찬연히 빛난다. 김구의 위대성은 그가 죽기 1, 2년 전의 바로 이 통일운동 기간에 발휘되었다고 말할 수 있을 것이다. 6·25라는 동족상잔과 그후 30년간의 경제불안, 정치불안, 민족 에너지의 낭비 등 그칠 줄 모르는 민족적 수난은 바로 이승만의 단정노선이 빚은 예견된 비극이었다. 이승만이 과연 이런 민족적 비극을 예상했는지 어떤지는 알 길 없으나 미국—이승만—한민당의 단정 공작에 결연히 반대, 일신을 통일을 위해 바친 김구는 청사(靑史)에 빛나는 애국자로 추앙을 받게 되었다. 분단된 지 34년이 되는 오늘날 남북간의 대결이 심각일로에 있는 상황 속에서 김구의 통일노선이 새삼스럽게 재검토되고 있는 것은 결코 우연이라고 할 수 없을 것이다.

김구는 70평생을 망명생활에서 고생했으므로 나머지 여생을 어떻게 하면 안락하게 지낼 수 있는가를 잘 안다고 기회 있을 때마다 이야기했다. 그러면서도 그는 그 안락의 길을 택하지 않고 험난한 수난의 길을 택한다고 했다. 민족이 바야흐로 절벽으로 떨어지려고 하는 순간에 평생을 독립운동을 했다는 몸으로서 차마 그냥 가만히 보고만 있을 수는 없다는 것이었다. 갈라진 국토를 다시 통일시켜야 한다고 생각하는 김구는 아직도 독립운동의 단계라고 보고 있었으나, 이승만은 해방의 단계요 따라서 대통령으로서 당연히 부귀영화로 여생을 보내야 한다고 믿고 있었다.

김구의 민족사상은 이승만과는 대조적으로 일관성과 순수성에 특징이 있다. 그가 반탁운동에 앞장서 오히려 민족과 국토분열에 결정적 계기를 마련하기도 했지만 같은 반탁운동이면서도 김구의 반탁과 이승만·한민당의 반탁은 차원이 달랐다. 김구는 모스크바 3상회의에서의 한반도문제 결정——신탁통치——이 3·1운동 이래의 민족염원이 담긴 임정의 정통성을 무시한 결정이라는 점에서 반대했으나, 이승만과 한민당의 반탁은 공산당과의 연정을 반대하자는 것으로 공산당을 배제한 정부를 수립하려면 남한단정을 세워야 한다는 주장이었다. 이승만이 1946년 6월 3일 미·소공위 1차 회담이 결렬되자 정읍에서 기다렸다는 듯이 남한단정을 들고 나선 것을 보면 그의 반탁 저의를 짐작케 한다. 이승만은 당초 미국에 위임통치를 진정했을 정도니까 그의 반탁이 김구와 질적으로 크게 달랐으리라는 것은 어렵지 않게 이해할 수 있다. 그러나 이러한 분석이 어떠하든 김구의 정치투쟁과 민족사상이 찬연히 빛나는 것은 바로 그의 통일운동에 있었다고 해야 할 것이다.

다음에 김구의 통일이론을 정리해보기로 한다. 김구가 통일조국을 실현하고자 한 것은 오로지 민족의 앞날을 위해서이며 결코 자기 자신의 영화를 위한 것은 아니었다.

불초하나 나는 일생을 독립운동에 희생하였다. 나는 연령이 이제 70 유 3인바 나에게 남은 것은 금일 금일 하는 여생이 있을 뿐이다. 이에 새삼스럽게 재화를 탐내며 명예를 탐낼 것이냐. 더구나 외국 군정 하에 있는 정권을 탐낼 것이냐.

내가 국가민족을 위하여는 일신이나 일당의 이익에 구애되지 아니할 것이요, 오직 전 민족의 단결을 달성하기 위하여는 3천만 동포와 공동분투할 것이나. 이것을 위하여서는 누가 나를 보복하였나 하여 념두에 두지 아니할 것이다.

악수를 나누는 두 민족지도자 김구와 이승만. 김구는 이승만과 달리
순수하고 일관적인 민족사상을 바탕으로 독립운동과 통일운동을 영위했다.

현시에 있어서 나의 유일한 염원은 3천만 동포와 손을 잡고 통일조국, 독립된 조국의 건설을 위하여 공동분투하는 것뿐이다. 이 육신을 조국이 원한다면 당장에라도 제단에 바치겠다. 나는 통일된 조국을 건설하려가 38선을 베고 쓰러질지언정 일신의 구차한 안일을 취하여 단독정부를 세우는 데는 협력하지 아니하겠다. 1948년 2월 13일

이 글은 그의 유명한 「삼천만 동포에게 읍고함」이라는 장문의 성명의 일부분이다. 김구는 단독정부를 반대하고 통일정부 수립을 원하는 이유에 관해 기회 있을 때마다 글과 연설로 자기의 소신을 피력하였다. 다음에 그중 몇 구절을 소개하기로 한다.

조국의 분열을 추진하면서 독립의 길로 간다 하고, 단독정부를 수립하면서 중앙정부를 수립한다고 고함을 친대서 속을 사람은 없을 것이다. 그들이 말하기를 반쪽 정부라도 수립하면 3개월 내에 민생문제를 해결한다고 한다. 그러나 민생문제를 연구한 모 미국인 전문가는 통일정부나 수립해야 5개월 내에 수출입무역에 형평을 얻을 수 있을 것이고, 만일 남한에만 군정을 수립한다면 그 정부는 미국의 경제원조가 없는 한 3개월 내에 전복될 것이라고 말하였다(1948년 3월 ○일).
또 그들은 단정이 유엔의 회원이 될 수가 있다고 한다. 그러나 유엔 헌장에는 이 문이 열리지 않고 있다. 그들은 당장에 독립이나 되는 듯이 대통령도 내고 조각도 하느라고 분망하지만 프랑스 안남(安南)총독 밑에 안남황제가 있다는 점을 안다면 그토록 흥이 날 것이 없는 것이다. 그리고 그들은 무력으로써 북한까지 통일하기를 희망하는 까닭에 전쟁이 폭발하기만 고대하고 있지만 [……] 제일선에서 북으로 향해

진군할 자는 이북청년일 것이요 우리의 사살 대상은 우리의 부형·친척·친구일 것이다. 그리고 전쟁의 결과는 소련이 승리하면 한국은 소련의 연방이 될 것이요, 미국이 승리하면 미국의 부속국이나 혹 일본의 전리품이 될지도 모른다. 그러면 우리는 무엇을 위하여 전쟁을 고대하겠는가.

나는 '한국인불살한국인'(韓國人不殺韓國人)이라고 주장한다. 1948년 3월 21일

김구가 안남황제의 예를 든 것은 장차 세워질 정부가 어떤 성격의 정권이 될 것인가를 은근히 암시한 것이다. 김구는 이승만 일파의 유엔 한국위원회에 대한 환영태도를 비꼬면서 통일정부를 세워준대도 환영, 반쪽정부(가능한 지역에서의 선거에 의한)를 세워준대도 환영, 덮어놓고 환영만 하는 사대적 자세를 비웃고 있다.

그래서 또 환영한다고 김포공항과 연도에 수많은 군중이 물끓듯하였다. 나는 이 말을 들을 때 도대체 이 사람들이 환영에 절망귀(絕望鬼)가 들었는지 밤낮 환영 환영하며 온 떡을 준대도 환영, 반쪽 떡을 준대도 환영, 그러다가는 독립이 아니라 노예를 준대도 환영, 죽으래도 환영, 이러고 덮어놓고 떠들 것인가. 원 무슨 일인지 도무지 알 수 없다. 1948년 3월 20일

유엔 한위 대표들의 환영은 다만 그들이 통일한국을 세울 때에만 환영의 가치가 있으며 분단의 목적으로 오는 사람들은 환영의 대상이 될 수 없다는 것이다. 김구는 이 같은 연설을 건국실천원양성소 창립 1주년 기

념식에서 치사로 하였다. 김구는 이 연설에서 유엔 한위를 비난하면서 다음과 같이 말했다.

유엔위원단에서 결정한 안은 유엔총회에서 통과된 신탁이 없는, 분열이 없는, 38선이 없는, 자주독립 통일정부를 세우자는 결의안과 반대되는 것이며, 유엔위원단 대표 9개국 중에서 겨우 4표의 찬성으로 반쪽 정부와 반쪽 선거를 실시하려는 것은 법적으로도 근거가 없을 뿐 아니라 중국·필리핀·인도·엘살바도르 4개국 대표들만이 유엔의 이름을 빌려서,

  1. 일국 신탁을 실시하려는 시도이며
  2. 미·소 양국이 임의로 확정한 38선을 국제적으로 합법화하려는 기도이며
  3. 우리의 국토를 양단시킴으로써 민족을 분열시켜 동족상잔의 비극을 초래하는 것밖에 아무것도 아니다.

그러므로 우리 3천만 한인은 총궐기하여 남한단정·단선을 반대하고 한국문제를 다시 유엔총회에 회부할 것을 강력히 요구함이 마땅하다. 우리가 나가려는 길에는 태산준령이 가로놓여 있으나 위대한 정의는 반드시 최후 승리를 취득할 날이 있을 것이다. 1948년 3월 20일

김구는 유엔 한위에 의한 남한만의 단선을 국토를 분열시키며 동족상잔을 가져올 미국 한 나라만의 신탁통치제라고 규탄하고 이에 철저히 불참할 뿐 아니라 끝까지 투쟁하겠다는 결의를 표명하였다. 김구에 의하면 모스크바 3상회의 결정을 반대했다가 그보다 더 불리한 '일국 신탁통치의 분단정부'를 세우게 된 것이다.

자주적 통일정부 수립의 길

김구가 미·소 양군의 철수와 남북지도자 간의 협상에 의한 자주적 통일정부 수립을 주장하자 이승만과 한민당 계열은 일제히 김구의 구상을 비현실적이라고 비난하기 시작했다. 이에 대하여 김구는 『신민일보』 사장과의 회담1948년 3월 21일에서 다음과 같이 반격했다.

세상에 가장 현실적인 방법과 수단이 어찌 한두 가지에 그칠 것인가. 땀을 흘리고 먼지를 무릅쓰며 노동을 하는 것보다 은행 창고를 뚫고 들어가 금품을 도취(盜取)하여서 안일한 생활을 하는 것도 현실적이라 할 수 있고, 청빈한 선비의 정실이 되어 곤궁과 싸우기보다 차라리 모리배나 수전노의 애첩이 되어서 호사스러운 생활을 하는 것도 가장 현실적인 길인지 모릅니다. 그러나 우리는 현실적이냐 비현실적이냐가 문제가 아니라 그것이 정도(正導)냐 사도(邪道)냐가 생명이라는 것을 명기하여야 합니다.

외국의 간섭이 없고 분열 없는 자주독립을 쟁취하는 것은 민족의 지상명령이니 이 지상명령에 순종할 따름입니다. 우리가 망명생활을 40여 년간이나 한 것도 가장 비현실적인 길인 줄 알면서도 민족의 지상명령이므로 그 길을 택한 것입니다. 과거의 일진회도 현실적인 길을 가야한다고 주장한 것입니다.

오늘날 외세에 아부하여 반쪽 정부의 요인이라도 되어보려고 하는 이들은 통일정부 주장은 공염불이라고 비방하지만 [……] 우리는 5천년의 역사를 통하여 우리가 독립국이고 자주민족임을 확신하는 것이니, 우리의 주장은 공염불이 아니라 3천만의 일관된 신조요 일관된 구호입니다.

통일정부 수립을 위한 남북협상이 어째서 비현실적이냐, 어째서 공염불이냐, 우리도 5천 년 이래의 자주민족이 아니냐고 김구는 반박하고 있는 것이다. 김구는 이어 친일파들이 많이 섞여 있다는, 이승만을 감싸고 있는 한민당 등을 은근히 지적하듯 이렇게 말한다.

그런데 보통 말하는 이 땅의 소위 우익 중에는 왕왕 친일파 반역자의 집단까지 포함되어 있는 것이 큰 문제입니다. 그들은 우익을 더럽히는 '군더더기'입니다. 군더더기들이 정당이니 단체니 하는 혁명세력에 붙어서 거불거린 것입니다. 혁명세력과 반역집단이 합작할 수는 없는 것입니다. 오늘날 내가 반성하는 것은 이 점입니다. 혁명세력끼리의 합작이나 협상이라면 성립되지 않을 하등의 이유가 없는 것입니다. 미·소 양군의 철수를 주장하는 것은 3천만 동포의 혈원(血願)입니다. 우리나라 강토 안에 때아닌 외군주둔이란 절대로 있을 수 없습니다.

당시 이승만·한민당 계열은 미군철수를 반대했고 좌익에서는 미·소 양군 철수를 주장하고 있었다. 그래서 미군철수를 주장한 김구나 이른바 '소장파 의원들'이 이승만과 한민당 계열에 의해 다 같이 '공산당'이라는 비난을 받고 결국 거의 때를 같이해 암살당하거나 보안법 위반혐의로 구속되는 사태가 벌어졌던 것이다. 김구의 기자회견은 다시 계속된다.

구둔이 일찍이라도 연장되면 연장될수록 백해(百害)가 항상되어 우리의 국운을 쇠멸시키는 것입니다. 적국 아닌 우리나라에 계속 군대가 주둔한다는 것은 국제헌장에 어그러지고 정의 · 인도에 배치되는 것입니다. 양군이 철퇴하면 진공상태에 빠지고 북조선 인민군이 쳐들어오고 내란이 일어난다는 것은 모두가 구실이고 모두가 비과학적 관찰인 것입니다. 남은 북을 의심하고 북은 남을 의심한다면 몇백 년을 끌어도 문제는 해결되지 않을 것입니다.

외국의 의심을 자기가 맡아서 의심에 의심을 한다면 비민족적이며 외국의 주구적 인감임을 스스로 폭로하는 것밖에 아무것도 아닐 것입니다.

외군이 철수한다고 내란이 일어난다는 것은 소심증에서 나오는 망상인 것입니다.

이 대목에 와서 김구의 말은 한층 격렬함을 띤다. 이승만과 한민당에 대한 공격이 비록 이름은 직접 들지 않고 있으나 아주 신랄하다. 김구의 말은 계속된다.

미 · 소 어느 편으로든지 편향하는 날이면 외국의 간섭을 더욱 조장하고 외군철수를 더욱 지연시키는 것밖에 아무것도 아닌 것입니다. 미 · 소 양국의 협조 없이 한국문제가 해결될 수 없다는 것은 금번의 유엔의 업적이 웅변적입니다. 그러므로 우리는 민족자결 원칙을 경(經)으로 하고 공명정대한 친미 · 친소 외교를 위(緯)로 하여 평화적 국제협조 노선 위에서 우리 문제의 해결을 구하여야 하는 것입니다. 이제 우리는 혁명시대로 돌아가서 집심감발(執心感發)하고 새 독립운동을 하려는 것입니다. 갈 길은 험산준령이나 영원한 진리의 위대한 힘이 따를 것이니 끝까지 이 길로 나갈 것입니다.

이 회담에서 김구는 환국 이후의 숨은 고충과 오해를 풀어 밝히고 있다. 미군이 철수하면 한반도가 진공상태에 빠져 전쟁이 터진다는 주장을 반박하고 그렇다면 통일을 위한 협상을 하자고, 친미·친소 외교로 두 나라의 협조를 통해 국토를 통일시키자고 주장하고 있다. 단정이 서면 동족상잔을 면치 못한다는 것이 김구의 지론이다. 그리고 재미있는 것은 이른바 '우익'이라 호칭되는 진영 속에는 친일파·민족반역자까지 포함되어 있는 것이 큰 문제라고 걱정한 대목이다. 그러나 김구는 후일 바로 이들의 음모에 의해 암살당하고 정부수립 후 그들이 실권을 잡게 된다. 이것은 그들이 냉전의 물결에 교묘히 편승해 반공의 기치 밑에 자기들의 지난날 죄과를 은폐하는 데 성공한 때문이다.

북행을 결심하다

김구의 통일노력은 미·소군 철수와 함께 남북협상에 의한 자주적 통일정부 수립으로 귀착된다. 온갖 모략과 비방과 오해를 무릅쓰고 그의 북행 결심은 조금도 굽혀지지 않는다. 김구는 다음과 같이 그 심경을 피력했다.

지금 우리의 건국사업은 최대의 난관에 봉착하고 있다. 우리는 이제까지 한국의 독립을 연합국이나 유엔에 대하여 희망을 두었으나 우리의 독립은 점점 혼란에 빠지게 되었다. 이러한 중대한 위기에 처해서 외군에 의거할 수 없으니 지금에 와서는 죽거나 살거나 우리 민족의 자력으로 우리 문제를 해결할 수밖에 없다. 총선거나 헌법제정으로써 조국을 통일한다고 하나(이승만의 군정계획을 지적한 것이다 - 필자) 이 것은 민족을 분열하는 것이니 불가하다. 유엔이 아무리 사주하여 군정을 세운다 하더라도 이것은 우리가 자손만대에 전할 수 있는 정도(正道)가 될 수 없는 것이다.

공산주의자나 여하한 주의를 가진 자를 불문하고 외관을 벗기면 동일한 피와 언어와 조상과 도덕을 가진 조선민족이지 이색민족이 아니므로 이러한 누란의 위기에 처하여 동족과 친히 좌석을 같이하여 여하한 외부의 음모와 모략이라도 이것을 분쇄하고 우리의 활로를 찾지 않으면 안 되겠다. 그러므로 나는 외국인의 유혹과 국내 일부인사의 반대를 물리치고 흔연 남북회담에 참가키로 결정하였다. 공수래공수거할까 기우하는 이도 있으나 우리의 전도에는 위대한 희망이 보이고 있다. 이번 북행에 남조선의 사태의 변화에 따라 모종의 음모도 있을는지 모른다. 내가 가만히 있으면 평안한 생활을 할 수 있을 것이다.

70 평생을 동족을 사랑하고 국가를 사랑하고 독립을 위하여 사는 나로서 일신의 안일을 위하여 우리 3천만 형제가 한없이 지옥의 구렁으로 떨어지려는 것을 보고만 있을 수 있겠는가. [……] 나는 여하한 음모와 모략을 무릅쓰고 오직 우리 통일과 독립과 활로를 찾기 위하여 피와 피를 같이한 동족끼리 서로 마주앉아 최후의 결정을 보려고 결연 가려 한다. 민족의 정기와 단결을 위하여 성패를 불문하고 피와 피를 같이한 곳으로 독립과 활로를 찾으며 나는 결연히 떠나려 한다. 1948년 4월 17일

북행길을 며칠 앞두고 김구가 기자에게 자기의 비장한 심정을 말한 성명 내용이다. 이 무렵 김구에게 가해진 갖가지 모략과 음모는 말할 수 없

남북협상을 위해 오른 북행길의 여현에서. 백범은 민족에게 닥칠 비극적 사태를 우려해 이승만의 단정노선에 결연히 반대하고 자주적 통일정부를 수립할 것을 주장했다.

이 많았고, 언제 누구에 의해 생명이 희생당할지조차 알 수 없는 무시무시한 분위기였다. 생명을 걸고라도 북행하겠다는 김구의 결의가 그의 말 마디마디 속에 나타나 있다. 김구는 자기의 북행이 결코 자기 개인 일이 아니요, 민족 전체의 운명에 관계된 중대사라고 보았다. 그래서 김구는 자기의 북행이 실패하면 전 민족이 실패하는 것이고 성공한다면 그것은 전 민족의 성공이며 결코 자기 개인의 문제가 아님을 강조하고 있다.

이승만 계열에서는 김구의 북행을 치열하게 저지하려 했다. 김구의 남북협상은 그들이 장차 세우려 하는 남한단정에 커다란 위협이 되기 때문이었다. 김구의 숙소인 경교장에는 떠나기도 전에 벌써 며칠 전부터 이승만의 단정노선을 추종하는 사람들이 모여들어 김구의 출발을 힘으로 저지하려 했다.

1910년대 이승만을 하와이로 초청한 박용만은 이승만을 지적하여 "이승만은 입으로는 민주주의를 내세우나 반대파에 대해서는 몽둥이와 주먹을 휘둘러 힘으로 상대방을 억압하는 것을 상례로 한다"고 개탄했다. 이승만은 김구의 북행이 자기의 단정노선에 큰 장애가 된다고 보고 예의 자기를 추종하는 학생들을 동원하여 경교장을 거의 포위하다시피 했다. 학생들을 동원하여 자기의 정치야망을 달성하려는 수법은 이같이 이미 1948년 그가 집권하기 전부터 이용되고 있었다. 김구는 그의 평양행을 저지하려는 시위군중——주로 학생이 동원되었음——에게 다음과 같은 연설을 했다고 한다.

학생들은 미래의 주인공이다. 그런 까닭에 정의를 위하여 싸움하는 용사가 되어야 한다. 그러나 제군의 행동은 어떠했나. 내가 장덕수사건으로 억울하게 미군 법정에 섰을 때 제군들은 어떠한 태도를 취했던가.

나는 그때 너희들이 과연 비겁한 것을 알았다. 참으로 정의의 깃발 밑에서 싸우는 학도라면, 아니 나 김구를 진심으로 믿고 따른다면 어째서 시위운동 한 번도 못했는가. 나는 그때부터 실망을 느꼈다.

더구나 단독정부가 수립되어서 너희들이 그 정부의 일꾼이 되는 날이면 나 김구를 그때에는 죄인같이 잡아다가 두들겨 죽일 것이다. 나는 나 김구 일개인의 감정을 말하는 것이 아니다. 정말로 민족을 사랑하기 때문이다.

너희들은 내가 함정에 빠져 갖은 억울한 욕을 다 보고 있을 때에는 낮잠만 자고 있다가 내가 옳은 일을 해보려면 밤잠을 자지 않고 반대하니 도대체 무엇들이냐!

오늘도 내가 이 땅의 민족을 위하여 옳은 일을 하려 북행하려는데 너희들이 이렇게 방해를 놓고 있으니 한심하다.

한번 간다고 했으면 나 김구는 가고야 마니까 빨리 집으로 돌아가서 책이라도 한 장 더 보라!

한번 간다고 내가 결심한 것은 누가 말려도 쓸데없어. 백 마리 소를 모아서 나 김구를 끌려 해도 내 마음은 꼼짝하지 않아! 누가 뭐래도 좋다. 나는 이 길이 마지막이 될지 어떤 게 될지 몰라도 나는 이북의 동포들을 뜨겁게 만나보아야겠다. 1948년 4월 19일

위대한 민족의 양심

아침 9시에 출발 예정이던 김구는 하오 3시 30분경에야 경교장 뒷문을 겨우 빠져나와 개성으로 향했다. 1948년 봄 전후부터 남북협상을 지지하는 학생은 사실상 남로당원이나 거의 다름없는 박해를 받았다. 이승만계

학생은 경찰과 일체가 되어 협상파 학생들을 무섭게 탄압하고 있었다. 그때 단정파에게는 협상파가 무서운 위협적 존재였다. 이승만·한민당 등 단정파는 오히려 소수파로 보이기조차 하였다. 그래서 이승만계는 단결을 주장했다. 이승만 노선 밑에 단결하라는 명령이었다. 이에 김구는 참된 단결의 길이란 무엇인가를 이렇게 말했다.

단결의 원칙을 세워야 한다. 원칙이 없는 단결은 제대로 성공할 수 없는 것이다. 백성의 생활을 위협하고 백성을 무리하게 압박하는 탐관오리가 그 백성을 보고서 단결만 하면 잘살 수 있다고 하면 그 백성이 믿고 따를 수 없는 것이다. 그러므로 그 백성이 보고 믿을 수 있는 단결의 원칙과 아울러 그것을 행동으로써 실천할 성의까지 보이는 것이 필요한 것이다. 그와 마찬가지로 조국의 통일을 성공하려 하면 통일을 성공시킬 수 있는 원칙을 세우고 그것을 실천하는 데서만 모든 사람이 따를 수 있는 것이다. 배부른 사람과 배고픈 사람, 괴로운 사람과 무섭게 구는 사람은 한데 뭉쳐 살 수 없는 것이니 전 국민이 한 덩어리가 되려면 먼저 민심을 안정케 하는 것이 필요하다.^{1949년 1월 1일}

김구는 1948년 4월 하순부터 5월 상순까지 평양을 다녀왔다. 그의 평양방문에 대해서는 이승만·한민당 계열에서 맹렬한 비난을 퍼부었다. 남북협상은 실패로 돌아갔다는 비난도 들렸다. 이에 대해 김구는 다음과 같이 말한다.

회고컨대 나는 작년 4월 19일, 조국의 통일을 위하여 만난을 무릅쓰고 38선을 넘어서 북행했다. 그 뒤에 조국의 현실은 마침내 분립의 형태를 가지게 되었다. 이것은 오직 국제적 제약성에 기인한 데 불과한 것이며 3천만 동포의 마음속에는 다만 하나의 조국이 있을 뿐으로 남 북동포의 통일을 갈망하는 열렬한 의욕도 시간도 함께 성장하고 있다.

제1차 협상을 실패라고 규정짓는 것은 조급한 생각이다. 국제적 압 력으로 첨예하게 대립된 상극의 세력을 정치적으로 통일시키기 위하 여는 여러 가지 난관을 극복시킴에 필요한 오랜 시간과 꾸준한 노력이 필요하다.

1차 협상은 복잡한 정치적 교섭의 도정을 계시하는 한갓 서곡에 불 과하고 종국은 아니다. 협상에서 세워진 통일의 원칙은 국제적으로도 영향을 주게 되었다. 남북의 통일을 위한 협상은 반드시 있을 것이다.

지금과 같이 분단된 현실에 대하여 누구나 만족하게 생각할 사람은 없다. 미·소 양군의 철수는 우리의 주장이 부분적으로 실현돼가는 것 이다. 역사는 언제나 전진하며 정의에서 우러나오는 정당한 주장은 반 드시 실현될 것을 확신한다. 1949년 4월 20일

남북협상 1주년을 맞아 김구가 피력한 소감이었다.

1948년 5월 10일 김구와 김규식이 참석하지 않은 가운데 남한만의 단 독선거가 실시되었다. 이 선거로 국회가 구성되고 정부 수립이 준비되자 이 반쪽 정부에 참여하기 위해 술렁이는 정계에서 이범석·신익희·조 소앙 등 지난날의 임정 각료들도 하나 둘 이승만 노선에 참여했다. 김구 가 설자리는 점점 없어지는 듯이 보였다. 이승만이 대통령에 선출된 7월 20일 밤 실의에 빠진 한국독립당 당무위원들이 하나 둘 경교장에 모여들 기 시작했다.

당무위원들은 하나같이 침통한 표정이었고 누구 하나 입을 여는 사람

이 없었다. 그도 그럴 것이 앞으로 남한에 이승만의 단정이 서는 경우 지금까지의 한독당의 주장은 사실상 그 결실의 희망이 희미해질 수밖에 없었고, 뿐만 아니라 한독당의 당책 역시 허공에 떠버릴 가능성이 많았기 때문이다. 이때 김구는 엄숙한 얼굴로 당무위원들에게 입을 열었다. 그로서는 침통해 있는 당무위원들에게 앞으로의 한독당의 정책방향에 대해 무엇이라 한마디 하지 않을 수 없었다.

여러 동지들, 오늘 남한 국회는 드디어 단정수립을 위한 정·부통령을 선출했소. 나는 오늘 남한 국회가 정·부통령을 선출한 데 대해 이미 소감을 말했지만 오늘 저녁 당 동지들에게 다시 다짐해두겠소. 우리 당의 최고목표는 국토통일이오. 하나에도 통일, 둘에도 통일을 위해 투쟁해왔소. 그러나 우리의 이 같은 노력을 외면한 남한 국회도 드디어 동포의 염원인 통일을 멀리하고 말았소. 앞으로 남한단정이 통일방안을 여하히 구상하든 우리는 우리의 통일방안을 조금도 후퇴시켜서는 안 될 것이오.

우리의 통일방안이 남한단정의 통일방안과 상반될 때 우리에게 엄청난 박해와 탄압이 있을 것이오. 그러나 우리 한독당이 통일을 위해 투쟁하다 쓰러졌다면 후세의 사가(史家)는 누구도 우리를 잘못이라 하지 않을 것이오. 우리 한국독립당은 과거에도 그랬지만 앞으로도 오직 민족의 양식 위에 서서 오직 통일의 길로 매진할 뿐이오.

그러므로 나는 우리 동지들에게 이 자리를 빌려 다시 한 번 앞으로 동지들 가운데서 우리가 희구하는 통일정부가 아닌 단정에 참여하는 일이 있을 때에는 그 단정이 남이든 북이든 간에 나는 추호도 응답도 하지 않을 것을 다짐해두겠소.

김구의 선언은 엄숙하고도 단호했다. 한국독립당의 지표는 오직 국토 통일이니 누구도 이 대열에서 한눈을 팔 땐 미련없이 당을 떠나라는 것이었다. 이리하여 김구는 스스로 외롭고 험한 길을 택했고, 그 스스로가 당 무위원들에게 말한 이승만 단정의 '엄청난 박해와 탄압'을 누구보다도 먼저 받고 비극적인 그러나 영광에 찬 생애를 마쳤던 것이다.

백범 김구의 최후는 실로 분단의 수난 속에 아직도 신음하는 이 겨레에게 냉전에 물들지 않는 참된 민족의 양심이란 무엇인가를 피로써 가르쳐 준 위대하고도 숭고한 교훈이라 할 것이다.

"장래 한국민족은 신세계 창조의 역사적 한 페이지를 장식할 기회를
반드시 가지게 될 것이다. 세계 대세의 조류와 함께 일어났던
3·1 독립만세가 그것을 입증하고 있다.
주린 자는 먹을 것을 구하고 목마른 자는 마실 것을 찾는 법,
그것은 자연의 이치가 아닌가."

여운형
오해로 얼룩진 미완의 정치 여정

좌경으로 오인돼온 몽양

몽양(夢陽) 여운형(呂運亨, 1886~1947)은 일반적으로 공산주의자에 가까운 인물로 보는 경향이 지배적이었다. 그가 한 우익청년에게 저격 살해당한 이유도 바로 공산주의적이라는 오해 때문이었다. 그러나 몽양을 공산주의자로 비난하고 그와 대화할 것을 일절 거부한 이들은 이승만과 한민당 등 일부 친일세력이 주류를 이루었다. 사실 몽양은 공산주의자도 아니고 공산주의자가 될 수도 없는 사람이었다. 비극이 있었다면 몽양 정도의 정치인과도 협력할 것을 거부한 이승만과 한민당 세력이 미국의 지지를 받고 있었다는 사실이었다.

8·15 후 표면화된 지하운동단체 '건국준비위원회'에 좌경인물이 주류를 이루게 된 것은 지하운동 당시 한민당계 인사들이 가담을 하지 않은 때문이며 —— 민세 안재홍도 가입을 권유받았으나 무슨 이유 때문인지 사양하고 가담하지 않았다 —— 특히 8·15 후 몽양이 고하 송진우에게 함께 손잡고 일할 것을 그토록 간청했는데도 고하는 끝내 이에 응하지 않고 상해 임정의 추대를 고집했다. 그러나 임정이 막상 귀국하자 한민당은 임정 추대보다도 미군정 추대에 더 열을 올려 미군정의 사실상의 여당 구실을 했다.

만약 고하가 한민당 등 우익세력을 전부 건국준비에 가담하게 했더라면 8·15 후의 정치상황은 아마 크게 변했을는지도 모른다. 당시 해방 직후의 사회상황을 볼 때 의식적 좌익분자란 몇몇에 지나지 않았다. 근 10년 이상 조선총독부의 철저한 탄압 때문에 일반민중이 좌익사상에 접근할 기회는 전혀 없었고, 8·15 직후의 국민의식에는 좌익사상보다 다만 하루 속히 독립을 바라는 순진무구한 민족감정밖에 없었다. 따라서 공정히

볼 때 당시의 정치상황은 좌익보다도 우익에게 유리했다고 볼 수 있다.

한민당이 여운형의 협력요청을 거부한 것은 이데올로기적으로 상극이었다는 점보다도 일제시대에 아무런 항일운동을 하지 않은 한민당으로서, 더욱이 당내에 적지 않은 친일협력 인사들을 안고 있는 한민당으로서는 일제 치하에서 지하운동을 하다가 8·15 후 재빨리 지상에 나타난 여운형 중심의 운동에 가담할 준비가 전혀 되어 있지 않았다는 것이 보다 큰 이유였다고 보아야 할 것이다. 한민당이 정당으로서 겨우 체제를 갖출 수 있었던 것은 8·15해방 후 한 달이 지난 9월 16일에 이르러서였다. 결국 몽양은 고하의 거절로 부득이 민세와 제휴했으나 민세 역시 이렇다 할 조직기반이 없었으므로, 8·15 후 재빨리 조직작업에 광분한 공산당 계열에 의해 건준이 서서히 잠식당하는 결과가 되어, 8·15 한 달 후에는 몽양 자신조차 좌익에 업히는 결과가 되고 말았던 것이다.

여기서 분명히 밝혀둘 것은 8·15 후의 정국, 특히 건준을 중심으로 한 운동에서 좌익세력이 헤게모니를 잡게 된 것은, 미군정의 어떠한 지원을 받은 유리한 여건이 존재한 때문이 아니었다는 점이다. 각 정당마다 '무'에서 출발했던 해방 후의 혼란 속에서 누가 보다 적극적으로 조직활동을 전개했느냐에 따라 헤게모니가 결정된 것이었다. 한민당 계열은 일제하에 지하운동이 없었고 해방 후에는 적극적인 조직사업마저 없었기 때문에, 태만했다고나 할까, 아무튼 이런 결과로 한때나마 몽양이 좌익과 행동을 같이하게 되었던 것이다.

그러나 몽양은 공산주의자가 아니었다. 때문에 그들과 손을 끊은 그의 만년은 정치적으로 상당히 불우했고 그나마 저격 살해당하는 비극을 당했다. 8·15 후 몽양이 정당하게 활동하지 못하고 저격 살해당한 것은 이 땅의 민족주의의 장래에 더할 수 없는 비극이었다.

이제부터는 상전도 종도 없다

몽양 여운형은 1886년 5월 25일 경기도 양평군 양서면 신원리 묘곡에서 여정현의 장남으로 태어났다. 그의 동생은 운홍(運弘)이다. 여운형 형제는 임진왜란 후 최초의 수신사로 일본을 방문한 여우길의 10대 손이었다. 몽양 형제가 다같이 외교에 능했던 것도 이와 같은 조상을 둔 때문인지 모른다. 어머니는 임진왜란 때 1등공신으로 권모와 지략이 탁월했던, 속칭 오성대감 이항복의 11대 손녀였다. 어머니는 원래 성격이 엄하고 대담하시면서도 관용하시고 사리에 밝은 분이었다. 모계의 영향을 받은 듯한 몽양은 성격이 호방 담대하면서도 인자하고 너그러운 인품을 갖고 있어서 집안 노복들로부터 특히 존경을 받았다.

몽양은 15세(1900) 때 배재학당에 입학했다가 1년 후 민영환이 설립한 사립 흥화학교에 전학했다. 그는 처복이 많지 않았다. 14세 때 용인에 사는 유세영의 장녀와 결혼했으나 불과 4년 만에 처가 갑자기 세상을 떠나 그후 다시 충주 진씨의 딸과 재혼했다. 1903년은 몽양에게 불행한 해였다. 바로 이해 아내를 잃었고 또 할아버지가 돌아가시고 다음 해에는 어머니가 돌아가셨다.

몽양은 이 무렵 직업을 갖기 위해 흥화학교를 그만두고 관립 우체학교에 들어갔다. 1905년 대한제국은 일제의 강압에 못 이겨 사실상 일본에 주권을 양보하는 을사보호조약의 체결에 동의했다. 이 소식이 전해지자 나라 안은 물끓듯 시끄러워졌다. 몽양은 분에 못 이겨 우체학교를 박차고 나왔다. 한 달만 더 다니면 졸업을 하고 그 무렵 선망의 대상인 27원짜리 월급을 받는 관리가 되는 길이 열려 있었음에도 그것을 박차고 나온 것이다. 이렇게 어수선하던 1906년 아버지마저 돌아가셨다. 연이어 어머니와 아버지가 돌아가시는 슬픈 일을 맞이한 것이다.

1908년 몽양은 아버지 대상(大祥: 사람이 죽은 지 두 돌 만에 지내는 제사―편집자)을 치르고 난 다음 가정에 일대 변혁을 일으켰다. 여씨 집안의 9대 종손이었던 그는 집안에 모신 신주를 모두 땅에 묻어버리고 '터주'니 '성주'니 하는 것들을 끄집어내어 불살라버렸다. 이어 집안의 노복들을 한자리에 모아놓고 그들의 종문서를 불태운 다음 "그대들을 다 해방한다. 지금부터 저마다 자유롭게 행동하라. 이제부터는 상전도 없고 종도 없다. 사람은 날 때부터 평등하다. 주종지의(主從之義)는 어제까지의 풍습이고 오늘부터는 그런 구습을 버리고 제각기 알맞은 직업을 찾아가라"고 했다.

이 사실이 양평군 일대에 알려지자 양반들 사이에 큰 충격과 파문이 일었다. 혹은 편지로 혹은 직접 찾아와서 책망하고 따지기조차 했다. "여운형은 조상도 모르는 패륜아다. 그자 때문에 종을 부리기가 어렵게 됐다"고 비난했다. 그러나 몽양은 "부모가 돌아가신 후 드리는 형식상의 제사가 조상에 대한 효도의 전부일까? 인간으로서 올바르게 살아가는 것이 진정 조상을 존봉하는 것이 될 것이다"라는 확신으로 응대했다.

한편 이 무렵 몽양은 미국인 선교사 찰스 앨런 클라크(Charles Allen Clark, 곽안련)와 친교를 맺게 되었다. 몽양의 가족은 모두 기독교를 믿기 시작했으며 한때 몽양은 곽안련의 교회에서 일을 보며 지내기도 했다. 이러한 인연으로 그는 한때 평양의 신학교에서 공부도 한다. 그러나 이미 나라는 망했다. 몽양은 일본인의 감시가 심한 국내를 피해 동생 운홍을 먼저 미국으로 유학시킨 다음 자신은 1914년 중국으로 망명의 길을 떠났다. 이 때 곽안련은 철저한 보수 신학의 목사로서 몽양 형제의 유학을 반대한 까닭에 언더우드(Horace Grant Underwood) 목사에게 부탁하여

여운형은 뛰어난 외교적 역량을 바탕으로 독립운동에 힘썼으나,
해방정국에서 좌우합작을 추진하다 결국 테러로 비극적 최후를 맞았다.

그의 도움으로 미국과 중국 유학을 갈 수 있었다.

중국으로 유학 겸 망명한 몽양은 남경의 금릉대학에 입학해서 열심히 공부했다. 그는 3년간 남경에서 지내다가 1917년 상해로 나왔다. 이때부터 몽양의 정치활동이 시작되는 것이다.

그런데 그가 상해로 가기 전 잠깐 귀국한 일이 있다. 그 당시 어느 날 몽양이 마포의 한강에서 수영하고 있을 때 한 소년이 헤엄을 치며 뒤따라오는데 수영 솜씨가 퍽 능숙해 신통히 여기고 중국으로 데려왔다. 이 소년이 바로 철기 이범석이었다.

파리로 간 신한청년당

1917년 11월 독일이 항복하고 1919년 파리에서 강화회의가 열리게 되었다. 이 무렵 미국 월슨 대통령의 특사인 크레인(Charles R. Crane)이 중국 상해를 방문했다. 몽양은 크레인에게 한국의 딱한 사정을 호소해서 그의 지원을 확약받았다. 그러나 국제회의에 진정서를 제출하려면 국민의 의사를 대변하는 어떤 단체가 있어 그 단체의 명의로 해야 했다. 그래서 몽양이 동지들과 1918년 서둘러 조직한 것이 '신한청년당'(新韓靑年黨)이었다.

신한청년당은 국외에서 급히 조직한 정당이기는 했으나 한국인에 의해 조직된 최초의 근대적 정당이라는 사실에 의미를 둘 수 있다. 몽양은 창당 후 김규식을 청진에서 불러들였다. 김규식은 장덕수가 부산에서 마련해온 돈 2천 원으로 파리로 출발할 수 있었다. 이때부터 몽양은 일제 밀정의 감시를 받기 시작한다. 그는 비교적 안전하다는 중국 상해의 프랑스 조계(租界)로 거처를 옮겼다.

몽양은 김규식·장덕수를 떠나 보낸 후 자신은 북만주와 러시아(시베리아)로 연락사명을 띠고 출발했다. 일제의 경찰과 밀정들의 끊임없는 감시를 받으며 길림과 하얼빈을 거쳐 해삼위(블라디보스토크—편집자)를 방문, 많은 동지들을 만나 김규식의 파리방문을 알리고 독립운동에 관한 문제를 협의하고 상해로 돌아왔다.

1919년 3월 12일 밤 10시가 지나 프랑스 조계에 있는 한 허름한 셋집에는 30여 명의 청장년들이 긴장된 표정으로 조선독립에 관한 토론을 벌이고 있었다. 본국에서 손정도·최창식·현순 등이 33인의 대표로 왔고, 일본에서 최근우·이광수 등이, 시베리아와 북중국에서 이동녕·이시영·김동삼·신채호·조성환·조소앙 등이 왔으며, 미국에서 여운홍, 상해에서 김철·신석우·선우혁·한송계·여운형 등이 참석했다.

토의의 내용은 임시정부의 조직에 관한 문제였다. 의제가 의제였던 만큼 장소와 시간이 이같이 결정된 것이었다. 회의는 예정대로 시작되었으나 처음부터 난항을 거듭했다. 첫째는 주도권 문제였다. 즉 국내의 33인을 중심으로 하느냐 해외 망명인사들을 중심으로 하느냐였고, 둘째는 정부수반을 누구로 하느냐의 문제였다. 이 자리에서 이승만이 정부수반이 돼야 한다는 주장이 나오자 신채호가 반대했다. 이승만은 나라가 독립도 하기 전에 미국의 위임통치를 진정한 매국노라는 것이었다. 그러나 다수가 '이승만 수반안'을 지지하자 신채호는 퇴장하고 말았다.

정부조직 문제와 함께 국호제정 문제와 이왕가 처우문제 등에 관한 논의가 있었다. 국호에 대해서는 대한민국으로 낙착되었고 이왕가 대우문제에서는 여러 날 논쟁을 벌였으나 합의가 안 되어 결국 표결에 부친 결과 우대론이 다수를 차지했다. 이리하여 임시정부 헌법 제8조에 대한민국은 황실을 우대한다고 기록하게 되었다. 이 황실우대론이 통과되자 여운형은 임시정부의 어떤 자리에도 앉지 않겠다고 했다.

한편 한국민족뿐 아니라 전 세계의 약소민족 대표들이 파리강화회의에 지대한 희망을 걸고 파리로 파리로 구름처럼 몰려들었다. 공식적인 회의장은 베르사유 궁전이었다. 그러나 개회식과 폐회식 외에는 미국·영국·프랑스·이탈리아·일본 등 5대 강국 대표단이 유숙하는 호텔에서 비밀회의로 시종했다. 회의는 파국의 위기를 몇 번이나 겪었다. 윌슨 미국대통령이 약소민족의 자결원칙을 제청했으나 영국을 비롯하여 프랑스·일본·이탈리아 등은 그들이 가진 식민지를 유지하려 할 뿐 아니라 더 많이 차지할 속셈이었기 때문이다. 그후 미국의회가 미국의 국제연맹 가입을 승인하지 않았으므로 주도적 역할을 담당해야 할 미국이 불참함으로써 국제연맹은 사실상 유명무실한 존재가 되었다. 이에 충격을 받은 윌슨은 마침내 병사하고 말았다.

파리강화회의가 이쯤 되고 보니 우리 대표단은 본회의에 진정서를 제출할 기회조차 얻을 수 없었다. 하는 수 없이 우리 대표단은 일본을 제외한 각국 대표의 숙소를 찾아다니며 개별적으로 접촉을 하여 우리 국내 사정과 독립운동의 정황을 호소하고 또 선전했다. 그러나 이와 같은 우리의 노력이 안팎의 사정으로 보아 이렇다 할 성과를 거두지 못할 것은 뻔한 일이었다. 실망과 울분은 헤아릴 수 없이 컸고 마음은 천근같이 무거웠다. 이제는 본국에서의 독립운동도 오래 지속하기 어려울 것이고 상해에 모인 인사들도 하나 둘 흩어질 상황이었다. 게다가 재정난과 의견 불일치로 고민하고 있는 임시정부의 장래도 암담하게 느껴졌다. 이들의 낙망은 크지 않을 수 없었다. 한 민족이 다른 민족의 지배로부터 해방되어 독립을 성취한다는 것은 참으로 어려운 일이다. 많은 사람의 피를 흘려야 하고 많은 재물을 뿌려야 하고 오랜 시일을 필요로 하는 것이 민족해방운동

여운형은 신한청년당을 창당한 후 파리강화회의의 대표로 김규식(앞줄 맨 오른쪽)과
동생 여운홍(앞줄 맨 왼쪽)을 파리에 보내 세계열강에 조선의 독립을 호소했다.

이다. 앞으로 또 얼마나 많은 희생을 치러야 할지 몰랐다.

동경에서 외친 조선독립 만세

여운형은 임시정부와 협력하는 한편 독자적으로 민간외교를 전개하였다. 그때 일제정부는 상해에 모인 한국사람들 중 임시정부에서 직위는 갖지 않았을망정 신망이 높고 외국인과 교제가 넓은 사람으로 인정받는 여운형을 어떻게 하든지 가까이하여 조선을 통치하는 데 도움을 얻고자 하였다. 이리하여 그들은 일본인 목사 후루야(古屋)로 하여금, 상해 서양인 사회에 활동범위가 넓은 YMCA 총무로 있는 조지 피치(George A. Fitch)를 중간에 내세워, 여운형과 접촉을 기도했다. 1919년 10월경 후루야가 다시 장문의 서한을 여운형에게 보내 조선 통치에 관한 의견을 교환해보자고 제의하는 한편 신변의 안전과 자유활동을 절대로 보장하겠다고 약속했다. 또한 상해 주재 야마자키(山崎) 일본총영사는 프랑스 영사인 윌던을 통하여 신변의 안전을 책임지겠노라고 하면서 일본행을 권해왔다. 여운형은 여러 가지로 생각한 끝에 중국 기자인 서모와 피치 총무 그리고 일본인 YMCA 총무 후지다(藤田)를 만나보고 마지막으로 이광수 등 몇몇 인사들과 상의한 후 드디어 동경행을 결정했다.

이 같은 사실이 알려지자 곧 찬반 양론이 대두되었다. 즉 이동휘를 비롯한 노장층에서는 이를 반대하고 안창호·이광수 등은 찬성하면서 동경행 여비까지 보조해주었다. 몽양은 통역으로 장덕수를 요구하고 일본 시모노세키(下關)에서 만나기로 했다. 장덕수는 같은 독립투사로서 앞서 본국에 입국했다가 체포되어 하이도에 유배되어 있었다. 그는 여운형과 막역한 동지였다.

여운형 일행이 동경에 도착해보니 그곳 유학생들 사이에서도 방일(訪日)에 관한 의견이 갈려 공기는 명랑하지 못했다. 이에 여운형은 유학생 1천여 명이 모인 자리에서 동경에 온 동기와 목적 등을 명백히 밝힘으로써 그들의 오해를 풀어주었다. 12월 17일 동경 제국호텔에 모인 5백여 명 내외의 신문기자와 각계각층 인사들 앞에서 여운형은 조선독립에 관한 일대 연설을 하였다.

우리 민족이 생명을 걸고 주야 분투하는 한국독립운동의 진상과 그 의의를 밝히려고 나는 이곳에 왔다. 지금 이 자리를 빌려 그것을 말하게 된 것을 기쁘게 그리고 감사히 생각한다.

여운형은 이같이 적국 일본의 수도에서 조선독립의 절대적 필요성과 그 의의를 당당히 역설한 것이다. 장장 한 시간 반 이상 계속된 그날의 웅변! 이것은 우리 민족 전체가 만방에 천명한 독립선언이나 다름없었다. "독립운동은 나의 사명이며 필생의 사업이다"라고 전제하면서 그는 조선독립의 당위성과 필요성을 이렇게 역설하였다.

장래 한국민족은 신세계 창조의 역사적 한 페이지를 장식할 기회를 반드시 가지게 될 것이다. 세계 대세의 조류와 함께 일어났던 3·1 독립만세가 그것을 입증하고 있다. 주린 자는 먹을 것을 구하고 목마른 자는 마실 것을 찾는 법, 그것은 자연의 이치가 아닌가. 그것은 곧 생존의 자연적 발로이다.
일본에게 생존권이 있다면 똑같이 우리 조선민족에게도 생존권이 있을 것이다. 일본은 이 같은 천리를 역행하고 있다. 왜 일본은 생존권의 자연적 발로로서 자유와 독립을 갈망하는 조선인들을 총검으로 위협하여 탄압하고 있는가.

한일합병은 순전히 일본의 이익만을 위해 강제된 치욕적 유물이다. 일본은 자신을 수호하고 상호안전을 위해서 부득이 합병을 할 수밖에 없었다고 말했지만 러시아가 물러난 오늘날에도 그러한 궤변을 고집할 수 있는가.

여운형은 계속하여 말했다.

오히려 한국의 독립은 일본에 안전과 평화를 가져다줄 것이다. 즉 일본은 조선독립을 승인하고 조력함으로써만 조선인의 원한에서 풀리어 오히려 친구가 되고 중국과 그밖의 여러 이웃나라, 나아가 전 세계의 불신과 의구심에서 벗어날 수 있을 것이며 이를 통해서 동양의 평화와 세계평화는 가능하게 될 것이다.

마지막으로 여운형은 "우리가 건설하려는 새 나라는 주권재민의 민주공화국이다"라고 단언하였다. 통쾌무쌍한 독립선언이었다. 동경의 각 신문은 연설의 전문을 게재했다. 전 세계의 눈과 귀가 동경으로 쏠리게 되었다. 하룻밤 사이에 여운형은 영웅이 되었다. 이 일로 인해 일본국회와 정계는 발칵 뒤집혔다. 상해 임정요인 중 여운형의 동경행을 반대했던 이동휘 일파도 더 이상 의아심을 가질 필요가 없었다. 본국에서의 열광은 더 말할 필요도 없었다.

일본정부는 한국문제를 논의하기에 앞서 여운형에게 동경에 있는 명소 고적을 관람시키는 등 그를 융숭하게 대접하였다. 그들은 일본의 부강한 국력과 문화의 선진성을 과시해 이를 본 여운형이 일본을 재인식하고 이로 인해 심리적인 변화가 일어나도록 할 계획이었다.

여운형은 일본정부의 척식국(拓殖局) 장관이었으며 그를 일본에 오도록 공작한 배후인물 중 하나인 고가(古賀)와 가장 많이 만났다. 그는 여운형을 여러 가지로 회유하면서 조선독립이 비현실적이라는 설득을 했다. "만주는 조선보다 몇 배 크다. 당신이 활동하기에 알맞은 장소다. 만주의 척식사업을 맡아 해볼 생각은 없는가"라고 은근히 유혹했다. 여운형은 "내가 수행할 사업은 우리나라의 자유독립을 위한 투쟁뿐 그 이외에는 아무것도 없다"고 단호하게 대답하였다. 고가는 자기의 전 능력과 성의를 다했지만 전혀 소기의 목적을 이룰 수 없음을 깨닫고, "내가 조선인이었다면 나도 그대와 똑같은 입장을 취했을 것이다. 나는 그대에게 높은 경의를 표한다"라고 말끝을 흐렸다. 그리고 작별에 임해 그는 "여운형 만세"를 불러 그를 놀라게 했다.

여운형은 이번에는 체신대신으로 있는 노다(野田)와 만났다. 노다는 그 당시 정부각료들 중에서도 머리 좋기로 이름난 사람이었다. 그는 여운형을 오찬에 초대해 자리를 같이하면서 여운형의 마음을 돌리려고 시도하였다. 다음은 육군대장인 다나카(田中)를 만났다. 다나카는 당시 일본의 무단정치인 중에서도 손꼽히는 사람이었다. 그는 여운형을 대담하고 당돌한 인물로 보고 처음부터 반위협적인 태도로 대했다. 그러나 여운형은 이렇게 허세를 부리는 다나카를 가볍게 물리치고 말았다.

다음에 만난 것은 미즈노(水野)였다. 그는 당시 조선총독부의 경무총감으로 있는 인물이었다. 여운형은 미즈노를 대하자 첫인사로 그에게, "경성역에서 강우규의 폭탄에 얼마나 놀랐느냐"라고 물었다. 미즈노는 여운형의 이 같은 말을 얼른 받지 못하고 얼굴이 빨개지더니 한동안 어물거리다가 겨우, "그대는 조선을 독립시킬 자신이 있느냐"고 엉뚱한 말을 끄집 어냈다. 여운형은 그의 말이 채 끝나기도 전에, "그대는 조선을 통치할 자신이 있느냐"고 되물었다. 그리고 계속해 일본은 절대로 조선을 통치 못할 것이라는 것과 조선이 자주독립하지 않으면 안 되는 까닭은 그것이 곧 우주 자연의 불변의 법칙이며 신이 명하는 민족의 권리이기 때문이라 고 역설했다. 처음 두 사람 사이에 오고가던 의견의 교환은 어느덧 논쟁 으로 발전되어 마침내 심각한 분위기까지 되었다. 그러자 미즈노는 영어 로 말하면서 화제를 돌려 분위기를 바꾸었다.

제국호텔에서의 연설을 필두로 여운형의 여러 요인들과의 회담 및 기 자회견이 매일 각 신문에 보도되자 일본의 인텔리층 특히 진보적 학생층 은 그에게 큰 관심을 보이게 되었다. 동경제국대학 교수 요시노(吉野)가 지도하는 학생 서클인 '신인회'(新人會)에서는 여운형을 위해 환영회를 베풀고 그를 환대했다. 신인회는 진보적인 동경대학 학생 수백 명을 회원 으로 하고 있었다. 이 환영회 석상에서 여운형은 "조선독립운동은 조선 인의 일시적인 감정폭발에서 시작된 것은 아니다. 이는 오직 조선인의 영 구적 자유와 발전을 위해서이며 나아가서는 세계의 영원한 평화를 위해 서이다"라고 연설했다. 이에 대해 사회를 맡고 있던 사람은 답사를 통해 "여운형 선생의 말씀을 듣고 우리는 안심이 된다. 조선독립이 민족적 감 정에서 시작된 것이 아니라면 조선과 일본은 서로 평화롭게 살 수 있을 것이다. 여 선생의 말과 같이 조선독립이 세계평화와 인류의 행복을 위한 것이므로 일본인 중에도 조선독립을 기원하는 사람이 있다는 것을 알아 주면 좋겠다"라는 말을 했다. 환영회는 시종 화기애애한 분위기 속에서 진행되었으며 마지막에는 오모리(大森)의 선창으로 "조선독립 만세"를 부르고 폐회하였다.

후루야를 위시한 일본정부 요인들은 여운형을 애써 일본까지 초대한 목적을 하나도 이루지 못하고 오히려 조선독립운동을 일본에 확대시키는 기회만을 제공한 셈이어서 예정되었던 총리대신 하라 다카시(原敬)와의 회견 및 일본 천황과의 면담은 취소되고 말았다. 여운형의 일본 방문이 일본 조야에 큰 파문을 던진 것이다.

당초 여운형은 귀로에 본국에 들러 침체해가는 독립운동에 열기와 생기를 불어넣고자 기대했다. 그러나 만세운동의 재발을 우려한 총독부가 여운형의 입국을 거절하였으므로 상해로 직행할 수밖에 없었다. 그는 어느덧 일약 국제적 존재가 되었으며 중국의 여러 혁명가 및 정치인들과의 교분도 더욱 넓어지고 두터워졌다. 상해로 돌아온 후에도 몽양은 임시정부에 직접 참가하지는 않았으나 외국인과의 접촉과 교분을 통해서 독립운동에 앞장섰다.

그중 가장 유명한 것은 1930년 8월 중국에서 외국인 피서지로 유명한 노산(嶗山) 점령에서의 일이다. 그때 점령에는 각국의 대사·공사·실업가 등이 많이 와 있었는데 몽양도 초청을 받아 그곳에서 그들과 함께 일주일을 지냈다. 마침 천여 명이 모인 석상에서 연설할 기회가 있어 몽양은 자신이 기초하고 피치 박사가 수정한 연설문을 가지고 영어로 연설했다. 그의 연설은 조선의 실정과 독립운동의 국제적 중요성을 역설한 것이었는데 이곳에 모인 외국인들은 모두 국제적으로 영향력이 있는 인사였다. 이승만은 주로 외교활동에 독립운동의 비중을 두었으나 그의 외교란 기껏 미국정부나 국회를 상대로 하고 있었고 그마저도 언제나 푸대접과 무시만을 당하고 있었다.

1920년 8월에는 미국 국회의원 1백여 명이 상해에 왔다. 이들은 북경을 거쳐 서울까지 가기로 예정되어 있었다. 그들은 상해에서 손문의 정중한 접대를 받았는데 이 자리에 몽양도 초청을 받아 참석했고, 일행이 차를 타고 북경으로 갈 때 그는 차 속에서 미국 국회의원들에게 조선독립운동의 진상과 우리의 입장을 설명하며 조선에 가서 조선인과 많은 의견 교환을 할 것과 조선독립을 위해 힘써줄 것을 부탁했다. 상해에서의 몽양의 독립운동은 임정을 통해서보다 주로 개인적 능력을 기반으로 전개되었다.

레닌·손문과의 만남

1921년 11월 워싱턴에서 이른바 '워싱턴회의'가 열리던 바로 그 날, 소련 이르쿠츠크에서는 '극동피압박민족회의'가 열렸는데 이 대회는 주로 아시아의 각 식민지 독립운동 대표들이 중심이 된 회의였다. 조선에서는 여운형을 선두로 김규식·나용균·김시현 등 30여 명이 이 회의에 참가하게 되었다. 그해 11월 상해를 떠난 일행은 만주를 통과하려고 할 때 경봉선에서 일본경찰이 미행하고 있는 것을 발견하였으므로 예정된 코스를 바꾸어 장가구(張家口)를 거쳐 몽고를 통과했다. 그런데 일행이 이르쿠츠크에 도착해보니 장소가 이미 모스크바로 변경되어 있었으므로 그들은 다시 모스크바로 향했다.

모스크바 역에 도착하니 역전에는 군대와 시민 수만이 나와 일행을 환영했다. 환영사가 있었고 이에 대한 답사를 여운형이 했는데, 여운형은 불을 뿜는 듯한 열변을 토하여 듣는 사람으로 하여금 추위를 잊게 하였다. 회의에는 조선대표가 30여 명, 중국이 40여 명, 일본이 15명 정도였고 그밖에 여러 나라 대표들까지 합쳐 전원이 2백여 명에 이르렀다. 회의 명칭은 변경되어 '원동(遠東)민족근로자대회'라고 하였다. 개회식은 크렘린 궁전에서 있었고 회의는 그리스정교회 신학교 기숙사에서 열렸다.

의장단은 5명으로 지노비예프, 중국인 장국도(張國燾), 그리고 한국의 여운형·김규식, 인도인 로이였다. 이들 대표는 자기 민족의 현황을 보고하고 '어떻게 혁명운동을 할 것인가'라는 의제로 회의가 진행되었다. 이 회의에서 제시된 투쟁방법으로는, 일본은 국회에서 다수 의석을 차지하며 의회 투쟁을 계속할 것, 중국은 국민당을 원조하여 국민운동을 전개할 것, 그리고 조선은 민족주의를 고취하고 임시정부를 지지하되 이를 개조케 할 것 등이었다. 회의는 2주간이나 계속되었다.

모스크바 방문을 계기로 여운형은 레닌과 두 번 회담하였다. 처음에는 일본인 대표 가타야마 센(片山潛)과 동반했고, 두 번째는 중국인 대표 구추백(瞿秋白)과 함께 만났다. 이 자리에서 레닌은 먼저 가타야마를 향해 "동지는 조선독립을 위하여 생명을 바쳐 투쟁하겠는가"라고 묻고 여운형을 향해서는 "동지는 일본의 혁명을 위해 싸울 수 있겠는가"라고 물었다. 두 사람이 다 같이 "그렇게 할 수 있다"라고 대답하자 레닌은 "다 같은 공산당이면서도 소련공산당과 핀란드공산당은 불화가 생겼다. 이것은 소련사람의 우월감 때문이다. 물론 같은 혁명동지라 하더라도 사람인 이상 완전히 감정을 초월할 수는 없는 일이어서 서로 이해와 양보가 있어야할 것이다. 조선인과 일본인이 서로 악수를 하면 양국의 혁명은 무난할 것이다"라고 자신의 견해를 말했다. 다음날 구추백과 같이 레닌을 만났을 때 레닌은 손문의 혁명운동을 지지하고 자기가 손문에게 편지를 보냈는데 그 사이 받아보았을 것이라고 말하면서 손문을 적극 원조하겠다는 뜻을 말했다.

파리강화회의의 실패는 조선민족뿐 아니라 전 세계 피압박민족들에게 큰 실망을 주었다. 이 기회를 틈타서 소련은 1921년 바쿠에서 '근동(近

東)피압박민족대회'를 연 후 곧 모스크바에서 '원동피압박민족대회'를 개최하여 아시아의 여러 약소민족들의 각성과 결심을 촉구하는 한편 그들에게 동정을 베풀어 약소민족을 원조해줄 나라는 오직 소련밖에 없다는 인식을 갖게 하려고 하였다. 임시정부의 책임 있는 위치에 있는 사람들과 그밖의 독립운동가들 중에서는 미국까지도 식언을 했다고 실망하는 사람이 적지 않아 모스크바에서 열린 원동피압박민족대회에 참석한 조선대표 중에는 민족주의자들도 적지 않았다. 사회주의자이건 민족주의자이건 간에 그들의 최대의 목표와 과업은 조국의 독립에 있었기 때문이다.

이 무렵부터 여운형은 손문과의 교유가 잦아졌다. 몽양은 1919년 파리에 대표를 파견하는 문제로 중국국민당 은인인 당소의(唐紹儀)·장태담(章太淡)·서겸(徐謙) 등과 의논한 바 있는데 이때 서겸이 손문과 상의하는 것이 좋을 것이라고 말해 그와 함께 손문을 찾아간 적이 있다. 손문은 몽양에게 퍽 친절히 대하면서 부인 송경령까지도 소개해주었다. 그리고 만약 조선대표가 파리로 가게 된다면 남방대표인 진우인(陳友仁)·오조추(伍朝樞) 등과 협력하는 것이 좋을 것이라고 조언해 주었다.

이후로 몽양은 손문을 자주 만났다. 동경에 갈 때에도 손문에게 상의한 즉, 그는 가는 것이 좋겠다면서 격려해주었다. 몽양은 손문의 외양이 그리 훌륭해 보이는 것은 아니었으나 만나는 횟수가 많아질수록 처음의 인상과는 달리 역시 비상한 인물이라는 것을 알게 되었다. 손문은 대담하고 정열적이면서 동시에 청렴결백했다. 상해에서뿐 아니라 그가 광동으로 옮긴 후에도 자주 만날 기회가 있었다. 손문이 연아용공(聯俄容共) 정책까지 쓰게 된 데에는 몽양의 영향이 적지 않았다고 아우 여운홍은 말했다.

몽양은 중국국민당으로부터나 공산당으로부터도 후대를 받았다. 몽양은 중국혁명의 구축은 국공(國共) 두 세력의 공동 목표이며, 그 자신은 국공의 어느 쪽과도 협력함으로써 장차 그들의 힘을 빌릴 수 있으리라는 것, 또 그러는 사이에 '독립운동가 여운형'의 존재가 중국인에게 더욱더 뚜렷이 인식될 것이라고 믿었다.

1926년 1월에는 제2차 국민당대회가 광동에서 열렸다. 이때 인도인들은 영국을, 베트남인들은 프랑스를 공격하여 모두가 자기들의 감정과 이익의 범위를 벗어나지 못했으나 몽양은 일본의 조선 및 중국 침략을 공격한 후,

제국주의가 타도되면 모든 약소민족이 해방될 것이다. 우리 약소민족은 협력하여 중국의 혁명을 도와야 할 것이다. 손중산의 혁명이념을 통해 중국의 혁명이 성공하는 날 약소민족들은 모두 해방될 것이다.

라고 소리 높이 외쳐 장내의 갈채를 받았다.

테러, 체포, 수감

한편 임시정부는 3·1정신을 계승해 정정당당히 출범했으나 재정난과 아울러 내부의 심한 파벌 때문에 점차 초라한 모습으로 변해갔다. 한번은 이런 일이 있었다. 1921년 8월, 안창호와 이승만이 다 같이 상해에 와 있을 때였다. 미국으로 망명한 안창호는 로스앤젤레스에서 황해도·평안도인을 중심으로 조직된 흥사단의 지도자가 되어 활약하고 있었는데, 주로 기호파(畿湖派)의 지지를 받고 있는 이승만과는 거의 모든 문제에서 대립과 충돌을 계속하고 있었다. 그런데 어느 날 오후 네 명의 청년이 몽

양을 찾아와 "그대는 기호인인데 왜 평안도 사람인 안창호를 지지하느냐? 만일 그대가 이승만을 지지하면 우리는 또 그대를 지지할 것이다"라고 시비를 걸어왔다. 그러나 몽양은 "그대들의 생각이 잘못이다. 지금 우리가 서북이니 기호이니 하여 지방을 가지고 싸울 때냐? 나는 조선사람이다. 누구든지 조선을 위해 일하는 사람이면 모두 지지하려고 한다"라고 단호히 거절했다. 그들은 이론에 설복당했는지, 완력을 행사할 자신이 없었는지 그대로 돌아갔다.

몽양은 종종 테러의 위협을 받았다. 1925년 12월 어느 추운 날 새벽이었다. 중국군에 있다가 나온 7명의 청년이 몽양이 투숙하고 있는 곳을 찾아와 3명은 문에서 파수를 보고 4명은 권총과 철봉을 가지고 침실로 뛰어들어 몽양을 무수히 구타하여 유혈이 낭자했다. 몽양은 졸도할 지경에까지 이르렀으나 다행히 생명에는 이상이 없었다. 이 무렵 상해에는 반목과 대립으로 이렇게 독립운동 아닌 파쟁으로 테러를 가하는 일이 비일비재했다. 백범도 이러한 테러로 목숨을 잃을 뻔했다.

상해에 있는 복단대학(復旦大學)은 남양 화교재단이 설립한 대학으로 거기에 재학하는 학생 가운데에는 남양 화교의 자제들은 물론 조선학생들도 많았다. 그래서 몽양은 이 학교에 자주 드나들게 되어 교수들 중에도 친지가 많았다. 더욱이 스포츠를 좋아했고 또 그것을 가르칠 능력도 있었으므로 수시로 학생들과 어울려 운동을 즐겼다. 이것이 인연이 되어 그는 이 대학의 선수단을 이끌고 동남아 제국을 여행하게 되었다. 그는 1929년 5월 복단대학 남양원정 축구단의 인솔자가 되어 말레이시아 · 자바 · 수마트라 · 필리핀 등지를 향해 떠났다. 물론 단순히 축구단의 인솔만을 위해 떠난 것이 아니라 여행 중 이 지역의 모든 피압박민족의 지도자들과 접촉하여 광동에서 피압박민족대회를 열어보자는 목적이 있었다.

먼저 자바의 수마트라에 들러 많은 성과를 거둔 후 마닐라로 갔는데 하루는 운동장에서 미국계 신문인 『필리핀 프레스』의 기자 나바스를 우연히 만났다. 전날 상해에 있을 때 몽양은 나바스를 본국의 장덕수에게 소개하여 서울에서 그를 환대받게 한 일이 있었다. 이번에는 나바스의 주선으로 곧 몽양을 위한 환영회가 베풀어졌다. 종교단체·노동단체 등 여러 단체의 대표자 30여 명이 참석했는데 몽양은 환영회를 열어준 데 감사하다는 인사를 한 후 "아시아 피압박민족의 해방을 위해서 아시아의 모든 민족이 단결하여 공동투쟁을 전개함으로써 서구제국주의를 아시아에서 구축(驅逐)해야 하며 제일 먼저 필리핀이 독립해야 한다"라고 열변을 토했다.

다음날 이 사실이 마닐라의 여러 신문에 실리자 일본영사관에서는 미국경찰 당국에 여운형의 체포를 요구했다. 공산주의를 선전했다는 것이다. 출발을 사흘 앞두고 마닐라 당국은 몽양을 억류하고 여권까지 빼앗았다. 이에 대해 중국영사관 그리고 화상총회(華商總會), 필리핀 법조계, 신문기자협회 등이 연합하여 신원을 보증하자 그곳 경찰서장은 일본인의 요구로 그렇게 된 것이니 용서하라며 손해까지 배상하겠다는 내용의 편지와 함께 여권을 돌려주어 무사히 상해로 돌아올 수 있었다. 그러나 상해에서 일본경찰에 체포될 염려가 없지 않았으므로 몽양은 오송에서 미리 작은 배로 중간 해안까지 가서 그곳에 상륙하였다.

그러나 몽양은 상해 도착 후 며칠 되지 않아 일본경찰에 체포되었다. 말할 것도 없이 동남아를 여행하는 동안에 제국주의자들을 공격했기 때문이었다. 상해에 도착한 며칠 후 국민당정부의 진과부(陳果夫)로부터 상개석 총농 부탁이라 하여 몽양이 남경으로 와서 국민당 일을 도와주면 좋겠고, 또 아시아민족대회 개최문제에 관해 상의했으면 좋겠다는 편지가

와 있었으나 불행히도 남경에 갈 사이도 없이 체포되고 말았던 것이다.

몽양은 언제나 대담했고 조심성이 부족했다. 상해에서 일본경찰에 체포된 것도 결국은 그가 너무 방심했던 까닭이다. 동남아 여행에서 돌아온 지 얼마 안 되어 그는 상해 경마장으로 야구 구경을 하러 갔다. 한참 구경에 열중하고 있는데 한국청년 하나가 몽양에게 달려와 "일본경찰이 많이 와 있고 행동이 수상하니 속히 자리를 떠나라"고 미리 주의를 했는데도 그는 태연히 앉아 있었다. 조금 후에 일본형사 한 명이 와서 시비를 걸어 격투가 벌어졌고 여기저기서 일본경찰이 모여들었다. 10여 분가량 승강이하고 있는데 영국경찰이 달려왔다. 일본경찰은 몽양이 강도이므로 잡아야 한다고 말했다.

이리하여 몽양은 영국경찰에 잡혀 경찰서로 갔다. 몽양은 자기는 혁명가라고 주장하여 영국경찰은 몽양을 일본경찰에 넘기지 않겠다고 말했으나 이튿날 새벽 일본영사관으로 넘기고 말았다. 같은 식민주의 국가이기 때문에 영국은 일본을 도운 것이다. 몽양은 상해에서 일본 나가사키로 이송되었는데 나가사키에 내리자 기다리고 있던 수많은 기자들이 앞을 다투어 촬영과 인터뷰를 하려고 해서 기자들과 형사 간에 난투극이 벌어지기도 했다.

나가사키에 내린 몽양은 그날로 경기도경찰부의 사토(佐藤) 경부보와 형사에 의해서 서울로 압송되었다. 어느덧 열차는 용산역에 도착했고 몽양은 역에 대기하고 있던 경기도경찰부 자동차에 실려 경찰부로 직행했다. 취조를 담당한 것은 일본인 경부 다나베(田邊孝), 담당검사는 사상검사로 유명한 이토(伊藤)였는데 취조 중에 재미있는 이야기가 많았다. 원적과 현주소를 묻는 이토의 질문에 몽양이 "원적은 상해, 현주소는 형무소"라고 대답했더니 검사는 크게 노하여 "농담 말라"고 소리쳤다. 그러자 몽양은 정색을 하고 "고국을 떠난 지 15년이 넘었으니 원적이 어디 있는지 모르겠고 또 상해에서 잡혀 감옥으로 직행했으니 현주소가 감옥이지 어디냐"라고 반문하자 검사는 어이가 없었는지 고개만 끄덕일 뿐이었다.

근 1년을 끈 예심기간 중 심한 치질로 병감에서 수술까지 받아야 했으나 몽양은 꿋꿋이 이를 참아나갔다. 1930년 4월 10일 경성지방법원 제4호 법정에서 마침내 공판이 시작되어 10여 일을 계속했다. 경향(京鄕) 각지를 통해 유명한 변호사 10여 명이 변호를 맡았다. 가족 외에는 아무도 방청이 허락되지 않았다.

공판 중 하루는 중국에서 활동한 사실에 대한 심문이 있었는데 그때 재판장이 "피고는 다시 중국으로 가서 독립운동을 할 생각이 있는가?"라고 묻자 몽양은 "나는 반생을 중국에서 보냈다. 거기서 학교를 다녔고 사업과 동지와 친구들이 모두 거기에 있다. 그곳의 사람과 강산이 모두 정이 들었다. 지금도 눈을 감으면 양자강 흐르는 물결이 눈앞에 선하다. 내 어찌 중국을 잊을 수 있겠는가. 나는 조선을 사랑한다. 그리고 다음으로는 내 제2의 고향인 중국을 사랑한다"라고 대답했는데 어조가 어찌나 감상적이었는지 몽양 자신은 물론 변호인과 방청객 모두가 눈물을 흘려 법정은 잠시 애수의 도가니로 변하게 되었다.

1심에서는 치안유지법을 적용치 않고 제령(制令)위반의 죄명만으로 3년형이 선고되었다. 담당검사 이토가 독립운동은 곧 국체 변경이기 때문에 치안유지법까지 적용해야 한다고 공소하였으므로 복심법원에서는 사법회의까지 열어 양자를 함께 적용키로 했지만 결국 3년으로 확정되었다. 그는 처음엔 서대문감옥에서 복역하다가 나중에 대전으로 이감되어 그곳에서 복역한 뒤 1932년 7월 27일 가출옥으로 줄감하였다.

『조선중앙일보』의 사장시절

몽양은 출옥 후 약 반년간 휴양하다가 1933년 봄에 『조선중앙일보』 사장으로 취임했다. 이것은 그가 본국에 돌아온 후 최초로 착수한 사업이었다. 그러나 이 사업도 역시 평탄하지 못했다. 투자한 사람과의 의견 충돌도 문제였지만 그보다도 언론은 이미 극도의 제한을 받고 있었으므로 어렵고 시끄러운 일들이 꼬리를 물고 일어났다. 물론 몽양이 생계를 위해서 신문사 사장이 된 것은 아니었다. 건강이 완전히 회복되지도 않은 채 출옥 후 불과 반년 만에 그는 그리 탐탁치도 않은 신문사 사장직을 왜 수락했는가. 대답은 간단하다. 독립운동을 계속하기 위해서였다.

신문사 사장이 된 몽양은 경향 각지에 지사와 지국을 많이 설치했다. 그리고 과거 함께 독립운동을 하던 동지들을 책임자로 삼았다. 그뿐 아니라 본사에도 동지들과 우수한 청년들을 발탁하여 저마다 적당한 부서에 배치해 말하자면 국내 독립운동의 총본부 같은 것을 만들자는 생각이었다. 그가 채용한 사람들 중에는 정치범 전과자가 본사에만도 수십 명이 되었다. 이와 같은 인사배치로 『조선중앙일보』에 조선총독부의 더욱 매서운 감시의 눈초리가 돌려졌음은 말할 것도 없다. 그는 이런 엄중한 감시에도 아랑곳하지 않고 목적한 바를 향하여 신문사를 이끌어나갔다.

『조선중앙일보』는 항상 민중의 편이었다. 민중을 위하는 이 신문은 변절한 친일 거두들의 비위와 추행을 가차없이 폭로하였다. 박희도·최린 등의 추잡한 행각에 대한 날카로운 단죄의 필봉이 그 좋은 예라 할 것이다. 그러나 국민대중, 특히 세궁민(細窮民)을 위한 일이라면 물불을 가리지 않고 온갖 힘을 기울여 도와주었다. 한강 유역의 홍수와 낙동강 수해 때는 몽양 자신이 직접 배를 저어 침수가옥에 들어가 인명을 구하고 이재민들에게 구호품을 나누어주기도 했다.

각종 웅변대회에서 몽양은 언제나 심판을 맡았고 그때마다 많은 젊은 동지를 얻을 수 있었다. 세월이 흐름에 따라 몽양의 지도력은 다방면으로 펼쳐졌고 민중과의 접촉은 더욱 넓어졌다. 이러한 의미에서 4년 여에 불과했던 짧은 기간이긴 했으나 몽양의 『조선중앙일보』 사장 시절은 그와 조국에게 퍽 귀중한 시기였다. 취임할 당시 몽양은 이 사업을 민족독립운동의 일부로 생각했고 또 그러한 각오를 가지고 사업을 영위했다. 사실 그는 어느 정도 포부를 실행할 수 있었다. 신문사 사장이라는 지위는 각 계각층의 인사들 및 여러 종류의 단체들과 접촉 내지 연락을 용이하게 하였으며 이것은 그의 활동과 사업에 큰 도움을 주었다.

그러나 총독부 당국은 몽양에 대한 감시와 경계를 조금도 소홀히 하지 않았다. 일제 당국은 일반적인 기사에 대해서까지도 그것이 어떤 의미를 가진 것이 아닌가 하고 신경을 곤두세웠다. 논조가 그들의 통치정책과 배치된다는 이유로 여러 번 압수처분을 내렸으며 마지막에는 폐간까지 시키고 말았다. 몽양은 신문사 경영을 통해 국내의 지하운동을 강화하는 한편 해외와의 연락도 게을리하지 않았다. 그는 신의주사건, 백범 가족의 상해밀파사건 등 여러 사건들에 관련되어 경찰 당국의 조사를 받기도 했다.

그러다가 1936년 7월 5일 『조선중앙일보』는 마침내 폐간되고 말았다. 그때 독일 베를린에서 제11회 올림픽대회가 열려 조선선수들도 참가했는데, 물론 가슴에 일장기를 단 일본선수로서였다. 이들에 끼어 참가한 손기정 선수는 마라톤 경기에서 마침내 승리의 월계관을 차지했고, 국내의 신문과 라디오는 이 소식을 선했다. 그날 『조선중앙일보』 3면에는 이에 관한 긴 기사와 함께 손 선수의 사진이 큼직하게 실렸다. 그러나 그의

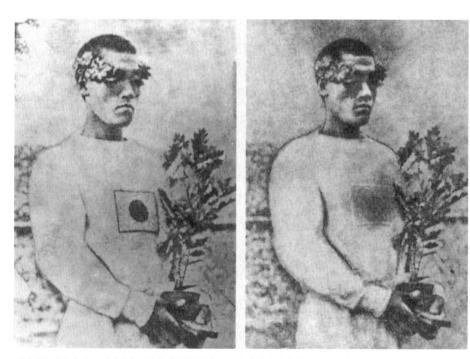

일장기를 가슴에 달고 시상대에 오른 손기정(왼쪽)과 신문에 게재된 일장기를 지운 사진(오른쪽).
이 사진으로 「동아일보」는 무기정간을, 「조선중앙일보」는 휴간을 당했다.

앞가슴에 붙어 있던 일장기는 깨끗이 떼어져 있었다. 이것이 바로 유명한 '일장기 말소사건'이다. 그날로 『조선중앙일보』의 운명은 끝났다. 그렇지 않아도 일제가 눈에 든 가시처럼 여기던 존재였기 때문이다.

몽양을 위시해서 관계자들이 소환되었다. 여러 날을 두고 대책에 부심한 총독부 당국은 사장을 바꾸면 속간시켜주겠다고 통고해왔다. 그러나 주주들은 "이는 종래 지켜온 『조선중앙일보』 정신에 위배되는 일이므로 차라리 옥쇄주의에 따라 회사를 해산한다"고 폐간을 선언하였다. 이리하여 4년여에 걸친 몽양의 『조선중앙일보』 사장생활은 신문의 운명과 함께 종말을 고하였다.

몽양의 두 번째 동경행

몽양은 서울에 머물러 시국을 관망하면서 새로운 독립운동을 준비하고 있었다. 그때는 미나미 지로(南次郎)가 총독으로 와 있었으며 시오바라(鹽原)라는 자가 그의 비서로 있었는데, 시오바라는 조선인 친일파 등과 야합하여 몽양을 회유·위협·압박 등 갖가지 방법을 통해서 친일로 끌어들여 그들의 전쟁정책에 협력시키려고 애썼다. 즉 당시의 거물급 친일파 윤치호·한상용·박영철·최린 등이 '시국연구간담회'라는 것을 만들어 모일 때마다 몽양을 초청했다. 물론 몽양은 그때마다 여러 가지 구실로 참석하지 않았다.

한번은 중추원 참의 김사연이 찾아와서 시오바라의 심부름이라고 하며 몽양이 조선호텔로 와줄 것을 요청하였는데, 그 이유는 김성수·윤치호·최린 등과 함께 몽양도 칙임참의(勅任參議)로 추천하기로 했다는 것이었다. 물론 이것을 받아들일 몽양이 아니었다.

이렇게 몇 번 거절을 당한 그들은 민간으로는 교섭이 잘 이루어지지 않을 것이라고 생각했던지 이번에는 군부에서 직접 손을 대기 시작했다. 용산 조선군 참모로 있던 한국인 일본군 소좌 정훈(鄭勳)이 주동이 되어 익찬운동(翼贊運動)과 황민화운동에 앞장서줄 것을 몽양에게 요구해왔다. 군 참모부가 하는 일인 만큼 매우 강압적이고 위협적이었다. 그러나 군의 강압적 요구라고 해서 순순히 응할 몽양이 아니었다. 이번에도 그는 거절했다. 그러나 그들은 다시 사람을 보내 참모부로 와달라는 것이었다. 일이 이렇게 되고 보니 몽양도 더 이상 버티기가 어려웠고 또 어차피 거절할 일이니 직접 만나서 거절하는 편이 도리어 훗날을 위해서도 좋지 않을까 해서 몽양은 그들을 만나러 갔다.

그때 정훈 소좌는 두 소좌와 함께 와 있었다. 몽양을 맞은 그들은 겉으로는 부드러운 태도로 말을 꺼냈다. 그들의 부탁인즉, 중국에 가서 왕정위(汪精衛)정권을 도우면서 일·중 친선에 협력해달라는 것이었다. 이에 대해 몽양은 "나는 중국을 떠난 지도 이미 오래며 지금은 모든 정세가 많이 변했으므로 내가 간다 하더라도 별 효과를 거두지 못할 것"이라고 거절했다.

이때 기타(北)라는 소좌는 자기가 "곧 중국으로 가게 돼 있으니 동행하기 바란다"고 강권하는 것이었다. 그러나 몽양은 "이러한 중대문제는 적어도 중앙정부와 상의하여 결정할 일이지 여기서 경솔히 결정할 성질이 못 되지 않느냐"고 반대하자, 기타 소좌는 정말 그렇다고 하면서 육군성 병무국장 다나카 류키치(田中隆吉) 소장에게 연락을 해주겠다고 했다. 이리하여 몽양은 중국행을 위한 사전준비라는 이유로 동경에 가게 되었다. 그러나 그의 가슴속에는 다른 목적이 있었다.

첫째는 동경에 있으면서 국내정세를 더욱 빠르고 정확하게 파악하기 위해서였고, 둘째는 일본의 거물급 정객들과 상종하여 그들의 조선과 조선인에 대한 인식을 새롭게 하기 위해서였고, 셋째는 일본정부의 각료급 등 고위층과 접촉함으로써 조선경찰 당국의 이목을 현혹시켜 어떤 중대한 일이 일어났을 때에도 저희들이 제멋대로 간단히 처리치 못하게 하기 위해서였고, 넷째는 만일 시국이 급박해져서 국외로 탈출해야 할 경우에는 조선에 있는 것보다는 훨씬 더 편리하리라는 것, 그리고 마지막으로 동경에 있는 조선 유학생 중 뜻있는 우수한 청년들을 규합 조직하여 앞날에 대비하자는 것 등이었다.

이리하여 몽양은 동경에 머무르고 있는 동안에 정치인·학자·언론계 및 종교계 지도자 등 많은 인사들과 접촉할 수 있었다. 다나카를 처음으로 만난 것은 1940년 8월이었다. 기타가 다나카와 연락했는데 몽양이 곧 동경으로 와주어야 되겠다는 내용이었다. 몽양은 곧 그와 만나게 되었고, 몽양을 맞은 다나카는 그에게 중경의 장개석과 남경의 왕정위를 만나 일본의 진의를 해명해달라고 부탁했다. 이에 몽양이 동경에서 일본을 연구하려고 하는데 좋은 학자를 만나지 못하고 있다고 말하자 다나카는 그 자리에서 오카와 슈메이(大川周明)에게 전화를 걸고 편지를 써서 몽양을 소개했다. 그후 오카와에게서 들은 그 편지의 내용은 "조선인은 대체로 저항력이 없고 위력에 굴복하는데 여운형은 보통 조선인과는 다른 독특한 조선인이다"라는 것이었다고 한다.

몽양과 오카와는 자주 만날 기회가 있었으며 서로 견해를 같이하는 점이 많았고 특히 중국문제에 대해서는 거의 의견이 같았다. 원래 오카와는 극우에 속하는 사람으로서 인도철학을 연구한 법학박사였으며 박학다식하여 일본정계와 학계에서 그 존재가 뚜렷했고 육군대학의 교수이기도 했다. 그는 일견 서양인을 방불케 하는 외모를 갖고 있었으며 영어는 능숙하지 못하였으나 자기 의사는 표현할 수 있어 몽양과는 통역 없이 영어로 대화하는 일이 많았다. 그는 보수정당정치와 관료정치의 부패상에 분개하면서 정치 쿠데타를 획책하고 있었으며 일·중 전쟁을 반대하고 일·중 친선을 주장하고 있었다.

오카와는 몽양의 인격과 견식에 감복하여 "여운형 선생은 위대한 인격자"라고 숭배했다. 뒤에 그는 몽양의 초청으로 서울에도 온 일이 있었다. 1943년 겨울 몽양이 2차 출옥 후 서울에 머무르고 있었을 때 오카와는 몽양의 신변을 많이 염려하는 한편 전쟁이 일본에 불리하다는 사실과 자살한 다나카의 사인 및 유언을 이야기하면서 일본의 장래에 대해 큰 우려를 표명했다.

오카와는 언젠가 말하기를 "여운형 선생을 만나기 전에는 조선인은 아첨하고 거짓말하며 모리만 일삼는 쓸모없는 민족으로 알고, 현재의 조선 총독정치가 그러한 민족에 대한 가장 적절한 통치방식으로 생각하고 있었는데, 여운형 선생을 만나 이야기한 후로는 나의 조선인에 대한 인식이 잘못이었음을 깨달았다"고 하기도 했다.

한편 몽양은 오카와의 소개로 고노에 후미마로(近衛文麿)와 회견할 기회가 있었다. 1940년 3월 15일 고노에는 비서를 통해 전화로 그날 동경회관에서 만났으면 좋겠다고 연락해왔다. 그러나 몽양은 몸이 불편하다는 핑계로 회담을 3일 후로 연기했다. 이것은 하나의 전술적 배려에서였다. 즉 고노에는 당시 일본의 최고위 정치가였으므로 그의 사상·정견 등은 물론이고 성격·취미에 이르기까지 충분한 예비지식을 가질 필요가 있다고 생각한 때문이었다. 몽양은 그에 관한 서적을 구해서 읽는 한편 유학생 중 그에 관한 지식을 가진 사람들을 불러 묻는 등 만반의 준비를 갖춘 후 약속된 동경회관으로 갔다.

고노에는 몽양에게 자기는 중국과 전쟁할 의사가 없으며 남경이 함락된 후 즉시 독일 대사를 통해 3원칙을 제시했으나 장개석이 이를 수락하지 않아 뜻을 이루지 못했다고 말했다. 이에 대해 몽양은 고노에의 3원칙을 비판하면서 그처럼 모호한 원칙으로는 중국인을 설복할 수 없을 것이라고 말하면서 "중국인들은 당신의 이른바 3원칙을 1) 선린외교는 굴복외교로, 2) 공동방위는 중국에 영구히 일본군대를 주둔시킬 계획으로, 3) 경제제휴는 중국시장을 독점하겠다는 뜻으로 해석할 것이다"라고 의견을 말하면서 "만일 일본이 중국을 진정으로 원조하고 서로 선린이 되기를 원한다면 당신이 직접 장개석을 만나 흉금을 털어놓고 이야기하는 것이 좋을 것이다"라는 의견을 밝혔다.

그러자 고노에는 화제를 돌려 왕정위는 훌륭한 사람이라고 엉뚱한 말을 했다. 이에 대해 몽양이 "왕정위는 오래전부터 잘 아는 친구이고 개인적으로는 좋은 사람이다. 그러나 이제 그는 대중과 유리된 사람이 되어버렸으니 중국문제를 수습할 힘이 전혀 없을 것이다"라고 말하니, 고노에는 자기도 불안한 마음이 없지 않으나 다른 도리가 없다고 말하는 것이었다. 고노에는 "일·중 전쟁은 두 나라의 큰 불행이며 속히 화평이 이루어지기를 바란다. 선생이 나서서 이 화평공작에 힘써주었으면 좋겠다"고 말했다. 이에 대해 몽양이 "여운형이가 가보았댔자 아무런 효과도 거두지 못할 것이다. 당신 자신이 가면 효과가 있을 것"이라고 하자 그는 "내가 지금 총리가 아니며 책임자가 아니니 다음 기회에 다시 만나자"라고 말하였다. 이로써 두 사람의 회견은 막을 내렸다.

몽양이 고노에와 회견한 사실을 전해들은 전 조선총독 우가키(宇垣)는 몽양에게 사람을 보내어 만나기를 청했다. 우가키와는 구면이었다. 두 사람의 대화는 보다 자연스러웠다. 그는 몽양과 고노에의 대담 내용을 듣고나서 고노에가 또 한 번 나서게 될지도 모른다며 "그때는 당신이 민족적 감정을 초월하여 협력해주기 바란다"고 눈물을 흘리며 말했다.

1942년 12월 21일 밤에 몽양은 고이소(小磯) 총독과 회견하고 나오다가 총독 관저 앞에서 경성헌병대로 연행되었다. 당시의 조선총독 고이소는 조선의 민심을 수습해볼 생각으로 동경에 있는 몽양에게 전보를 쳐 경성으로 오게 했다. 그때 몽양은 귀국한다는 것을 알리는 전보를 쳤는데 집으로 올 전보를 헌병대에서 가로챈 후 헌병대원이 시모노세키까지 출장, 거기서 몽양을 만나 서울까지 따라와서는 그날 밤 고이소와 만나는 것을 기다려 검거하였던 것이다. 검속의 이유는 몽양이 그해 여름 서울에 없을 때 머지않아 일본이 망할 것이라는 말을 한 것이 돌고 돌아 일본 헌병대까지 들어가게 되었던 것이다.

몽양은 정식재판까지 받고 1943년 6월, 1년형에 3년 집행유예의 선고를 받고 출옥했다. 정국이 점점 일본에 불리해짐에 따라 최린·윤치호·조병상 등을 비롯한 당시 조선 대부분의 지도급 인사들이 모두 일제의 요청으로 '대일본제국'을 위해 헌신할 것을 외치고 다니는 암담한 말기적 증상으로 치달았다. 물론 몽양에게도 집요하게 협력을 요구했으나 그는 그때마다 구실을 내세워 거절하고 1944년 봄에 양주군 봉안으로 낙향하였다.

건국동맹의 조직과 활동

1941년 12월 태평양전쟁이 발발하면서 이제까지 민족적 양심을 지켰다는 대부분의 지도급 인사들이 일제의 회유와 압력에 굴복, 직접 간접으로 친일파로 전락했다. 이 마지막 4, 5년간은 실로 암담하고 절망적인 상황이었다. 극소수 인사들이 부일협력의 압력을 피해 세상을 버리고 은둔

생활로 들어갔다. 그러나 몽양은 이렇게 소극적 수절파는 아니었다. 그는 표면으로는 일제 고위층과 교유하면서——이것을 트집잡아 일부 그의 정적들은 몽양이 마치 친일을 한 것같이 선전했으나 결코 그는 친일을 하지 않았다. 오히려 그를 친일했다고 모략한 그의 정적들인 한민당 인사들이야말로 거의 대부분 부일협력을 했다——지하에서는 머지않아 닥쳐올 민족 광복의 그날에 대비해서 지하운동을 시작한 것이다. 이 당시 항일지하운동을 벌인다는 것은 생명을 버릴 각오가 없이는 염두에도 둘 수 없는 모험이었다. 그러나 몽양을 비롯한 일부 양심적 인사들이 민족을 위해 목숨을 바칠 것을 각오하고 '건국동맹'이라는 지하조직을 갖기에 이르렀다.

몽양은 동경에 체류 중일 때 우수한 유학생들을 포섭하여 이들과 수시로 만나고 토론도 하며 지도하고 있었다. 몽양의 2차투옥 후 이들은 모두 흩어졌는데 몽양은 출감 후 다시 이들을 규합하기 시작했다. 우선 박승환을 만주사관학교에 보내 그곳을 중심으로 만주에 있는 군인과 청년을 규합하게 하고, 이영선을 북경에 보내 주로 연안과 연락시켜 수시로 입국하여 그곳의 사정을 보고케 했다. 이상백을 와세다 대학 파견연구원으로 북경에 보내 중국 각지를 순회하면서 모든 정세를 보고케 했으며, 국내에서는 조동호·이임수 등이 연락책이 되어 동지 규합에 힘썼다.

1944년 8월 이들이 모임을 갖고 결성을 한 것이 건국동맹이었다. 최초의 맹원은 책임자 몽양을 비롯해서 조동호, 김진우, 이석구 등 노혁명가가 많았다. 이들은 1) 말하지 않고, 2) 쓰지 않고, 3) 이름을 대지 않는다는 세 가지 철칙을 생명을 걸고 맹세하였다. 처음에는 지도층 중심의 민족식 양심분자만을 골라 규합하기로 하되 장차에는 공장·회사·학교 등에 세포조직을 만들 것을 계획했다. 건국동맹의 강령은 다음과 같다.

1. 각인 각파를 대동단결하여 거국일치로 일본제국주의 세력을 구축하고 조선민족의 자유와 독립을 회복할 것.
2. 일·독·이 등 추축국을 반대하는 연합국과 협력하여 대일연합전선을 형성하고 조선의 완전한 독립을 저해하는 일체의 반동세력을 박멸할 것.

한편 매주 토요일에 정기중앙위원회를 열기로 하고 연락소는 당시의 서울 경운동 삼광의원(현우현의 한약방)에 두기로 했으며, 또 각 도에 책임위원을 선정하여 그 도내의 운동을 담당케 했다. 그러는 사이에 해가 바뀌어 1945년이 되자 일본이 전쟁에 패망하리라는 것은 거의 확실한 사실이 되었고, 그 시기가 박두한 것으로 생각되었다. 몽양과 건국동맹의 최고간부 몇 사람은 일제의 패망을 촉진하고 우리의 민족독립을 쟁취하기 위한 군사행동을 준비할 단계가 온 것으로 판단하였다.

몽양은 만주사관학교에 있던 박승환을 양주 봉안으로 불러다가 군사행동에 관한 일반계획을 검토하였다. 이 자리에서는 시기·지리·인재 및 그밖의 여러 조건을 종합적으로 고려하여, 우선 만주에서 유격대를 조직하고 이를 국내로 진입시키기로 하되, 그때 연안에 있던 무정(武亭)의 독립동맹과 연락하여 그가 유격대를 총지휘하는 게 좋겠다는 점에 대체적인 합의를 보았다. 이보다 앞서 1944년 12월에는 중국 요현에서 무정의 연락원이 와서 북경에 있던 이영선·이상백 등과 여러 번 회담한 일이 있었으며 이러한 접촉을 통해 중국 연안의 사정이 대략 몽양에게 전달되기도 했다. 연락회의에서 양측 대표들은 연안의 독립동맹과 국내의 건국동맹이 긴밀하게 협력할 것을 다짐했다. 다음 해인 1945년 4월 말에 몽양은 박승환을 연안에 파견하여 독립동맹 소속 군대인 조선의용군과의 항일협동작전에 관해서 상의케 한 바 있었다.

그러는 동안 전세는 급전하여 이탈리아가 항복을 하고 베를린이 점령될 사정에 놓였다. 태평양에서는 일본이, 점령했던 모든 도서(島嶼)들을 하나둘씩 다시 미군에게 빼앗겼다. 일본인들은 극도로 당황하여 어찌할 바를 모르고 조야(朝野)가 물끓듯 하였다. 특히 조선총독부와 친일 도배(徒輩)들은 더욱 당황하여 마지막 발악도 서슴지 않으려 했다. 친일파로 유명한 조병상·손영목 등은 이토 켄로(伊藤憲郎)와 합의하여 '대화동맹'(大和同盟)을 조직하고 경무국장·검사총장의 승인을 얻어 몽양에게 그 단체의 장이 되기를 요청했다. 몽양이 이것을 거절한 것은 물론이다. 그러나 이번에는 일본국회의 대의사(국회의원—편집자)를 지낸 바 있는 박춘금이 '대의당'(大義黨)을 조직하고, 경성 부민관(전 국회의사당)에서 성대한 발회식을 가지고서 몽양을 그 당의 총재로 추대하기 위해 양주 봉안을 세 차례나 찾아왔다. 몽양은 이 제의도 물론 거절하였다.

한편 조선총독부의 정무총감 엔도(遠藤)는 몽양에게 중국으로 가서 활동해줄 것을 부탁했다. 그는 전 총독 고이소로부터 몽양이 중국에 가서 활동하면 큰 효과를 거둘 수 있으리라는 말을 듣고 몽양에게 여러 번 중국으로 가줄 것을 요청했다. 중국으로 가서 중·일 화평의 실현을 위해서 중경정부와 교섭을 하되 만약 그것이 여의치 않을 때에는 연안으로 가서 팔로군 당국과 접촉하여 일본군과 팔로군 사이의 지역적 화평이라도 실현시켜 달라는 것이었다. 엔도의 의견에 의하면, 만약 팔로군과 일본군 사이에 화평이 이루어지기만 하면 소련은 일·소 중립조약을 충실히 지키면서 일본에 대해 호의적이 될 것이고, 일이 이렇게만 된다면 일본의 국제적 입장은 훨씬 유리해질 수 있으리라는 것이었다.

이에 대해 몽양은 대일전쟁을 수행하는 데 있어 국민당과 공산당은 계속 합작할 것이고, 일본이 그들의 분열을 꾀할지라도 성공의 가능성은 희박할 것이며, 만일에 일본이 분열을 획책하여 실패할 때에는 도리어 중국 민중의 분노를 격화시키는 결과가 되기 쉽다고 말했다. 또 한 가지 생각해야 할 점은 일본 중앙정부와 현지 사령부 그리고 조선총독부 사이에 의견일치를 본 후에 이 일을 추진하는 것이 좋을 것이라는 주장을 했다. 이에 대해 엔도는 동경정부와 북중 파견군의 양해와 동의를 얻었노라고 하면서 북중 파견군 사령관으로부터 연락이 있는 즉시로 곧 출발할 것을 몽양에게 권고했다.

그러나 이때 몽양은 서울을 떠나기 어려운 처지에 있었다. 그 당시 지하운동을 하고 있던 동지들이 하나 둘씩 체포되기 시작하여 그대로 두었다가는 건국동맹 전체에 큰 화난이 파급될 우려가 있었던 것이다. 그러나 한편 이 기회를 이용해서 중국에 갔다가 그곳에서 멀지 않은 연안으로 탈출하고, 거기에서 미군의 일본 본토 상륙과 함께 국내 항일민중봉기의 기운이 성숙할 것을 기다리면서, 연안의 조선의용군과 만주에 산재해 있는 우리 군대를 합쳐 항일 주력전을 감행, 민족독립을 실력으로써 전취하는 것도 한 가지 방도라고 생각되었다. 이는 당연히 한번 시도해볼 만한 일이었다.

이리하여 몽양은 건국동맹운동을 계속할 것이냐, 또는 국외로 탈출하는 후자의 길을 택할 것이냐 하는 양자택일의 문제를 가지고 며칠 동안이나 생각하다가 결국 중국행을 택했다. 몽양의 중국행을 재촉하기 위해서 당시의 북중 주둔군 사령관인 다카하시(高橋)가 경성에 올 예정이었는데, 뜻밖에도 8월 6일 히로시마에 원자탄이 투하되고 뒤이어 나가사키에 또 투하됨으로써, 포악한 일제는 8월 15일 무조건 항복을 하지 않을 수 없게 되고 제2차 세계대전은 마침내 종말을 고하게 되었던 것이다.

그러는 동안에 건국동맹에는 유력한 인물들이 속속 가입했다. 몽양이 건국동맹을 조직할 무렵인 1944년 가을 경기도 양평군에 있는 용문산 속에서는 농민동맹이 조직되었으며 몽양은 이 단체에도 관계하였다. 농민동맹의 종국적 목적은 조선의 해방이었으며 그들의 투쟁방법으로는 첫째, 징용과 징병 실시의 방해, 민심선동 및 교란 등을 목적으로 각종 서류와 호적부가 비치된 재판소를 비롯 각 관청에 방화하며 둘째, 전쟁용 물자수송을 방해하기 위해서 정보를 듣는 대로 철도를 파괴하고 셋째, 징병 및 징용에 걸린 자와 애국지사들을 도피시키고 그들로 하여금 반일투쟁에 가담케 하는 것이었다.

이런 투쟁방법에 따라 그들은 징용과 징병의 대상이 된 유능한 청년들을 용문산과 예봉산 속에 도피시켰을 뿐 아니라 의사를 끼고 징병에 부적당하다는 진단을 하도록 하여 많은 청년들이 이를 면하게 했다.

이때 독일이 항복을 하고 일제의 패전은 결정적인 것이 되었다. 일제에 점령되었던 동남아의 여러 섬들이 탈환되고 오키나와에서 소탕전이 전개되는 한편 일본 본토에 대한 공습이 점점 가열되었다.

민심은 날로 더욱 동요되고 일제경찰은 한층 더 신경을 곤두세워 각지에서 동지들이 피검되었다. 그러나 모든 사람이 전쟁이 최종적 단계에 왔음을 알았으며 또 이에 따르는 준비에 분주하였다. 8월 9일부터 운니동 송규환의 집에 방 하나를 치우고 그곳에서 이상백·이여성·양재하·이동화·이정구·김세용 등 젊은 지식인들이 모여 정치·경제·문화·농업 등 각 분야에 걸친 전문적인 조사연구를 시작함으로써 해방을 맞기 위한 준비를 서둘렀다.

해방 정국의 건국준비위원회

8월 15일 아침 정무총감 엔도의 초청을 받은 몽양은 그의 관저를 방문하고 일본이 연합군에 무조건 항복한다는 공식통보를 받았다. 이때 몽양은 엔도에게 아래와 같은 5가지 조건을 제시하였다.

1. 전 조선의 정치범·경제범을 즉시 석방하라.
2. 집단생활지인 경성의 3개월분(8, 9, 10월)의 식량을 확보하라.
3. 치안유지와 건설사업에 일체 구속과 간섭을 하지 말라.
4. 조선학생의 훈련과 청년의 조직화에 간섭을 하지 말라.
5. 조선의 각 사업장에 있는 일본 노무자들은 우리의 건설사업에 협력하라.

이에 대해서 엔도는 모든 조건을 수락하였다. 그날 정오 일본천황은 방송을 통하여 포츠담선언의 무조건 수락을 발표하였다. 이것은 곧 조선이 일제에서 해방되어 독립을 하리라는 것을 의미했다.

해방의 기쁨은 필연적으로 치안의 문란을 가져오게 되었다. 치안유지는 무엇보다도 긴급한 과제였다. 몽양은 YMCA 체육부 간사이며 유도사범으로서 많은 동지와 부하를 가지고 있던 장권에게 치안대를 조직하게했다. 갑자기 조직된 치안대는 불미한 점도 많았으나 그보다도 심한 중상과 모략 때문에 여러 가지 난관과 애로에 부딪혔다. 그리고 미군의 진주가 지연됨으로써 일본인들은 자신들의 생명이 보호됨을 고마워하기는커녕 도리어 많은 물자를 소각하고 파괴하고 또는 밀매하여 경제적 혼란을 조장하였다. 무기를 친일파들에게 분배하여 치안유지를 방해하기까지

하였다.

　그러나 치안대는 갖가지 모략과 방해와 난관을 극복하면서 치안유지에 나섰다. 한편 몽양은 민세 안재홍을 비롯한 몇몇 건국동맹원을 중심으로 건국준비위원회 조직에 착수하였다. 지방조직에도 힘쓴 결과, 1945년 8월 말까지 전국을 통하여 145개소의 건국준비위원회 지부가 설치되었다. 몽양은 건준의 목적 및 성격과 아울러 그 진로를 명시할 필요를 느껴 8월 15일 선언과 강령을 발표하였다. 그 속에는 다음과 같은 내용이 들어 있다.

　우리의 당면과제는 완전독립과 진정한 민주주의 확립을 위하여 노력하는 데 있다. 일시적으로 국제세력이 우리를 지배할 것이다. 그것은 우리의 민주주의적 요구를 도와줄지언정 방해하지는 않을 것이다. 봉건적 잔재를 일소하고 자유발전의 길을 열기 위한 모든 진보적 투쟁은 전국적으로 전개되고 있고 국내의 진보적 민주주의 세력은 통일전선 결성을 갈망하고 있으니 이러한 사회적 요구에 의하여 우리 건국준비위원회는 결성된 것이다.

　[……] 모든 반민주주의적 반동세력에 대한 대중적 투쟁이 요청된다. 과거에 있어서 그들은 일본제국주의와 결탁하여 민족적 죄악을 범하였고 그후에도 그들은 해방조선의 재건설 도중에 이를 방해할 가능성이 있으니 이러한 반동세력, 즉 반민주 세력과 싸워 이것을 극복 배제하고 진정한 민주주의의 실현을 위하여 강력한 민주정권을 수립하여야 한다.

　이와 같은 선언의 내용으로 미루어볼 때 건준의 정치적 성격이 어느정도 진보적인 경향을 띠고 있었고, 이러한 건국준비운동에 대해서 방해하는 세력이 있을 수밖에 없었으며 그 세력이 다름 아닌 친일 반민족 세력이라는 것을 짐작할 수 있다. 아무튼 몽양의 건국준비사업은 처음부터 평탄할 수가 없었다. 그것은 보수·우익세력을 대표한 한민당 세력이 반대를 하고 나섰기 때문이다. 몽양은 건국준비를 독단적으로 하지 않고 민세 안재홍 또는 평양의 조만식과 연락 협의하면서 이 일을 추진하였으며, 송진우와도 협조하기 위해 수차 그에게 같이 일할 것을 직접 또는 인편을 통해 요청하기도 했으나 송진우는 끝내 이에 응하지 않았다. 송으로서는 일제시대 이래 지하에서 독립운동을 하고 있던 몽양과 힘을 겨룰 수 없었으므로 중국의 '임시정부 추대'라는 명분을 내세우고 경거망동하지 말라는 식으로 반격을 가했던 것이다. 만약 송진우가 적극적으로 건준과 제휴하여 활동했다면 아마 8·15 이후의 국내 정국의 양상은 많이 달라졌을 것이다. 그러나 우파가 협조를 거부했으므로 몽양의 건준운동에는 박헌영의 공산당 세력이 조직기반을 강화하고 건준활동을 더욱 좌경화시키는 계기가 되었던 것이다.

일부에서는 몽양이 좌익이라는 점을 강조하나 몽양의 정치노선은 대체로 3단계로 구분된다. 첫 단계는 건국준비사업을 양심적인 인사를 중심으로 한 좌우협력운동으로 전개하려 한 단계이다. 둘째 단계는 송진우의 거부로 말미암아 박헌영의 좌익세력이 급속도로 영향을 증대하여 몽양이 좌익적이라는 비난을 받게 된 시기이며, 셋째 단계는 1946년 11월 23일 공산당을 주축으로 좌익세력이 연합해 남조선노동당을 결성할 때 인민당이 이에 가담했으나 당수인 여운형은 합당을 반대하고 별도로 근민당을 결성한 시기이다.

8·15 후 여운형의 정치활동의 변화과정을 살펴볼 때 그가 진보적 민주

1945년 8월16일 휘문중학 교정에서 시민들의 환호를 받고 있는 여운형 건준위원장.
건준은 우익의 협조 거부로 좌익에게 곧 장악돼 몽양을 정치적으로 위축시켰다.

주의 성향이 있어 당시 친일파와 극우세력을 대변하고 있던 이승만 및 한민당과 노선이 같을 수는 없었으나, 그렇다고 여운형을 한민당 계열에서 주장하는 바와 같이 공산주의적이라고 단정할 수는 없다. 그는 극우인 한민당이 협조를 거부한 가운데 더욱 공산당과 제휴했고 그 결과 공산당의 발언권이 점점 증대하였다. 그런데도 마치 몽양이 공산당의 노선에 무조건 동조하는 정치인인 것처럼 알려진 것은 이것 역시 정치성이 농후한 비난이었다. 몽양이 인민공화국을 선포한 것이 공격의 대상이 되고 있는데 여기서 밝혀둘 점은 그가 상해의 임정을 그리 대단하게 평가하지 않았다는 사실이다. 몽양은 임정을 해외에 있는 4, 5개 이상의 독립단체 중의 한 단체로 보았다. 따라서 그는 임정을 무조건 해방 후의 정통정부로 추대하자는 주장에는 동조하지 않았다.

몽양이 찬탁을 한 것이 그를 좌익으로 몰아붙이는 구실이 된 것도 같으나 당시 『뉴욕 타임스』 사설에서는 다음과 같이 논평했다.

모스크바 회의 결과는 조선에 우호감을 가진 각국인을 낙망시켰다. 그러나 5년간의 신탁통치가 지금 미국과 소련의 군정으로 분할되어 있는 상태보다는 나을 것이다. 탁치라는 것은 조선인에게 향상의 이상을 주는 것이며 또 조선인이 오늘의 혼란상태를 수습하면 탁치의 기간은 단축될 수 있을 것이다.

조선의 지도자는 조선이 정치적으로 성년기에 달했다는 것을 증명하여야 할 것이다. 탁치는 농업적 남조선과 공업적 북조선을 분할하여 정치와 경제적 통일을 방해한 장벽을 철폐할 것이다.

『뉴욕 타임스』 사설은 "신탁통치가 좋은 것이라고 말할 수는 없으나,

미·소 두 나라 군대가 주둔하여 분할되어 있는 것보다는 좋다는 것이고, 이것이 조선인에게 향상의 기회를 줄 것"이라는 긍정적 논평이다. 그러나 국내 정국은 전반적으로 반탁에 흥분했으며 '반탁국민총동원위원회'가 결성되어 격렬한 시위를 벌였다. 그러나 민족감정에서 순수한 반탁운동을 벌인 것은 일반국민들이었고 정당에서는 정치적 이해관계에 얽혀 있었다. 처음 며칠간 반탁성명을 발표하면서 우익과 같이 반탁선봉에 나섰던 인민당과 공산당은 정확한 정보를 입수하지 못한 때문이었다고 반탁 태도에서 후퇴, 찬탁으로 방향을 전환했으며 1946년 1월 7일 밤 '4당 코뮈니케' 성명으로 문제를 이끌어갔다.

우익에서 당장 격렬한 반탁선봉에 나선 것은 임정 계통이었다. 27년간 이끌어온 임정의 법통이 무시당한 데 대한 반발이 앞선 때문이었다. 그러나 이승만과 한민당은 사정이 좀 달랐다. 이승만은 일찍이 미국의 위임통치를 진정한 탓으로 임정 수반의 자리에서 쫓겨난 전례가 있고, 한민당에서는 탁치문제가 제기되었을 때 정확한 보도를 입수한 연후에 태도를 밝혀야 한다는 주장을 했다. 일부에서는 송진우가 '훈정기간'이라는 것을 내세워 탁치와 비슷한 주장을 했다는 설도 있었다. 고하가 암살된 원인도 바로 이 사실 때문이라는 관측도 있는 만큼 각 정당의 반탁 이유에도 저마다 복선이 깔려 있었다고 볼 수밖에 없는 것이다.

테러로 숨진 유능한 지도자

1946년 1월 7일 한민당·국민당·인민당·공산당 등 4당 대표는 장상 19시간 농안 탁지문제를 토의한 결과, 공동성명을 발표하였다. 그 요지는 신탁통치라는 제도를 배격하되 연합국의 우의와 협조를 거절하지 않는다는 것이었다. 즉 4당 코뮈니케의 내용은 "조선 문제에 대한 모스크바 3국 외상회의의 결정에 대하여 조선의 자주독립을 보장하고 민주주의적 발전을 원조한다는 정신과 의도는 전면적으로 지지한다. 신탁은 장래 수립될 통일임시정부로 하여금 자주독립의 정신에 기하여 해결케 한다"로 되어 있다. 그러나 무슨 까닭인지 일단 합의해놓은 4당 성명서를 다음 8월 한민당이 승인을 거부하고 반탁을 계속한다는 성명을 발표하여 정국혼란이 다시 계속되었다.

한마디로 반탁운동은 8·15 후 한때 약세에 몰려 있던 우익에 세력을 만회할 수 있는 절호의 기회를 주었다. 그러나 반탁운동은 그후 점차 몰리기 시작하여, 기회를 포착하는 데 민감한 한민당이 먼저 미·소공위에 참가한다는 방향으로 노선을 바꾸고, 김구도 우선 협의대상에 응하여 임시정부를 수립하고 반탁은 그 다음에 한다는 방향으로 태도를 바꾸었다.

이렇게 사태가 달라진 점은 몽양과 우사 김규식이 주동이 되어 좌우합작에 힘쓴 영향이 컸다. 그러나 농지개혁을 반대하는 한민당이 합작에 응하지 않았고, 이후 얼마 안 되어 좌익에 대한 대검거선풍이 불어 공산당 측에서도 합작을 반대, 사실상 좌우합작은 실효를 거두지 못했다. 3당합당에서 공산당과의 합당을 반대한 몽양은 남로당과의 거리가 점점 멀어져, 이후 정치적 태도도 점차 미·소의 영향을 벗어나려는 중간론으로 기울어졌고, 이와 함께 몽양에 대한 미군정 요인들의 오해가 점점 해소되고 신뢰를 받았다.

미군정은 처음 '인민공화국'을 부인하는 성명에서 몽양을 사기꾼으로 몰아붙였다. 이것은 그때 미군정의 정치고문으로 하지 중장 사무실을 무상 출입하고 있던 한민당 요인들의 모략의 결과였다. 몽양은 하지 중장과는 그가 서울에 진주한 지 약 한 달 후에 만났는데, 하지가 몽양을 만나자

마자 첫 인사로 "당신은 일본사람의 돈을 얼마나 받아 먹었소?"라고 묻는 판에 기가 차 대답을 못 했다는 것이고, 그다음 말이 "나는 당신이 갱의 두목이라는 말까지 들었소"라고 하더라는 것이다. 그러나 이와 같은 말이 모두 거짓이고, 몽양과 사귀면서 그가 사심 없는 훌륭한 정치가이며 신사라는 것을 알게 되자 하지는 몽양에게 군정장관의 고문이 되어 달라는 요청까지 하게 되었다.

한때 몽양을 '사기꾼'이라고까지 욕을 한 군정장관 아널드도 그것이 사실이 아니라는 것을 깨달은 후로는 몽양을 '유능한 정치가이며 신념과 지조를 가진 인격자'로서 존경하게 되었다. 특히 미국 측 인사로서 몽양과 가장 접촉이 많았던 윌리엄 R. 랭던은 "여운형은 동양의 위인이다. 인도의 간디와 비견할 만한 인물이다"라고 극찬해 마지 않았다. 랭던은 서울 주재 미국총영사(1945~48)였으며 주한미군 총사령관의 정치고문(1946~47)이었고 미·소공동위원회의 미국대표로 활약하였으며 한국 정계 및 정치인들과 교분이 많았던 인물로서 그가 몽양을 누구보다도 존경하고 신뢰했다는 것은 널리 알려진 이야기이다. 한번은 이런 일이 있었다.

1947년 3월 몽양이 전국 순회강연을 하면서 대구에 이르렀을 때 뜻밖에도 서울에서 랭던 공사의 장거리 전화가 왔다. 랭던은 몽양에게 "인도에서 국제회의가 열리는데 한국대표단의 단장으로 추천되었으니 곧 상경해주었으면 좋겠다"라고 말했다. 몽양은 자기가 존경하는 인물 네루 수상을 만날 수도 있을 이 회의에 참석하고 싶었으나 결국 포기하고 말았다. 그 이유는 미군정 하의 사절단장으로 가려는 몽양의 인도행을 좌익에서 반대한 것과, 한편으로는 몽양의 존재가 미군정 안에서 점점 커지는 것에 불안을 느낀 우익에서 시기한 때문이었다.

주지하다시피 몽양은 타고난 웅변가였고, 그 누구의 추종도 불허할 만큼 외모가 당당하고 잘생겼으며, 그를 대하면 누구나 그의 지도자로서의 덕성과 성격에 매혹되는 보기드문 인물이었다. 그가 종전같이 단순히 좌익 편향이 아니라 미·소 어느 쪽에도 편향되지 않는 자주적 입장에 서자 점점 그 존재와 영향력이 커졌고 이에 누구보다도 우익 측에서 큰 위협을 느꼈다고 몽양의 계씨 여운홍은 말한다. 그래서인지 몽양의 암살에는 결코 단독범이 아닌 복잡한 배후가 있다는 여러 낌새가 보였다고 한다. 마치 2년 후 닥쳐올 백범의 암살에서와 같이.

특히 랭던은 몽양의 인물론에서 이렇게 고인을 말하였다.

내가 몽양과 접촉하고 또 의견을 교환한 모든 경우에 몽양은 공산주의적 교조나 사회이론, 혁명적 폭력이나 계급적 증오에 대한 흥미 내지 편애를 표시한 적이 한 번도 없었다. 나의 개인적 해석으로는 몽양은 한국의 분단을 고정시키기 쉬운 고식적인 정치적 조처에는 관여하고 싶은 생각이 없으며 따라서 그는 남한에서 미군정이 세우고 있던 몇 가지 제도에 대하여 아무런 관심도 표시하지 않았을 것이다.

랭던은 몽양이 만약 살아 있었다면 장차 세워질 남한단정에는 참여하지 않았을 것이라고 본 것이다. 이 점에 있어서 몽양은 민세 안재홍보다는 백범 김구의 길을 택했을 것이며, 만약 살아 있었다면 그의 운명도 이승만 치하에서 아마 백범과 같은 운명이 되었을는지 모른다. 랭던은 다시 이렇게 말했다.

몽양이 비명에 숨졌을 때 나의 기억에 남아 있는 모든 말과 행동을 종합하고 분석함으로써 내가 도달한 결론은, 몽양이 개인적으로 또 정신적으로 소련보다는 미국과 더 가까웠지만, 정치적으로는 이들 양국에 대하여 절대적으로 중립적이었으며 그가 갖고 있던 유일한 목적은 미·소 양국으로 하여금 가급적 빨리 한국에서 물러가게 하는 일이었다.

몽양이 암살당한 지 1년 후 한국을 영원히 떠나기에 앞서 아내와 나는 몽양 영전에 화환을 바칠 수 있도록 그의 묘지로 안내해줄 것을 그의 계씨인 여운홍 선생에게 요청하였더니 쾌히 승낙해주었다. 이리하여 우리는 넓고 아름다운 한국의 농촌 경치를 내려다볼 수 있는 산비탈에 자리잡고 있는 몽양 묘지 앞에 모여 위대하고 고귀한 그의 뛰어난 인격을 추모하였다.

미국의 공사였으며 미·소공위 미국 측 대표였던 랭던의 이 추억담을 통해서 우리는 비명에 간 지 이미 36년이 지난, 그래서 오늘의 젊은 세대들에게는 거의 이름조차 잊혀진 몽양 여운형의 참 모습을 되살려볼 수 있을 것 같다.

형님의 장례는 가장(假葬)을 했다. 남북통일이 이루어지고 양쪽에 흩어져 있는 가족과 동지들이 함께 모여 또 한 번 장사를 지내기 위하여 관을 철로 만들고 관 속에 방부제를 많이 넣어서 30년간은 방부할 수 있도록 해두었다. 그리고 가매장이었으므로 치산(治山: 산소를 매만져서 다듬음–편집자)을 영구적으로 하지 않았고 비석이나 그밖의 기념물도 세우지 않아 묘소에 가보면 퍽 황량하게 느껴진다. 하루 속히 이 땅이 통일되어 내가 죽기 전에 다시 한 번 형님의 얼굴을 보고 완전한 장사를 지내게 되기를 바라는 마음 간절하다.

그러나 36년이 지난 오늘날까지 남북통일은 이루어지지 않았고, 흩어진 가족과 동지들이 함께 모여 완전한 장사를 지내고 싶다던 동생의 소원도 이루어지지 않은 채, 그마저 가고 지금은 아무도 없다. 오늘날에 볼 때 몽양의 비극적 생애는 결코 한 개인의 운명이라 할 수 없을 것이다. 그의 비극은 바로 우리 민족의 비극이었다. 몽양이 가던 날 그를 따르던 수많은 시민들은 흐르는 눈물을 씻으며 이런 애도가를 불렀다.

아! 우리의 몽양 선생
위대한 지도자, 인민의 벗
땅 위에 떨어진 거룩한 피는
여기 인민의 가슴에 뭉쳐 있나니
고이 잠드시라 우리의 몽양 선생
우리는 기어코 원수를 갚으오리다

"해방되어 38선 나라의 허리 끊고
그 더욱 슬펐기는 동족을 죽인 무덤!
더욱이 안타깝긴 모략 받아 죄없이 죽어간 사람들
저기 저 사이비 군자들
맹세코 이 땅에서 쓸어버리리.
길에서 죽기로니 무슨 한이랴."

김창수

민족을 향한 한 유림의 지조론

시대를 앞서간 새시대의 유생

도봉산에 올랐다 하산하는 등산객이라면 한 오솔길을 내려오다 왼쪽 구석진 곳에 그리 크지 않은 아담한 산소 하나를 발견할 것이다. 아마 대부분의 젊은이들은 관심 없이 이 산소를 지나쳐버릴 것이다. 좀 조심성 있는 사람이라면 그것이 한때 귀에 익은 듯한 분의 산소 같구나 하는 정도로 생각이 미칠는지 모르겠다. 김창숙(金昌淑, 1879~1962) 선생은 일반에 그만큼 널리 알려져 있지는 않다. 이 땅에서 명사라고 하면 으레 높은 벼슬을 하거나 큰 기업을 경영하거나 해야 한다. 돈도 없고 벼슬도 한 일이 없다면 아무리 그가 훌륭한 분이라 해도 이 사회에서는 낯선 사람이고 화제에 오르거나 관심의 대상이 되지 않는다.

아마 오늘 우리 사회에서 김창숙 선생처럼 화제에도 오르지 않고 관심의 대상도 되지 않는 분은 없을 것이다. 일제 치하에서 성년이 되면서 항일운동을 시작하여 적 앞에 추호도 타협하지 않고, 그래서 모진 고문 끝에 다리병신이 되어 평생토록 앉은뱅이로 삶을 보낸 사람이 바로 김창숙 선생이다. 민족을 위한 항일투쟁으로 평생을 바친 그는 일제의 통치 그 자체를 인정하지 않았으므로 일본의 법 같은 것을 인정할 리 없었고 따라서 그 법 위에서 무죄·유죄 여부를 변론하겠다는 변호사도 받아들이지 않았으며 항소도 하지 않았다. 싸우다 적에게 포로가 된 이상 적의 손에 죽을 수밖에 없다는 것이 김창숙의 주장이었다.

하늘을 우러러 한 점의 부끄러움 없는 철두철미한 항일투사라면 우리는 으레 단재 신채호, 백범 김구 그리고 심산(心山) 김창숙부터 손꼽을 수 있을 것이다. 그래서 오늘날 단재는 학계에서 그 진가가 올바르게 평가받기 시작했으며, 백범은 이미 이 나라의 가장 위대한 민족지도자로 추앙을 받고 있는 것이다. 김창숙은 어떤가? 8·15를 지나 1950년대를 거쳐 1960년대까지 장수했건만, 그는 벼슬을 한 일이 없고 재산을 모은 일도 없고 말년에 집도 없이 여관이나 친지의 집을 전전하다 태연히 생을 마치신 분이다. 그가 벼슬을 하고자 했거나 돈을 모으려고 했다면 족히 그렇게 할 수도 있는 능력이 있었다. 본래부터 욕심이 없는 그는 8·15 후에도 독재를 반대하고 통일운동을 벌이다가 이승만의 미움을 샀고 그래서 변함 없는 형극의 길을 걸었다.

필자는 『심산유고』(心山遺稿)를 읽으며 때로 머리를 수그려 감격하기도 하고 때로 눈물이 앞을 가려 읽어가지 못한 일이 한두 번이 아니었다. 심산은 어려서 유학을 배운 이후 평생 대의명분을 위해서 살았던 사람이다. 그러면서도 다른 유학자와 달리 시대의 변천을 이해하였고 여러 면에서 단재 신채호와 통하는 점이 있었다. 심산을 역사 위에 놓고 볼 때 유교사상에 생을 바친 항일애국자로서 일면 한계 같은 것이 없지 않았지만, 그처럼 자기가 배운 유교의 대의(大義)에 철저한 사람도 없었을 것이다. 이 땅의 마지막 '선비'로서 그 생애를 마친 분이 아닌가 한다.

선생의 이름은 창숙(昌淑)이요, 자는 문좌(文佐), 호는 심산(心山)이라고 하였다. 그는 1879년 7월 10일 경상북도 성주군 대사면 칠봉동에서 유림으로 명망이 높았던 김호림의 외아들로 태어났다. 김호림의 학문이나 업적에 대해서는 별로 알려진 것이 없으나, 그의 글에 의하면 그의 아버지는 당시 일반 양반과는 달리 완고하지 않고 시국에 대해 한걸음 앞을 내다보는 선견지명이 있었다고 한다. 김호림은 오래 살지 못하고 심산이 18세 때 세상을 떠났으나 그가 아버지에게서 배운 바는 결코 작은 것이 아니었다.

어느 땐가 이런 일이 있었다. 농사일에 한창 바쁜 여름날 그의 아버지는 서당에서 글을 읽는 여러 학우들과 그를 들에 내보내 일을 거들게 했다. "너희들이 글만 읽을 것이 아니라 먹고 사는 식량을 생산하는데 농부들의 노력이 얼마나 큰 것인가를 직접 체험해보지 않으면 안 된다" 하고 농부들과 모내기를 함께 하도록 했다. 백면서생인 그들에게는 실로 힘에 겨운 일이었으나 이럭저럭 점심때가 되어 점심밥이 일하는 여자들의 머리에 얹혀서 논둑까지 운반되어왔다.

그런데 비록 바쁜 일을 돕기 위해 양반 자제인 서당의 젊은 선비들이 농부들 틈에 끼여 일은 했을망정 상민들과 자리를 같이하고 식사를 할 수는 없었다. 당시의 상식으로는 양반이 상것들과 한자리에서 식사를 한다는 것은 생각할 수도 없는 일이었다. 그러나 심산의 아버지는 이들 젊은 선비들을 느티나무 밑에 농군들과 이리저리 섞어 앉히고는, "오늘은 너희들도 모두 농부다. 그런즉 점심도 연령 차례로 나누어준다. 이 자리에는 나이 많은 사람이 어른이니 누구는 일꾼 누구는 주인 또는 양반 하는 따위는 생각할 필요가 없다"고 하였다.

이에 대해 여러 선비들은 속으로 불평과 아니꼬운 생각을 금할 수 없었으나 어른이 시키는 일이라 어찌할 수가 없었다. 점심이 끝난 다음 심산의 아버지는 그들을 별도의 자리에 모아놓고 타이르기를 "오늘의 시국을 어제의 눈과 머리로만 보아서는 안된다. 국내뿐 아니라 바야흐로 온 천지가 크게 변동해가고 있다는 것을 알아야 한다. 너희들은 앞으로 내 말을 몇 번이고 새겨 길이 명심해서 처세할 방도를 새로 강구하는 것이 옳을 것이다"라고 했다.

심산은 아버지의 훈계의 뜻을 당시로는 이해하지 못했으나 그후 과연 세상은 크게 변해 문벌타파와 노예해방의 법과 제도가 차례로 공포되었다. "내가 우리 아버지를 배우지 않고 누구의 무엇을 배운단 말인가." 심산은 낡은 것을 일체 혁신하는 새로운 경륜을 세울 뜻을 가지게 되었다.

심산은 어린 시절부터 성질이 소박하고 강직하여 가식과 양보가 없었다. 하루는 친구가 다가와 이런 농담을 던지는 것이었다. "자네 이름을 우(愚)라고 부르면 어떤가?" 그는 즉석에서 친구의 이 말을 기꺼이 받아들여 조금도 언짢은 기색 없이 스스로를 대우(大愚)라고 칭하였다. 또 한번은 그가 어려서부터 병이 잦았고 모진 고문 끝에 앉은뱅이까지 되어 평생을 병 속에 살아왔다 하여 누군가 그를 벽옹(躄翁)이라 하는 것도 좋지 않겠느냐고 농을 한즉 그는 그후 자기를 언제나 '벽옹'이라 부르거나 '김우'라고 하여, 세상에서 통하기도 했다.

그리고 그는 지나치리만큼 결백했다. 그가 22세 때 당시의 세도가 이유인(李裕寅)이 문객을 시켜 그를 서울에 올라오도록 한 일이 있었다. 사람들을 통해 그의 인품을 들은 바 있어 벼슬자리를 주기 위해서였다. 그러나 심산은 이를 사양했다. 이유인이 두 번째 사람을 보냈지만 그는 건강을 이유로 끝내 사양했다. 이미 일본의 침략과 매국 아첨배들로 나라 정치가 극도로 어지러울 때였으므로 김창숙으로서는 그러한 부패한 무리들과 더불어 정부에 들어가 일할 생각이 없었던 것이다.

1905년 일본은 러시아와 전쟁을 일으키고 승전이 확실해지자 이른바 을사보호조약을 체결하였다. 이 매국조약을 찬성한 이완용·이지용·박제순·이근태·권중현 등을 세상에서는 을사5적이라고 욕했다. 김창숙은 동지들과 서울에 올라와서 "5적의 목을 베어야 한다"는 상소를 올렸으나 아무런 반응도 없이 묵살되었다. 동지 이대계는 비분강개한 나머지 해외로 망명의 길을 떠났고 김창숙은 연로한 어머니가 계셔서 같이 떠나지 못했지만 그는 이미 자기 목숨을 나라에 바칠 각오를 굳혔다. 그리고 김가진이 중심이 된 대한협회에 가입하여 지부를 사실상 움직이는 총무

심산 김창숙 유영(遺影). 그는 유학자이자 뛰어난 문장가로서 평생 조국과
겨레에 고결한 지조를 지키며 자신의 모든 것을 헌신했다.

직을 떠맡았다.

그가 유생이면서도 시대의 변천에 따라 앞서 가는 진보적 인물이었다는 것은 이 지부에서 행한 그의 연설에서 뚜렷이 나타나 있다. 그는 이 연설에서 "우리가 대한협회 지부를 결성한 것은 나라를 구하자는 데 있다. 그러기 위해서는 구습을 혁신해야 하며, 구습을 혁신하려면 먼저 계급을 타파하지 않으면 안된다"고 주장하였다. 여기서 말하는 계급이란 양반 · 상민의 신분차를 두고 한 말이다. 이런 연설로 해서 김창숙이 이미 유교의 완미성(頑迷性)에서 벗어나 있음을 볼 수 있다. 그러나 그는 완고한 보수적 유생들의 공격의 대상이 되었다.

일본이 한국의 외교권을 약탈한 이른바 을사보호조약 체결 후 이토 히로부미(伊藤博文)는 1909년 친일 역적인 일진회(一進會)의 송병준과 이용구를 앞장세워 '한일합방'을 주장하고 나섰다. 이 소식은 모든 한국인에게 놀라움과 비분과 충격을 주었으나 보복의 후환이 두려워 아무 말도 못하고 있었다. 김창숙은 분연히 일어났다. 그는 "이런 역적들을 처치하지 않는 사람 또한 같은 역적"이라는 격렬한 격문을 뿌렸다. 이로 해서 김창숙은 8개월간의 옥고를 치렀다. 8개월간의 이 옥고는 김창숙으로 하여금 항일민족의식을 더욱 굳게 했다.

1906년 일본의 차관을 갚기 위한 국채보상의 일환으로 단연(斷煙)운동이 벌어졌다. 그러나 김창숙은 모금된 돈이 중앙에 전달되어 보아야 필시 매국 역적들의 손에 들어갈 것이 틀림없다 하여 그 돈으로 사립학교 성명학원(星明學院)을 세웠다. 유생들은 신학문을 사학(邪學)이라 하여 배척을 하던 때라 심산이 신식학교를 세웠다는 소식을 듣고는 심산이 우리 자제들을 못쓰게 만든다고 야단들이었다. 보수 유학이 건재하고 있는 시대였지만, 이미 그는 한 시대는 앞서 살고 있었다는 것을 보여주는 한 예라 할 것이다. 심산은 "누가 무어라고 욕해도 좋다. 내가 어찌 내 선조를 잊으며 유림을 저버릴 수 있겠는가. 한때 유림의 뜻을 거스르더라도 사방에서 배움에 목말라 모여드는 젊은이들을 거절하지 못하겠다. 신진을 새로 양성함으로써 앞날에 훌륭한 인재를 길러내게 되면 언젠가는 내 뜻을 알게 될 것이다"라고 뜻을 굽히지 않았다.

3·1운동으로 다시 가다듬은 정신

1910년 나라가 망했을 때 심산은 연일 통곡하면서 술을 통음하고 건강을 돌보지 않았다. 그는 이후 한동안 낚시질로 세월을 보냈다. 물속에서 자유로이 뛰노는 고기들이 한없이 부럽고 우리 민족은 저 고기들만도 못하다며 개탄하고 눈물을 지었다. 이러한 심산이 민족을 위해 몸을 바칠 하나의 전환기, 3·1운동을 맞이하게 되었다.

3·1독립선언은 알다시피 유림이 빠진 채 기독교·천도교·불교 지도자들만의 거사가 되었다. 심산은 병환 중인 노모를 봉양하다 뒤늦게 이 사실을 알았다. 그는 거사날인 3월 1일 서울 파고다공원에서 천지가 진동하는 듯한 만세소리를 들으며, 동행한 경북 출신의 독립지사 김정호(金丁鎬)의 손을 맞잡고 울음을 터뜨렸다. 33인으로서 독립선언에 참가하지 못한 것을 한없이 통탄한 그는 자신이 중심이 되어 유림 137명의 연명으로 파리 국제강화회의에 보낼 「파리 장서」를 작성했다. 그는 자신이 이것을 직접 파리로 가져가기 위해 극비리에 국외로 탈출, 1919년 3월 27일 상해에 도착했다. 장서(長書)의 요지는 다음과 같다.

천지자연의 법칙 속에 모든 인류는 제 나름의 삶의 양식이 있다. 특

히 여러 나라, 여러 겨레는 제각기 전통과 습속이 있어 남에게 복종이
나 동화를 강요받을 수 없다. [……]

우리 한국은 비록 작은 나라지만 삼천리강토와 2천만 인구로서 4천
년 역사를 지닌 문명의 나라이며 우리 스스로의 정치의 원리와 필요
한 능력은 갖추어 있다. 일본의 간섭은 전혀 배제되어야 마땅하다.
[……]

우리는 일본이 가한 포악무도한 통치에 더 이상 참을 수 없다. 이제
거족적으로 독립운동을 벌이고 있다. 우리는 맨주먹으로 일제의 총칼
과 싸우고 있다. 만국평화회의가 열릴 때에 우리는 희망에 부풀었고 폴
란드 및 그밖의 나라들이 독립한다는 소식을 들었을 때 우리는 더욱 고
무되었다. [……]

만국평화회의는 세계평화를 구현시키기 위한 거룩한 모임이다. 죽음
으로 투쟁하는 우리 2천만 생명의 처지를 통찰해줄 것을 믿는다.

유림으로부터 이 정도의 장서를 연명으로 작성해내는 데도 애로가 적
지 않았다. 당초에는 고종 국상일(國喪日)에 상경 중인 전국 유림들의 뜻
을 모으고자 했다. 심산은 영남의 명사 이중업과 유만식을 만나 의사를
타진키로 했으나 먼저 교섭한 유만식의 동조를 얻지 못했다.

또한 이 운동의 구심점이 될 전국 유림의 원로로 최고 석학 면우(俛宇)
곽종석(郭鍾錫)과 또 한 사람인 간재(艮齋) 전우(田愚)를 추대하여 영남
과 호남의 유림을 규합코자 했으나 전우의 반대에 봉착하여 호남 유림의
포섭이 불가능하게 되었다. 뿐만 아니라 경기·충청·함경·평안·황해
등 각도 유림과의 교섭을 위해 다녀온 인사들은 한결같이 유림의 규합이
여의치 못하다고 하는 것이었다.

유림의 규합이 왜 안 되었던가? 사실 퇴보적이며 독선적인데다 토지조사사업 후 이미 지주로서 일제의 보호 속에 들어간 그들에게서 항일을 기대할 수는 없었던 것이다. 이 운동에 참가를 기피한 호남의 거유 전우의 거부 이유를 소개하면 다음과 같다.

일제 독립운동을 전개한 33인이 민족의 대표라 자칭하나 이들은 모두 이단에 속한 천도교·예수교·불교인만으로 연서되었으니 어찌 우리 민족의 대표로 인정하겠는가? 우리 유림단이 그러한 이교인을 따라 종사하려 함은 도리어 큰 치욕이 될 줄 안다. [……] 독립운동이라는 미명에 빠져 이교도들의 뒤를 따라서는 안 된다.

전우의 이 같은 망언은 비단 전우만의 생각이 아니라, 당시 3·1운동에 대한 유림의 일반적 반응이었다. 다행히 충청도 유림의 일부가 비슷한 운동을 별도로 준비하고 있었으므로 그들과는 쉽게 합류할 수 있어 「파리장서」가 가능하게 된 것이다.

상해에 도착한 심산은 그곳에서 이시영·조성환·이동휘 등 독립운동 지도자들과 만나 구체적인 방안을 협의하였다. 그 결과 심산은 파리행을 중지하고 「장서」를 영문으로 번역하여 파리로 우송하고 다시 그것을 전 세계 각국에 공포하였다. 이에 당황한 일제는 국내 유림에 대한 일대 검거선풍을 일으켰다. 이것이 이른바 제1차 유림단사건이었다.

심산은 풍부한 한학 지식을 토대로 중국 정계요인과 접촉하면서 한민족 독립운동을 시작했다. 이때 상해에는 각처에서 많은 독립운동가들이 모여들었다. 안창호는 미국에서, 박은식은 북만주에서, 심구는 국내에서 왔다. 심산은 이들보다 좀 앞서 여러 인사들과 매일같이 회합을 가지면서

대한민국 임시정부 수립을 협의하였고 임시정부 수립에 앞서 임시의정
원을 개설하게 되었다. 심산은 경상북도를 대표하는 의정원 의원의 한 사
람으로 활약하였다. 임시헌법이 통과되고 각부 총장(장관)이 뽑혀 임시
정부는 일단 성립되었다.

한편으로 심산은 상해에 와 있던 중국 혁명의 아버지 손문과 만났다
(7월 초). 통역을 사이에 두고 장시간 의견을 교환했는데 3·1운동을 언
급한 손문은, 나라를 잃은 지 불과 10년밖에 안되는데 그와 같은 큰 혁명
운동이 일어난 것은 동서고금 역사에 보기드문 일이라고 감탄하면서 3·1
운동에 관한 여러 가지 질문과 자기 의견을 말하기도 했다. 손문은 심산
이 가지고 있는 민족독립에의 의지와 정열, 그리고 전통적 교양 및 국제
적 안목에 대단한 호감을 보였다. 헤어질 때 손문은 자기가 쓴 『손문학
원』(孫文學院)이라는 두 권의 책에 사인을 하고 도장을 찍어 심산에게 주
면서 "이것은 나의 30년 혁명운동의 체험에서 얻은 것이니 읽어보시면
귀하의 혁명투쟁에 참고가 될 것이다"라고 특별한 호의를 베풀었다.

1919년 8월경 심산은 손문에게 연락하고 남중국의 광주로 가서 국민
당 정부요인들과 두루 접촉하였다. 국민정부 참의원·중의원 의원들의
발기로 각계인사 3백여 명이 참가한 가운데 '한국독립운동후원회'가 결
성되었다. 중의원 부의장 저보성(楮輔成)이 의장으로 사회를 맡았는데
심산은 이 자리에서 일장연설로 두 나라의 공동투쟁을 다짐하여 만장의
박수갈채를 받았다.

후원회는 구체적인 계획을 세워 상해에 있는 임시정부를 돕기 위한 모
금운동을 전개하였고, 심산과 특별히 가까운 오산(吳山 : 외교부 차장)과
능월 등이 유학생을 위한 학자금을 마련하여 김상덕·장필석 등 유학생
을 광동으로 불러왔다. 그러나 1920년 광동정부가 붕괴된 후 이 모든 준

비는 수포로 돌아가고 말았다.

이 무렵 이승만이 미국정부에 제출한 조선반도 위임통치청원 사실이 밝혀져 임정 안에 큰 파문이 일었다. 이 위임통치청원은 3·1운동 이전에 제출된 것이었지만 이승만이 숨기고 밝히지 않아 아무도 모르고 있다가 북미에 있는 한 동포의 편지로 그 사실이 임정에 알려졌다. 임정 안에서는 심산을 비롯해 단재·백암 등 여러 동지들이 상의한 결과 이승만이 일방적으로 조선민족의 이름을 도용하여 미국에 위임통치를 진정한 것은 독립운동사상에 큰 치욕을 끼친 것이니 이승만에게 이 뜻을 전해 그가 그 청원서를 취소하고 민족에게 사과할 것을 요구하기로 했다.

그러나 이승만은 이러한 요구를 묵살하고 회답을 보내오지 않았다. 이같은 무책임한 처사에 분노한 단재·백암·심산 등은 이승만을 성토했다. 그러나 이동녕·이시영·안창호·김구 등은 소극적이었다. 결국 위임통치청원은 민족 전체의 소망이 아니라 이승만 개인의 생각에 지나지 않기 때문에 그 부작용이 국내외에 미쳐서는 안 된다는 판단 아래, 독단적으로 행동한 이승만의 행위를 규탄한다는 내용의 성토문을 인쇄해 발표했다.

이로 말미암아 임정은 반이승만파와 친이승만파로 분열되기까지 했다. 그러나 이승만을 성토하는 소리는 날로 높아가 마침내 탄핵재판소가 개정되어 이승만의 대통령직이 파면 선고되었다.

해외 독립운동에서의 이와 같은 분규는 독립운동전선의 논리와 권력을 약화시키는 것이다. 이승만이 임정 내의 여론을 존중하여 경위를 해명하고 근신하는 태도를 취했더라면 무사히 수습될 일이었으나 그의 독선과 오만으로 사태는 더욱 악화된 것이다.

한편 당장 독립될 것으로 기대하고 제출했던 대한독립안은 미국의 외면으로 파리강화회의에 상정조차 되지 않았다. 그리고 전승국인 일본은 오히려 나날이 융성·발전하는 것처럼 보여, 한때 구름처럼 모였던 지사들도 점점 줄어들고 임정도 겨우 명의만 유지하는 한심한 지경에 이르렀다. 사태가 암담해지자 손정도·김병조·이광수 등 적지 않은 한때의 독립운동가들이 일제의 회유에 빠져 속속 적에게 전향·귀순하였다.

의열단운동으로 길을 모색하다

중국에 망명한 후 심산의 활약이 알려지자 일제경찰은 총력을 기울여 그를 체포하려고 하였다. 일제는 김달하(金達河)라는 고등밀정을 파견하여 포섭하려고도 했다. 김달하는 경제적으로 곤궁한 심산을 여러 가지로 도우면서 동포로서의 우정을 표시하다가 마침내 독립이 절망적이니 귀국하는 것이 어떻겠느냐고 나왔다. 이미 총독부 당국과 연락해 심산이 귀국 후 일할 수 있도록 경학원 부제학(經學院副提學) 자리를 공석으로 남겨놓았다고까지 했다. 분통이 터진 심산은 자리를 박차고 나온 후 다시는 김달하의 집을 찾지 않았다. 김달하는 그후 얼마 되지 않아 다물단원(多勿團員)에 의해 교살되고 말았다. 이 무렵 중국에는 조선총독부에서 보낸 밀정이 우글우글했다.

김달하의 귀순공작으로 분노한 심산에게 이번에는 고향의 믿을 만한 친척한테서 귀순을 권고하는 편지가 날아왔다. 그 내용은 경북 성주(星州)에 있는 심산의 집을 새로 세우는 한편 토지를 사들여 생활보장을 해주고 심산의 지금까지의 크고 작은 범죄사실을 일체 불문에 부칠 뿐 아니라 앞으로 총독부에서 신변을 특별히 보장해주겠다는 것이었다. 그렇지 않아도 북경시절부터 같은 동지로서 손잡고 일해오던 남형우·김응섭이 변절하고 일제에 투항하였을 뿐 아니라, 망명 초기부터 상해·북경·광동으로 전전하면서 생사고락을 같이하던 동지 손영직마저 일제에 투항해 한없이 괴로운 판에, 같은 동족으로 또 친척의 몸으로 적에게 투항할 것을 권고하는 편지까지 받고 보니 심산의 마음은 더없이 괴로웠고 밤마다 술에 만취해 괴로움을 잊으려고 했다.

적에게 투항하는 동지들이 늘어나는가 하면 한편으로 광복운동을 벌이는 동지들의 신변은 더욱 위험해졌다. 심산은 우당(友堂) 이회영(李會榮)과 독립운동의 새로운 방략을 강구한 결과, 일본세력이 미치지 못하는 중국 오지인 수이원 파오투오, 즉 지금의 내몽고 자치구의 황무지 3만 정보를 빌리는 데 성공하여 그 땅을 개간하기로 했다. 문제는 만주의 동포들을 이곳으로 유치하려면 약 20만 원의 돈이 필요하다는 것이었다. 이만한 대금을 마련할 길이 없어 국내로 사람을 보내려 해도 적당한 사람이 없었다.

죽으나 사나 심산 자신이 국내로 잠입할 수밖에 없었다. 때마침 면우의 문집을 간행키 위해 유림들이 서울에 모여 있다는 소식도 있어 심산은 아주 좋은 기회라고 생각하고 1925년 8월 만주 길림을 경유, 압록강을 건너 국내에 잠입했다. 그리고 일제의 감시망을 뚫고 몇몇 유림 동지들을 각처에 보내 자금마련을 도모했다. 그러나 1925년 8월부터 다음 해 3월까지 걷힌 돈은 불과 3,500여 원에 지나지 않았다.

3·1운동의 불길이 일어난 지 이제 겨우 6~7년밖에 되지 않았지만 국내에는 독립에 대한 열기가 거의 식어버리고 모금운동에 협조하는 부호가 거의 없었던 것이다. 어느 젊은 동지는 권총을 들이대며 협박도 했으나 별 효과가 없었다. 진주의 한 지주는 지하에 숨어 있는 심산에게 일본에 귀순하라는 권고까지 하였고, 이에 심산은 "친일지주들의 머리를 베어 독립문에 달아두지 않고는 우리의 독립이 달성되지 않을 것이다"라고

분노했다.

　동래 범어사에서 동지들과 마지막 회합을 가진 심산은 소감을 피력했다. 그는 모금의 실패 원인을 민심이 죽어 있는 탓으로 보았으며 그것은 또 일제의 위장된 '문화정치'에 매수된 지식층과 주구화된 관리, 지주를 포함한 부호들 때문이라고 분석했다. 심산은 잠자고 있는 민중을 일깨우는 방향으로 새로운 독립운동 전술이 실행에 옮겨져야 한다고 생각하기에 이르렀다. 그리하여 그는 국내에서 모금해온 돈으로 청년결사대를 국내에 잠입시키기로 하고 의열단원 나석주 의사를 파견했다. 그는 서울에 잠입하여 조선식산은행과 동양척식회사에 폭탄을 던지고, 달려드는 동척 사원과 경찰 간부 등 일본인 여러 명을 쏘아 죽이고 자살하는 놀라운 사건을 일으켰다.

　이 무렵 심산은 의열단의 고문으로 활약하고 있었다. 뒤늦게 심산의 국내 잠입과 출국 사실을 안 경찰은 일제검거에 나서 6백여 명에 달하는 유림이 피검되었다. 이것이 이른바 제2차 유림검거사건이었다.

　1926년 12월 27일 대한민국 임시정부 임시의원회는 의장에 이동녕, 부의장에 심산을 선출하였다. 그런데 이 무렵 심산은 치질이 악화되어 공동조계에 있는 공제병원에 입원했다. 이 공제병원은 영국인이 경영하는 병원이었으므로 신변이 안전할 것이라 믿고 입원했던 것이다. 심산의 알선으로 광주에서 공부한 유세백과 박겸 두 사람이 문병을 왔다. 이들이 일제의 밀정으로 변했다는 소문이 있었으나 전에 심산이 이들의 식생활까지 편의를 보아준 일이 있어 설마하고 믿었다. 그러나 이들이 다녀간 후 즉각 일경이 나타났다. 영국경찰이 일제영사관의 형사 6명을 안내하여 병원을 방문한 것이다. 일제형사는 서슴지 않고 영국총영사가 발행한 체포영장을 제시하고 심산의 손에 쇠고랑을 채웠다. 영국영사관에서 앞

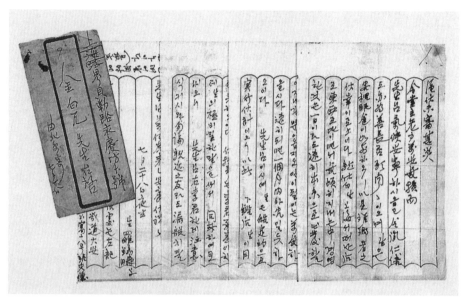

의열단원인 나석주 의사가 북경에서 자신의 활동상황을 김구에게 보고한 편지.
심산은 침체된 독립운동을 반전시키고자 김구·이동녕과 더불어 나석주 의사를 국내에 잠입시켰다.

장서 체포에 협력할 줄은 꿈에도 생각지 않았던 심산은 마침내 일본경찰의 손에 넘어가고 말았다. 때는 1927년 5월 11일이었다.

일제의 법률 자체를 거부하다

병상에 누운 채 영국군과 일본경찰에 의해 체포된 심산은 일본영사관에 인도되어 시모노세키를 거쳐 부산항에 도착하였다. 대기하고 있던 한국형사 최석현·남학봉·고창덕 그리고 일본형사 오카다(岡田) 등이 심산을 인수했다.

수감된 지 3일 만에 굶주린 악마와 같은 형사들에 의해 연일 고문이 계속되었다. 그러나 심산은 적의 고문에 죽는 한이 있더라도 그들 앞에 굴복하지 않겠다는 결심을 세웠다. 이때 심산은 자신이 비밀리에 국내에 잠입했다 출국한 사실이 드러나 아들 환기가 일경에 체포되었고 모진 고문을 받고 출옥했지만 그 후유증으로 이내 유명을 달리하게 되었다는 소식을 접하게 되었다. 심산은 악마같이 고문을 계속하는 형사에게 다음과 같은 시 한 수를 적어주었다.

籌謀光復十年間
惟命身家摠不關
磊落平生如白日
何須刑訊苦多端

광복을 꾀한 지 10년간에
자식과 가정마저 잊었거늘

공명정대한 평생이 백일과 같은데

형신을 가해오는 그대들이 가엾도다.

심산의 시를 받아든 일인형사는 심산에게 예의를 갖추어 인사를 했다고 한다. 이 사건은 1년 이상을 끈 다음 살인 및 폭발물 단속 등의 죄명으로 1928년 10월 19일 대구지방법원 제2호 형사법정에서 변호인도 참석하지 않은 채 재판이 개정되었다. 심산은 재판장 심문에 "그렇다" "아니다" 또는 침묵으로 일관했다. "본적은?"이라는 심문에 심산은 "없다"고 답했다. "없다니?"라는 재판장 질문에 "나라가 없는데 본적이 있냐", 이런 식으로 재판에 임했다.

이 재판에는 일반인은 한 사람도 방청이 허용되지 않고 다만 고등계 형사 3, 4명만이 방청했다. 예심판사 하세가와는 언젠가 "나는 지금까지 조선인 독립운동자를 많이 대해왔지만 김창숙처럼 강의불요(剛毅不撓)한 사람은 일찍이 보지 못했다"고 감탄한 바 있다. 하세가와는 "그대의 꺾일 줄 모르는 투지가 장하기는 하나 조선이 무슨 힘으로 독립을 하겠다는 것인가?"라고 심산에게 말한 적이 있다. 심산은 "내가 보기에는 일본인의 안목이 지나치게 근시안적인 것 같소. 그렇게 천하 대세를 모르고 망동하는 것을 보면 멀지 않은 장래에 일본은 반드시 망할 것이오"라고 대답했다.

심산은 몇 년 만에 자기를 만나러 와 다만 눈물을 짓고 있는, 이미 백발이 된 부인에게 "내가 집을 잊어버린 지도 벌써 10년이 지났으니 이미 남과 같이 돼버린 이 남편에 대해 걱정해도 소용없으니 아무말도 묻지 말아주오" 했고, 또 아들 찬기(燦基)에 대해서는 간곡한 어조로 "효제를 행하고 학업에 힘쓰라"고 당부하고는 더 말하지 않았다.

하루는 변호사 김용무와 손치은이 심산을 찾아와 변호를 맡아줄 터이니 위임서에 손도장을 찍어달라고 요청했으나 심산은 머리를 가로젓고 필요 없다고 했다. "일본의 조선통치를 처음부터 인정 않고 있는 나로서 일본법률을 가지고 죄의 유무를 변론해주는 것을 바라지 않는다"는 것이 그의 대답이었다. "적에게 포로로 잡혔으면 그들의 손에 죽는 길밖에 없다"면서 김용무 변호사에게 다음과 같은 시 한 수를 써 주었다.

병든 이 몸 구차한 생을 원치 않는다.
어찌 알았으랴 달성의 옥에 갇혀 해를 넘길 줄을.
어머님은 가시고 아들마저 죽었으니 집은 이미 망했고
눈물짓는 노처, 통곡하는 며느리, 꿈속에도 놀래었다.
기구한 저 사방득(謝枋得)은 무슨 낙을 찾으려고 도망했나?
강개한 문천상(文天祥)의 죽음이 한없이 그립구나.
인간의 운명은 하늘에 매였으니 병든 이 몸 구차히 살기를 원치 않노라.

그후에도 가족·친지들이 수없이 찾아와 변호를 받아들일 것을 간청했으나 심산의 대답은 여전했다. 김완섭 변호사도 다시 찾아와 끈질기게 위임장 승인을 요청하였다. 심산은 간수를 따라 면회실에 나타나 위임장을 제시하는 김완섭 변호사에게 다음과 같이 자신의 생각을 피력하였다.

나는 엄연히 대한의 국민으로서 외국인 일본의 법률적용을 부인하는 사람이다. 일본법률을 부인하면서 일본법률에 의하여 변호를 맡으려는 사람에게 나를 의탁한다는 것은 그 이상의 모순이 없다. 나는 엄연히 포로의 몸이다. 포로로서 구차히 살려고 발버둥치는 것은 곧 치욕이다.

내 평생의 지조를 일소에 부치고 싶지는 않으며 변호를 의탁하여 구구한 삶을 지속하고 싶지도 않다. 내 말은 이것뿐이니 돌아가주기 바란다.

이 말을 들은 변호사는 멍하니 한참 동안 정신을 잃고 서 있다가 그래도 재판에 불리한 영향을 미칠 것을 걱정하자 심산은 오히려 변호사를 위로하며 "나의 생사는 이미 포기한 지 오래니 너무 걱정할 것 없소"라고 웃음지으며 돌아서 감방으로 들어갔다.

그해 12월 심산은 무기징역을 구형받았고 판사는 14년형을 선고했다. 가족이나 친지들은 판결에 불복하고 심산에게 항소할 것을 권유했지만 그는 이 권유도 거절하였다. "변호도 거절한 난데 공소란 있을 수 없다"고 끝내 응하지 않았다.

감옥에서 찢어버린 『일선융화론』

심산은 14년형을 집행받기 위해 대전형무소로 이감되었다. 그는 처음 체포되었을 때의 혹독한 고문으로 두 다리를 상하게 되었고 회복되지 못한 채 병이 심히 악화되어 마침내 앉은뱅이가 되고 말았다. 병세가 어찌나 악화되었던지 옥의(獄醫)조차도 이런 중환자를 데려다가 형을 집행시킨다는 것은 너무 가혹하다고 말했을 정도였다.

형무소의 왕은 전옥(형무소장)이다. 그가 시찰하는 날에는 모든 죄수들은 머리를 수그려 경의를 표하는 것이 관례였다. 그러나 심산은 언제나 머리를 수그리는 일이 없었다. 하루는 전옥이 시찰왔는데 유독 심산만이

뻣뻣이 머리를 들고 경의를 표하지 않았다. 옥리는 "수인으로서 감히 전옥에게 예를 지키지 않는 무례를 저질렀으니 지금 곧 일어나 절하라"고 큰 소리로 호령을 했으나 심산은 "내가 만약 절한다면 침략자인 너희들에게 경의를 표하는 것이 될 터이니 어째서 내가 이런 못난 행동을 취해야 되겠는가"라며 끝내 절하기를 거절했다. 전옥은 하는 수 없이 돌아갔으나 극도로 화가 난 그는 간수를 시켜 그에게 허용했던 필묵과 서적을 모두 압수해가고 병동에서 끄집어내 잡범들이 우글거리는 좁은 방에 잡거시켰다. 심산은 당시의 울적한 심정을 토로한 다음과 같은 시를 남겼다.

病臥刑餘已七霜
行吾素位亦無傷
搶頭膜拜那堪說
憤淚難收欲裂腸

놈들의 매에 못 이겨 병든 지도 일곱 해
그러나 내 할 일 내 하니 무엇이 슬프리오.
머리를 굽혀 절하는 자 그들은 무어라 말하련고
의분에 겨운 눈물 나의 애를 끊는구려.

이 무렵 대전형무소에는 심산의 옛 동지였던 도산 안창호와 몽양 여운형이 서대문형무소에서 이감되어왔다. 반갑다기보다 이렇게 독립운동에 절대 필요한 인물들이 햇빛을 못 보는 생활을 하게 되니 민족광복을 위해 이보다 더 큰 손실이 없었다. 민족의 앞날이 암담하기만 하였다.

간수가 전해주는 이야기로는 도산이나 몽양은 모두 모범수라고 했다.

그들은 다같이 옥칙을 잘 지켜 저마다 상장을 탔다고 하며 머지않아 가출옥의 특전을 안게 될 것이라고 전했다. 과연 두 사람은 가출옥의 특전으로 얼마 후 출감해 나갔다는 소식이 전해졌다. 심산은 본래 병감에 있어야 할 몸으로 잡범들과 같이 있으니 가출옥이란 상상도 못했으며 또 기대하지도 않았다.

하루는 최남선이 지은 『일선(日鮮)융화론』이라는 책을 간수가 가지고 와 읽고 감상문을 쓰라고 했다. 최남선의 이력을 보니 중추원 참의, 총독부 조선사편수위원회 위원, 총독부 고전보존회 위원 등 다채로웠다. 심산은 유능한 학자가 이렇게 민족을 배반하고 일제에 귀순하는 것이 몹시 슬펐다. 간수가 재미있느냐고 질문하자 심산은 노기가 극에 달해 그 자리에서 책자를 구기고 비틀어 던져버렸다. "민족을 배반한 반역자의 미친개 짖는듯한 이 흉서를 내가 읽을 성싶으냐. 만육(萬戮)을 한대도 그 죄는 갚을 길이 없을 것이다"라고 소리쳤다. 심산은 간수가 내미는 필묵을 들고 다음과 같은 시 한 수를 적어 간수에게 전했다.

在昔宣言獨立辰
義聲雷動六洲隣
餓狗還爲元植吠
梁家匕首豈無人

그 옛날 내가 독립을 선언했을 때
의성이 우레 되어 육주를 진동했네.
원식 뒤따라 짖은 서 주린 개
양가의 비수가 용서하여 둘까?

간수가 시의 뜻을 물었다. 심산은 친일파 민원식이 양근환에게 피살된 사실을 자세히 설명해주자 간수가 깜짝 놀라 "14년이란 긴 형을 받고도 이렇게 격렬한 말만 하다가 어찌 살아서 옥문을 나갈 수 있겠습니까"라고 걱정해주었다.

어머니 무덤 앞에 서다

1934년 심산의 건강이 다시 악화되어 더 이상 복역할 수 없게 되자 일제도 하는 수 없이 그를 병보석해주었다. 그는 대구로 와서 입원하게 되었다. 이때 이호진·김곽제 등이 교대로 와서 돌봐주었다. 대구병원에서 수개월 치료하는 동안에 건강이 다소 회복되어서 살아 있는 둘째 아들 찬기의 집으로 퇴원했다. 1935년 심산은 대구 남산동으로 셋집을 얻어 이사했으나 감시는 계속되었다. 친척이나 친지들조차 후환이 두려워 문병을 오지 못했다. 심산의 건강은 회복되지 않았다. 1936년 3월 울산 백양사(白陽寺)로 떠나 좁은 방 한 칸을 얻어서 차대운과 벽을 사이에 두고 같이 거처하게 되었다. 차대운은 일일이 심산의 시중을 들어주었으며 몇 년을 하루같이 잠자리를 마련해주고 변기청소까지 해주었다.

1939년 4월 한인형사가 심산을 찾아와 "이제 감시가 완화됐으니 집에 돌아가 수양해도 무방할 줄 안다"고 말해 그는 만 5년 만에 자식의 집으로 돌아갔다. 그리고 실로 오랜만에 돌아가신 어머님의 산소 앞에 무릎을 꿇고 울었다. 돌아가실 때 망명 중이라 임종을 못 하고 오늘에야 10여 년만에 산소에 무릎을 꿇으니 심산의 눈에서는 눈물이 한없이 흘렀다. 그는 어머님 무덤 앞에 다음과 같이 고했다.

아, 슬픕니다. 소자의 불효한 죄는 천지에 용납되기 어렵습니다. 어머님께서 혼령이 있으시면 자식이 있다고 말씀하시겠습니까? 처음 어머님께서 별세하셔서 반함(飯含)·장사(葬事)·우제(虞祭) 때에는 소자가 먼 타국에 망명하여 나중에야 들어서 알게 되었고, 부제(祔祭)·대소상(大小祥)·담사(禫祀) 때에는 붙들릴 것을 두려워하여 달려오지 못했습니다. 필경은 포로가 되어서 모질게도 죽지 아니했사오나 죽어도 부끄러움이 사라질 수 없습니다. 무슨 면목으로 지금 와서 무덤 앞에 엎드려 감히 사정(事情)을 말씀드리겠습니까.

아! 참으로 슬픕니다. 기미년 근일 때 소자가 유림의 사명을 받들고 해외로 떠나려 할 때 어머님께서 심히 늙으셨고 또 모시고 봉양할 만한 형제가 없으므로 저는 여러 날을 주저했습니다. 중대한 의논은 이미 정하여졌고 촉박하므로 부득이하여 말씀드렸더니 어머님께서는 개연(慨然)히 명령하셨습니다.

"네가 이미 나랏일에 몸을 허락하였으니 늙은 어미를 생각지 말고 힘쓰라" 하셨습니다. 그때 어머님께서는 문에 기대고 서서 "네가 지금 천하일을 경영하면서 어찌 가정을 잊지 못하느냐"라고 단호히 꾸짖으셨습니다. 우리 어머님께서 지극히 인자하시나 사정(私情)에 구애되지 않으시고 의리로 결단하셨으니 소자가 비록 몽매하여 이룬 것이 없이 헛되이 보냈으나 감히 어머님의 교훈을 어찌 한시인들 잊겠습니까. 이른 아침부터 밤늦게까지 힘써 소생을 더럽히지 않을 것을 항상 생각하여왔습니다.

1939년 7월 19일. 이날은 심산의 회갑날이었다. 심산은 가족에게 술과 음식을 장만하지 못하게 했다. 많은 친지들이 술과 음식물을 장만하여 하루를 글과 노래로써 즐기자고 했지만 그는 일절 모든 행사를 사양했다. "지금 어찌 노래하고 즐길 수 있는 때냐"는 것이 심산의 태도였다.

1941년 미·일 전쟁이 발발하면서 조선 천지는 전시분위기가 더욱 짙어졌다. 한때 민족운동을 했다는 이름 있는 사람들도 하나 둘 일제에 굴복, 친일 협력을 하더니 마침내 거의 모든 지도급 인물들이 다투어 일제에 투항하는 듯이 보였다. 유림의 중망이었던 김동진·송준필도 솔선 창씨개명을 하였다. 불구의 몸으로 시골에서 요양하고 있던 심산의 마음은 더없이 외롭고 괴로웠다. 하나 둘 변절해가는 한때의 동지들의 뒷모습을 심산은 분노와 개탄의 눈으로 지켜보고 있었다.

하루는 일본 고등계 형사가 찾아왔다. "창씨 했습니까?" 그의 오만불손한 물음에 심산은 조금도 주저함이 없이 "안 했다"고 대답했다. "지금 전 조선인이 다 창씨를 하는데 왜 이제껏 하지 않았소?"라는 형사의 질문에 심산은 "우리 한인은 본래 성과 씨를 동시에 가지고 있으나 씨보다는 성을 더 중시하고 있어 나도 누구 못지않게 중하다고 생각하고 있는 사람이므로 창씨를 결코 반대한다"는 결연한 태도였다. 형사는 심산의 이러한 단호한 태도에도 불구하고 "누구도 이번 정책은 도외시하거나 반대할 수 없다"고 방약무인하게 협박했으나 심산은 "내가 싫다는 것을 억지로 창씨 시키려고 하는 것은 강권발동이다. 강권이라는 것이 얼마나 흉포무도한 것인지는 나도 잘 알고 있으나 내 이미 늙었고 병들어 죽을 날도 멀지 않았으니 이제 죽어도 한이 없다. 그러므로 나는 내 주장과 양심에 따라 결단코 이 정책에 응할 수 없다"고 굽히지 않고 말했다. 심산의 이 단호한 대답에 형사는 "당신이 아무리 창씨개명을 안 하겠다고 고집을 피워도 그렇게 맘대로는 되지 않을 것이오"라고 노기 띤 음성으로 겁을 주며 돌아갔다. 그후에도 형사는 2, 3차 거듭 찾아와서 창씨개명을 독촉했으나 심산의 확고부동한 대답에 일경도 더 이상 조르지 않게 되었다. 거의 모든 사람들이 저마다 경찰당국의 요구로 본의 아니게 창씨개명을 했으나 오직 심산 집안만이 창씨를 않고 버렸다.

광복의 그날은 왔으나

1943년 심산은 둘째 아들 찬기를 극비리에 중국 중경에 있는 임시정부로 보내 저간의 정세와 근황을 알아오도록 하였다. 일제 말의 그 삼엄한 감시망을 뚫고 국외로 탈출했다는 것은 당시의 상황으로 보아 생명을 건 모험이 아닐 수 없었다. 큰아들을 일제의 모진 고문으로 빼앗기고서도 둘째 아들을 전시체제로 빈틈없이 경계망이 쳐진 국경선을 뚫어 국외로 탈출시킨다는 것은 심산 아니고서는 못할 일이었다. 찬기는 기적적으로 국외 탈출에 성공, 중경에 도착했으나 광복된 조국 땅을 밟지 못하고 세상을 떴다.

그러나 이것은 후일에 알려진 이야기이고 심산은 이 무렵 감시망 속에서도 여운형 주도 하의 지하조직 '건국동맹'의 남한 총책으로 추대된 것같다. 얼마 후 8·15를 맞아 실제 활동을 할 기회는 없었던 것 같으나 그가 민족의 지도자로서 가지는 비중이 그만큼 컸다는 것을 말해주는 것이다.

심산은 1945년 8월 7일 돌연 왜관경찰서에 연행·구속되었다. 건국동맹은 은밀한 지하운동단체였으나 이것이 탄로되어 서울에서 많은 사람들이 구속되었고 이것에 연루되어 심산도 마침내 구속된 것이다. 그러나 이때는 일본의 패망이 거의 결정적이었으므로 일본경찰의 태도도 전과는 달리 상당히 완화되어 있었다. 심산은 취조다운 취조도 없는 채 구속 생활을 하고 있다가 15일 간수를 통해 전쟁이 끝난 것을 알게 되었다. 일

경의 손에서 풀려난 심산은 업혀서 집으로 돌아온 다음, 고향에서 치안유지에 필요한 청년단을 조직하고, 앞으로의 독립문제가 걱정되어 3남 형기(炯基)에게 업혀 서울을 찾았다.

심산은 여운형의 방문을 받고 건국준비에 관한 이야기를 듣는 한편 서울의 정계 동향을 보고 환멸과 비애를 느꼈다. 수십 개 정당이 우후죽순처럼 생겨 극도의 혼란을 빚은데다 그해 10월 16일 미국에서 돌아온 이승만을 만나려고 모여드는 인파로 대혼잡을 이루었다. 이승만 비서실은 일일이 개인과 만날 수 없어 단체의 대표증을 제시하는 자만을 만난다고 하자, 그후 각종 정당·사회단체 수가 430개에 달해 국제적인 화제를 모으기까지 했다. 정국이 이토록 혼미상태에 빠진 가운데 주로 영남·호서 인사들을 중심으로 민중당이 조직되더니 심산에게 당수에 취임해달라는 요구를 해왔다.

심산은 이를 단호히 거절하면서 "국가의 강토를 완전히 회복하지 못하고 정부도 서지 못한 이 마당에 정당의 난투가 이같이 치열하니 저 60여 개의 정당이 각각 정권을 다투고 정책을 저마다 달리한다면 우리 신생 대한민국은 반드시 이들의 손에 망하고 말 것이다. 여러분이 나를 당수로 추대했다지만 나는 허영에 움직여 당수에 취임함으로써 많은 정당들과 난투를 벌여 실신부국(失身負國)하는 사람이 되고 싶지 않다는 것을 알아달라"고 거절했다. 그들은 항의도 하고 애원하기도 했으나 심산의 이 같은 태도에는 변함이 없었다.

해방되던 8월 심산은 67회의 생일을 맞이했다. 심산은 아무런 정치적 욕심도 없고 다만 조국이 하루 속히 독립하는 것을 보고 싶을 뿐이었다.

그러던 어느 날 신문에 미국무성 극동국장의 담화문이 발표되었는데, 한국에 대해 앞으로 신탁통치를 실시하겠다는 보도가 전해졌다. 이 보도는 당장 독립하는 것을 당연한 일로 기대하고 있던 한국민에게 일대 충격을 주었다. 심산은 사태의 진전을 좌시하고만 있을 수 없어 내키지 않는 마음이기는 했으나 이승만에게 면담을 요청하여 비서일을 보고 있던 변영태(卞榮泰)의 안내로 이승만을 만나 신탁문제에 관한 이야기를 꺼냈다. 이승만은 "내가 미국에 있을 때도 이런 설이 떠돌고 있었으나 아직 미국정부의 확정된 정책이라고 보여지지 않으니 크게 근심할 단계는 아니다"라고 대답했다. 그보다도 이승만은 심산에게 "건국사업을 하려면 무엇보다 급한 것이 재정문제인데 혹시 응급에 필요한 금력이 있는가"라고 물었다. 심산은 내심 기가 막혀 탄식하지 않을 수 없었다. 이승만에게는 신탁통치 문제보다 먼저 돈이 급했던 것이다. 심산은 더 할 이야기가 없어 그 자리를 물러나왔다.

그후 얼마 되지 않아 모스크바 3상회담에서 한반도에 대한 신탁통치가 정식으로 결정되었다는 보도가 전해졌다. 전국이 물끓듯 소연(騷然)해진 가운데 '신탁통치반대 국민대회'가 결성되고 이어 1946년 1월에는 임시정부 주석 김구가 비상정치국민회의를 소집, 그중 8명을 추대하여 특별위원으로 삼았다. 이승만·김구·김규식·김창숙·권동진·오세창·조만식·홍명희 등이었다. 그러나 독립정부를 수립하기 위한 모체기관으로서 구성하기로 된 민주의원이 기실은 정부를 수립하기 위한 기관이 아니고 미주둔군 사령관 하지의 자문기관이라고 신문에 보도된 후로 심산은 두문불출 일절 외출하지 않았다.

이승만의 야심을 통박하다

심산은 민주의원의 최고정무위원으로 선출되었으나 민주의원이 한민족의 독립을 배반한 미군의 아첨기관이라 판단하고 정무위원 취임을 거부했다. 민주의원의 개막 실황이 라디오를 통해 전해졌다. 미군정청 제1회의실에서 하지의 사회로 이승만이 의장이 되어 회의가 진행되었다. 라디오를 듣고 있던 심산은 "슬프다. 저 이승만이란 자가 미국에 아첨하여 정권을 장악하고 독재정치를 하려는 징조를 여기에서 보겠구나. 국가의 앞날이 참으로 걱정이니 통탄할 일이다"라고 개탄했다.

2월 18일 심산은 김구·김규식·조소앙·안재홍·정인보 등 민주의원 10여 명에 의해 거의 반강제적으로 차에 태워져 민주의원 회의장에 끌려갔다. 이 자리에서 심산은 의장으로서 사회를 보는 이승만을 큰 소리로 불러댔다. 다음은 심산의 자서전에 기록된 당시의 생생한 기록이다.

나는 이어 큰 소리로 의장을 서너 번 부르고 조완구를 돌아보며 "그대는 잠깐 중지하시오. 내가 이어 말하리다" 하니 조완구도 허락해서 드디어 이승만을 크게 불러 질문을 시작했다.

"내가 오늘 이 회의장에 나온 것은 결코 외국에 붙은 기관인 민주의원을 승인해서가 아니고 다만 이승만 박사에 대해서 나라를 저버린 죄를 한번 성토코자 함이오. 아까 조완구가 질의한 대강은 내가 말하려는 바와 서로 부합되니, 천하 사람이 의를 인정함이 대략 같음을 알 수 있는 것이오. 당신은 지난 2월 1일 비상국민대회 석상에서 김구와 함께 최고정무위원의 선출을 위임받아놓고 당신 마음대로 민주의원을 조직해서 발표하고, 이를 하지 장군의 자문기관이라 했지요. 또한 김구의 식사와 당신의 개회사가 일체 서로 상반되니 이 일은 전적으로 당신 한 사람 수중의 농간으로 이루어진 것임을 알 수 있소.

당신은 국민대회가 위임한 일은 어디에 두고 감히 이처럼 기만해서 나라를 저버리는 행위를 한단 말이오. 당신의 속을 나라 사람들이 훤히 들여다보고 있거늘 당신은 무슨 면목으로 국민 앞에 민주의원 의장으로 자칭하고 감히 국사를 논하는가. 당신은 오늘 이미 민족을 팔았거니와 어찌 다른 나라에 국가를 팔지 않는다 보장하겠소."

이때 책상을 치고 호통하는 소리가 회의 장소를 진동하였다. 이승만은 급히 제지하여 말하기를 "아까 이미 조완구에게도 답변하지 않았으니 당신이 아무리 강요해도 결단코 응답하지 않겠소"라고 했다. 나는 더욱 큰 소리로 "당신은 답변할 말이 없으니까 불법수단을 써서 사람을 제지하려 드느냐"고 했다. 이승만도 소리를 지르며 "결코 응답하지 못하겠다"고 했다. 나는 회의석상의 사람들을 돌아보며 "오늘 이승만의 답변을 듣지 않고는 나는 해가 질 때까지 질문을 멈추지 않겠다" 했다. 이승만은 이내 성내어 부르짖으며 일어나서 "나는 결코 당신의 질문에 응하지 않겠소" 하며 퇴장을 선언하였다. 나 역시 책상을 치며 "당신이 내 질문에 응하지 않고 퇴장하다니 어찌 그리 비겁한가!" 하고 꾸짖었다. 이승만은 비서와 함께 허겁지겁 퇴장하고 나도 역시 그 자리에 오래 있고 싶지 않아 곧 자리를 떴다. 그후로 다시는 민주의원 일을 묻지 않았다.

심산의 대의를 위한 불 같은 성격은 단재 신채호를 방불케 한다. 8·15 후 미군정을 등삼고 국부를 자처하고 있는 이승만에게 이만큼 정면에서 들이대며 정치적 야심을 공격한 사람은 오로지 심산 한 명뿐이었다.

공위 참가를 거부한 유일한 민주의원

이윽고 열린 미·소공위가 어느 정도 진전되자 이승만은 이미 남한단정의 공작을 은밀히 진행하는 한편 한쪽에서는 백범과 공위 반대를 위해 행동을 같이하는 듯이 취했다. 그러나 심산의 자서전에 의하면 이승만은 양다리 작전을 펴고 있었다는 것을 알 수 있다.

심산의 동지들이 찾아와 김구가 정치적으로 점차 고립되어가는 듯하니 민주의원에 나가 그를 지원해줄 것을 권유하였으나 심산은 끝까지 응하지 않다가 김구가 찾아와 "이승만과 일을 하지 않는다고 해서 나하고도 같이 일을 하지 않겠소" 하고 간청하는 바람에 결국 김구와 같이 민주의원에 나가게 됐다.

심산은 그 자리에서 미·소공위에 참석하는 것을 맹렬히 반대하였다. 심산은 언성을 높여 "만약 공위에 찬성하여 정부를 수립한다면 이는 공위에 무릎을 꿇는 결과가 되며, 또 통일임시정부가 섰을 때 임시정부의 고관이 되어 그 자리를 잃을 것도 돌보지 않고 탁치를 반대할 수 있을 것인지 의심스럽다"고 비판하였다. 이때 김구와 조소앙과 심산은 반탁에 변함없이 강경입장이었으나 조완구·정인보는 다소 온건론이었고 김규식은 적극 찬성하였다. 김규식이 이승만과 함께 하지를 만나 오랫동안 숙의하고 나서 하지의 성명이 나왔다. 공위와 협력해서 정부를 수립한 연후에라도 반탁의 자유는 있지 않겠느냐는 내용이었다. 이에 민주의원들은 모두 기뻐했다. 이때 심산은 급히 이의를 제기하면서 다음과 같이 말했다.

여러분은 하지의 성명을 좋은 점괘나 얻은 듯이 믿고 따르려는데 소련 사령관 스티코프의 선언은 오직 찬탁하는 자에게만 공위에 참여하

성균관 대성전 앞에서 나란히 한복을 입고 앉아 있는 심산과 백범.
두 사람은 임시정부 시절 의로써 인연을 맺은 뒤 해방 후에는 통일정부 수립을 위해 서로 협력했다.

도록 할 방침이라 했으니 만약 그가 자기 말을 고집해서 하지의 성명을 배격한다면 미·소공위는 반드시 결렬되고 말 것이오. 여러분은 하지에게 붙어서 정부를 수립하려 하나 하지 혼자서 마음대로 될 일이 아니오. 여러분이 만약 정부수립에 급급하여 공위에 협력한다면 스티코프는 필시 천하의 우익 전체가 찬탁 산하에 투항의 깃발을 내밀었다고 소리칠 것이오. 그렇게 되면 국민들은 여러분을 나라 팔아먹은 자들이라고 욕할 것이니 여러분은 장차 어떻게 국민 앞에 나서서 스티코프에게 항복하지 않았다고 변명할 것입니까.

다음에 김구가 말했다. "우리들이 만약 하지의 성명만 믿고 공위에 나갔다가 나중에 스티코프의 반대를 받는다면 우리들의 진퇴는 낭패가 안 되겠소? 결국 자승자박이 될 것이오. 애초부터 공위에 들어가지 않음으로써 영구히 대의에 떳떳한 기록을 남기는 것이 옳지 않겠습니까?" 심산과 백범의 이 같은 주장에 민주의원 일동은 일제히 두 사람을 공박하였다.

김구는 반탁의사를 관철할 생각에서 민주의원 총리직을 사퇴하겠다는 뜻을 밝혔다가 일치된 공격을 받았다. 마침내 통일임시정부를 수립한 다음 전원이 생명을 걸고 반탁을 한다는 다짐이 있은 후 김구도 생각을 다소 누그러뜨려 사퇴를 철회했다. 김규식의 제의로 미·소공위 참가여부를 놓고 표결에 붙였으나 출석 의원 23명 중 오직 심산 한 사람만 부표를 던지고 김구까지 포함해 전원이 공위 참가를 찬성하였다. 이때의 심정을 심산은 자신의 자서전 속에서 다음과 같이 술회하였다.

슬프다! 내가 민주의원에 마지못해 나간 것은 오직 백범과 협조함에 있었는데 지금 백범도 시속의 논조에로 기울어졌으니 말해 무엇하겠는가. 나는 드디어 개연히 여러 사람들에게 말했다. "내가 홀로 부표를 던진 것은 단지 나의 심경을 밝히고자 할 따름이었소. 바라건대 여러분은 오늘 생사를 걸어 맹세한 말을 잊지 말고 잘들 분투해주시오."

이때 이승만은 공위 참가에 적극성을 보였다. 뒷전에는 이미 남한만의 단정을 비밀리에 공작하면서도 말이다. 뚜렷한 노선을 따르기보다 권력에 참여하는 것에 목적을 두었던 그는 미·소공위에 양다리를 걸친 채 유리한 쪽으로의 방향전환을 꾀하고 있었다. 결국 미·소공위는 결렬되었고 한때나마 초지를 굽혀 심산을 반대했던 인사들은 그의 앞에 머리를 수그릴 수밖에 없었다.

통일정부 수립의 염원

역사는 흘러 결국 한반도는 이승만이 공작한 대로 38선 이남에 단정을 세우기 위한 선거가 실시될 위기에 놓여졌다. 심산은 일단 단정이 서면 국토가 영원히 분열되고 동족상잔이 불가피하게 되리라고 우려했다. 그리하여 비록 공산주의자라 해도 동족끼리 마주 앉아 통일을 의논해보자는 생각을 갖게 되었다. 심산은 1948년 2월 5일에 다음과 같은 성명서를 발표했다.

1. 유엔 한국위원단이 한국에 지고 있는 사명은 내정간섭이 아니라 남북통일 총선거로 통일정부 수립에 관하여 외세의 부당한 간섭을 거절함에 있다고 믿는다.

2. 단선·단정은 국토분단과 민족분열을 조장함에 불과하니 북한 지방을 소련에 허여하려는 것이다.

3. 외군의 주둔 밑에 자유로운 선거가 있을 수 없고 이에서 생기는 정부는 괴뢰정부일 것이다.

4. 남북 정치요인 회담으로 통일정부를 수립하여야 할 것이다.

이에 3월 12일 심산은 김구·김규식·홍명희·조소앙·조성환·조완구 등과 함께 세칭 7거두 성명을 발표하였다.

통일독립은 우리 전 민족의 갈망하는 바다. [······] 외국인으로 보면 우리 한민족이 멸망한다 하더라도, 우리 한국 명칭이 세계지도에서 사라진다 하더라도 그다지 큰 관심사가 안 될지 모르나 우리 한인에게는 이보다 더 큰 문제가 없다. 미·소 양국이 우리의 민족과 강토를 분할한 채 남북에 각각 정부를 수립하는 날에는, 세력 대항으로든지 권익 유지로든지 두 나라 군대가 장기 주둔할는지 모르고, 민생문제로 말하더라도 인민의 수입은 증가되지 못하고 부담은 크게 늘어날 것이니 문제 해결은 고사하고 다소 완화할 방도도 찾기 힘들 것이다.

남에서는 오직 하나 기대가 미국의 달러화 원조뿐일 것인데 이 원조도 우리가 중국에서 본 바와 같이 또는 그리스에서 들리는 바와 같이 몇몇 자본가나 모리배의 독차지에 맡기게 되어 이익은 몇몇 사람이 차지하고 채무는 일반민중이 지게 될 것이다.

우리의 보는 바로는 남북의 분열이나 저마다의 계획이 우리 민족에 백해무익하다고 단정하지 않을 수 없다. 반쪽이나마 먼저 정부를 수립하고 그 다음의 반쪽을 통일한다는 것은 그럴듯하나 실상은 반쪽 독립과 나머지 반쪽 통일이 다 가능성이 없고 오직 동족상잔의 참화를 격화시킬 뿐일 것이다.

우리 민족문제가 국제적 연관성을 무시하고 해결되기는 어려우나 우리 민족 자신의 견해가 반영되지 않는다면 본말과 주객이 전도된 부당하고 부자연한 일이다.

우리 문제를 미 · 소공위도 해결 못하고 유엔도 해결 못할 전망이니 이제는 우리 민족 스스로가 해결하는 길밖에 없을 것이다.

이것이 본래 정상의 길인 것이다.

우리 몇 사람은 정치의 가변성, 운동의 굴신성(屈伸性: 늘고 줄고 하는 성질－편집자), 그밖의 여러 가지 구실로 부득이한 채 현 정세에 추종하는 것이 우리들 개인의 이익됨을 모르지 아니하나 개인의 이익을 도모하려고 민족의 참화를 촉진하는 것은 민족적 양심이 허락하지 아니하므로 반쪽 국토에 중앙정부를 세우려는 이른바 가능한 지역에서의 선거에는 참가하지 아니할 것이다. 우리는 통일독립을 달성하기 위하여 여생을 바칠 것을 동포 앞에 굳게 맹세한다.

분단으로 치닫는 대세 속에서도 개인의 이익이 무엇인지를 알면서도 참된 민족의 독립과 자유를 위해서 민족적 양심을 위해 결연히 고난의 길을 택한 이 일곱 영수의 성명은 역사에 길이 남는 기록이 될 것이다. 이 성명은 남북협상, 통일정부 수립을 목적으로 한다는 것이 그들의 염원임을 밝히고 있다. 그러나 이 민족적 양심의 호소도 이승만의 호응을 얻지 못한 채 좌절되고 말았다.

칠십 노구로 나선 반독재투쟁

1948년 8월 15일 이승만은 마침내 소원인 대통령 자리에 앉고 대신 국토는 분단되었다. 심산이 염려했듯이 이승만은 건국 초기부터 벌써 독재의 본성을 보이기 시작했다. 이승만은 동대문구에서 경쟁자 최능진을 출마하지 못하게 관권으로 저지시킨 데 그치지 않고 그를 암살해버렸고, 권력 유지를 위해 내각책임제에서 대통령중심제로 개헌을 강요하는 등 벌써부터 독재의 성벽을 나타내기 시작했다.

심산은 나라의 돌아가는 양상을 개탄하면서 우선 유림의 재건에 전념하였다. 1946년 5월 유림의 총본부인 성균관에서 총회를 열고 유교의 부흥 단결을 위한 작업에 착수했다. 미 주둔군의 신교의 자유에 관한 성명으로 황도유림(皇道儒林)을 부르짖던 친일파까지 합쳐 성균관 내에 여섯 개의 유림단체가 군림했고 성균관 밖에도 10여 개의 유림단체가 저마다 행세하려 했다. 그리고 그들은 서로 다투어 심산을 위원장으로 추대하려고 안간힘을 썼다. 심산은 그들을 종용하여 우선 유도회(儒道會)총본부 밑에 단결케 하였고 유도회총본부는 일치하여 심산을 위원장으로 추대하였다. 심산의 또 하나의 과제는 친일파를 숙청하는 일이었다. 심산은 일제가 만든 경학원이라는 이름을 없애고 성균관(成均館)으로 복원하였고, 성균관장으로 취임했다.

그리고 그는 미군정청 문교부와 교섭하여 마침내 뜻한 바를 관철하였다. 즉 전국 향교 재산 및 성균관을 기관으로 하는 '재단법인 성균관'안 (案)을 내놓아 이를 인정케 했으며, 인재양성의 6백 년 역사와 전통을 가진 성균관에 현대교육을 목적으로 하고 인 · 의 · 예 · 지를 바탕으로 하는 교육 전당을 설립하게 되었던 것이다. 또 심산은 학장을 겸하게 되었

성균관대 총장 시절 집무 중인 심산. 심산은 성균관대를 설립하는 등
유림 재건의 밑돌을 놓고 또다시 이승만정권에 대한 민주화투쟁을 계속해 나갔다.

다. 유림으로서 유도회총본부 위원장·성균관장·성균관대학장까지 겸직하게 됐으니 더할 수 없는 명예라 할 수 있다. 그러나 심산은 이러한 세속적 영화에 미련을 갖거나 탐내는 사람이 아니었다. 그는 일신의 영화와 안락에 연연하지 않는 사람이었다.

그는 다시 이승만 독재에 대한 민주화투쟁에 나섰다. 1951년 피난수도 부산에서 심산은 나날이 독재가 심해가는 이승만에게 하야를 요구하는 신랄한 하야경고문을 발표하여 70여 세의 노구로 부산형무소에 수감당하기도 했다. 또 1952년 봄 81명의 민의원을 중심으로 한 반독재 개헌준비회의가 국제구락부에서 열렸는데, 심산은 단상에 올라 사회를 보려다 이승만이 보낸 깡패들의 폭력으로 피를 흘리며 쓰러졌고 이 일로 되레 40여 일간 옥고를 치르기도 했다.

1956년에는 독재자 이승만과 싸우기 위해 불편한 노구를 이끌고 해공(海公)과 죽산(竹山)의 합작을 종용하였고 해공이 유세 도중 불의에 쓰러지자 이를 한탄하는 만사를 짓기도 했다.

> 그대 있음에 만백성이 마음 든든하더니
> 그대 가니 만백성이 울음일세.
> 만백성이 뉘를 위해 울었겠나.
> 아마 한 사람 홀로 즐겨했으리……

1958년 12월 24일 2·4파동 소식을 듣고 심산은 여생을 국민주권옹호를 위해 바친다고 선언하고 어린 손자의 등에 업혀 고향에서 서울로 올라왔다. 그리고 "보안법은 민중을 억압하는 망국법이다. 대한민국은 민주공화국이 아니고 경찰국이 됐다. 대통령은 국민 앞에 사과하고 하야하라"는 장문의 성명서를 발표하고 3·1정신으로 범야당국민운동을 전개하려 했다. 그러나 일부 소극적인 야당의 반응으로 뜻을 이루지 못하였다.

제4대 대통령과 제5대 부통령 선거 당시 심산은 불편한 몸을 이끌고 공명선거추진 지도위원으로 추대되어 활동했으나 이번에도 사실상의 단일후보 조병옥이 이역만리에서 세상을 떠나자 심산은 통탄을 금치 못하였다.

하늘은 나의 벗 앗아가니
꿈이던가 하늘도 무심하네.
그대 날 버리고 가니
나랏일 어이할꼬.
그대 나랏일 버리고 가니
온 나라 울음일세.

이승만 독재정권을 합법적으로 몰아낼 기회가 또 다시 사라지고 만 것이다. 그러나 학생들의 의로운 피로, 성난 민중의 힘에 의해 마침내 12년간의 이승만 독재의 아성은 무너지고 말았다.

한편 이승만정권의 독재에 대한 심산의 굴함 없는 투쟁은 이승만의 미움을 사, 깡패들까지 동원되어 심산을 유도회와 성균관에서 밀어내려는 분규가 일어나기도 했다. 그러나 살아 있는 사법부의 양심에 의해 심산이 1, 2심에서 모두 승소하고 4·19 후 대법원의 마지막 판결에서도 승소하였다. 이승만은 심산을 눈엣가시처럼 미워했다.

아! 겨레의 슬픈 운명이여

심산의 일생은 처절한 투쟁의 연속이었다. 철들면서 일제의 침략과 싸워 칠십 평생을 보냈다. 8·15 후에도 통일을 위해 헌신했으며 여생을 이승만의 독재 반대, 그리고 국민의 주권과 민주화를 위해 바쳤다. 그는 유림출신이고 유림의 이념과 윤리에 투철했지만, 유림들의 꿈인 벼슬을 평생토록 탐낸 일이 없었다. 그는 또한 정당인이 돼본 일이 없다. 민족을 위해 평생을 바쳤으나 민족에게 특별히 보답을 요구하지도 않았다. 민족을 위해 기여한 바의 몇 갑절이나 부귀영화를 누렸고 또 그것을 당연한 권리처럼 생각한 이승만하고는 너무나 대조적이었다.

심산은 한국민족의 고질이라 할 파벌을 증오한 나머지 평생토록 정당에 가입한 일이 없었다. 따라서 그의 투쟁 목적은 당리당략이 아닌 민족의 광복과 민주화를 위해서였다. 심산은 유림으로서 그토록 투철했으나 그러면서도 언제나 진보적이었다. 민족의 광복을 위해 수난을 무릅쓰고 투쟁하는 기독교·천도교·불교에 대해 경의를 표할 줄 알았고 그들과 제휴할 줄도 알았다. 심산은 일제와 타협해 치부에 여념이 없었던 당시의 신흥 부르주아 계층과는 아무런 접촉도 없었다. 다만 일제의 착취로 쇠퇴해가는 지방의 군소 지주층과 접촉이 많았던 편이다. 그의 일제에 대한 저항은 철저했으나 바로 이런 점에서 당시 치열했던 민중의 항일투쟁과 연결을 갖지 못한 한계 같은 것도 느껴진다. 민중과의 연대가 민족해방에서는 가장 중요하다고 할 것이다.

심산의 평생은 일제에 대한 타협 없는 투쟁으로 시종했으므로 문인으로서의 그의 탁월한 재질을 간과하기 쉽다. 민족의 수난기에 태어났기 때문에 민족의 해방과 독립과 자유를 위한 투쟁에 나섰지만, 평화로운 시대에 생을 누렸다면 심산은 아마 보다 훌륭한 문사로서 재질을 발휘했을는지도 모른다. 그가 남긴 수많은 시문과 글은 심산이 실로 섬세하고 때로 감상적이기까지 한 인물이었다는 것을 보여주고 있다. 물론 감상적인 글을 쓰는 것이 문장의 목적은 아니겠지만 평생을 수난과 불행 속에 살아온 인간에게서 명랑한 글을 기대하기는 어려운 것이다. 때로 그의 시문을 읽다 눈시울이 뜨거워지는 것은 그의 지난날 운명이 얼마나 가혹하고 시련에 차 있었던가를 말해준다. 1957년 「누이동생 성산(星山) 이실(李室) 영전에」는 사람의 가슴을 감동케 하는 천하의 명문이다. 이때 심산의 나이 79세였다.

정유년(1957) 11월 14일은 내 둘째 동생 이실이 세상을 떠난 지 두 돌이다. 전날 저녁을 맞아 앉은뱅이 늙은 오라비 창숙은 손자 위(暐)를 데리고 부축받으며 겨우겨우 영궤(靈几) 앞에 와서 울며 한 잔을 부어 곡한다.

"아! 슬프다. 네가 죽고 나는 살아 있는가! 죽고 사는 것이 크구나. 살기를 원하고 죽기를 싫어하는 것은 인간의 상정인데 나는 지금 죽기를 빌어도 죽지 않으니 너의 죽음을 슬퍼할 겨를도 없이 내 죽지 않음을 슬퍼한다.

내가 대구 왜놈의 감옥으로 잡혀오자 너는 손수 음식을 장만하여 하루에 세 번씩 옥문을 찾아왔다. 1년 하고도 9개월 동안 한 번도 거르지 않았으니 교활 무례한 원수 왜놈들도 너의 지성에 감탄하여 존경하지 않는 자가 없었다. 내가 대구에서 대전으로 이감되어 병이 위독하자 너는 수의를 만들어 안 날이 넘노록 울며 옥문을 지키니 옥리도 감동하여 눈물을 감추지 못했다고 했다.

네가 떠나간 지 한 달이 지나자 부음이 전해왔으니 아! 슬프다. 나는 급히 상차로 달려가서 휘장을 헤치고 통곡하니 너의 얼굴은 살아 있는 것 같고 감은 눈은 자는 듯했다. 내 불러도 너는 대답하지 않고 내 울어도 너는 말리지 않으니 죽으면 이처럼 알지 못하는가. 내 어찌 서로 의지하던 동기를 잃은 슬픔에 크게 울지 않겠는가. 또 내 어찌 아직도 구차히 살아 있음을 슬퍼하며 더욱 크게 울지 않을 수 있겠는가."

심산이 이같이 슬퍼했음은 단지 동기가 죽었음에 대한 것만은 아니었을 것이다. 구차하게 아직도 살아 있는 자신의 불행을 생각하고 더욱 슬피 운 것이다. 부귀영화를 구가하는 이승만보다 더 처절하게 민족을 위해 자신을 바치고서도, 물론 그 희생이 결코 어떠한 보답을 기대한 투쟁은 아니었으면서도 오늘의 너무나 비참한 자신의 처지를 생각하며 더욱 슬피 운 것은 아니었을까. 광복된 조국 땅에서조차 여전히 학대가 계속되는 자신의 불우한 운명이 더욱 슬퍼진 것인지도 모른다. 만년에 심산은 생의 허무함을 읊은 시를 많이 남겼다. 기구한 자신의 운명을 되돌아보며 슬퍼한 시다.

조국 광복에 바친 몸
엎어지고 자빠지기 어언 사십 년
뜻한 일 이미
어긋나 실패하고
몹쓸 병만 부질없이 오래 가네.
눕히고 일으킴
사람 손 필요한데

숨찬 증세 이상하게
오히려 끌고
가마에 실려서 고향에 돌아오니
언덕과 돈대에는
잿빛 연기 가렸도다.
옛 보금자리 꾸부려 찾아드니
무너진 벽엔 서까래 몇 남았고
병든 이 내 몸 돌아갈 곳 없어
선조 사당 앞을 어슷거리다
가을 풀에 묻힌 사당
마음 아파 눈물 절로 흐르는데
일가들 바삐 나와 청천으로 인도하네.
사당은 황폐해 처량해 있고
빈집엔 박쥐 멋대로 나는데
계집아이 평상의 먼지 쓸고
사내녀석 헤진 자리 정돈하네
방 하나 조금 밝아
책상 펴기 그런대로 좋고
어떤 사람 술병 차고 와
위로함이 자못 친절하건만

불 켜고 혼자 누워 있노나니
병든 몸 아픔을 견딜 수 없네.
평생 겪은 일 돌이켜 생각하니

온갖 감회에 근심만 태산일세.

아아! 조국의 슬픈 운명이여
모두가 돌아갔네. 한 사람 손아귀에.
아아! 겨레의 슬픈 운명이여
전부가 돌아갔네. 반역자 주먹에.
평화는 어느 때나 실현되려는가.
통일은 어느 때에 이루어지려는가.
밝은 하늘 정녕 다시 안 오면
차라리 죽음이여 빨리 오려무나.

1957년 심산이 독재자 이승만에 의해 성균관에서 쫓겨나 고향이라고 찾아왔으나 의지할 곳 없는 자신의 황혼을 슬퍼한 시다. 심산은 자신의 파란에 찬 평생을 「반(反)귀거래사」 속에서 다음과 같이 읊었다.

돌아갈거나!
전원이 황폐한데 어디로 돌아가나.
조국 광복에 바친 몸 뼈가 가루 된들
슬플까마는
모친상 당하고도 모른 이 몸
되돌리지 못하는 불효 눈물에 우네.
이역만리 갖은 풍상 다 겪으면서
나날이 그르쳐가는 대업 탄식하다가
문득 크디큰 모욕을 받아

죄수의 붉은 옷 몸에 걸치니
고생을 달게 받아 후회는 없지만
행여 도심 쇠해질까 걱정했노라.
쇠사슬에 묶여 눈앞에 두고도
못 가던 고향
앉은뱅이 되어서야 옥문 나서니
쑥밭 된 집안 남은 거란 없어
농사 아니 지으니 무엇 먹으며
친척들도 모두 굶주리는 꼴
솟구치는 눈물에 얼굴 가리고
아내도 집도 없어진 지금
어느 겨를 일신의 안정 꾀하리.
음험하기 짝이 없는 못된 무리들
고향에도 날뜀을 봐야 했어라.
해방되어 38선 나라의 허리 끊고
그 더욱 슬펐기는 동족을 죽인 무덤!
더욱이 안타깝긴 모략 받아 죄없이
죽어간 사람들 하늘 우러러
하소연하기로니 그 누가 돌아오리.
아 죽어가는 병든 이 몸
아무리 둘러봐야 한 치의 땅도 없네.
돌아갈거나! 돌아가
세상과의 연 끊을거나,
부귀영화 내 뜻 아니어라.

몸은 늙었어도 마음은 아직 창창해
나랏일 안타깝네.
옛 일꾼들 불러봐도 오지 않으니
서녘 들에 밭갈 일 누구와 상의하리.
물결에 몰아치는 바람 사나워
의로운 배 노마저 꺾이었구나.
저기 저 치솟은 건 무슨 산인고!
머리 두고 내가 죽을 고향 쪽 언덕
강대를 그리면서 못 가는 세월
물같이 흐름은 빠르기만 해라,
안타까이 청천 냇물 손에 떠 들며
목 늘여 어정이느니
늘그막에 편히 좀 쉬었으면 싶어도
비웃고 조롱하는 나쁜 무리들
나로 하여 고향에 머물게도 안 해라.
그 어찌 마음 조여 갈 곳 몰라함이어
남북을 가르는 흑풍 회오리
화평을 이룩할 기약은 없고
저기 저 사이비 군자들
맹세코 이 땅에서 쓸어버리리.
길에서 죽기로니 무슨 한이랴.

"만주사변이 터진 후 나는 거듭되는 투옥으로
이제 정치로써 투쟁함은 거의 절망에 가까운 일임을 깨닫고
국사를 연찬하여 민족정기를 불후에 남겨놓는 것이
나의 지고의 사명임을 마음먹었다."

안재홍

좌우를 아우르고자 했던 신민족주의자

걸인의 모습을 한 '민족의 양심'

해방 다음날인 1945년 8월 16일 오후 늦게 종로 계동 휘문중학 교정에 운집한 시민들 앞에서 말할 수 없이 초라한, 어떻게 보면 걸인 같은 모습의 한 50대 중반의 신사가 해방된 민족의 앞날에 관하여 열변을 토하고 있었다. 얼굴이 영양실조와 고생으로 윤기 없이 까맣게 탄 이 노신사야말로 민중이 존경해 마지않는 민족지도자 안재홍(安在鴻, 1891~1965)이었다. 삼엄한 일제의 총검 치하에서, 그들의 온갖 유혹과 협박을 물리치고 끝내 조선민족의 양심을 지킨 민족지도자 민세(民世) 안재홍의 있는 그대로의 모습이었다.

필자는 당시 아직 철이 덜 든 중학생에 지나지 않았으나 지금도 일제하의, 특히 일제 말의 그 산천초목조차 떠는 무서운 상황 속에서 대부분의 지도자들이 그때까지 가냘프게나마 지켜왔던 민족의 양심을 하나 둘 버리고 일제의 진영에 가담 협력한 것을 기억한다.

일제에 협력하지 않고서는 살아가기가 어려웠던 것이 당시의 분위기였다. 일제 하 사정을 잘 알고 있던 정구영은 언젠가 이런 말을 했다.

윤치호를 사람들은 친일파라고들 하지만 그는 결코 친일파는 아니었다. 그도 조선민족이 독립되는 것이 옳고 일제가 조선반도에서 철수하는 것이 옳다는 것도 알고 있었고, 일제에 협력하는 것이 따라서 나쁘다는 것도 물론 알고 있었다. 그러한 그가 일제에 협력을 했으니까 그도 우리 민족의 규탄을 받아 마땅한 인물이다.

아마 마음으로부터 친일한 사람은 없었을 것이다. 편하게 살고 잘 먹고 잘 입고 사회에서 명사로 명예를 누리며 떵떵거리고 살고 싶어서 일제에 협력한 것이지 마음으로부터 친일을 원한 사람은 아마 없었을 것이다. 정구영이 말한 것도 바로 이 점을 지적한 것으로 안다. 잘 먹고 잘 산다는 것이, 또 출세와 감투가 무엇이기에 사람들은 양심을 버리고 민족조차 버리고 부귀영화를 위해 헤매는 것일까.

한 기록에 의하면 민간신문사 사장의 한 달 봉급이 3백~5백 원 하던 때(1938)에 최남선의 월수입은 만주건국대학에서 8백 원, 『매일신보』에서 240원, 또 『만선일보』에서 얼마 해서 한 달에 총 2천여 원이라는 엄청난 돈을 받고 있었다 한다. 특별히 재산가가 아니더라도 일제에 협력만 하면 얼마든지 높은 생활수준을 유지하며 편하게 살 수 있었다는 것을 알 수 있을 것이다. 친일파가 아니면서도 일본에 적극 협력한 윤치호의 수입은 얼마였던가. 연 5만 8천 원에 달했다고 한다. 많은 재산과 높은 생활수준이 친일을 거부하지 못하게 한 것이다.

일제하의 친일파는 물론이고 8·15 후 숱한 정치인들의 전향, 민주당에서 자유당으로 다시 공화당으로, 이렇게 바람 부는 대로 헌신짝처럼 팔려다니는 인사들을 사람들은 '변절자'라고 쉽게 매도했지만 따지고 보면 그들에게도 '부'와 '귀'와 '명예'를 추구하려는 나름대로의 이유가 있었다고 보아야 한다.

민세 같은 인물이 편하고 안락하게 살 수 있는 방법과 길을 모르고 있었을 리 없다. 아마 그에게는 남다른 유혹과 회유도 많았을 것이다. 그러나 이 모든 유혹을 뿌리치고 그는 8·15해방을 맞았다. 거의 걸인과 같은 그 초라한 민세의 모습에서 우리는 한 민족의 양심을 발견한다. 우리 민족은 민세와 같은 지도자를 가질 수 있었던 것을 한없이 자랑스럽게 생각할 줄 알아야 한다.

패망한 일제가 몽양에게 치안을 이양하면서 특히 민세와 협력해 잘 부탁한다는 말을 당부한 것은 당시 일제가 흉중에 민중을 움직일 수 있는 민족진영의 지도자로서 몽양과 더불어 민세를 꼽고 있었다는 것을 말해준다. 그러나 민족진영의 이 위대한 지도자가 어떻게 된 까닭인지 오늘날 8·15를 모르는 젊은 세대에겐 거의 알려져 있지 않다. 말할 것도 없이 이승만과 한민당의 노선에 동조하지 않은 것이 가장 큰 이유일 것이다. 자기의 노선에 동조하지 않았다고 하여 미군정 하에서 민정장관까지 역임한 민세조차도 용공분자로 몰아붙여 거의 거론하지 못하게 한 이승만 노선의 그후 소산은 무엇인가. 이승만·한민당의 노선이 심각히 재검토되고 비판받고 있는 오늘의 상황에서 민세의 민족노선이 새로운 관심을 모으고 있는 것은 오히려 만시지탄이 있다 할 것이다.

민세는 민족운동가로서, 언론인으로서, 사학자로서, 또 8·15 후에는 정치인으로서 현대 한국민족사에 잊지 못할 굵직한 발자국을 남겼다. 그는 일제 치하에서 9번에 걸쳐 7년 3개월의 옥고를 치른 고난의 역경 속에서도 민족의 광복을 위한 변함없는 초지를 굽히지 않았다.

민족운동을 시작하다

민세는 1891년 12월 30일 경기도 평택군 고덕면 두릉리에서 순흥 안씨 윤섭 공과 남양 홍씨 간의 8남매 중 2남으로 태어났다. 그의 마을은 동학농민전쟁·청일전쟁·러일전쟁이 거쳐간 병란지역이어서 그는 어려서부터 민족적 불행에 관한 이야기를 자주 들어 민족의 운명에 대한 관심이 남달리 깊었다. 또 추석 때 아버지를 따라 월명산 쪽으로 가다가 "저어기 저 산 쪽에는 충무공의 산소가 있느니라"고 아버지한테 자주 들어 충무공의 애국을 항상 생각하게 되었다. 이러한 환경 속에서 감수성이 강한 소년시절을 보낸 민세는 점차 민족주의 사상이 싹터갔다.

그의 집안형편은 그리 가난하지 않은 중산층으로 민세는 7세 때부터 한문 공부를 시작했으며 일찍부터 대문장가가 되겠다는 꿈을 키웠다고 한다. 그를 지도한 훈장도 어린 민세의 재능을 평가해 "너만이 이 고장의 문장가로 이름을 날리겠다"고 칭찬해 마지않았다고 한다. 그러나 그가 15세 때인 1905년 을사보호조약이 체결되고 이에 마을 사랑방에서 청년들이 비분강개하는 것을 들으면서 점차 그의 민족의식이 짙게 형성되어 갔다. 그리고 다음 해 전국 도처에서 의병이 일어났고, 특히 홍주의병이 전멸되는 비장한 전투 소식이 전해졌다.

1907년 17세 되던 해 민세는 고향에서의 한문 수학을 그만두고 평택의 사립 진흥의숙에 입학하여 공부하다가 이내 수원의 기독교계 사립학교에 전학하여 이곳에서 상투를 자르고 개화차림이 되었고 다시 서울의 황성기독교청년회(지금의 YMCA) 중학부에 진학하였다.

민세가 서울에 상경하여 YMCA에서 공부하던 해는 한국의 운명에 많은 변화가 일어난 해이기도 했다. 즉 헤이그 밀사사건, 고종의 양위, 군대해산 등으로 나라 안이 소연(騷然)했고 망국의 설움으로 청년들마다 비분강개했다. 이러한 시대 분위기 속에서 소년 민세는 점차 민족의식을 굳혔다. 당시 YMCA는 이 나라의 선각자들이 모여 젊은이들의 육영사업에 힘쓰고 있었고 민세는 이곳에서 이상재 · 남궁억 · 윤치호의 감화를 받을 수 있었다.

그가 YMCA 중학부 3년생 8월에, 한일 '합병'이라는 이름으로 나라가 망했다. 민세는 이어 동경으로 유학, 청산학원에 입학하는 한편 동경의 한국 YMCA에 관여했다. 이 무렵 서울에서 YMCA에 관계하고 있던 이

민세 안재홍은 언론인이자 사학자로서 일제에 저항하다 투옥을 거듭했으며, 해방 후에는 신민족주의론을 바탕으로 좌우합작을 위해 노력했다.

승만이 나라가 망한 후 미국으로 재차 망명하는 도중 동경에 머무르는 동안 안재홍은 이승만의 숙소에 출입하였다. 이때 접촉한 조선인 학생 중에 조만식·송진우·이광수·장덕수 등이 있었다. 민세는 21세 되던 1911년 9월 와세다 대학 정경부에 입학하는 한편 조선인 유학생 학우회의 조직을 주도했다. 이 학우회가 당시 동경에 있던 여러 유학생 단체 중에서도 가장 유력했다. 이미 민세는 이때부터 점차 지사로서 이름이 알려지기 시작했다.

한편 그는 동경에 같이 유학해 있던 조소앙과 중국으로 망명할 것을 모의하였으나 뜻을 이루지 못했다. 그러나 와세다 대학 3년 재학 중 손문의 혁명으로 나라 안이 요란한 중국을 방문, 상해·남경·한구·청도·제남·천진·북경·산해관 등을 거쳐 서울로 돌아왔다. 민세는 처음으로 중국을 방문해 독립운동에 헌신하는 손문과 중국 청년들, 그리고 망국 후 중국에 망명해 있는 많은 우리의 지사들을 만나보았다. 그리고 가난과 굶주림으로 고생하는 이들 독립운동가들이 경제적 기반이 없음을 보고 개탄을 금치 못했다.

민세는 24세 되던 1914년 와세다 대학을 졸업하고 귀국하여 최남선 등과 교유하면서 중앙학교 학감으로 재직하였고, 27세 되는 해에 소년시절에 인연이 많던 YMCA의 교육부 간사로 들어갔다. 1919년 3월 3·1운동이 발발하자 그는 그해 5월 이병철 등과 공모하여 대한민국 청년외교단에 가입하여 총무가 되고 애국부인회와 서로 연락하면서 「국치(國恥) 기념 경고문」과 「외교시보」를 인쇄하여 비밀리에 각계에 배포하였다.

청년외교단의 목표는 상해 임정에 국내의 독립운동에 관한 정보를 통신해주는 일, 독립운동 자금을 모금하여 임시정부에 보내는 일, 선전활동을 통해 『독립신문』을 배포하는 일 등이었다. 청년외교단의 영향력은 공식·비공식으로 강하게 나타났다. 그리고 이 외교단은 서울에서 임시정부 연통부의 총본부와 같은 구실을 했다. 그러나 그해 11월에 경북 경무부에 발각되어 청년외교단은 애국부인회 요인들과 함께 23명이 총검거되었다. 이중에는 이병철·안재홍·김마리아·오현주 등이 포함되어 있었다. 이들은 그해 늦가을 대구감옥으로 끌려가 모두 갇혔다.

민세는 그때 직장에서 쫓겨나 우울한 나날을 보내고 있었는데 3·1운동에 앞장서지 않고 제2전선에서 일을 도와준다는 것이 발각되어 의외로 3년형을 받았다. 일제는 직접 일선에 나서 만세운동을 벌인 것보다도 청년단이라는 조직을 꾸려 지하운동을 벌인 것을 더욱 위험시한 것이다. 3·1운동 후 민세의 징역생활은 쉴새없이 반복되었다. 이 3년간의 징역살이는 9번에 걸친 그의 징역생활에 막을 연 사건이었다. 심한 고문도 당했다. 그런데 야수와 같은 일제의 고문, 치고 밟고 때리는 가혹한 고문인데도 민세는 신음소리 하나 내지 않아 일경들도 내심 민세를 크게 평가하게 되었다고 한다. 그러나 그는 이때의 고문으로 등뼈에 심한 타박상을 입어 고질병을 가지게 되었다.

1921년 5월 13일 민세는 이병철과 더불어 징역 3년을, 나머지 사람들은 각각 2년 6월에서 2년까지의 징역을 선고받았다. 민세는 29세에 징역이 시작되어 1922년 32세에 출옥했다. 1923년은 집에서 요양으로 한 해를 보내고 1924년이 되면서 그는 다시 민족운동에 나섰다.

신간회운동을 주도하다

『조선일보』 간부 신석우와 『동아일보』 간부 김성수·송진우, 천도교 간부 최린 등은 1924년 김성수 집에서 자주 회동하여 새로운 민족운동으로서 연정회(研政會)운동을 모색하고 있었다. 그런데 이 무렵(1924. 1) 『동아일보』에 연재된 이광수의 「민족의 경륜」이라는 논설이 일제에 타협할 것을 주장했다가 청년들의 심한 규탄을 받았고 연정회운동도 흐지부지되고 말았다. 민세도 처음에는 이 모임에 참여했다가 그 운동이 민족운동의 변질·타락된 것임을 알고 단연 손을 끊었다.

1923~24년은 3·1운동이 전국적으로 앙양되어 대중의 항일운동으로 번지자 일제가 이를 거세·약화시키고 민족진영을 분열시키기 위해 여러 사이비 민족운동을 간접적으로 장려한 때였다. 이 무렵 민세는 다시 투쟁전선으로 나서기 위해 기회를 엿보고 있던 터라 이러한 여러 민족운동단체와 관련을 갖기도 하여 한때 그의 노선은 전략적 혼선을 보이기도 했다. 1924년 정초부터 타협적인 연정회에 관련을 가지려 하다 손을 끊고, 이번에는 총독 당국을 규탄하는 민중대회를 열고자 주도적 활동을 했다가 경찰의 탄압으로 뜻을 이루지 못한 다음, 당시 출옥한 최남선이 창간한 『시대일보』 논설위원으로 입사했다. 그러나 보천교와의 분규를 계기로 『시대일보』도 사임한다.

그해 9월 친일파 송병준으로부터 신석우가 판권을 사서 『조선일보』가 민족지로 새로 발족하고, 민세는 이 신문의 주필에 취임하여 점차 언론인으로서 두각을 드러냈다. 그는 1932년 퇴사할 때까지 사설 약 980편, 시평(時評) 470편을 쓴 것으로 알려져 있다. 그리고 1925년 4월 15일 천도교 기념관에서 7백여 명의 전국기자대회가 처음으로 열렸는데, 이상재가 회장으로 추대되었고 민세는 부의장에 피선되었다. 실질적인 활동은 젊은 민세가 담당하다시피 했다. 3일간 성황리에 열린 이 대회에서 5개항의 결의를 채택, 특히 언론·집회·결사의 자유를 총독부 당국에 요구했다.

이 무렵 사회의 일반 분위기는 3·1운동의 실패에 자극을 받아 실력양성운동이 마치 신앙처럼 번져갔다. 이해 9월에 조직된 조선사정연구회도 이러한 시대적 분위기 속에서 발족되었으며 민세는 이 운동에 적극 참여했다. 또한 자치운동도 벌어지고 있었는데 일제와의 이러한 타협운동은 후일 '동아연맹' 같은 친일단체로 변질되어버리고 말았다. 한편 민세는 YMCA 총무 신흥우를 비롯해 윤치호·이상재·이관용 등과 '태평양문제연구회' 조직에 참여했다.

순종의 별세와 더불어 일어난 6·10만세운동 무렵 그는 「통곡하는 군중 속에 서서」「목련화 그늘에서」 등에 이어 「조선 신문사론」 등을 발표했다. 그러나 가장 획기적인 것은 신간회 발족에 참여, 총무부의 총무간사라는 요직을 맡은 사실이다. 이 신간회운동은 그간 혼선을 빚고 있던 민족운동이 타협운동과 비타협운동으로 갈라지면서 조직된 당시의 가장 대표적 항일민족운동이었다. 민세는 『조선일보』의 주필로 재직하면서 신간회운동에 적극 참여, 민족운동의 새로운 활로를 모색했다. 신간회운동은 『조선일보』를 근거로 한 민족운동이었으며, 이미 타협적 성격을 짙게 띠고 있던 『동아일보』 측에서는 이 운동에 극히 소극적이었다.

신간회가 발족하면서 중앙의 저명한 인사들은 기회 있을 때마다 전국 각지에서 순회강연을 가졌다. 민세는 경기도와 평안남북도 지방을 순회하면서 강연을 했고 그때마다 지방 유지와 민중들의 환영으로 큰 성황을 이루었다. 이런 과정에서 민세는 여러 번 일경에 연행되어 조사를 받았다. 일제 『고등경찰요사(要史)』는 민세가 신간회 상주지회 설립 기념강연에서 행한 연설내용을 특히 인용하면서 "논봉이 예리하고 조선통치의 근본을 찌르고 있다"고 평하였다.

1927년 좌우익 세력이 합작하여 신간회를 결성했다.
신간회 초대회장이 『조선일보』 사장 월남 이상재였는데,
민세는 이 신문사의 주필로 재직하며 신간회운동에 적극 참여하였다.

언론인으로서의 활동과 역사연구

1927년 9월 민세는 『조선일보』의 주필에다 김동성의 뒤를 이어 발행인을 겸하게 되었다. 다음 해 1928년 1월 민세는 사설 「보석 회생의 지연」에 대한 발행인으로서의 책임을 지고 편집인 백관수와 함께 구속되어 3개월여 후인 4월 28일 금고 4개월의 선고를 받았다. 그리고는 4월에 그가 쓴 시평 「구명운동」이 또 문제가 되어 신문이 압수되었다. 5월에는 그가 쓴 「제남사건의 벽상관」으로 구속되어 징역 8개월의 선고를 받았다. 이 사설은 당시 일본군의 중국 산동출병을 중국에 대한 침략이라고 비판한 내용이었다. 민세는 결국 일제의 압력으로 『조선일보』 발행인직을 물러났고 신문사 또한 무기정간처분을 당했다.

1929년 1월 출옥한 그는 『조선일보』사의 부사장이 되면서 '생활개선운동'을 주도, 상투를 자르고 색옷을 입자는 색의단발운동·건강증진운동·상식보급운동·소비절약운동·허례허식 폐지운동 등을 전개했다. 신문사 안에는 각계명사를 망라한 '생활개선 연구위원회'를 구성하였다. 7월에는 귀향하는 남녀 학생을 동원하여 한글보급운동을 전개, "아는 것이 힘이다, 배워야 산다" 등의 구호를 외쳐 무지한 농민들을 깨우치기에 나섰다. 이해 12월에는 광주에서 발화된 학생들의 항일운동이 전국에 번졌고 민세 등은 총독부 당국의 검열을 피하며 신문을 통해 학생들을 격려했다. 그러다 신간회 주최로 민중대회 개최를 기도하다 경찰에 연행·구속되어 재판을 받았다. 4차 투옥이었다. 그는 다행히 기소유예로 풀려나왔으나 이때 허헌·홍명희·이관용·김무삼·이원혁 등은 3년 안팎의 형을 살았다.

1930년과 1931년은 민세 평생을 통해 가장 평탄한 해였다. 1930년은 민세의 나이 40세 되는 해였다. 그는 신문에 「조선상고사관견」을 연재하여 고대사 연구에 나섰고 「백두산 등척기」도 연재했다. 1931년 5월에는 신석우의 후임으로 『조선일보』 사장이 되었다. 사장으로 있으면서도 그는 논설을 집필했다. 한편 당시 여순감옥에서 복역 중이던 단재 신채호의 한국사 관계 원고를 이해 6월부터 1932년 5월까지 『조선일보』에 연재하기도 했다. 민세는 서울에서 한두 번 단재를 만난 일이 있었고, 와세다 대학시절 중국을 방문했을 때도 단재를 만난 일이 있었다. 그래서 비록 나이는 단재보다 11세 아래였으나 잘 아는 사이였고 또 누구보다도 존경하는 선배였다. 이러한 사유로 해서 복역 중인 단재의 글이 『조선일보』에 연재되었던 것이다.

그러나 1932년 3월 만주동포 구호의연금을 유용했다는 구실로 민세는 영업국장 이승복과 함께 구속되어 옥중에서 강제사임을 당했다. 구한말에 『대한매일신보』에서 국채보상금 모금운동을 벌였을 때 이것을 방해할 목적으로 돈을 유용했다는 핑계를 대 양기탁을 구속한 수법을 또 다시 이용한 것이다. 사실은 민세는 『조선일보』를 운영하기 위해 자기가 소유하고 있던 얼마 안되는 논(24섬지기)을 거의 팔았다.

민세는 8개월의 옥살이를 끝내고 1933년과 1934년 2년 동안에는 거의 칩거하고 지냈다. 이 사이에 「구월산 등람기」를 『동아일보』에 연재했다. 1934년에는 정인보와 함께 정다산 문집인 『여유당전서』를 교열 간행하기 시작했다. 그리고 정다산에 관한 일련의 연구논문을 『신조선』에 발표했다. 다음 해 45세가 된 민세는 『조선일보』의 객원이 되어 「민세필담」 「조선신문소사」 「백암성담」 등을 연재했다. 한 1년 남짓 비교적 평탄한 환경 속에서 신문 등에 기고를 계속하다가 1936년 군관학교 학생사건으로 또다시 종로경찰서에 연행·구속되어 2년 징역선고를 받고 1년 반쯤

복역하다 1938년 여름에 출옥했다. 출옥 후에 한동안 집에서 요양하면서
조선고대사 관계 논문을 집필·정리하였다.

1938년은 민세에게 일생 중 가장 고난에 찬 한 해였다. 즉 4월에는 장
남 정용의 혼인을 한 달 앞두고 부인이 갑자기 별세했고, 또 혼인을 며칠
앞두고 이번에는 민세가 흥업구락부사건으로 갑자기 구속되었던 것이
다. 아들의 결혼은 아버지·어머니 없는 슬픔 속에서 약식으로 거행되었
다. 3개월 후 민세는 출감하였으나 이번에는 보석 중인 군관학교 학생사
건(1936)에 2년형이 확정되어서 다시 형무소에 수감되었다. 평생 남편 옥
바라지로 고생만 시킨 아내의 죽음은 민세의 마음을 한없이 슬프게 했다.

1939년에는 유럽에서 대전이 발발, 전 세계는 마침내 화염에 휩싸이게
됐다. 그러한 어수선한 분위기 속에서 민세는 형기를 마치고 출감하였
다. 요란스러운 전쟁 분위기 속에서 '내선일체'가 고창되고 어제까지의
민족운동 동지들이 이미 하나 둘 절(節)을 굽혀 일본에 항복, '천황폐하
만세!'를 외치는 소리를 들으면서 그는 요시찰인이 되어 일인형사가 끊임
없이 감시하는 속에서 『조선상고사감』의 집필을 계속하였고 이어 『불함
철학대전』의 집필을 계속했다. 이해 『동아일보』 『조선일보』 두 민간신문
이 총독부 당국에 의해 강제폐간되었다. 이런 어수선하고 암담한 분위기
속에서 민세는 문성 김씨와 재혼했다. 그러면서도 한편으로 『조선상고사
감』을 탈고하고 다시 『조선통사』의 집필을 시작했다. 민세는 이 당시의
심경을 "만주사변이 터진 후 나는 거듭되는 투옥으로 이제 정치로써 투
쟁함은 거의 절망에 가까운 일임을 깨닫고 국사를 연찬하여 민족정기를
불후에 남겨놓는 것이 나의 지고의 사명임을 마음먹었다"고 술회하였다.

그가 51세 되던 1941년 말 마침내 태평양전쟁이 발발, 온 조선 천지에
는 '대일본제국 만세' 소리만이 요란히 들려왔다. 이런 암담한 상황에서

민세는 고향 두릉리에 칩거, 『조선통사』의 저술에 몰두했다. 그러나 전시하의 일제는 시골에 칩거하고 있는 민세를 언제까지나 그대로 방치해두지는 않았다. 조선어학회사건과 관련되어 1942년 12월 20일 민세는 함경도 홍원경찰서에 수감되었다. 영하 20도 이하의 혹한 속의 감방 시멘트바닥 위에서 기거하다가 위장의 냉상으로 3개월 후 석방돼 나올 때는 옛날 모습은 찾을 길 없이 비참하게 되어 있었다. 그는 추운 겨울밤 발에 중세기의 유물인 기둥나무만한 족쇄가 채워져 소변 한 번 보는 데도 간수에게 열쇠를 따달라고 통사정하지 않으면 안 되었다. 그에게는 이것이 마지막 징역살이로 생각되었다. 병을 얻어 아주 죽어버리든지 아니면 기회를 틈타 국외로 망명할 궁리도 해보았다.

혹한 속의 홍원경찰서 생활을 보내고 다음 해 1942년 3월 그는 불기소로 석방되었으나 기다리고 있었다는 듯한 총독부 당국의 끊임없는 위협을 받았다. 시국강연을 하라고 날짜와 장소까지 지정해놓고 독촉이 성화같았다. 그러나 "나 같은 사람이 어떻게"라는 식으로 끝내 그 위협을 거절했다. 대부분의 지도급 인사들이 이런 식의 시국강연 독촉을 거절 못하고 끌려나가는 것이 보통이었다. 이해에 노모 남양 홍씨가 아들 걱정으로 감기지 않는 눈을 감고 영면했다. 이러한 절망 속에서도 『3·1신고주』를 탈고했다. 그의 조선역사에 대한 집념은 필사적이었다. 역사연구가 자기에게 주어진 유일한 민족적 사명이라는 신념에 불탔다.

1944년 12월경 일본 당국은 조선 민족지도자에게 시국수습을 위한 집요한 접촉을 시도해왔다. 이에 대해 민세는 몽양 여운형과 함께 3개 원칙을 내세워 그들에게 맞섰다. 첫째, 민족자주 둘째, 호양협력 셋째, 마찰방지였다. 몽양은 이 무렵 이미 지하조직을 갖고 해방의 그날을 위해 준비하고 있었다.

1945년에 접어들면서 일군의 전세는 날로 불리해졌다. 4월에는 마침내 미군이 오키나와에 상륙하고 일본 본토는 매일같이 미 공군의 폭격을 받아 초토화되고 있었다. 5월 하순 민세는 여운형과 조선민족대회 소집안을 제시하였다가 일본이 이에 대해 두 사람을 암살하겠다고 위협하여 민세는 숙소를 전전해가면서 숨어다녀야 했다.

좌우합작을 주장한 정치노선

1945년 8월 6일 일본 히로시마에 원자탄이 투하되고, 8일에는 소련이 일본에 선전포고를 하고 함북에 상륙해 급속도로 공격을 증대하였다. 15일 일본은 마침내 연합국에 항복하고 조선은 오랫동안 기다리고 기다리던 자유를 얻었다.

8·15해방을 맞이하면서 민세의 운명에는 커다란 변화가 일어났다. 그는 8·15 전부터 자주 접촉을 가졌던 여운형과 행동을 같이하기로 하고 조선건국준비위원회 부위원장이 되었다. 신간회운동 이후 근 20여 년간 일관해서 추진해온 그의 항일민족운동의 투쟁경력으로 보아 해방 후의 정국에 지도적 구실을 하는 것은 당연했다. 그러나 8·15 후 민세의 정치노선은 다른 정치인과는 좀 달랐다. 그는 분명 민족주의자였고 따라서 민족진영의 지도자였으나 한민당을 비롯한 일제하의 일부 타협세력과는 달리 다분히 중간파적 위치에 있었고, 따라서 경우에 따라서는 좌익과 제휴할 수도 있다는 생각을 갖고 있었다.

이러한 그의 자주노선(당시는 이것을 중간노선이라고 했다)은 한편에선 미군을 배경으로 하는 이승만·한민당 세력으로부터 배격을 받고 또 한편에서는 일제 치하 이래 지하운동의 경험과 집요한 투지로 단련된 좌익의 급격한 조직확대에, 어떻게 보면 협공을 당하는 아니면 양쪽에서 소외당하는 불안한 위치에 있었다. 이러한 결과로 민세 등을 중심으로 한 민족자주 세력은 미국·소련 그 어느 쪽으로부터도 지지를 못 받고 일면 지극히 어렵고도 외로운 처지에 빠지게 되었다. 이러한 점을 고려에 넣고 오늘날 별로 알려져 있지 않은 그의 민주노선을 규명해보자는 것이 이 글의 목적이다.

당시 이승만과 한민당 등 주로 친일파를 감싸고 돌던 극우세력은 좌익과의 제휴를 단호히 거부하고 있었다. 그러나 일본과 비타협적 항일운동을 한 민족주의 세력은 대체로 좌익이라 하더라도 필요하면 제휴할 수 있다는 자세였다. 민족주의자로서 분명히 반공인 김구·김규식과 같이 안재홍도 좌익과의 제휴를 그렇게 반대하는 입장은 아니었다. 그가 중간파라고 지칭받게 된 한 가지 이유도 좌익과의 제휴를 반대하지 않는 정치인이었다는 점에 있었다. 그가 이같이 중간파적 정치노선을 택한 이유는 여러 가지 있을 것이지만 여기에서는 그중 몇 가지만을 열거해볼까 한다.

민세는 세상이 다 아는 역사학자이다. 8·15 후 어찌어찌하다 정치에 참여하게 되었으나 그는 정치인이라고 하기보다 언론인이자 역사학자라고 하는 것이 더 옳을 것이다. 그가 8·15 후 제창한 신민족주의도 역사적 견지에서 이론을 전개한 것이다. 그에 의하면 인간의 역사는 투쟁의 역사라고 했다. 이 같은 역사관은 다분히 단재 신채호의 역사관이 연상되는 것이었다. 단재는 '역사는 아(我)와 비아(非我)의 투쟁'이라고 했다.

민세는 인류의 발전과정을 3단계로 나누어 고찰하였다. 제1단계는 인간의 자연과의 투쟁, 즉 자연을 정복하기 위한 투쟁이며, 제2단계는 종족 혹은 부족·민족·국가 간의 투쟁으로서 생존을 위한 투쟁이라고 했다.

역사발전에 따라 투쟁의 형태가 달라진다는 것이다. 3단계에 가서 사회발전에 있어서의 계급투쟁이 여기에 속하는데, 민세는 국제 간의 민족생존의 투쟁과 국내적인 계급투쟁과는 항상 그 성패의 비중 관계에 따라 그 취사가 선택되는 것이라는 이론을 펴고 있다.

그렇기 때문에 파시스트 우파와는 달리 민족의 계급적인 존재를 인정은 하고 있으나 계급투쟁이 가능한 여건을 예시하고 있다. 즉 민족의 총역량이 외적의 침략을 막아낼 수 있을 만한 때에 한해서 계급투쟁이 허용될 수 있다는 견해를 가지고 있었다. 그런데 한국민족은 과거 외적의 침입을 받아 위태로울 때에도 계급적 대립·분열·차별을 지양하고 민족이 단결하여 외적에 대항해 싸운 일이 한 번도 없다는 것이다. 그리고 8·15 후의 민족투쟁과 계급투쟁의 관계에서는 민족의 사활문제가 더 결정적인 조건이 되기 때문에, 한민족 내부의 투쟁은 언제나 국제적 여건이라는 큰 비중의 변수에 영향을 받아 사회 일부의 개혁은 고사하고 전 민족의 공멸만을 초래하게 될 것이라고 생각하였다.

따라서 민세는 8·15 후의 민족상황을 민족적·국민적 생존을 위태롭게 하는 시점이라 보고 마땅히 국내투쟁은 지양하여야 한다는 이론을 폈다. 이와 같은 민족주의 이론에 따라 그는 좌익과도 필요하면 제휴한다는 입장에 서 있었으나 계급보다 민족에 비중을 두었다. 8·15 후의 상황에 대해 민세는 농지개혁과 함께 얼마 안되는 지주는 자연 소멸될 것이라고 보았고, 여러 가지 객관적 경제제약으로 다소의 산업자본가조차 대체로 쇠퇴·몰락의 길을 걷고 있으므로 해방 후에 있어서는 계급대립에 입각한 투쟁의 기본조건 자체가 소멸되고 있다는 견해를 가졌다.

민세의 신민속수의의 골자는 대체로 이와 같이 요약할 수 있겠다. 민세는 백범이 처음 입국했을 때 국내 정세의 설명과 임정의 나갈 바를 진언하는 말에서도 "중경 임정을 토대로 해내외 모든 혁명역량을 포섭하여 한층 힘을 확대·강화하여야 하며 좌익이 만약 반대한다면 별문제이지만 국제적으로 소련과의 관계에서 보더라도 좌익하고는 협동방침을 쓰는 것이 좋을 것"이라고 하였다. 이에 대해 한민당 총무 송진우가 반박을 하고 "좌익의 포섭을 배격하고 사상통일을 기할 것"을 역설했지만, 민세는 주장을 굽히지 않았다. 이와 같은 좌우협동이론은 그의 신민족주의에서 나온 주장이었다.

민세의 좌우협동론은 그의 항일운동과정에서도 이미 싹트고 있었다. 즉 그는 신간회운동 이후 걸핏하면 서대문형무소에 수감되곤 했는데, 이때 민세는 좌익운동자와 자주 통방을 하며 같은 민족으로서 항일운동을 하는 '동지애와 우정'을 가지게 되었다는 것이다. "철창생활에서 감방문이 잠깐 열리고 차입 구멍이 번뜻 열리는 틈틈에 그 춥고 덥고 괴로운 생활 속에 같이 고생하는 좌익인사와 시선이 마주칠 때 목례를 하고 눈짓을 하면서 서로 안타까워하던 그 인상 깊은 추억만으로도 좌익의 인물과는 많은 동지애와 우정을 가지게 된다"고 했다.

그러나 민세는 국내투쟁을 좌우대립에서만 보았을 뿐 민족 내부에서 반민족세력, 즉 친일파들과의 대립에는 적은 관심을 보이고 있다. 그의 협동이론이 잘못되면 이승만이 주장한 이른바 '덮어놓고 뭉치자'는 요구에 따라 친일파까지 파고들어오게 한 노선과 같은 것이 될 위험성이 없지 않았다. 그가 8·15 당시를 회고하는 글 가운데서 "8·15 이후 십 수일간에 친일적 인사들의 위축과 당황은 매우 심하였으나, 9월 8일 미군 상륙 후 총독부기관의 존속과 경험자의 등용 등의 조치에 따라 친일파의 태도가 수일 동안에 손바닥을 뒤집는 듯이 일변하여, 소수 저명한 독립운동자의 정계 등장 외에는 대체로 친일 잔존세력들이 점차로 확고한 뿌리를 박게 되었다. 민심을 일신하고 조국재건에 대한 기쁨과 협동에 일대 원동력을 만들지 못한 것은 유감스러운 일이었다"라고 말한 것과는 전후가 잘 맞지 않는 이론이라고도 할 수 있다.

민세가 협동을 주장한 「한민족의 기본 진로: 신민족주의 건국이념」을 발표한 것은 1948년 10월로, 좌익세력은 이미 자취를 감추고 이 나라 정계·경제계·문화계를 부일협력자들이 대부분 지배해 지난날의 민족적 죄과를 추호도 반성 않고 내 세상인 듯 설치고 있을 때였다. 그런데 민족주의를 좀먹는 이러한 반민족주의자들의 횡포를 눈앞에 보면서도 그가 이 문제에 대해선 별로 관심이 없이 다만 협동만 주장했다는 것은 이른바 '신민족주의'의 한계임에 틀림없다.

신민족주의자로서 민세의 건국노선이 구체적으로 어떠한 내용인가도 관심의 대상이 된다. 혹자는 민세를 불온한 인사처럼 보려는 견해도 있는 듯하나 민세는 결코 그런 사상을 가지지 않았다. 민세의 좌우협동노선은 어디까지나 민족주의자를 위주로 하는 노선이었다. 8·15 후 관여한 건국준비위원회에서도 민세는 "민족주의자들을 일선에서 일을 하게 하고 좌익은 제2선으로 후퇴하여야 한다"고 주장하고, 박헌영에 대해서도 직접 "지금은 민주주의 민족독립국가의 완성이 요청되는 때이니 좌우 간의 5 대 5 비율이란 말도 안 되고 민족주의자가 영도하는 국가를 성립시켜야 한다. 공산주의자는 제2선으로 후퇴하도록 하라"고 진지하게 요구하여 박헌영으로 하여금 "짜증을 내게 했다"고 기록되고 있다.

또 어떤 인연에서인지 8·15 직후 민세는 좌익 출옥인사 1백여 명 앞에서 강연을 하면서 "중경 임정을 최대한 지지하여야 하며 임정을 기간(基幹)으로 하여 해내외의 혁명 역량을 신정부에 집결케 하여야 한다"고 주장하였던 것이다. 그럴 때마다 좌익은 "당신은 중경 임정을 맞이하여 국내의 대지주층과 봉건세력과의 결합을 보게 하려는가"라고 공박을 했다. 한편 어느 우익정당 간부로부터는 이 연설 중에 민세가 "연합군의 단시일 내 철수 운운한 것은 연합군에 대한 예의에 어그러진다"고 비난을 받기도 했다는 것이다. 이 보수정치인은 미군을 조금이라도 더 붙들어두고 싶었던 것이다. 민세는 이같이 좌우 양쪽에서 협공을 받았다.

신민족주의론의 허실

1945년 12월 28일 모스크바 3상회의에서 한반도에 앞으로 최고 5년간 신탁통치를 실시한다는 보도가 발표되자 전국의 여론은 물 끓듯 했고, 그날로 신탁통치반대 국민총동원 중앙위원회가 결성되어 민세는 부위원장에 취임하였다. 철저한 민족주의자로서 당연한 일이었다. 그리고 며칠이 지난 1946년 1월 6일 밤 국민당·인민당·한민당·공산당 등 4당 대표들이 회동을 하여 밤을 새워가며 장장 10여 시간 동안 토의한 결과, 이른바 4당 코뮈니케라는 것에 합의하였다. 이 코뮈니케에서 4당은 "유엔헌장에 의하여 의구되는 소위 탁치안은 임시정부가 수립된 후 독립정신에 준하여 해결키로 한다"고 합의했는데 이것은 모스크바 3상회의의 한국문제 합의사항 속 신탁통치 조항에 의거한 것이다. 세 외상의 합의에 의하면 먼저 민주주의적 통일임시정부를 세우고 그 임시정부와 협의를 거친 다음 최고 5년 이내의 신탁통치를 실시한다고 되어 있었다. 4당 코뮈니케는 세 외상회의를 일단 받아들여 통일임시정부를 세운 다음 신탁문제가 제기되면 우리 민족의 독립정신에 입각해 신탁통치 실시를 아예 거부하든지 아니면 그 기간을 2, 3년 이내로 우리에게 알맞게 단축한다는 합의였던 것이다.

그런데 이 합의사항이 우파, 특히 한민당 등의 반발이 심해 거부되고 말았다. 당을 대표한 김병로가 토의에 참가해 합의해놓고는 신의를 저버리고 거부한 것이다. 결국 이 4당 코뮈니케는 유산되고 말았다. 이때부터 탁치를 둘러싸고 자유진영은 대립되기 시작했다. 4당 코뮈니케를 전후해 민세는 반탁 태도에서 크게 후퇴한 것으로 보인다. 민세는 미·소공동위원회를 통한 통일정부 수립의 방향으로 노선을 바꾸었다. 이로 말미암아 한때 김구의 한독당과 합당했다가 미·소공위 참가를 반대하는 임정 측과 의견이 맞지 않아 다시 당이 결렬되고 말았던 것이다.

민세는 "한 나라의 독점지배의 위험성을 충분히 인식하므로 미·소 등 연합국의 공동보장과 지지 아래 조국독립 육성확보를 희원한다"고 말했다. 신탁통치가 미·소의 공동보장(상호견제)에 의해 오히려 1국 독점지배보다 위험성이 덜하다는 견해로 바뀐 것이다. 더욱이 놀라운 것은 1국 지배 하에 들어가면 "일본제국의 침략주의적 재출발의 시기를 앞당긴다"고 예언한 것인데 오늘의 시점에서 탁견이라 아니할 수 없다.

민세는 그의 글에서 수시로 한민당에 관해 언급하고 그들에게 문제가 있다는 투의 말을 하고 있다. 한 예를 들어보자.

한국민주당은 처음 결성될 때 중경 임시정부를 추대하는 것을 그 발당의 취지로 하여 임정의 여당으로 자인하고, 중경에 있을 때 그대로의 정부를 정부로서 봉대한다고 주장하였다. 그와 동시에 그들은 미군정에 향해서도 그 최고의 고문자리를 거의 전담하고 중앙 및 지방의 각 부면을 통하여 그 당의 세력을 부식(扶植)키로 하여 그 결과 수십 년래 보수세력이 고스란히 그에 기울어지고 연결지어졌다.

미·소공동위원회가 열리고 있는 덕수궁 앞의 반탁시위대.
민세는 처음에는 반탁 입장이었으나 1국 독점지배의 위험성을 우려해 미·소공위의 성공을 적극 지원했다.

이같이 한민당의 생리를 분석하고 또한 "일제시대 이래 일제와 결합 의존 또는 타협하여 일정한 현존 세력을 식민지 조선에서 보유하고 있던 각 보수적 부대로 하여금 점차 견고한 세력을 다시 부식하게 하는 계기를 지어주었다"고 하여 역시 한민당의 정치 · 경제적 성격을 파헤쳤다.

아무튼 미 · 소공위를 계기로 민세는 점차 미 · 소대립 진영에 가담하지 않고 민족자주적 노선으로 기울어졌다. 즉 1947년 6월에도 김규식을 위시하여 안재홍 · 여운형 · 홍명희 등 20여 명이 회합, 시국대책협의회를 결성하여 중간파의 기반을 굳히는 한편, 9월에는 한국민족자주연맹의 창립에 관여하여 점차 그의 중간파적 자세가 뚜렷해졌다. 그는 이 당시 아직도 민정장관 자리에 있었으므로 표면화되지는 않았으나 그의 태도는 점차 여운형 · 박용희 · 김병로 · 김호 · 김원용 · 이극로 등과 가까워졌다.

이들은 하나같이 이승만 노선하고는 거리를 유지하고 있었다. 그러한 때문인지 민세에 대한 중상과 모략이 갑자기 늘어났다. '찬탁매국노' '애국운동 저해자' '탐욕스러운 부패관리' '군정연장 음모의 반역자'라는 중상과 모략을 받았을 뿐 아니라 저격의 대상이 되기도 했다.

한 가지 짚고 넘어가야 할 점은 철저한 민족주의자임을 자처하는 민세가, 그가 지지하고 신뢰하는 3·1정신을 계승한 대한민국 임시정부를 정면에서 무시한, 즉 한국 민족주의의 법통을 무시한 미군정의 민정장관이 되었다는 사실이다. 민세는, 민정장관 취임과는 사정이 다소 다르나 하여간 미군정 입법의원직을 수락한 것 등도 크게 보아 하나의 독립운동 과정으로 해석하고 있었던 것 같다. 아마 이와 같은 생각에서 민정장관에도 취임한 것이 아닌가 여겨진다.

백범 등 임정계가 시종일관 반탁을 주장한 것과는 달리, 한때 반탁투쟁의 선봉에 섰던 그는 반탁운동의 옛 동지들을 구속케 했다. 이것은 민족주의자로서의 민세의 정치적 처신에 한 가닥 아쉬움이 아닐 수 없다. 그의 글에 의하면, 미군정 최고핵심자의 명이라며 김구를 의법제재하라는 요구가 있었다. 백범이 종로의 화신상회 2층에서 확성기를 달고 반탁시위를 선동하였다는 것이다. 민세는 그것이 허위정보임을 알고 불응했다고 한다. 그러나 그는 같은 임정계이며 한때의 반탁동지요 같은 한독당 당원이기도 한 엄항섭·김석황 두 사람을 민정장관 자신의 이름으로 체포케 허용했다. 이 사건에 대해서는 민세 자신도 괴로운 심정을 감추지 못했는데, 사실 민세가 '독립운동 방해자' '미군정 연장 획책'의 비난을 받은 것도 이와 같은 사정 때문이었던 것으로 생각된다. 엄격히 말해서 민세의 정치노선은 백범과는 달리 이랬다저랬다 일관성 없는 노선이었다는 비난도 받을 수 있겠다는 것이다.

민세는 통일을 위해 한때의 반탁투쟁을 포기하고 미·소공위의 성공을 적극 지원했으며 중간파 정치인들과 행동을 같이했다. 그래서 '용공'이라는 모략도 받은 것 같다. 그러나 그러한 민세가 남한만의 선거, 그것은 필연적으로 그가 그처럼 반대한 단정으로 발전할 것이 뻔한데도, 그래서 백범은 목숨을 걸고 단정을 반대하고 단정에의 참여를 거부했던 데 비해, 민세는 이른바 단선(單選)을 긍정했다. 그는 통일을 위해 우사 김규식과 함께 한독당의 백범과 결별하면서까지 미·소공위, 좌우합작을 지지해왔다. 그런데 이승만 노선인 단선이 실시되자 이것을 또 차선의 길이라고 승인하고 나선 것이다. 이 점에 있어 일관성을 취한 김규식과도 다른 점이 있다. 민세의 자제 안정용은 다음과 같이 술회하고 있다.

부친은 남북총선거는 최선이요, 가능지역만의 총선거는 차선인데 군정을 무기한 끌어갈 수 없는 이상 차선이라도 취해야 한다는 현실적인 이론에 지지를 표명하고 있었으며, 평양에서 준비된 협상에 이남에서 월북 참가하는 피동성과 제약받는 조건을 근심하고 승산 없는 것으로 여겨서 『한성일보』를 통하여 수차 그 취지를 표명하고 주의를 환기한 바 있었다. 뿐만 아니라 [……] 협상에 참가하는 것과는 별문제로 남한 총선거에는 각 당에서 일률적인 참가를 역설하였으나 명분론적인 참가 반대론이 부친의 주장을 거부하였던 것이다.

안정용의 글은 민세의 정치적 소신과 처신을 비교적 담담하게 설명해 주고 있다. 직접 민세의 말을 들어보기로 하자.

남북협상 당시 선배와 동지들이 남한선거를 거부하지 말고 그 산하의 인물들로 대거 참가케 하였던들, 오늘날 의정단상 다수의 투사와 함께 통일공작의 동지로 하여금 대다수를 확보하여 자못 신축자재한 기동적 작전을 하였을 것인데 그의 오류 이미 추급할 수 없고 역시 다만 간과지인(看過知仁)의 탄을 발할 바이다. 「조선민족의 정치적 진로」, 1948년 10월

민세는 백범이 남한선거에 참여치 않고 남북협상을 통해 통일을 실현코자 한 것을 잘못이라고 비판한 것이다. 민세는 「남북통일의 구체적 방책」1949년 3월이라는 글에서 "대한민국이 유엔총회에서 압도적 다수로써 정식 승인된 것은 한국의 진정한 민주주의 민족자유국가로서 통일 독립됨의 타당성을 전 국제열국이 공인·지지한 것을 의미하는 것으로서 민족적 경사이다"라고 긍정적 반응을 보이고 있다. 이에 대해 백범은 반쪽만의 정부는 결국 동족상잔의 비극을 불러일으킬 것이라 예언하고 자기

의 통일을 위한 노력이 바로 독립투쟁의 연장이라 한 것과는 크게 대조적이다. 민세가 1950년 봄 국회의원 선거에 출마하고 백범의 한독당계가 백범의 유지를 따라 일체 참여를 포기한 것은 이와 같은 사정 때문이었다.

민세의 민족주의 사상

한편 민세의 민족주의 사상은 어떠했던가. 그는 본래 한학을 배운 후 일본에 유학, 신식학문을 학습했으므로 그의 사상에는 동양사상의 영향이 강하게 남아 있다. 그는 대종교를 믿는 신도로서 동양사상을 바탕으로 '조선철학'을 연구하였다. 체질적으로 민세는 비서구적인 민족주의자였다. 1949년 12월에 발표한 「한국과 한국인」에서도 나타나듯이 그는 한민족의 바탕이 매우 훌륭하고 위대하다는 신념을 갖고 있었다. 그는 고대의 부여나 고구려가 다 같이 한민족이라고 보았고 다만 일본의 어용학자들이 그들을 만주족인 것처럼 우리 민족과 분리시켜 놓았다고 했다. 이 점은 단재나 정인보하고 비슷한 사관을 보이고 있다.

민세는 한민족이 위대하다는 이유로서 첫째, "동아시아 대륙의 중심부에 자리하여 중국·일본의 민족과 연관을 갖고 있어 혈연적으로 우수하다는 것" 둘째, 동방문화의 창시자로서 중국문화에 기여를 하고 일본문화의 근간부를 이루고 있어 문화적으로 위대하다는 것 셋째, 수천 년 동안 사방에서 침략을 받은 고난의 민족이나 한족·몽고족·일본민족 등의 몇백 회에 걸친 침략을 거듭거듭 막아내고 일제 40년 또한 식민지 노예화를 깨치기 위해 3·1운동·청산리싸움·의병투쟁·광주학생투쟁 등 해내외의 합법·비합법의 온갖 운동과 투쟁을 벌여 한민족이 자유민임을 세계에 보여주었다는 점 등을 들고 있다.

그러나 이러한 위대한 민족이 점차 쇠퇴 타락해갔는데 그 이유는, 이조 5백여 년 사이에 국가적 쇠퇴와 함께 폐습이 쌓이는 한편 사대사상의 고질화와 더불어 천박 · 편협 · 현금주의 · 허위 · 무신의 · 분파성 등이 생기기 시작했는데, 더욱이 일제 40년간 억압 속에서 살다보니 일신의 안전을 보장하기 위해 겉 다르고 속 다른 이중인격을 쓰지 않을 수 없었기 때문이었다는 것이다. 그는 개탄하며 "한국인은 여러 시각에서 국민도의 향상 발전과 민족문화 앙양을 위해 조야 아울러 획기적인 운동을 벌여야 한다"고 주장했다.

민세는 일제 하 40여 년간 대부분을 일제와 타협하지 않고 저항을 계속하다가 감옥살이로 많은 세월을 보냈고, 8·15해방 후엔 운명의 장난이랄까 정계에 말려들어 격동기 속에 휘말려들었다가 6·25 후 납북되는 등 평생을 불우한 속에 보낸 비극의 주인공이다.

그는 천성이 학자이자 언론인이어서 정치할 사람이 아니었다. 그러기에 야심이 없던 그는 민정장관이 되고서도 다른 정치인들처럼 자리를 이용해서 정치자금을 마련한다든가 자파세력을 부식하는 일이 없었다. 그는 거짓이 없고 순정한 인간으로서 또 온갖 고초를 겪은 민족지도자로서 존경받기는 했으나, 한국적 정치풍토에서 정치인이면 으레 몸에 지니고 있어야 할 권모와 술수, 당략을 구사할 수 있는 인물이 아니었고, 일제 수난기와 해방 후의 거센 파도 속에서 시대적 희생자로 인생을 마친 비극의 주인공이었다. 민세의 비운은 결코 민세 개인만의 비운이 아니라 민족의 비운이었으며 그가 이를 대신 떠맡은 것이었다.

"나라없는 백성은 어디를 가나 서럽고 비참한 것이다.
만리타향 객지에서 고행할 각오를 한 몸,
그러나 내가 죽기 전에 조국이 광복되는 것을 볼 수만 있다면
나는 그 이상의 더 큰 소망이 없겠다."

이동녕

기울어가는 임시정부의 마지막 등대

상해 임정의 '상징성'

일제 36년간 우리 민족이 거의 친일 일색처럼 되어가고 있을 때 그리고 한때의 민족지도자들이 거의 변절하여 동족에게 '황국신민화' 구호를 외치고 있을 때, 만약 중국에 망명 임시정부 하나 없었다면 한민족은 독립과 자유를 누릴 자격이 없는 노예민족이라는 말을 들어도 대꾸할 말이 없었을 것이다. 그러나 우리 민족이 노예민족이 아니라 자유와 독립을 누릴 수 있는 우수한 문화민족이라는 자부심을 가질 수 있었던 것은 그래도 중국에 한인 망명정부가 있었기 때문이다.

상해 망명정부는 한 일이 별로 없는, 그래서 별것 아닌 일종의 망명객들의 한 그룹이었다고 말하는 사람도 있다. 그들에게 이렇다 할 항일투쟁 경력이 많지 않았다는 비판이 전혀 근거 없는 말이 아니라는 것을 시인은 하면서도 이 망명정부를 높이 평가하지 않을 수 없는 것은 하나의 '상징성' 때문이다. 망명정부로 해서 우리 민족은 자유를 희구하는 민족이라는 사실을 전 세계에 보여준 것이다. 상해 임시정부는 그 업적에서보다 그것의 존재가 가지는 상징성 또는 명분에 보다 큰 의의가 있다.

일제시대를 살아본 50대 이상의 세대라면 누구나 알고 있는 사실이지만 8·15 전 욱일승천한다는 일본이 망할 것을 상상하는 사람은 별로 없었다. 그래서 한때의 민족주의자들도 대부분 부일협력자로 타락해갔는데 이것은 일제통치를 벗어나 한민족이 독립한다는 것은 거의 희망없는 일로 보았기 때문이다.

망명지 중국에서도 사정은 같았다. 『백범일지』에도 기록되어 있듯이 한때는 독립운동가들이 구름같이 모여들어 그 수효가 천여 명이 넘을 때도 있었으나 시일이 지날수록 점차 줄어들어 임정수립 3, 4년 후에는

10여 명에도 미달되는 한심한 상태에 놓여 있었다. 임정 보따리를 메고 있다고 해서 누가 먹여 살려주는 것도 아니었다. 뿐만 아니라 임정요인으로 선임되어도 상해까지 올 여비가 없다든지 일단 임지까지 온 사람도 먹고 살 수가 없어 다시 상해를 떠나는 그런 실정이었다.

이렇게 한심한 임정살림을 그래도 버리지 않고 끝내 지킨 사람은 다름아닌 이동녕(李東寧, 1869~1940)이었다. 백범은 귀국 당시 임정의 주석으로 있었고 또 임정의 정통성을 고수하며 남한단정을 반대하다 이승만 계열에 의해 비참하게 죽음을 당한 때문에 오늘날까지 그를 추모하는 사람이 그치지 않고 있으나, 정작 임정을 끝까지 수호한 이동녕은 해방 5년 전에 이국땅에서 조국의 광복을 보지 못하고 한을 품은 채 세상을 떠났으므로 오늘날 이동녕을 아는 사람은 그리 많지 않다.

임정에 대한 공로만을 한정시켜 말한다면 제일가는 수훈자는 백범이 아니라 석오(石吾) 이동녕을 들어야 할 것이다. 그는 자기를 내세우기를 별로 원치 않았다. 상해 임정은 독립이 거의 절망적으로 보이던 1920년대의 암담한 시절에 항일투쟁보다도 임정 내부의 각종 인맥 · 지연 같은 것으로 파벌만이 성해 반목 · 시기하는 것으로 세월을 보내는 한심한 상태에 있었다. 이런 상황에서 그나마 임정을 8·15의 그날까지 유지할 수 있는 터전을 마련한 것은 다름 아닌 석오 이동녕의 숨은 공이 절대적이었다. 한을 품고 이국땅에서 그가 눈을 감았을 때 임정에서는 특히 대한민국(임정)의 국장으로 애도 속에 그를 정중히 모셨고, 8·15 후 귀국한 백범이 그의 아들 신(信)을 시켜 이국땅에 쓸쓸히 묻혀 있는 그의 노모와 함께 특히 석오 이동녕의 유골을 고국으로 모셔오게 한 것은, 이동녕이 임정에 기여한 공로가 얼마나 컸고 한 지도자로서 그리고 한 애국자로서 석오가 얼마나 원만하고 탁월한 지도자였나를 말해주는 것이다.

더 넓은 세계를 향해

이동녕은 1869년 10월 6일 충남 천원군 목천면 동리에서 태어났다. 자는 봉소(鳳所), 호는 석오라고 하였으며 한때 서고장이라고도 불렸다. 이동녕은 젖먹이 때부터 소년 시절에 걸쳐 어머니와 늘 외로운 나날을 보냈다. 아버지는 지방 여러 곳에 군수로 전전했기 때문에 아버지 어머니 밑에서 행복한 나날을 보내지 못했다. 다섯 살 때 서당에서 한문공부를 시작한 그는 재주가 남보다 뛰어나 천자문을 일찍 떼고 글도 잘 썼다.

이동녕은 인품이 맑고 마음씨가 너그러웠다. 외양은 아버지의 기상을 닮았으나 성품은 어머니를 닮아 마음씨가 비단결같이 곱고 온후해서 원만한 인간관계를 가질 수 있는 지도자였다. 그가 일곱 살이 되던 1875년 한반도에 야심을 품은 일제가 강화도에 군함 세 척을 보내 시비를 걸어왔다. 일본군함의 대포소리에 놀라 정부는 미처 싸우기도 전에 겁을 먹고 이듬해 2월 이른바 병자수호조약이라는 것을 체결했다. 조선 5백 년의 전통이 깨어지고 나라가 망국의 길을 걷기 시작한 것은 바로 이때부터였다.

이동녕은 해마다 추석 때가 되면 아버지와 어머니의 손목을 잡고 조상의 묘를 찾았다. 산소가 있는 곳은 목천에서 얼마 떨어지지 않은 뒷골이라는 마을이었다. 바로 지금의 충북 청원군 문의면 후곡리이다. 이곳에 그의 할아버지인 이석구와 고모가 살고 있었다. 이동녕은 어린 시절에 뒷골에 가서 많은 나날을 보냈다. 할아버지 집 앞에는 수령 5백 년이 넘는 느티나무 한 그루가 우뚝 서 있었다. 느티나무를 끼고 바로 눈앞에 바라보이는 오른쪽 산을 마을사람들은 '문달봉'이라고 불렀다. 왼쪽 산은 '이달봉'이라고 불렀는데 그 아름다움이 비할 바 없는 풍치 좋은 고장이었다. 뒷골에서 앞쪽으로 재를 넘어 대전 쪽을 향해 한 30리 남짓 가면 유서 깊은 금강이 굽이쳐 흘렀다. 그 잔잔한 물결은 한없이 맑았고 강변에 뻗어 있는 기다란 자갈길은 아름답기 그지없었다. 그 길은 조상들이 걸어온 지난날의 역정을 일러주는 것 같았다.

이동녕은 이와 같이 아름다운 고장에서 어린 시절을 보냈다. 소년 동녕은 집 앞의 느티나무 밑 돌방석에 앉아서 한학을 공부하였다. 한자 속의 어려운 뜻을 익혀나가는 동안 그는 차츰 세상을 이해하고 판단하는 힘을 키워나갔다. 그는 열 살이 되었을 때 사서삼경을 읽었다. 사람들은 그를 신동이라 칭찬했다. 그는 어린 시절부터 사물에 대한 통찰력과 일에 대한 끈기와 열성이 남달리 뛰어나 사람들을 감탄케 했다.

그의 집안은 원래 자손이 귀했으므로 친척들이 적었고 따라서 집안이 언제나 조용한 편이었다. 이러한 분위기는 이동녕을 한결 외롭게 만들었다. 그는 목천과 문의를 자주 왕래하며 아름답기 그지없는 고향의 산천을 가슴에 새겼다. 그가 일생을 거울같이 맑게 살다 간 것은 이 같은 산천의 정기를 받은 때문이었을 것이다. 그가 성장해서 오직 나라와 겨레를 위해 심신을 바쳤던 것도 아름다운 고향 산천이 영원한 마음의 고향이 되었기 때문인지도 모른다.

이동녕은 서당에서 한문을 닦으며 많은 것을 익혀나갔다. 그러나 더욱 큰 관심사는 좁은 마을을 벗어나 미지의 넓은 세상으로 뛰쳐나가는 일이었다. 그는 아버지 못지않게 진보적이며 민주적인 사고방식을 지니고 있었다. 이는 민족사상으로 확대되어 항일독립운동의 귀중한 밑거름이 되었다. 지각이 들면서는 민중들의 불우한 처지를 늘 동정하고 그들을 친근히 여겼다. 그리고 민중이 자유를 누리게 하기 위하여 한평생을 바치리라고 마음먹었다. 이러한 성장과정에서 어머니가 미친 영향은 남달리 컸던

석오 이동녕은 만주와 블라디보스토크 등지에서
독립운동을 벌이다 1919년 임시의정원 초대의장이 된 이후
극도로 어려운 상황 속에서도 임시정부의 법통을 이어나갔다.

것 같다.

16살이 되자 그의 생애에서 처음으로 변동의 물결이 일기 시작하였다. 그는 아버지를 따라 처음으로 늘 그리던 한성거리를 직접 눈으로 볼 수 있었다. 한성은 이미 변화된 세태를 충분히 보여주고 있었다. 같은 한성 사람들도 개화와 보수의 갈림길에서 머리부터 발끝에 이르기까지 서로 다른 모습과 옷차림들을 하고 있었다. 이것은 사람의 힘으로는 어쩔 수 없는 시대의 조류였다. 종로거리에 나선 그의 눈에는 다만 모든 것이 새롭고 신기하게만 보였다. 어린 마음에도 많은 것을 배웠다. 무엇보다도 놀라움을 준 것은 그 전해부터 관보로 찍어내는 『한성순보』라는 신문이었다.

『한성순보』는 1883년 10월 31일, 즉 고종 20년 우리나라에서 처음으로 나온 근대적 신문이다. 당시 수신사로 있던 박영효와 개화당의 김옥균 등의 주선으로 발행된 것이었다. 나라의 행정소식과 해외소식 그리고 고금동서를 망라한 광범한 지식들을 기사로 실었다. 사람들은 『한성순보』를 읽고 나라 안팎의 소식을 접할 수 있었으며 또 이 신문은 나라의 앞날을 걱정하고 사회를 비판하는 중요한 구실을 하였다.

이동녕은 어린 마음에도 선명한 활자로 신문을 찍어내는 기술에 감탄하고 그 위력에 놀랐다. 그는 사회를 계몽하고 개혁하는 커다란 수단과 힘이 바로 신문과 같은 인쇄물임을 차츰 깨달았다. 그가 한평생 독립운동을 하면서 언제나 신문과 각별한 인연을 맺었던 사실은 이때에 받은 영향이 컸던 것으로 보인다.

한편 시대의 변화와 더불어 정부도 새로운 제도를 받아들이지 않을 수 없었다. 이해 3월 정부는 일본에서 경찰제도를 도입하고 8월에는 조련국을 설치했다. 사관학교의 건립도 한참 논의되고 있었다. 이런 상황에 놓인 한성을 다녀온 그는 때때로 어머니에게 한성에 가서 살자고 했다. 또이 무렵 개화파와 수구파 간의 대립이 폭발하여 드디어 갑신정변이 일어났다. 이런 것들이 영향을 미쳐 그의 가슴속에는 새로운 세계에 대한 줄기찬 호기심이 일어났다.

어머니의 지성과 아버지의 용단으로 이동녕은 마침내 멀리 경북 영해군으로 아버지를 따라가게 되었다.

아버지가 의성군수를 거쳐 다시 영해군수로 부임해온 것이다. 동해 바닷가에 있는 영해는 그에겐 새로운 세계였다. 넓고 넓은 바다를 바라보며 그는 가슴을 활짝 폈다. 그는 밤에는 아버지의 일을 돕고 낮에는 고을사람들과 어울려 지냈다. 이제 청년이 된 그는 고을의 여론에 따라 아버지의 행정에 많은 도움을 주었다. 그의 늠름한 기상과 뛰어난 구변은 차츰 일대에 소문이 퍼졌고 읍내사람들에게 그는 어느덧 '작은 군수'로 알려지게 되었다.

그의 머릿속에는 많은 생각들이 오고갔다. 권세를 누리고 명예를 얻어내는 그러한 인생살이도 생각해보았다. 그러나 그것은 마치 하늘의 뜬구름과 같이 부질없는 것으로 생각되었다. 이동녕은 생각했다. '그렇다. 벼슬길에 올라 양반 행세를 하고 가난한 백성들을 천하게 여기는 저 오만불손한 양반 관리들, 그런 생활이 무엇이 좋단 말인가. 민중 속에 뛰어들어 그들과 함께 숨을 쉬고 그들 편에 서서 웃고 우는 생활을 하고 그들의 억울한 입장을 대변해준다면 그것이야말로 보람 있는 일이 아닌가. 관록(官祿)을 받고 있는 모든 벼슬아치들도 결국은 백성들을 잘살게 하는 데 뜻을 두어야 할 것이다. 관직에 있으면서 정치의 잘된 점, 못된 점을 임금께 아뢰어 고쳐나가야 한다. 이것이 관리로 있는 사람들이 지켜야 할 도리가 아니겠는가.' 그의 가슴속에는 벌써부터 이런 생각으로 꽉 차 있었다.

이렇게 사회개혁에 대한 사상이 싹트고 있을 때 나라는 일제의 침입으로 서서히 망해가고 있었다. 몇 해 동안 영해군수를 지낸 아버지는 다시 임지를 옮기게 되었다. 이번에는 아주 먼 북녘 땅인 평양이었다. 자식의 장래를 생각하지 않을 수 없었던 그의 아버지는 가족들을 한성으로 옮기기로 작정하였다. 이리하여 이동녕 일가는 한성으로 올라와 지금의 종로구 봉익동(鳳翼洞)에 자리를 잡았다. 이동녕의 자(字)가 봉소(鳳所)인 것은 아마 본거지를 봉익동에 둔 때문인 것으로 믿어진다.

길가에 굴러다니는 돌이 되리라

청년이 된 그는 자신의 진로를 결정해야 했다. 한 가지 길은 과거에 급제하여 벼슬길에 올라 조상의 빛나는 영예를 이어나가는 것이고 또 하나는 비정(秕政)을 규탄하고 민권운동에 앞장서는 일이었다. 이 길은 외세를 이 땅에서 몰아내고 국력을 기르고 특히 항일구국운동에 투신하는 험난한 길이었다. 그는 마음의 갈등이 가시지 않는 나날을 보냈다.

그러나 가슴속에는 이미 큰 불이 붙기 시작하고 있었다. 타오르는 민족사상이 힘차게 용솟음쳤다. 그는 나라의 파국을 막고 민중을 개도하는 길을 택하기로 마음먹었다. 1870년대부터 일어나기 시작한 개혁의 물결은 날이 갈수록 더해갔다. 그것은 부패한 양반세력을 몰아내고 고루한 유교사상을 개혁하는 문화운동이자 사회운동이었다. 그는 몇 해 전부터 간직해왔던 민권수호의 정신을 더욱 굳혀나갔다. 항일사상은 날이 갈수록 그 농도가 짙어갔다.

그러나 일단 관계로 진출하라는 아버지의 엄한 가르침도 전혀 외면할 수 없었다. 진퇴양난의 길에서 그가 맨 먼저 취할 수 있는 길은 먼저 과거에 급제하여 나랏일에 참여할 수 있는 첫번째 관문에 들어서는 일이었다. 그는 나이 24세 때(1882) 응제진사시험(임금의 특명으로 치르던 임시과거-편집자)에 합격하여 사회진출의 첫발을 내디뎠다. 이때 이동녕은 아호를 석오(石吾)라고 지었다. 허울 좋은 양반의 굴레에서 벗어나 자신을 길가에 굴러다니는 돌에 비유한 것이다. 세상사람들에게 자신을 낮추려는 하나의 겸손에서 비롯된 것인지도 모른다.

석오는 26세 때 어머니의 주선으로 6살 아래인 풍산 김씨 김경선과 한성에서 혼례식을 올렸다. 이해 3월에는 청일전쟁이 터져 세상은 더욱 소란스러웠고 그 이듬해 가을에는 이른바 을미사변이 일어나 발칵 뒤집혔다. 당시 민비는 친일내각을 무너뜨리고 친러파 이범진과 이완용을 입각시켜 자신의 세력을 부식(扶植)해나갔다. 이에 민비의 독주에 불만을 품은 일본공사 이노우에 가오루(井上馨)가 민비의 국정 관여를 막도록 공작해왔다. 마침내 일본은 새로 부임한 미우라(三浦)로 하여금 민비를 살해케 하였다. 이 때문에 임금이 러시아 공사 베베르의 공관으로 피신하는 이른바 아관파천이 일어났다.

진사벼슬에 급제한 석오는 이제 스스로 관직에 오르기를 단념하고 민중운동에 나서기로 결심하였다. 국모가 외세의 총칼에 시해되는 이 기막힌 상황에서 안일하게 벼슬자리에만 앉아 있을 수가 없었던 것이다. 한편 이 무렵 그의 아버지도 관직을 내놓고 서울로 상경하였다. 그리고는 원산에 있는 친지를 찾아가 그곳에서 육영사업을 하기로 결심했다. 학원을 세워 나라의 인재를 양성하는 일이 여생을 보람 있게 보내기에 가장 합당한 일이라 생각되었기 때문이다. 나라가 쇠퇴하고 왜놈들에게 압제를 받는 것은 실국 백성늘이 미개한 때문이라고 석오의 아버지는 평소부터 뼈저리게 느껴왔다. 아직도 오랜 잠에서 깨어나지 못한 민족이었기에 이들에게 필요한 것은 무엇보다 교육이라고 생각했다.

얼마 후 원산 앞바다에서 좀 떨어진 원산부 산제동에 아담한 학원이 하나 세워졌다. 어렵게 마련한 출자금으로 광성학교가 문을 연 것이다. 후일 이 학교는 광명학교라고 개칭하여 원산지방 굴지의 국민학교로 발전해나갔다. 초기에는 몇 칸뿐인 초라한 학원이었으나 열성을 기울인 보람으로 학생 수가 나날이 늘어 나중에는 초만원을 이루었다. 석오는 원산에 있는 아버지 곁으로 어머니를 모셔놓고 자신은 한성으로 올라와 민중운동을 시작하게 되었다. 이 무렵에는 독립협회가 발족되어 있었다.

독립협회에서의 활동

"외세를 이 땅에서 몰아내고 나라를 바로잡아야 한다. 그러기 위해서는 민권을 찾아야 하며 개화를 하여야 한다." 이것이 바로 독립협회의 기본정신이었다. 석오는 독립협회의 개혁운동에 참가하기로 했다. 이 운동의 조직은 크게 두 갈래로 나뉘어 있었다. 한 갈래는 서재필·윤치호·이상재·안창호·이승만 등 서구사상을 가진 사람들이었고, 또 한 갈래는 남궁억·박은식·이준·신채호·이동녕 등 주로 개신유학을 배경으로 한 전통적 독립사상의 신진들이었다.

이들은 먼저 민중을 계몽하는 수단을 찾았다. 신문을 발행하는 일부터 시작하여 참다운 민권과 개화의식을 고취시켜나갔다. 이들의 활동은 민중을 계몽시키는 데 큰 구실을 했다. 활동범위는 시민뿐만 아니라 농민·노동자 나아가서는 천민들까지도 포함되었다. 그들은 자유와 신식교육의 필요성을 민중 속에 널리 계몽시켰다. 석오 자신도 바로 이런 사상을 소중히 여겼던 것은 물론이었다. 그는 일본이나 미국과 같은 나라에 가본

일은 없었으나 선진 제국의 좋은 점을 본떠서 나라를 다시 일으켜보겠다는 개화의식만은 어느 누구에게도 뒤지지 않았다.

그때 독립협회는 회의장으로 독립관을 쓰고 있었다. 처음에는 회원이 겨우 3, 40명에 지나지 않았으나 후에는 그 수효가 급격히 늘어나 수천 명에 달했다. 독립협회에는 이름난 지사들이 거의 모여 있었다. 서재필을 비롯해 윤치호 · 이상재 · 안창호 · 남궁억 · 박은식 · 이준 · 신채호 · 이동녕 · 김규식 · 김윤식 · 나철 · 노백린 · 박용만 · 전덕기 · 민영환 · 신규식 · 이갑 · 신흥우 · 양기탁 · 이동휘 · 이승훈 · 장지연 · 정교 · 주시경 · 지석영 · 오세찬 · 한규설 · 박정양 · 김가진 등 실로 구한말의 젊은 인재들이 거의 다 여기에 모여들었다.

독립협회의 활동은 차츰 민중의 지지를 얻어 '만민공동회'라는 범국민 운동으로 번져나갔다. 이 모임을 움직인 사람은 독립협회의 간부들로 그 조직은 매우 체계 있고 치밀했다. 정 · 부의장 다음에 총무를 두었고 다시 총무 · 간사 · 재무 · 선전 · 지방 · 조사 · 섭외 · 문교 등이 있었다. 이때 나이가 적은 석오는 간사부에서 노백린 · 이갑 등과 함께 활동하고 있었다.

이해 9월 궁내부 고문으로 있던 미국총영사 그레이트하우스(C. R. Greathouse)는 대궐을 지킨다는 이름 아래 각국의 병사를 대궐 안에 주둔시키자는 제안을 했다. 겁에 질려 있던 고종은 즉각 이 제의를 받아들였다. 일종의 외인부대원 30여 명이 중국 상해에서 인솔되어 궁중으로 들어갔다. 일본군의 야만적인 궁전 야습사건이 있은 후라고 하나 주권국가의 체통은 말이 아니었다. 석오를 비롯해 윤치호 · 이상재 · 남궁억 · 이문 등이 맹렬이 만대하고 나섰다. 결국 외인부대는 열흘이 못 가 해산되고 말았다.

1897년 10월 국왕은 대궐로 돌아갔다. 이때부터 국호를 대한제국이라 고치고 연호를 광무로 정했다. 국왕은 이제 모든 외국의 지배로부터 벗어 난다고 했다. 완전한 독립국가임을 선언한 것이다.

백성들의 독립협회에 대한 기대는 컸다. 독립협회는 처음의 계몽적 성격에서 벗어나 점차 정치단체로 발전해갔다. 독립협회는 보신각 네거리 앞에서 만민공동회를 열고 정부 당국의 무능, 부패와 사대주의를 공격했다. 이날 대회장은 윤치호, 부회장은 이상재였다. 운영위원으로는 이준·장지연·남궁억·이동녕 등이 맡았다. 대회의 주역들은 주먹을 부르쥐며 나라의 앞날을 개탄했다.

대회가 끝나고 민중의 독립협회에 대한 신망이 점차 높아지자 고종은 회장 윤치호를 불러 중추원 부의장으로 임명하고 사태를 무마시키려고 했다. 대회에 참석했던 석오는 크게 실망했다. 중추원 참의라는 벼슬에 눈이 어두워 미련을 못 버리는 독립협회 간부들에게 실망을 느끼고 앞날을 우려했다. 정부의 수구파는 독립협회에 대항하기 위해 황국협회라는 앞잡이 단체를 동원하여 독립협회의 사무실을 산산이 파괴하였고 양편 회원들은 충돌하여 유혈사태를 빚었다.

독립협회에서 사무실 문을 잠그고 사후대책을 논의하던 이동녕은 이준 등 간부들과 종로서(署)에 연행 구금되었다. 그는 국법을 어겼다는 죄로 동지들과 함께 수개월 동안 옥살이를 했다. 그러나 그는 옥중에서 몇 사람과 친밀하게 지내게 되었다. 신흥우·박용만·이승만 등이 그들이었다. 그는 구국운동의 길이 얼마나 어려운 것인가를 새삼스레 깨달았다.

7개월 만에 옥에서 풀려나온 석오는 이제 죽음이 두렵지 않을 만큼 생사관이 서 있었다. 그러나 그때부터 그에게는 감시의 눈이 뒤따르게 되었다.

망국의 소용돌이 속에서 사귄 동지들

이 무렵 그는 천도교도인 이종일과 가깝게 사귀었다. 이종일은 교육자로서도 훌륭한 업적을 남겼고 3·1운동 때는 33인의 한 사람으로서 옥고를 치른 애국지사로 『제국신문』을 창간·발행하고 있었다. 석오는 이종일의 소개로 『제국신문』의 논설위원으로 활약하였다. 당시 『제국신문』사에 드나드는 전 독립협회 회원들은 많았으나 그들에게 가장 관심이 많던 민권사상에 관한 글을 쓴 사람은 석오 한 사람뿐이었다. 그는 개화사상과 민권사상을 체계화하는 데 힘을 기울였다.

그는 월남 이상재와도 각별히 가깝게 사귀었다. 이상재는 석오보다 19세나 연장자였으며 독립협회를 선두에서 지휘한 사회운동가이고 이미 여러 번 투옥된 경력을 가진 대선배였다. 석오는 또 이 무렵 양기탁·노백린·김필수 등과 독립운동의 새로운 방략에 관해 토의하기도 했다.

이동녕이 기독교 신자가 되어 연동교회에 드나들게 된 것은 이 무렵부터였다. 그는 YMCA의 전신인 기독청년회에서 총무일을 맡아보고 있었다. 당시 상동교회를 비롯해서 연동·묘동·승동·안동교회 등은 모두 양반교회였다. 이들은 외국 선교사의 도움을 받지 않은 자립교회였다. 석오가 기독교를 믿게 된 데는 전덕기 목사의 영향이 누구보다도 컸는데 석오는 그에게서 세례를 받았다.

1904년 8월 22일 외부대신 대리 윤치호와 일본의 특명 전권대사 하야시 곤스케(林權助) 사이에 제1차 한일협약이 체결되었다. 협약의 골자는 "조선정부에 일본인의 재정고문을 두며 외교 안건은 일체 일본정부와 사선 협의를 한다"로 되어 있었다. 이미 이때부터 나라의 실권이 일본 수중에 들어간 것이다. 이 무렵 결성된 친일단체 일진회는 본격적으로 매국

역적질을 하기 시작했다.

이 무렵 석오가 가깝게 사귄 동지는 이시영이었다. 이시영은 이미 18세 때부터 벼슬길에 오른 재사로서 김홍집의 사위였다. 그는 나이 38세에 이미 평양관찰사까지 승진했다. 석오는 이시영의 중형(仲兄)인 이회영을 알게 되어 그와 생사를 같이할 정도의 동지가 되었다. 이회영은 양반 집안이면서도 반상적서(班常嫡庶)의 차별을 반대한 진보주의자였다. 형제들이 모두 열렬한 항일투사였다.

이동녕은 친목단체로 청년회를 조직했다. 그러나 내용은 항일구국단체였다. 한편 석오는 이 무렵 도산 안창호와도 가깝게 사귀면서 구국방도를 논의했다. 그러던 어느 날 청년회에 김구라는 청년이 찾아왔다. 석오는 김구보다 일곱 살이나 위였다. 주저하는 동료들을 제치고 석오는 김구를 상동교회 청년회에 가입시켰다. 이와 같이 석오는 사람을 보는 눈이 남달랐다. 이렇게 만난 석오와 김구는 평생을 두고 독립운동을 같이하는 혈맹의 동지가 되었다.

1905년 11월 17일 이 나라에 마지막을 고하는 운명의 날이 오고야 말았다. 외부대신 박제순이 일본의 강압에 못 이겨 그만 망국의 '보호'조약에 조인을 하고 만 것이다. 11월 27일 헐버트는 고종 황제로부터 비밀전보 한 통을 접수했다.

짐은 한일간에 체결된 소위 보호조약이 총검으로 강요된 것으로서 이의 무효임을 선언하노라. 짐은 이에 동의한 일도 없으며 동의하지 않을 것이다. 미국정부에 짐의 취지를 전달한다.

고종은 혹시나 하고 미국정부에 이렇게 호소했으나 한국의 식민지화

1935년 가흥(嘉興)에서의 임시정부 요인들. 왼쪽 첫 번째가 김구, 세 번째가 이동녕이다.
두 사람은 독립운동을 평생 함께 한 든든한 동반자였다.

에 이미 동의하고 있던 미국이 고종의 이러한 호소에 동정적일 까닭이 없었다. 미국은 주한 미국공사관에 폐쇄령을 내려 한국과 모든 외교관계를 끊고 일본과만 접촉하기로 결정했다.

서전의숙과 헤이그 밀사 파견

을사조약이 강제 체결된 사실이 알려지자 서울 장안은 물 끓듯 했다. 민영환을 비롯해 자결자가 속출했고 장지연은 「시일야방성대곡」이라는 사설을 『황성신문』에 실어 시민들과 더불어 통곡하였다. 상동교회에서는 전덕기 · 이동녕 · 김구 · 이준 등 청년들이 궐기대회를 열고 한일협약을 반대하는 격문을 서울 거리거리에 붙이고 '사수(死守)독립'이라는 혈서를 써서 대궐 앞에 엎드려 상소하였다. 이들은 소식을 듣고 달려온 일본 헌병과 충돌했고 다시 증원된 일군에 의해 수백 명이 연행되어갔다. 이날 석오를 비롯해 최재학 · 이시형 등 여러 사람이 구속되었다.

대한문 앞의 이 사건으로 석오의 부모와 처자들은 처음으로 일군의 매서운 눈초리를 받게 되었다. 그는 연말의 차가운 감방 속에서 두 달간 옥살이를 하고 나왔다. 석오는 생각했다. 나라 안에서 의병투쟁만 할 것이 아니라 국외에 나가 교육을 통해 인재를 양성하는 일이 급선무가 아닌가고.

1905년 을사보호조약이 체결된 뒤 나라는 일진회 등 친일 역적들에 의해 일본의 손으로 넘어가고 일본제국주의를 지지하는 열강들에 의해 조선의 독립은 무참히 유린되었다. 1906년 여름 이동녕은 이상설 · 여준 등과 더불어 이회영의 집에서 앞으로 나아갈 길에 관해 의논하였다. 그리고 만주에 독립운동의 본거지를 잡자는 데 의견일치를 보았다. 국내에서 대규모의 의병운동을 일으키는 것은 여건이 좋지 않았기 때문이다. 그들은 교포들이 많이 사는 만주 북간도를 택했다. 이곳에는 이미 교포가 백만이나 살고 있었다.

선발대로 이상설이 떠나고 다음에 여준이 떠나고 다음에 석오와 정순만·황공달·박무림 일행이 출발했다. 그들은 우선 인천 앞바다에서 중국의 상선을 타고 상해에 도착한 뒤 그곳에서 배를 갈아타고 러시아의 블라디보스토크를 거쳐 목적지에 무사히 도착할 수 있었다. 석오는 서울을 떠나면서 삼각산을 바라보고 깊은 감회에 젖었다. 성 밑으로 흐르는 한강수를 되찾는 일이 얼마나 험난하고 고된지 하늘만은 알아줄 것 같았다.

블라디보스토크에 도착한 석오는 우선 학원을 세우는 일부터 서둘렀다. 이곳 교민들과 합심하여 독립운동을 벌이는 한편 국내외에서 활약하고 있는 동지들과 연락을 취할 수 있는 근거지를 만들어야겠다고 생각했다. 그러나 낯설고 물선 만리 타국에 와서 독립운동을 벌인다는 것은 실로 어렵고 힘겨운 일이었다. 교민들은 거의가 가난해 모금 같은 것은 생각하기 어려운 형편이었다.

그러나 천신만고 끝에 학원 건물이 완성되어 9월 1일 태극기가 휘날리게 되었다. 비록 몇 칸 방을 서너 개 들인 빈약한 집 한 채였지만 그들의 감개는 여간 크지 않았다. 학원의 이름은 '서전의숙'(瑞甸義塾)이라고 했다. 이사장은 이상설이 되고 교사는 석오를 비롯해 함께 일하던 여준·정순만·황공달·박무림 등이었다. 한국의 역사와 지리, 국제공법 등을 가르쳤다. 그중에서도 일본제국주의의 침략사와 새로이 개척해야 할 민족의 방향 등에 중점을 두어 강의하였다.

서전의숙이 문을 여니 북간도 일대는 물론 멀리는 압록강 대안(국내) 지방에서까지 소식을 듣고 애국청년들이 모여들었다. 그러나 학생 수는 아직도 60여 명에 지나지 않았다. 학생들은 수업료가 면제되고 침식을 무상으로 제공받았다. 따라서 서전의숙의 운영은 어려울 수밖에 없었다. 교포들 중에는 나라도 망해 없는 터에 교육은 시켜 무슨 소용이냐고 자녀들을 학원에 보내기 싫어하는 사람도 있었다.

한편 동지들 가운데 이범준을 중심으로 한 급진파는 '선독립, 후교육'을 주장했다. 그들은 의병부터 먼저 양성해야 한다고 하며 교육에는 냉담하였다. 이동녕은 기회가 있을 때마다 학생들에게 민족의 비참한 현실을 이야기하고 우리의 원수가 일본이라는 사실을 알려 어린 그들에게 민족의식과 애국심을 심어주었다.

그러나 서전의숙의 경영은 더욱 어렵게 되어 마침내 문을 닫을 수밖에 없는 처지가 되었다. 이회영이 가까이 알고 지내는 궁중의 내관 안호영을 통해 헤이그에서 열리는 만국평화회의에 밀사를 보낼 것을 상주하여 고종의 신임장이 은밀히 미국인 헐버트를 통해 전달되었던 까닭이다. 북간도의 서전의숙을 근거로 삼고 있는 이상설이 이준·이위종과 대표가 되어 헤이그로 떠나게 되었는데, 여비가 없어 하는 수 없이 서전의숙의 운영자금을 쓰기로 하여 의숙은 문을 닫을 수밖에 없게 되었다. 석오가 북간도에 온 지 1년이 되었을 무렵이었다. 8월인데도 벌써 찬바람이 불기 시작했다.

신민회를 창립했지만

여준·황공달 등과 함께 1년 만에 다시 국내로 잠입한 이동녕은 다시 상동교회를 찾았고 그곳을 중심으로 하여 동지들과 새로운 항일지하단체를 준비하였다. 석오는 양기탁·안창호 등과 이 문제를 협의하여 1907

년 4월 양기탁·안창호·이동녕·이동휘·이갑·유동열·김구 등이 핵심이 되어 신민회를 발족시켰다. 이밖의 신민회의 주요 인사는 노백린·이승훈·안태국·이시영·이상재·윤치호·신채호·이종호·여준 등이었다. 신민회는 엄격한 비밀조직이라 회원간의 횡적 접촉을 금했다. 연락을 취하는 방법은 그 무렵 YMCA에 출입하던 사진사 민충식을 통해서였다. 신민회는 1910년대에 가서는 회원수가 무려 8백 명에 달해 전국적인 항일조직체가 되었다. 대표는 양기탁이, 총감독과 총무에는 이동녕, 재무는 전덕기, 조직은 안창호가 맡았다.

이동녕이 한창 신민회의 일에 열중하고 있을 때 헤이그의 만국평화회의에서는 고종의 밀령을 받은 한국대표들이 열국대표들에게 한국의 독립을 호소하고 일제의 침략을 폭로 규탄했다. 그러나 열국대표들은 거의 반응을 보이지 않아 이준 밀사가 분에 못 이겨 숨졌다는 안타까운 소식이 전해졌다. 그때 조선통감으로 와 있던 이토 히로부미와 군사령관 하세가와(長谷川)는 고종에게 밀사 파견의 책임을 물어 고종을 강제로 퇴위시키고 대신 융희 황제에게 명목상 대를 잇게 한 뒤 군대해산을 포함, 조세권과 재판권을 빼앗았다. 군인들은 이에 격분하여 의병을 일으켰으며 곳곳에서 왜병들과 격돌하였다. 사태가 험악해지자 독립운동자에 대한 일제의 감시와 탄압은 더욱 심해졌다. 이때부터 서울거리에는 차마 눈뜨고 볼 수 없는 광경들이 나타나기 시작했다. 일인들의 게다 소리가 높아지게 되었고 일본인 장사꾼들도 기세가 등등해졌다.

1908년 이른 봄 이동녕은 이 같은 왜놈들의 꼴을 차마 볼 수가 없어 신민회의 활동을 잠시 중단하고 이시영·주진수 등과 함께 다시 만주 북간도로 망명의 길을 떠났다. 북간도에 도착한 이들은 그곳에서 멀지 않은 명동촌에 김약연이 세운 명동서숙을 찾았다. 이 학원에는 김홍일·황의 돈 등이 교사로 있었다. 이 학원은 후일 명동중학교로 발전하여 많은 인재들을 양성하게 된다.

석오는 북간도를 잊지 못해 다시 그곳을 찾아왔지만 정착하기에는 너무나 사정이 나빴다. 경제적인 어려움도 컸지만 일본경찰의 감시가 집요하게 따라다녔다. 일본경찰의 감시망이 이곳 북만주에까지 뻗쳐와 그해 8월에는 조선통감부가 북간도에 파출소를 설치하게 되었다. 석오는 새로운 독립운동의 길을 찾아 다시 고국으로 돌아갈 수밖에 없었다.

해는 바뀌어 1910년 경술년이 밝아왔다. 그해 3월은 안중근 의사가 일제에 의해 처형되어 순국한 달이기도 했다. 8월 22일에는 궁중에서 어전회의를 열고 일본군대의 포위 속에 한일합병조약이 강제로 체결되었다. 대한제국은 마침내 망하고 말았다. 그리고 8월 29일에는 한일합병이 공식 발표되었던 것이다. 그날 밤 석오는 집에 돌아와 부인과 아들 의상, 의식 그리고 딸 의정을 앞에 놓고 조용히 말했다.

모두들 듣거라. 우리가 이제 한일합병의 참변을 당하였으니 왜놈들은 우리를 금수와 같이 다룰 것이다. 그러니 너희들도 아버지를 따라 중국으로 망명의 길을 떠나야겠다. 나라 없는 백성은 어디를 가나 서럽고 비참한 것이다. 만리타향 객지에서 고생할 각오를 한 몸, 그러나 내가 죽기 전에 조국이 광복되는 것을 볼 수만 있다면 나는 그 이상의 더 큰 소망이 없겠다.

석오는 원산에 계신 부모님께 하직편지를 보낸 후에 가산을 정리하기 시작했다. 왜경들의 눈을 피하기 위해 큰 집에서 작은 집으로, 또 전세에서 사글세로 옮기는 방법을 취했다. 이회영 6형제도 전답과 가옥을 처분했다. 그들은 대대로 모여 살던 대가족이었으므로 많은 인원을 만주에 이주시키기 위해서는 여러 가지 번잡한 절차와 방법을 써야만 했다.

이동녕은 구국운동에 몸바쳐왔던 원로 이상재를 찾아 마지막 작별인사를 드렸다. 조국을 떠날 날이 가까워지자 그가 떠난 후 국내의 운동은 누가 맡아할 것이며 또 어떻게 전개되어나갈 것인지 모든 일이 걱정되었다. 그는 봉익동 집을 떠나 몸을 숨겼다. 집을 떠나던 날 그는 소장품을 모조리 태워버리고 일제 밑에 들어간 조국 땅에 대한 모든 미련을 버렸다.

만주에 근거지를 개척하다

이회영 6형제의 가족 오륙십 명이 6, 7개의 반으로 편성되어 남대문·용산·수색 등 여러 역으로 흩어져 각각 망명길을 떠난 후 얼마 있다가 석오의 가족은 다른 동지들, 이광·윤기섭·김동삼·김창환 등의 가족들과 함께 예정했던 만주 서간도를 향해 떠났다. 남대문 역에서 한성을 마지막 떠나던 날 석오의 두 눈에는 한없이 눈물이 쏟아져 나왔다. 남대문 바로 아래에 있는 상동교회가 눈에 선했다. 언제 또 다시 고국 땅에 발을 들여놓을지 모르는 기약 없는 유랑의 길이었다. 아득히 먼 앞날을 향해 고달픈 행진이 시작된 것이다.

만주 안동현에 잠시 머무르고 있다가 환인으로 향할 즈음에 국내 소식을 들었다. 그것은 데라우치(寺內) 총독 암살음모사건으로 애국지사 105인이 기소되었다는 놀라운 소식이었다. 안명근이 데라우치를 암살하려했다는 허위사실을 꾸민 것이다. 일제는 이 기회에 신민회를 아예 없애버리자는 계획이었다. 이 때문에 사건의 주모자로 양기탁·윤치호·안태국·유동열·전덕기·김구 등이 구속되고 최고 10년형이 선고되었다. 이밖에 많은 동지들이 심한 옥고를 치렀는데 일제의 고문에 못 이겨 몇 사람이 옥사하는 참극이 빚어졌다. 수백 명의 신민회 회원들이 전국 각지에서 체포되었고 신민회는 마침내 무너지고 말았다. 다행히 석오를 비롯해 이동휘·이종호·안창호·조성환 등은 미국이나 러시아, 만주지방으로 망명의 길을 떠난 후였으므로 화를 모면할 수 있었다. 일제는 조선인의 항일활동을 뿌리뽑으려고 일대 탄압을 시작한 것이었다.

이동녕의 가족이 환인에서 다시 북상할 때 살을 에는 듯한 북극의 추위는 전신이 마비될 정도로 매서웠다. 썩은 좁쌀밥으로 연명하면서 고된 여행을 하자니 기한에 지쳐 일행은 쓰러질 것만 같았다. 국내의 지하조직 신민회가 거두어주기로 했던 75만 원의 모금운동도 완전히 수포로 돌아가고 말았다. 1910년은 석오를 비롯한 조선민족에게 참으로 견딜 수 없는 액운이 겹친 해였다. 석오는 함께 온 많은 교포들과 더불어 서간도에 첫발을 내딛게 되었다. 멀리 쳐다보니 남으로는 조국의 백두산이 보이고 서북으로는 넓은 요동반도가 펼쳐져 있었다. 북풍이 몰아치는 남만주의 벌판은 바람소리뿐이었다. 문명의 혜택과는 전연 동떨어진 메마른 지역이었다. 아득하기만 한 이 낯선 고장에서 힘을 길러 조국광복이라는 대업을 이루기 위하여 고되고 험난한 생활을 시작해야 했다. 이회영·이시영 형제와 합류하게 된 석오는 김동삼·주진수·윤기섭 등과 함께 노인들과 어린아이들 그리고 아녀자들의 마음을 어루만지며 이곳에 생활 본거지를 정하기로 하였다.

한인 교포들이 정착하고 나자 첫번째 난관이 닥쳐왔다. 그것은 망명 교포들의 기반이 조금씩 잡혀가는 과정에서 중국인들에게 방해를 받기 시작한 것이다. 그들은 재만교포들을 일제의 앞잡이로 오해한 것이다. 석오는 재만동포들의 생존을 위협하는 이 사태를 외면할 수 없었다. 담력이 남달리 뛰어났던 석오는 위험을 무릅쓰고 장작림(張作霖)을 찾았다. 한편 이회영도 집을 떠나 봉천으로 가서 총독 조이풍(趙爾豊)을 만나려 했으나 뜻을 이루지 못하자 그 길로 북경에 있는 원세개(袁世凱)를 찾아갔다.

원세개는 원래부터 우리나라와 인연이 깊었던 사람이라 일은 생각보다 수월하게 풀려나갔다. 결국 중국사람들은 우리 교포들을 따뜻이 대해주게 되며, 만주에 한민족 1백 년의 근거지를 마련할 수 있게 되었다. 석오는 이회영·장효순 두 사람과 의논한 끝에 생활과 교육의 근거로 경학사(耕學社)를 만들었다. 경학사는 문자 그대로 낮에는 밭을 갈고 밤에는 글을 읽는 자활기관이었다. 이 경학사는 후일 서로군정서(西路軍政署)로 발전하여 남만주의 모든 독립운동가의 총본산으로까지 성장하게 되었다.

눈물겨운 개척생활의 하루하루가 지나갔다. 하늘과 땅이 맞닿은 끝없는 황야에 새 터전을 이룩하면서 고달픈 망명의 가시밭길을 헤쳐나갔다. 토담집에 살면서 밭을 갈아 양식을 마련하고 가까운 중국인들에게 일용품들을 사들였다. 석오는 교육의 필요성을 역설하였다. 겨레의 나아갈 길을 바로잡고 내일의 희망을 바라보기 위해서 무엇보다도 젊은 인재를 양성하는 교육의 중요성을 절감하였다.

마을 한 모퉁이의 허술한 건물, 그것은 만주인들이 옥수수를 저장하던 빈 창고였다. 이 창고를 빌려 '신흥(新興)강습소'라는 이름으로 학원의 문을 열게 되었다. 신민회의 '신'자와 일어난다는 '흥'자를 합친 것이다. 이때 초대 교장으로 신민회를 창립했던 이동녕이 추대되었다. 신흥강습소는 날이 갈수록 발전해갔다.

신흥무관학교의 창설

그 무렵 우리 교포들의 생활은 말할 수 없이 고통스러웠다. 여태껏 경험하지 못했던 혹한이 몰아치고 많은 동포들이 병마에 시달려 쓰러졌다. 이때 석오도 맏아들 의상을 잃게 되었다. 17살이라는 꽃다운 나이에 이국 땅에서 그만 숨지고 만 것이다. 외롭고 괴로운 망명생활 속에서 자식을 잃은 슬픔으로 석오의 가슴은 찢어질 듯 아팠다.

학생 수의 증가에 따라 학원은 체제를 바꾸었다. 학술과 훈련을 겸해 연마해오던 학생들은 본과와 특별과로 나뉘어졌다. 본과는 중학과정이고 특별과는 사관양성의 속성과정이었다. 신흥학교야말로 우리나라가 해외에 창설했던 최초의 사관학교로서 자랑스러운 존재가 아닐 수 없었다. 이곳에서 양성된 인재들이 무려 8백여 명에 이르렀는데 이들은 후일 광복군의 초석이 되었다. 석오는 솜바지 저고리에 짚신을 신은 학생들과 늠름한 기상으로 애국가를 망향가처럼 소리 높이 부르며 젊은이들의 사기를 북돋웠다. 석오는 그때 혈기왕성하고 활기찬 나이였다.

그러던 중 또 한 해가 지나고 1913년 봄이 되었다. 어느 날 고국으로부터 경기도 수원에 산다는 맹보순이라는 사람을 통하여 밀보가 전해졌다. 왜적의 형사대가 이동녕·이회영·이시영 등 독립투사들을 암살하거나 체포하기 위해 만주로 출발한 모양이니 속히 피신하라는 통보였다. 그해 초가을 러시아에 있는 이상설로부터도 비슷한 기별이 와서 그들은 긴장했다. 일본 오사카에서 발행되는 『매일신문』에 이동녕·이시영 등이 만주에서 독립군의 장교들을 양성한다는 기사가 실렸다는 것이다.

그들은 협의를 거듭한 끝에 각각 행선지를 정했다. 즉 이회영은 국내로, 이시영은 신양으로, 석오는 멀리 러시아로 분산하여 길을 떠나기로

농사를 짓고 있는 신흥무관학교 학생들. 석오는 만주 황야에 사관학교를 세우고 독립군을 양성했다.
이들 인재들은 후일 광복군의 초석이 되었다.

작정했다. 석오가 러시아 쪽을 택한 것은 블라디보스토크에 이상설이 있었기 때문이다. 후에 이회영은 천신만고 끝에 다시 중국으로 탈출해왔으며 이시영은 북경으로 자리를 옮겼다. 신흥무관학교는 그후 남은 여러 동지들의 피나는 노력으로 9년간이나 더 계속될 수 있었다. 1919년에는 교실이 8개나 되고 만주의 장학량(張學良)이 제공한 38식의 장총과 기관총 등 기타 중장비를 갖출 만큼 크게 발전했다.

러시아로 떠남에 있어 석오는 부인과 아들 의식 그리고 큰딸 의정을 고국으로 보내기로 했다. 석오는 만주 땅에 와서 작은아들 의백과 작은딸 의신을 얻었다. 석오는 이들 가족들과 다시 만날 기약조차 못하고 블라디보스토크를 향해 떠났다. 그후 얼마 아니되어 과연 사나운 일본 군대가 기습해와서 학살·방화·약탈을 자행하여 동포들을 짓밟으니 그 참상은 차마 눈뜨고 볼 수 없이 처참하였다. 한편 남매를 데리고 고국으로 돌아온 부인 김경선 여사는 원산으로 가서 시부모인 이병옥 내외를 모셨다. 김 여사는 오랫동안 원산 상리감리교회에서 전도사로 헌신하고 서울 종로 묘동교회에서 권사로 열성을 다하다가 해방을 맞았으며, 1964년 8월 향년 89세를 일기로 세상을 떠났다.

대한광복군정서의 실패

1913년 9월 서간도를 떠나 블라디보스토크로 건너간 석오는 앞서 이준과 함께 헤이그의 만국평화회의에 갔다가 돌아와 이곳에 머물러 있는 이상설을 만났다. 두 사람은 신변의 안전을 생각한 끝에 다음달인 10월에 하바로프스크로 거처를 옮겼다. 이 도시는 러시아 연해주 일대를 지배하는 극동 총독이 주재하는 이 지방의 중심지였다. 이상설은 이곳 시베리아에 온 후 총독과는 절친한 사이가 되어 있었다. 총독은 당시 제정러시아 황제의 외숙이었는데, 그는 이상설의 인품을 높이 인정하고 항상 따뜻이 대해주었다. 이상설은 총독과 만나 술자리를 거듭하는 동안 그의 가족들과도 친근해졌고 차츰 두터운 신임을 얻게 되었다. 또한 보스타빈 총독은 한국민족의 입장을 깊이 이해하고 한민족의 군관학교를 비밀리에 세워주겠다는 약속을 하고 있었다. 석오로서는 듣던 중 반가운 소식이었다. 그러나 무기의 입수는 자신의 힘으로 해야 한다는 것이었으며 여기에 소요되는 비용은 10만 원 정도 예상된다는 것이었다.

이상설의 상황설명을 듣고 난 석오는 그의 두 손을 덥석 잡았다. 석오는 감격해 마지않았다. 만주에서 못다한 일을 이곳에서 다시 이룩할 수 있으리라는 기대에 가슴이 부풀었다. 그의 줄기찬 노력으로 사방에 흩어졌던 동지들이 다시 모여들기 시작했다. 중국, 만주 그리고 멀리 고국에서까지 많은 지사들이 찾아왔다.

그러는 동안 이동녕은 시베리아에 와서 첫 번째 겨울을 맞았다. 영하 40도를 더 내려가는 무서운 추위가 엄습해왔다. 한번 눈이 오기 시작하면 며칠을 두고 계속 쏟아졌다. 이렇게 쌓인 눈 속에서도 석오는 동지들과 만나기로 한 약속을 한 번도 어긴 일이 없었다. 석오는 이상설·백순·권대동 등과 모인 자리에서 만주와 시베리아에서 앞으로 펴나갈 독립운동의 기본방침을 연구하였다. 그는 이동휘·이종호·정재관 등과도 자주 만나 회담하였다. 이들은 극동 총독 보스타빈의 양해를 얻어 우선 대한광복군정서를 조직하기에 이르렀다. 그다음은 의병을 모집하는 한편 한국군 사관학교를 세우는 일을 추진하기로 했다. 그러나 무기를 사들이는 데 필요한 자금 10만 원이 문제였다. 이동녕은 이용익의 손자인 이종호에게 자금의 염출을 교섭했다. 일은 순조롭게 진행되어갔다.

그러나 가을로 접어든 어느 날 그 지방에서 발행되는 신문을 받아든 동지들은 깜짝 놀랐다. 이들이 비밀리에 추진해오던 일이 모두 누설되고 만 것이다. 석오와 이상설 등은 주모자로 지목되어 러시아경찰에 연행되어 조사를 받았다. 그들의 원대한 계획은 모두 수포로 돌아가고 말았다.

1914년 7월에는 제1차 세계대전이 일어나 국제정세는 매우 소란해졌다. 이 틈에 일본은 순식간에 만주를 점령하여 대한광복군정서는 해산되고 여기에서 훈련을 받던 독립군들은 거의가 러시아군에 편입되어 서부전선에 참여하게 되었다. 석오와 이상설은 러시아경찰에 의해 감옥에 갇혔는데 석오는 이듬해인 1915년 3월에야 석방되었다.

석오는 출옥하자마자 곧바로 이상설·이동휘 등과 만나 또다시 독립운동의 본거지로 되돌아왔다. 이때 석오는 이상설을 도와 권업회를 조직하는 일에 힘썼다. 교포들의 생활터전을 만들기 위한 기관이었다.

석오에게 이제 사사로움은 없었다. 그의 염원은 오직 조국광복에 있을 뿐이었다. 그를 잘 아는 사람들은 그가 사람을 사귈 때에는 언제나 신의와 겸손으로 정을 이었으며 욕심도 없고 명예도 모르는 다만 청렴결백한 사람이었다고 말했다. 또 늘 인간미가 넘치는 아량을 잃지 않았고 남 앞에 나서기를 꺼리는 숨은 일꾼이었으며 예리한 통찰력과 굳은 의지로 민족운동의 거센 파도를 꿋꿋이 이겨낸 사람이었다고 한다. 그는 언론의 중요성에 착안하여 이 지방에서 거부로 알려진 최봉준의 출자로 우선 『해조신문』을 발행하는 일에 성공하였다.

그러나 그에게 또 슬픈 일이 닥쳐왔다. 그의 동지인 이상설이 상심과 과로에 지치고 낯선 땅 러시아의 불순한 기후에 시달리다가 니콜라예프스크 시 남쪽에 자리잡고 있던 조그만 골방에서 눈을 감은 것이다. 1917년 6월 13일이었다. 그는 눈을 감기 전에 이러한 유언을 남겼다.

내 조국의 광복을 이루지 못하고 세상을 떠나니 유혼인들 무슨 면목으로 조국 땅에 들어갈 수 있으랴. 내 죽거든 시체뿐 아니라 내 유품을 모두 불태워 시베리아 벌판에 뿌려라. 그리고 조국이 광복되기 전에는 제사도 지내지 말라.

이때 그의 나이는 석오보다 한 살 아래인 49세였다. 이상설이 죽은 슬픔이 채 가시기도 전에 석오에게는 또 하나의 슬픈 소식이 기다리고 있었다. 추정(秋汀) 이갑(李甲)이 벌써 6년 전부터 중병에 신음하고 있었다. 이갑은 절의가 굳고 애국사상이 누구보다도 씩씩하고 열렬한 독립투사였다. 그러던 그가 이국 땅에서 갖은 풍상을 겪으면서 힘겨운 항일운동을 벌여온 보람도 없이 전신불수의 병으로 신음하다가 조국을 멀리 바라보며 한을 품은 채 숨지고 만 것이다. 하나씩 둘씩 동지들을 잃어가는 그는 슬프고 외로웠다.

고국에서는 일제의 무단정치가 극도에 달해 왜놈들의 압박과 행패는 날이 갈수록 잔악해지고 있었다. 나라 안은 한마디로 큰 감옥이나 다름없었다. 석오가 러시아 시베리아에 온 지도 벌써 5년째로 접어들었다. 석오가 대종교(大倧敎)에 입교한 1913년 이래 그에게는 새로운 정신세계가 찾아들었다. 민족종교인 대종교는 해외독립운동의 앞길에 하나의 정신적 지주구실을 하고 있었다. 1918년 석오는 대종교의 백순과 함께 시베리아 지방을 떠나 동만주 영안으로 건너갔다. 이곳엔 김교헌을 교주로 하는 대종교의 총본산이 있었다. 석오는 민족사상의 근원을 목마르게 찾고 있었던 때였으므로 대종교는 그에게 다시 없는 정신적인 터전이 된 것이다.

1918년 가을 인류는 세계대전의 공포에서 벗어날 기미가 보였다. 이 무렵 일본 동경의 유학생들과 고국의 애국지사들 사이에는 심상치 않은 일련의 움직임이 일고 있었다. 무엇인가 터질 것만 같은 폭풍전야의 절박감이 보였다. 석오는 김동삼·조소앙 등과 함께 세계 만방에 호소할 민족독립선언서를 기초하기 시작했다. 너무나 엄청난 계획이었기에 그들은 침식을 잃을 정도로 일에 열중하였다. 그것은 러시아와 만주에서 벌어진 항일구국운동의 결정이며 총결산이었다. 드디어 김교헌을 필두로 하여 이동녕·김동삼·조소앙·신규식·박은식·이승만·박용만·이시영·이상룡·신채호·안창호·이동휘·조성환·김좌진·유동열 등 39명의 이름으로 대한독립이 세계에 선포되었다. 이들 39명 중 이승만·이상룡·안창호 등을 제외한 29명이 모두 대종교인이었다.

세계에 울려퍼진 대한독립 만세

국내에서는 벌써부터 민족자결이라는 새로운 낱말이 퍼지기 시작했다. 그때 석오와 남만주에서 헤어져 본국에 들어와 있던 이회영은 궁중의 시종 이교영으로 하여금 황제를 설득케 하여 홍증식·민영달·이득연 등과 함께 황제를 중국 북경으로 행궁하도록 일을 꾸미고 있었다. 그는 돈 5만 원을 북경에 있는 그의 아우 이시영에게 전달하여 황제가 거처할 장소를 구하도록 했다.

이렇게 해서 이듬해 1월 프랑스 파리에서 열릴 강화회의에 조선독립을 호소해보려는 계획이었다. 그러나 그 기미를 미리 알아차린 일제와 일부 친일파는 황제가 들 식혜에다 독약을 넣었다. 이 식혜를 모르고 마신 고종은 심한 복통으로 신음하다가 한 시간 만에 갑자기 숨지고 말았다. 1919년 1월 21일의 일이었다. 그해 연초에 미국의 윌슨 대통령은 연두교서에서 제1차 세계대전을 마무리짓는 한 방안으로 민족자결 등 14개 원칙을 발표하였다. 문제의 민족자결이란 말은 14개 조문 가운데에서도 맨 마지막 항목에 있는 문구였다.

교활한 일본인들은 이런 사태를 오히려 역이용하려는 눈치였다. 파리 평화회의가 가까워지자 이에 제출할 목적으로 일본은 한반도 지역에 괴상한 탄원서를 돌리고 있었다. 그것은 모든 국민은 일본제국주의에 의한 선정에 감사하고 있으며 급속히 일본인에게 동화되어가고 있다는 요지의 탄원서인데 후안무치한 일제는 이 탄원서에 한인들의 서명을 받는 짓을 하고 있었다.

극에서 극으로 달리는 숨가쁜 시기였다. 언젠가 오고야 말 결전의 그날은 한 발짝씩 다가오고 있었다. 만주나 시베리아 등지에서도 나날이 긴장감이 돌고 있었다. 이 무렵 석오는 동만주의 영안에서 대종교에 몸담고 있으면서 선교활동을 벌이는 한편 독립선언서를 배포하며 블라디보스토크에 와 있었다. 그러던 차에 그는 때마침 러시아 본토에까지 가서 레닌을 만나고 돌아오던 여운형을 만났다. 두 사람은 때가 때인 만큼 하루 속히 일을 서둘러야 한다고 합의했다.

고국에서의 움직임을 예의 주시해오던 석오는 마침내 용단을 내려야할 시기가 왔다고 생각했다. 고종이 독살되는 충격적인 사건에 뒤이어 프랑스 파리에서 열리고 있는 평화회의도 조선에는 별 도움을 주지 못하는 것 같았다. 석오는 조국 강산에서 멀지 않은 곳으로 한시바삐 옮겨야겠다는 생각에서 상해로 떠났다. 그가 상해에 도착하자 그곳에는 그가 생각했던 것보다 많은 동지들이 이미 와 있는 것에 놀랐다. 자연 동지들과의 접촉이 활발해졌다.

이윽고 3월 1일이 되었다. 고국에서는 지금까지 볼 수 없었던 대규모의 만세운동이 거족적으로 벌어졌다. 기독교·천도교·불교 등 각계의 지도층 33인이 서명한 대한독립선언서가 내외에 선포된 것이다. 석오는 황급히 북경으로 가서 그곳에 머물러 있는 이시영을 만나고 그곳에 있던 이회영도 만나 앞으로의 계획을 상의하였다. 3월 20일 이회영의 집에서 석오는 조성환·박용만·김규식 등과 장차 중국 대륙에서 펴나갈 독립운동계획을 세웠다.

임정의 초대의정원 의장에 오르다

3·1독립선언을 계기로 해외에 있는 모든 독립운동가들은 여태껏 해왔던 민족독립운동보다는 차원을 높여 체계 있고 효과적인 운동을 수행하기 위한 방도를 연구하였다. 이들은 마침내 임시정부 수립의 필요성에 도달한 것이다. 상해에서는 이미 신규식이 조계(租界) 애인리에 방을 얻어 놓고 동지들의 임시연락처로 삼고 있었다. 이때 상해에 먼저 와 있던 여운형·선우협·신규식·한진교·김철 등은 모국에서 건너온 현준·손정도 그리고 일본의 동경에서 건너온 이광수 등과 한자리에 모여 임시정부 조직에 관한 연구를 하고 있었다. 이들은 임시사무소를 상해 프랑스 조계 보창로 329번지에 정했다. 같은 3월 하순 본국에서는 이봉수가, 시베리아로부터는 이동녕을 비롯하여 조성환·조완구·김동삼 등 30여 명이 상해로 들어와 이들과 합류하였다. 이렇게 하여 임시정부가 구성될 과도기에 접어들었다.

4월 9일 손정도·이광수의 제의로 각 지방 대표회의를 열고 임시의정원에서 일할 의원을 선출하였다. 이날 결정된 임시의정원 의원은 29명이었다. 여기에는 최근우·조소앙·이회영·이시영·이동녕·조완구·신채호·여운형 등이 포함되어 있었다. 마침내 4월 10일 밤 10시 프랑스 조계 김신부로에서 역사적인 제1회 임시의정원 회의가 열렸다. 의원들은 애국가를 제창했다. 그리고 의장 선출에 들어갔다. 선출방법으로 무기명 단식투표로 하자는 여운형 의원의 동의가 채택되었다. 투표 결과 초대의정원 의장에는 이동녕이 선출되었다. 이날 많은 의원 중에서 석오가 의장에 선출된 것은 언변이 능해서라기보다 그가 독립운동가 중에서 원로급에 속하고 평소부터 공명정대했던 인격과 사리판단에 명철하고 청백한 인품 때문이었다.

다음날 이동녕이 사회를 보는 가운데 조소앙 의원의 재청으로 국호의 제정과 임시헌장의 작성문제에 관해서 토의에 들어갔다. 국호는 '대한민국'으로 정하여졌다. 그다음에 국무원 조직에 들어갔다. 임시정부의 최고 집행기관으로 국무총리제를 채택했다. 그런데 그 임시정부를 실질적으로 이끌어나갈 최고 영도자, 즉 국무총리를 누구로 정하느냐가 문제였다. 인물 선정에서 제일 먼저 등장한 사람이 이승만이었다. 그러나 신채호는 이를 강력히 반대하고 나섰다. 이승만은 미국에서 우리나라를 남의 나라에 맡기자는 위임통치나 자치를 제창하던 사람이므로 국무총리로 추대할 수 없다는 것이었다. 결국 조소앙 의원의 요청으로 투표는 무기명 단식투표의 선출방식을 채택하였다. 이렇게 해서 투표한 결과 이승만과 석오가 표수를 다툰 끝에 결국 이승만이 당선되었다. 그런 연후에 각부 총장들의 선임이 있었다. 당시 요직에 선임된 사람의 명단은 다음과 같다.

임시의정원 의장　　이동녕
국무총리　　　　　이승만
내무총장　　　　　안창호

외무총장	김규식
법무총장	이시영
재무총장	최재형
군무총장	이동휘
교통총장	문창범

　이로써 임시정부의 기틀은 세워졌다. 그러나 의정원 의원과 각료 명단에 끼지 못한 일부 독립운동가들은 불만이 많았다. 각료 명단에서 각부의 차장으로 선임된 사람들은 다투어 사직청원서를 내기에 이르렀다. 임시정부는 이처럼 출범 초기부터 내분의 불씨를 안고 있었다. 이런 혼란 속에서도 관계와 각료 명단이 발표되고 드디어 1919년 4월 13일 임시의정원은 대한민국 임시정부의 정식수립을 내외에 선포하였다. 이날은 민족해방운동사에 있어서 영원히 기념할 획기적인 날이 되었다.

　이 무렵, 고국에서 먼 길을 여행하여 백범 김구가 상해로 왔다. 임시정부가 수립된 지 며칠 후의 일이었다. 그는 먼저 석오를 찾았다. 10여 년 전 한성에 있는 상동교회에서 처음 만났을 때부터 석오와 김구는 각별한 사이가 되어 있었다. 이동녕과 김구가 손잡고 일하게 되면서 상해 임시정부는 차츰 궤도에 올라 우리 독립운동사에 새로운 장을 열게 되었다. 백범의 진력이 없었던들 대한민국 임시정부는 더 많은 난관을 헤쳐나가야 되었을지도 모른다. 석오와 김구는 서로 존경과 신뢰를 아끼지 않으면서 조국광복사업에 전력을 다했다.

　이동녕의 넓은 포용력은 백범으로 하여금 더욱 그를 존경하게 하였다. '이'(利)를 보면 겸양을 생각하고 '의'(義)를 보면 위험을 무릅쓰는 석오의 인품으로 한때 김두봉 같은 공산주의자들도 그를 존경해 마지 않았다고 한다. 김구는 석오의 노력으로 당시 내무총장이던 안창호 밑에서 경무국장으로 일하게 되었다. 김구는 임시정부의 문지기라도 하겠다며 헌신적으로 일하기를 자청하였다.

매일같이 회의가 열리고 의사가 진행되었지만 임시정부의 내분은 더 심각해졌다. 각 대표간의 고질적인 파벌의식과 반목 때문이었다. 더구나 모처럼 국무총리로 선출된 이승만이 부임하지 않고 그대로 미국에 머물러 있었으며 내무총장이 된 안창호도 5월 하순에야 미국에서 도착했고 군무총장 이동휘는 러시아 땅에 있었고 신규식은 병으로 누워 있었다. 이밖에 모든 각료급 인사들이 해외에서 아직 돌아오지 않았고 현재 있는 각료는 단지 이시영 한 사람뿐이었다. 그러나 이시영도 신병치료차 북경으로 떠났다가 9월이 되어서야 돌아왔다. 모든 일이 다 이런 형편이었으므로 임시정부는 처음부터 벽에 부딪힌 셈이었다. 임시의정원에서는 선임된 각료들 거의가 공석이고 보니 하는 수 없이 임시방편으로 석오를 국무총리 대리로 지명하게 되었다.

이동녕은 4월 30일 임시의정원의 의장직을 손정도에게 맡기고 임시정부를 앞에서 이끄는 총책임자가 되었다. 석오는 임시정부 초창기부터 가장 어려운 일들을 떠맡게 된 것이다. 말하자면 석오는 임시의정원의 첫번째 의장이 되고 뒤이어 임시정부를 이끌고 나갈 기수가 된 것이다.

이동녕은 내무총장의 일도 겸임하게 되었고 5월 25일 안창호가 미국에서 상해로 오면서 임시정부는 다소 활기를 띠기 시작했다. 내무부에서는 '연통제'라는 것을 실시하여 멀리 국내에까지 임시정부의 통치조직을 침투시키고 있었다. 6월 15일에는 재무부에서 부령 제1호로 「인구세시행세칙」을 공포하였다. 7월에는 정부령 제3호로 「임시징수령」을 공포하여 4천만 원의 공채 발행을 계획하였다.

임시정부는 기초가 차차 잡히자 안창호·이광수 등의 발의로 임시 사료편찬회를 신설했다. 사료편찬에 착수한 지 두 달이 좀 넘는 9월 23일에는 한일관계 사료집 전4권을 편찬해냈다. 편찬위원들은 총재에 안창호, 주임 이광수, 간사 김홍서, 위원에 김두봉·김석황·김병조·이매리 등이었다. 9월 24일에는 의정원 결의에 따라 임시헌법 개정을 공포하였다. 그 주요 골자는 국무총리 위에 다시 정부의 수반을 격상시키는 대통령제를 신설함으로써 국무원의 권한을 강화시킨 점이다. 이때 개정헌법에 맞추어 조직된 각료 명단은 다음과 같다.

임시대통령	이승만
국무총리	이동휘
내무총장	이동녕
재무총장	이시영
군무총장	노백린
법무총장	신규식
학무총장	김규식
외무총장	박용만
교통총장	문창범
참모총장	유동열
노동국총판	안창호
비서장	김입

임시정부의 내부 분열

그 무렵 김규식은 파리평화회의에 임시정부의 전권대사로 가 있었다. 그러나 결과는 시원하지 못했다. 백방의 활동이 있었으나 평화회의 대표들의 냉담한 반응으로 뚜렷한 성과를 거두지 못했다. 석오는 생각하였다. 우리가 왜놈에게 나라를 빼앗길 때 일제를 음으로 양으로 두둔했던 나라들이 어느 나라인가? 그들이 바로 오늘의 이 평화회의에 참석하고 있지 않은가? 미국의 윌슨 대통령이 세계에 발표했다는 민족자결론도 알고 보면 그 대상국이 전쟁에 패배한 독일·오스트리아·터키 등이 아닌가. 일찍이 우리나라는 네덜란드의 수도 헤이그에서 열렸던 만국평화회의에서도 쓴잔을 마시지 않았던가. 그동안 여러 갈래에서 여러 가지 방법으로 대한의 독립을 세계에 호소해보았지만 그때마다 하나같이 소기의 목적을 이루지 못하지 않았던가?

한편 대통령으로 선출된 이승만이 부임하지 않는 사태가 계속되고 있었다. 석오는 울분과 초조 속에 나날을 보내고 있었다. 세계 정세는 반드시 한국의 독립에 유리하게 변하고 있지는 않았다. 열강들은 약소국가의 억울한 입장을 잘 알면서도 그들의 호소를 숫제 묵살해버리고 있었다. 세계는 힘과 힘이 맞서는 약육강식의 시대에 놓여 있었다.

과연 믿을 수 있는 나라가 이 세상 어디에 있단 말인가? 개인이 이해관계에 얽혀 사는 것처럼 나라와 나라 사이도 이와 마찬가지인 것이다. 서로가 눈앞의 이해에 따라 그때그때 유리한 태도로 입장을 바꾸어가면서 또 새로운 이해에 얽혀 밀고 당기는 것이 어쩔 수 없는 국제적 현실이 아닌가. 국제간의 신의란 믿기 어려운 것이다. 여기서 살아남는 길이 있다면 그것은 스스로 힘을 키우고 남이 얕보지 못하도록 힘을 축적하는 방법외에 또 무슨 길이 있단 말인가.

석오의 이런 생각은 이미 고국에서부터였다. 임시정부가 수립되자마자 내부에서부터 싹터온 분쟁은 벌써부터 만만치 않았다. 언젠가는 곪아 터져 헤어날 수 없는 구렁 속으로 빠져들고야 말 것 같았다. 석오가 정의원 의장을 맡고 또 국무원의 임시수반을 역임하는 동안 한시도 그의 머리를 떠나지 않았던 것도 바로 이것이었다.

임시정부를 구성한 요인들은 서로가 서북파·기호파·영남파라고 하여 지역의식에 사로잡혀 있지 않은가. 이런 것들이 궁극엔 정부를 파국으로 몰고 갈지도 모르는 것이다. 마음의 중심을 잡고 임시정부를 이끌고 나갈 원동력은 누가 뭐래도 겨레 앞에 대동단결하는 데 있다. 모든 주의·주장은 겨레와 더불어 비롯되어야 하며 겨레를 떠나서는 아무런 의미도 없다는 것을 석오는 부르짖었다. 아집과 파벌의식에서 벗어나 모두의 힘을 하나로 뭉침으로써 민족 앞에 부끄러움이 없어야 한다는 것이었다. 임시정부가 수립된 이래 많은 사람들에게 그는 이러한 소신을 늘 피력했다.

그의 앞길에는 건너고 넘어야 할 강과 산이 너무나 많았다. 이럴 때 아침저녁으로 찾아주는 김구야말로 둘도 없는 반려자였다. 김구는 아직 상해의 물정에 어두웠으나 내무부 경무국장으로 있으면서 임시정부 일이라면 아무리 까다롭고 어려운 일이라도 도맡아 하고 있었다. 김구는 자취생활을 하고 있었는데, 10월 어느 날 프랑스 조계 하비로에서 빠오판(包飯: 남의 집에 대놓고 먹는 밥)으로 끼니를 때우며 하숙을 하고 있던 석오를 찾아왔다. 석오는 김구의 무표정한 얼굴을 바라보면서 아무리 임시정부가 저마다 동상이몽으로 뜻을 모으지 못하고 있더라도 그래도 개중에는 나라 없는 민족의 설움이 어떻다는 것을 아는 사람이 있을 것이라고 믿었다.

이동녕은 또 온후하며 애국정신이 강하게 불타고 있는 이시영과도 자주 만났다. 그는 김구와 이시영 외에도 몇 사람을 끔찍이 아끼고 있었다. 그에게는 숨을 거두는 마지막 순간까지 깊은 인연을 맺었던 혈맹의 동지들이 적지 않았다. 또한 모스크바까지 갔다온, 사고방식이 진취적이고 사회주의 이론에 밝았던 여운형과도 인간적인 면에서 자주 접촉을 가졌다. 조직생활에 능숙하고 남달리 높은 정치적 식견을 가졌던 조완구도 무척 신뢰하고 있었다. 그리고 중도에 의정원 의원으로 참여했고 석오의 생활을 늘 보살펴왔던 사람으로 사리에 밝은 청년 엄항섭이 있었다. 그와 석오가 끊을 수 없는 인연을 맺은 것도 이 무렵이었다. 이밖에도 신규식·박은식·조성환 등과 나랏일을 걱정하며 늘 동지의 정을 나누고 있었다. 덕이 있는 자는 어디에서나 외로움이 없다는 말처럼 석오의 주변에는 늘 사람이 모이고 있었다.

끊이지 않는 파쟁

내무총장으로 정식 취임한 후 이동녕은 임시정부를 쇄신해 나갈 계획을 하나하나 짜고 그 첫 조치로 임시정부의 존재를 알리는 포고문을 고국에 보냈다. 상해에서 보낸 임정 내무부의 포고문은 조국 강토에 살고 있는 많은 동포들에게 격려와 위안을 주었다. 포고문이 고국에 전해지자 일본경찰은 미친 듯이 날뛰었다. 일제는 이른바 '상해에서 온 불온문서'를 찾기에 혈안이 되었다. 11월이 되자 그는 재무총장인 이시영과 합심하여 임시정부를 튼튼히 이끌어나갈 새로운 방안을 세웠다. 즉 독립운동의 구체적 실천을 위한 자금확보에 주력하기 시작한 것이다. 공채를 발행하여 동포들로부터 자금을 지원받으려는 계획으로서 이때의 공채모집 구역은 편의상 세 구역으로 나뉘었다. 제1구역은 미주, 제2구역은 본국, 제3구역은 러시아 및 만주지방이었다.

임시정부는 이제 발족한 지 8개월밖에 안됐으나 내분이 그치지 않았다. 와해 직전에 놓인 임시정부를 그래도 끝까지 붙들고 이끌어 나가려는 사람은 석오를 비롯한 몇 사람뿐이었다. 내무총장을 맡고 있는 석오의 헌신적인 노력이 없었더라면 임시정부는 벌써 초기에 문을 닫고 말았을 것이다. 석오는 높은 지조와 너그럽고 대범한 인품으로 그 어려운 난국을 뚫고 나갔다. 파당성이 없다는 데서 지도자의 아량을 보였으며 뒤에서 말이 없는 것으로 신뢰를 받았다. 석오야말로 마지막까지 임시정부를 끌고 나간 참다운 증인이었다.

당시 임시정부 내부에는 정치노선과 지방색 외에 크게 나누어 문치파와 무단파로 대립되어 있었다. 문치파로는 이승만 계열의 윤기섭·최창식, 안창호 계열의 손정도·이광수, 남형우 계열의 윤현진·김철, 김규식 계열의 여운형·여운홍, 신규식 계열의 신익희가 있었다. 무단파로는 이동휘 계열의 오영선·김입, 박용만 계열의 박근봉·김세준, 노백린 계열의 나창헌이 있었다. 이동녕에게는 이시영과 조완구가 있었다. 김구는 처음에 안창호에게 기울어졌으나 나중에는 이동녕과 같이했다.

이러는 동안에도 일제는 임시정부의 내분이 더욱 커지도록 은근히 부채질하였다. 그리고 한편으로 내무총장 이동녕을 내란죄라는 명목으로 신의주법원에 기소했다는 소식이 전해졌다.

그러던 중 12월 8일에 생각지도 않던 이승만이 미국에서 상해로 왔다. 그러나 그는 상해로 와서도 임시정부의 수반에 취임하기를 꺼려하였다. 그는 약 반년간, 즉 이듬해 5월 20일까지 상해에 머물러 있었다. 그러나 이승만이 상해로 오자 국무총리로 있던 이동휘가 임시정부를 탈퇴하는 사태가 벌어졌다. 그동안 미주교포들로부터 받은 헌금이 적지 않았으나 이 헌금의 사용처에 대한 임시정부 요인들의 추궁에 이승만의 대답은 매우 독선적이었다. 이승만은 상해로 오면서 한 푼의 자금도 가져오지 않고 독립운동에 대한 어떠한 포부도 제시하지 않았다. 임시정부에서 물러난 안창호와 여운형, 원세훈 등은 정국을 수습한다는 명목으로 새로운 단체를 추진하니 이것이 국민대표회였다.

이승만의 독선에 크게 실망한 사람은 비단 석오뿐이 아니었다. 석오는 5월 16일 신규식에게 국무총리 대리직을 인계하였다. 어려운 난관이 우선 극복되자 석오는 홀가분하게 국무총리 대리직을 사임한 것이다. 그러는 가운데서도 임시정부는 이승만 계열이 외곬으로 치닫는 바람에 한시라도 불화가 그칠 사이가 없었다. 한쪽에 불이 나 이를 진화하고 나면 다른 곳에 불이 붙기 시작하여 다시 이를 끄기 위해 동분서주해야 했다. 석오의 피나는 노력에도 불은 계속 번져나갔다. 한번 불붙기 시작한 파쟁은 좀처럼 끊일 줄 몰랐다. 마침내 중국 전역과 러시아 일대에 흩어져 살던 동포들로부터 임시정부는 불신을 받기 시작했다. 그리하여 임시정부를 개조하자는 '개조파'와 새로이 조직하자는 '창조파'가 대립하게 되었다. 결국 상해에서 국민대회를 열어 그 대회에서 문제를 해결하자고 합의되었다.

석오를 비롯해서 이시영·김구·조완구 등은 현 정부를 그대로 끌고 나가자는 의견이었다. 그러나 끝내 임시정부를 따로이 창설해야 한다고 주장하는 사람으로는 원세훈·신숙·윤해 등이 있었다. 국민대회안은 원래 원세훈·박은식 등 13명이 상해에서 처음으로 제기하였다. 그후 4월에는 북경에서, 5월에는 만주에서 제기되었다. 특히 만주에 있던 독립

임시정부 초대대통령 이승만의 취임환영회. 단상 가운데 화환을 두르고 있는 이가 이승만이다.
그의 취임을 둘러싸고 임정은 출범 당시부터 파쟁과 탈퇴로 얼룩졌다.

운동자와 임시정부를 이탈한 북경의 군사통일회에서 이 안을 강력히 주장하였다. 이들은 당초부터 이승만 노선을 반대한 인사들이었다. 임시정부와 인연을 끊고 있던 이회영·박용만·신채호 등 강경파들이었다. 그들은 독립운동의 방략으로 군사투쟁을 주장하고 있었다.

그해(1921) 1월 모스크바의 극동인민대회에 참석하고 레닌까지 만나고 돌아온 여운형이 같은 생각을 갖고 있던 안창호와 협력하여 국민대표회 기성회를 만들었다. 이들은 5월 10일 북경 측과 합류하고 국민대표회 준비위원회를 발족하였다. 이때의 임시정부는 혼란의 도가니에 빠져 있었다. 안팎으로 옥신각신하고 있는 동안 1922년 1월 석오는 다시금 내무총장직을 맡았다.

오랜 실랑이 끝에 창조파와 개조파는 결국 결렬하고 말았다. 6월 2일 창조파는 별도로 30여 명의 대의원을 뽑고 한국국민위원회를 조직했다. 이들은 신숙·김규식·이청천 등 5명으로 내무·외무·군무·재무·경제의 국무위원을 두고 국호를 정한 후 임시정부를 부정하는 태세로 나왔다. 이에 대해 임시정부는 그들의 모임이 불법이라는 성명을 발표했다. 곧이어 김규식·한형근·원세훈·신숙·최동오 등은 고려공화국을 시베리아의 블라디보스토크에 세웠다. 석오는 이런 부질없는 사태를 빚어낸 사람들을 꾸짖기에 앞서 자신의 입장을 통탄해 마지 않았다. 문제의 '고려공화국'은 뜻을 이루지 못하고 말았으나 1922년 여름부터 파탄일로를 걷고 있던 임시정부는 그후에도 숱한 우여곡절을 겪게 되었다. 대통령과 내각, 의정원과 국민대표회가 계속 대립하고 있었다.

게다가 4월 25일에는 이승만 임시대통령에 대한 탄핵안이 의정원에 제출되는 등 어지러운 사태가 잇따라 일어났다. 이에 설상가상으로 손문이 대소용공정책을 선언하고 나섬으로써 사태는 더욱 어렵게 되었다.

가난, 한탄, 절망 그리고 분열

1924년 4월 23일 이동녕은 국무총리로 정식취임하고 임시정부의 전권을 부여받자 김구를 내무총장으로 하는 새로운 내각을 구성했다. 이때의 정부는 임시정부 탄생 이래 가장 강력한 내각이었다. 그해 6월 석오는 군무총장직을 겸임하고 9월에는 대통령 이승만의 오랜 공석으로 대통령의 직권까지 대행하는 대권을 한몸에 떠맡게 되었다.

서울에 있는 조선총독부는 임시정부를 와해시키기 위해 온갖 수단을 다 쓰고 있었다. 본국의 지식인들에게는 위협과 회유의 방법을 번갈아 썼고 이제는 해외 독립운동자들에게까지 회유의 손길을 뻗쳤다. 총독 사이토(齋藤)는 총독부 조선인 참여관인 홍승균을 시켜 석오를 회유코자 그를 상해에 보냈다. 일제가 홍승균을 선택한 것은 석오가 원래 충남 목천의 남인(南人)가문 출신이었고 홍승균도 같은 남인의 입장에 서 있었기 때문에 그를 이용한 것이다. 홍승균은 상해에서 어렵게 석오를 만났으나 그는 석오에게서 풍기는 위압감에 압도당하고 말았다. 마음을 돌린다면 일생을 편안히 지내도록 보장해주겠다는 홍승균의 말을 듣자 석오는 노기를 띠고 그를 쏘아보며 잘라 말했다. "네놈도 같은 한민족이거늘 어찌 한민족끼리 그런 수치스러운 짓을 하러 다니느냐. 빨리 돌아가서 대한독립의 날이 멀지 않았다고 똑똑히 전해라. 그리고 목숨이 아깝거든 어서 이곳에서 물러가라." 이 일로 해서 당시 원산에서 교육사업에 힘쓰고 있던 그의 선친 이병옥이 일본경찰에 붙들려 심한 옥고를 치렀다는 것은 그 뒤에 알려졌다.

1925년에 접어들자 임시정부엔 새로운 불안의 요인이 싹트는 듯했다. 이대로 나가다간 무엇 하나 제대로 이루어질 것 같지 않았다. 지금까지의 국무총리제나 대통령제는 합당하지가 못한 것 같았다. 의정원에서는 3월 말에 국무령제의 신설을 골자로 하는 새 헌법개정안을 발의 통과시켰다. 1925년 3월 2일 임시정부 의정원에서는 위임통치를 비롯한 이승만의 과오에 대해서 불신임안을 가결하여 그에 대한 탄핵안이 정식으로 통과되었다. 그해 7월 이상룡이 국무령으로 지명받고 9월에 취임했으나 조각에 응하는 인사가 없어 실패했고, 곧 이어 양기탁이 선임되었으나 그도 만주에 있어 여비 관계로 부임치 못했다. 9월에 가서 안창호가 교섭을 받았으나 그 역시 사양하였다. 7월 홍진이 이를 수락하였다. 실로 헌법개정 1년 만에 간신히 내각이 구성된 것이다. 그러나 홍진 내각도 몇 달 후에 무너지고 말았다.

임시정부의 황폐는 극도에 달했으니 불과 5원의 경비를 마련 못해 불법어음을 발행하였고 이보다 더한 경우는 궁하다 못해 자식을 중국인에게 넘겨주는 참상마저 일어났다. 개중에는 하루 한 끼로 세 끼 식사를 때우는가 하면 중국 호떡을 사먹으며 식사를 대신하는 경우도 있었다. 그래서 상해의 많은 교포들은 차라리 고국으로 되돌아가기를 권유했으나 그것마저 마음대로 할 수 없는 딱한 사정이었다. 이 무렵 신규식은 이러한 사태를 개탄한 나머지 한 달을 주사로 연명하다가 끝내 항주에서 타계했고, 노백린은 골방 속에서 실의와 절망으로 상심한 끝에 인사불성이 되어 비참한 나날을 보내다 스스로 목숨을 끊었다. 1926년 8월 새로이 국무위원이 된 이동녕이 국무령이 되고 다음 해 2월에 법무총장을 겸하였으나 그도 결국 사임하고 말았다.

새로운 구심점을 거듭 모색하다

1927년 여러 동지들의 간청에 못 이겨 이동녕은 다시 나서기로 했다. 그는 국무위원회가 생긴 이래 처음으로 주석이 되어 임시정부를 영도하기에 이르렀다. 그는 취임 첫마디로 무엇보다도 민족진영의 결속을 부르짖고 나섰다. 그러나 그의 끈질긴 노력에도 아랑곳없이 임시정부의 내분은 여전하였다. 연일 불화가 끊일 줄 모르자 그는 다시 물러나기로 했다. 그는 부득불 민족진영의 강력한 정당을 만들어야 한다고 굳게 결심하게 되었다. 한국독립당의 창당에 발벗고 나선 것이다.

그런데 이 어려운 때에 고국에서 발간되는 『동아일보』에 상해 '가(假)정부' 거두 이동녕이 체포되었다는 엉뚱한 기사가 실려 한때나마 임시정부와 모든 교포들을 놀라게 만들었다. 기사의 제목은 「상해 가정부 거두 상해 프랑스 조계에서 잡혀, 이동녕 체포 호송 신의주에서 조사중」이라는 것이었다. 이것은 임시정부의 공백기를 악용하여 수단과 방법을 가리지 않고 어떻게 해서든지 해외에 거주하는 한인교포들의 민심을 교란시키려는 일제의 흉계였다.

8월 19일 의정원은 석오를 국무위원회의 주석으로 뽑았다. 그는 약화된 임시정부를 재건하는 데 모든 역량을 집결하고 1928년 3월에 이르러 숙원이던 민족진영의 정당을 만들어냈다. 그는 김구 · 조완구 · 조소앙 · 이시영 · 엄항섭 · 안창호 등과 함께 독립을 위한 민족주의자들의 새로운 운동단체를 탄생시켰다. 한국독립당의 역사적 창건이었다. 석오는 동지들과 힘을 합쳐 한독당을 모든 독립운동의 중심으로 삼고 건국이념을 구현해나갔다. 이때 그가 뿌린 씨앗은 그로부터 10년이 넘은 1940년 3월에 「건국강령」으로 발표되었다.

석오가 초대 한독당 이사장으로 추대되면서 정국은 다시 활기를 띠기 시작하였다. 그는 당기관지인 『한보』(韓報)와 『한성』(韓聲)을 발행하는 등 흐트러진 민족진영을 다시 규합하는 데 힘을 쏟았다. 그러나 임시정부 주변에는 독립운동가들이 만든 정당이나 단체들이 우후죽순처럼 태동하고 있었다. 임시정부에 참여하지 않은 외곽지대나 이탈해나간 독립운동가들이 만든 단체는 상해 · 북경 · 만주 등지에 헤아릴 수 없을 만큼 많았다.

임시정부는 간간이 미국교민들이 보내오는 성금 덕분에 겨우 명맥만을 유지할 수 있을 뿐 투쟁다운 투쟁은 하지 못했다. 이 무렵 임시정부의 청사는 프랑스 조계에 자리잡고 있었다. 중국인으로부터 한 달 집세 36달러를 지불하고 빌려쓰는 그야말로 초라한 이층 건물이었다. 이층이 사무실, 아래층이 집회 장소였는데 언제나 태극기를 달아 조국에 대한 향수를 달래고 있었다.

1928년 3월에 이동녕은 차츰 궁색해가는 임시정부의 재정을 타개하기 위해 안간힘을 다하고 있었다. 주로 김규식 등과 숙의를 거듭하였다. 임시정부의 재정이 곤궁에 빠져들자 동지들의 그림자도 차츰 하나씩 둘씩 사라지기 시작했다. 임시정부를 여태껏 음으로 양으로 도우면서 때로 참신한 이념과 기발한 안건을 서슴없이 제의해왔던 안창호도 마지막에는 임시정부의 해체를 주장하면서 끝내 도중하차하고 말았다. 침체된 임시정부를 없애고 새로운 각도에서 민족운동을 다시 일으키자는 것이었다. 그러나 임시정부를 끝까지 살리겠다는 석오의 신념엔 변함이 없었다. 1929년 10월 석오는 세 번째로(제13대) 의정원 의장에 선출되었고, 그이듬해 11월에는 국무위원회 수석을 겸임함으로써 임시정부의 실질적인 최고 영도자가 되었다. 석오의 나이는 그때 환갑을 맞이하였다.

이 무렵 만주의 괴뢰정권과 조선총독부가 결탁해서 우리의 독립운동을 더욱 방해하였다. 또한 세계 정세의 흐름도 검은 구름이 뒤덮고 있었다. 파쇼의 무리들이 머리를 들기 시작한 것이다. 더구나 1929년은 세계적으로 경제대공황이 일어난 해였다. 일제의 탄압은 이 같은 국제적 공황의 여파로 더욱 흉악해져갔다. 이 어려운 때에 한민족의 광복운동이 얼마나 암담했던가는 짐작하고도 남음이 있겠다. 이 시기는 미국이나 러시아 교포들의 활약을 제외하고는 만주나 중국에서의 독립운동은 전반적으로 침체되어 있었다. 일제의 교활한 수단과 무서운 탄압 속에 끝내 어쩔 수 없이 절개를 지키지 못한 변절자도 적지 않았던 암담한 시대였다. 일제는 여러 가지 사건을 날조한 끝에 1931년 마침내 만주사변을 일으키고 그곳을 침략하여 괴뢰정권을 세웠다. 그후 그들은 여세를 몰아 중국대륙까지 침략하게 되어 한국의 활동무대는 더욱 위축되었다.

이동녕과 김구의 임시정부는 이러한 상황에 직면, 겉으로는 두드러진 활동이 눈에 띄지 않도록 하고 운동의 형태를 음성적인 방법으로 돌렸다. 적에 대한 암살과 파괴를 주로 하는 과감한 테러방법을 쓰기 시작한 것이다. 석오는 김구로 하여금 모든 사업을 맡아 추진하게 했다.

1932년 1월 8일 이봉창 의사가 일본천황을 저격한 사건이 일어났고 그로부터 석 달 후 윤봉길 의사가 상해 홍구(紅口)공원에서 일제의 괴수들을 대거 폭살시키는 의거를 단행하여 임시정부의 앞길에는 크게 활로가 열리게 되었다. 이봉창·윤봉길 의사의 의거로 중국국민의 한국민에 대한 감정은 크게 호전되었다. 중국의 장개석은 윤봉길 의사를 찬양하여 "중국의 백만 대군도 하지 못하던 일을 한국의 한 의사가 능히 하다니 장하도다"고 했다.

임시정부 요인들은 왜경들의 눈을 피해 임시정부를 절강성 황주로 옮기지 않으면 안되었다. 이동녕과 김구는 다 쓰러져가는 임시정부를 부둥켜안고 그 명맥을 유지하기 위해 사력을 다했다. 그런데 윤봉길의 의거가 있은 후에 중국 조야로부터 임시정부에 보내온 성금과 교민들로부터 받은 돈을 한두 사람이 가로채고 있다는 소문이 들려왔다. 이 소문은 일제의 눈을 피해 이곳까지 와서 사후책을 강구하던 국무회의를 몹시 우울하게 만들었다.

그해 11월 28일 유랑 임시정부는 석오를 비롯한 9명의 국무위원을 다시 뽑아 대임을 맡겼다. 이때 석오의 나이 64세였다. 그는 계속 은신하는 생활 속에서 때때로 깊은 시름에 잠기곤 하였다. 석오는 몸이 늘 건강치 못한데다 기거마저 불편하여 그 고초가 말할 수 없었다. 상해에 있을 때부터 엄항섭에게 신세지는 일이 많았다. 그가 프랑스 영사관에 취직한 덕분에 매달 그 월급으로 김구와 함께 대접을 받은 것은 눈물겨운 일이었다. 엄항섭은 중국에서 대학을 다녔다.

1935년 10월이었다. 그때 외곽지대에서는 김두봉 일파와 김원봉의 의열단·신한독립당·조선혁명당·한국독립당·미주대한독립단 등이 통합하여 조선민족혁명당을 태동시키면서 임시정부를 음양으로 위협하고 있었다. 그들은 임시정부의 국무위원까지 조선민족혁명당에 가담시켰으므로 임시정부는 이제 국무회의의 성원마저 모자라는 형편이었다. 김두봉 일파는 처음부터 임시정부를 반대했던 사람들이었다. 이들의 5당 통합은 임시정부를 심히 궁지로 몰아넣고 있었다.

이때 2년 동안 계속 국무위원을 맡고 있던 사람들은 김규식·송병조·양기탁·유동열·조소앙·차이석·최동오 등 일곱 사람이었으나 이중 송병조·차이석 두 사람만 김두봉의 신당에 가입하지 않았을 뿐 나머지는 통일이라는 말에 매력을 느꼈음인지 임시정부를 이탈하여 신당에 가입하였다. 이에 임시정부는 석오·김구·조완구를 새 국무위원으로 보선하였다. 이 내각은 임시정부 탄생 이래 13번째의 내각이었다. 그해 11월 석오는 세 번째로 국무위원회의 주석이 되어 1939년 9월까지 재임하였다. 그는 임시정부의 새 내각구성과 더불어 당의 정비작업에 나서서, 그가 창설했던 한독당이 사상적으로 분열된 이후 한국국민당을 새로 발족시켰다. 이 신당에는 김구·송병조·엄항섭·이시영·조성환·차이석 등이 참여했다. 그는 한국국민당의 초대 당수로 추대되었다.

이역만리에서 치른 임시정부의 국장

1937년 7월 7일 북경 노구교 부근에서 야간 연습을 하고 있던 일본군과 중국 제29군이 충돌하는 사태가 벌어졌다. 일본군의 계획적 도발행위였다. 그해 10월 이동녕은 전시내각을 어렵게 조직했다. 일제의 중국대륙 침략이 차츰 본격화되어 수도인 남경도 일제의 수중에 떨어지게 되었다. 이에 따라 임시정부도 전전할 수밖에 없었다. 1932년 4월 윤봉길의 의거가 발생하자 5월에 들어서면서 맨 먼저 가흥(嘉興)으로 피난갔던 임시정부는 진강을 거쳐 장사(長沙)로 갔다가 석 달 동안 광주(廣州)에서 지내게 되었다. 그후 광동(廣東)에서 남해현성에 들렀다가 유주(幼州)를 거쳐 기강(汽江)으로 옮겼으며 1940년 9월 마지막으로 중경(重慶)으로 옮겼다.

전쟁이 나던 1937년 남경에 와 있던 이동녕은 쇠약해진 몸을 간신히 이끌고 장사로 갔다. 그 이듬해인 1938년에는 흩어진 동지들을 모아가면서 사천성 기강으로 가니 나라의 운명과 함께 그의 건강도 지칠 대로 지쳐 있었다. 임시정부를 유주에서 기강으로 옮길 때는 삼천리 먼 길을 무려 일주일이나 걸어가는 모진 고생을 하기도 했다. 임시정부는 이곳 저곳 옮겨다니는 통에 투쟁다운 투쟁을 거의 못했지만 법통만은 그대로 유지하였다. 석오는 1935년 이래 줄곧 임시정부 주석으로 재임하면서 광복의 그날만을 손꼽아 기다렸다. 석오의 나이 벌써 70이 넘었다. 만주 와 러시아를 거쳐 수륙 만리를 뛰어다니는 동안 육체는 점점 노쇠해가고 있었다. 1939년의 겨울은 석오의 생애 중 가장 긴 계절이었다. 그가 지 키고 있던 임시정부 청사는 보기에도 초라한 집이었다.

1939년 3월 임시정부는 의정원과 대한광복전선 산하의 가족 전원이 유주로부터 사천성 기강으로 옮겨오는 일대 난리를 겪었다. 기강은 중경 에서 남쪽으로 약 백여 리 떨어진 벽지였지만 교통이 편리하고 기후가 비 교적 온후한 곳이었다. 1940년 3월 초순, 석오는 오랜만에 외출을 하기 로 했다. 그는 줄곧 함께 기거해왔던 엄항섭·김의한의 가족들과 가까운 산으로 올라갔다. 그날 석오는 자연 속의 맑은 공기를 충분히 만끽하고 돌아왔다. 그러나 이것이 그로서는 마지막 나들이였다. 그로부터 며칠 후에 그는 자리에 눕게 되었고 자리에 누운 지 10여 일 만에 사경을 헤매 게 되었다. 3월 13일 오후 의사는 석오의 마지막 맥을 짚었다. 이미 지칠 대로 지친 그는 회생할 수 없었다. 그는 백범을 몹시 찾았다. 그러면서 희 미한 목소리로 '백 원'이라 중얼거렸다. 임시정부 청사에 빚진 돈을 갚아 달라는 뜻이었으리라.

석오는 살아생전 지은 빚을 마지막 숨을 거두면서도 잊지 못하는 그렇 게 가난하고 그렇게 성실한 사람이었다.

임종이 가까워진 그의 곁을 엄항섭의 부인과 김의한의 부인이 눈물로 지켰다. 엄항섭과 김의한의 부인들은 석오에겐 참으로 헌신적인 이들이 었다. 그들은 의복·식사는 물론 침구에 이르기까지 온갖 궂은일에도 불평 하나 없이 석오를 깍듯이 모시며 뒷바라지했다.

1940년 3월 13일 새벽 4시 40분, 이역만리 중국 사천성 기강현 임강 문타만에 있는 임시정부 청사의 초라한 이층방에서 석오는 한 많은 72세 의 생애를 끝냈다. 3월 17일 그의 장례는 대한민국 임시정부의 간소한 국 장(國葬)으로 거행되었다.

그로부터 8년의 세월이 흐른 1948년 9월 백범 김구는 아들 신(信)을 시켜 중국 땅에 외롭게 묻혀 있는 그의 노모와 함께 석오의 유해를 고국 땅으로 모셔와 서울 효창공원에 안치하였다.

"그대는 나라를 사랑하는가.
그러면 먼저 그대가 건전한 인격이 되라.
백성의 질곡을 가슴 아프게 여기거든 그대가 먼저 의사가 되라.
의사까지는 못 되더라도
그대의 병부터 고쳐서 건전한 사람이 되라."

안창호

교육적 민족운동의 선구자

타고난 웅변가이자 교육자

"유인(裕仁)아, 유인아, 네가 큰 죄를 지었구나!"

1938년 3월 10일 밤 아직도 찬바람이 부는 이른 봄, 병석에 누워 도산(島山) 안창호(安昌浩, 1878~1938)는 극도로 쇠약한 몸으로 일본천황 '유인'을 부르며 이렇게 꾸짖었다. 그리고 근심스런 얼굴로 옆에 서 있는 측근에게 가느다란 목소리로 "낙심 마오"라는 마지막 한마디를 남기고는 조용히 눈을 감았다. 이때 그의 나이 60세였다. 때는 제국주의 일본의 무도한 힘이 조선반도 전체를 무섭게 억누르고 동양 일대는 어두운 전쟁 분위기가 중국 전선에서 점차 확대되어가는 그러한 암담한 시기였다. 조선의 이른바 지도층 사이에는 이미 친일 분위기가 감돌아 도산과 같이 일제에 비타협적인 민족지도자는 도저히 남아날 수 없는 분위기였다. 도산이 눈을 감을 때 마지막으로 꾸짖었다는 '유인'은 일본천황 히로히토를 가리킨다.

도산은 근대 한국이 낳은 가장 위대한 교육자요, 웅변가요, 민족지도자였다. 지금도 그의 정신은 살아남아 '흥사단'(興士團)에서 이를 이어받고자 노력하고 있다. 도산은 타고난 웅변가였다. 그의 위대한 감화력도 이러한 웅변의 힘에서 나온 것인지도 모른다. 그는 지성의 인물이었다. 성실하고 근면하고 정직하고 인의의 인물이었다. 그의 고결한 인격은 일제와 같은 악독한 군국주의자들과 투쟁하기에는 너무나도 선량했다. 때문에 도산은 독립투사로서보다 교육자로서 특히 평가해야 할 인물이었다.

그는 1878년 11월 9일 평남 강서군 대동강 하류 도롱섬에서 농업에 종사하는 가난한 선비의 셋째아들로 태어났다. 그는 9세부터 서당에 다니기 시작해서 17세까지 계속 한문수업을 받았다. 12세 때 아버지가 돌아가신 후 할아버지 밑에서 자랐다. 그러나 도산은 결코 평범한 시골 소년으로 머물러 있지 않았다. 소년 시절부터 몇 살 위인 청년지사 필대은(畢大殷)과 국내외 문제를 토론하면서 밤을 새우기가 일쑤였다.

17세 되던 해에 그는 서울로 가서 공부하기로 마음먹고 여비 10원을 삼촌에게 받아 출발하였다. 이 무렵 서울은 갑오경장으로 개화의 새 바람이 불고 있어서 서울에 유학온 소년 도산에게 새로운 세계관·인생관을 심어주었다. 그는 이때 비로소 기독교를 믿게 되고 사랑이라는 정신을 배웠다. 그는 모든 일이 기독교적이었으나 교회에 적(籍)을 두지는 않았다. 공부를 마치고 고향으로 돌아간 그는 옛날 서당의 훈장 이석보의 딸 혜련과 약혼하고 약혼녀를 데리고 서울에 와 신식공부를 시켰다.

도산이 두 번째 서울에 올라온 것은 1897년이었다. 이때 그는 독립협회에 가입했다. 그러던 그가 대중 사이에 점차 이름을 날리기 시작한 것은 21세 되던 해(1898) 만민공동회의 평양지부 주최로 열린 쾌재정(快哉亭)에서의 연설회부터였다. 연설이라는 것이 없던 그 무렵 도산의 이 웅변은 평양 시민들 사이에 놀라운 화제가 되었다. 쾌재정에서의 처녀 연설에 이어 이해 11월 종로에서 열린 만민공동회에서의 연설은 더욱 웅변이었다. 안창호의 이름은 서울 장안에 점점 유명해지기 시작했다.

그러나 1899년 독립협회는 정부에 의해 일대 탄압을 받고 도산은 하는 수 없이 고향으로 돌아와 강서에 점진학교(漸進學校)라는 사립학교를 세웠다. 이때 그의 나이 22세였으니 도산이야말로 타고난 교육자였다는 것을 말해준다. 점진학교는 우리나라 사람의 손으로 세워진 최초의 사립학교였고 또한 당시로서는 일반인이 상상도 할 수 없는 남녀공학이었다. 그러나 도산은 남을 가르치기 전에 자기부터 먼저 공부해야겠다는 것을 깨닫고 학교를 형 안치호와 또 가까운 친지에게 맡기고 약혼녀인 이혜련과 결혼식을 올린 다음 함께 미국으로 유학을 떠났다.

지성과 성실로 교포들을 지도하다

미국에서 도산은 학교에 나가는 한편 비참하게 사는 동포들의 생활을 보다 못해 몸을 아끼지 않고 그들의 집 안팎은 물론 주변까지 깨끗이 청소해주었다. 환경이 바뀌면서 교포들의 생활태도도 달라졌다. 처음에는 의심을 품고 대하던 교포들도 마침내는 도산을 신뢰, 그를 지도자로 따랐다. 어느 미국인 실업가는 얼마 되지 않는 사이에 한국인의 생활이 크게 달라진 것을 보고, 특히 청년 안창호를 만나보고 감동한 나머지 한국인들이 모일 수 있는 회관을 무료로 제공하였다. 권모술수로 남을 지배할 줄만 아는 시대에 도산은 이렇게 성실하게 솔선수범, 동포들을 지도하였다. 이때 그의 나이 26세였다.

도산은 샌프란시스코에서 동쪽으로 1백 마일쯤 떨어진 캘리포니아로 이사를 하였다. 떠나기 전 도산은 동포들을 위해 샌프란시스코에 한인친목회를 조직케 하였다. 한국인이 미국에서 조직한 최초의 단체였다. 때는 1903년 9월 23일이었다. 도산이 회장에 취임한 이 친목회는 후일 공립협회가 되고 다시 국민회로 발전하여 해외 독립운동의 중심적 역할을 했다.

로스앤젤레스의 리버사이드에 거주하면서 도산은 가정 고용인으로 생활하는 한편 틈만 있으면 동포들을 찾아다니며 그들의 어려움을 도와주었다. 도산의 가정생활은 말이 아니었다. 괴로울 때 부인은 혼자 훌쩍훌쩍 우는 버릇이 생겼다. 부인으로서는 한없이 고통스럽고 외로운 생활이었다. 남편은 매일같이 동포가 사는 곳을 찾아다니는 것이 일이었고 외로운 부인은 '우는 새댁'으로 알려졌다. 독립지사의 아내생활이 얼마나 어려운 것인가를 말해준다. 남달리 강직한 여성도 별도리 없었다. 지사의 아내는 혼자서 밤마다 운다. 지난날 독립지사를 둔 가정의 생활상이 모두 그러하였다.

후일 부인은 미국에서의 신혼생활을 이렇게 회고하였다.

"그분은 첫째가 조국, 둘째가 담배, 그리고 아내와 자식은 열두 번째였어요."

도산 부처가 첫아들 안필립을 낳은 것은 1906년이었다. 로스앤젤레스에 정착하고 난 서너 해 뒤였다. 초산이었지만 그들 형편으로서는 부인을 병원에 입원시킬 처지도 못 되어 교회 구제회에서 해산하였다.

롱비치에 온 뒤에 도산은 더욱 바빠졌다. 그는 세들어 사는 한국인들의 집을 솔선해서 청소해주고 가꾸어주었다. 집주인인 미국인들은 이에 감동해서 돈을 빌려주어 그 돈으로 한국인 합숙소를 따로 마련할 수 있었다. 18명의 노동자들이 여기에서 도산의 지도 아래 공립협회(公立協會)라는 단체를 조직했다. 이 협회는 교포 노동자들의 권익옹호와 생활향상을 목표로 했다. 노동자들의 적극적인 호응을 얻었음은 말할 것도 없었다. 회원은 35명으로 늘어났다.

도산은 무지한 교포 노동자들을 위해 야학도 마련했다. 공립협회의 자치생활이 자리를 잡고 회원들의 경제적인 토대도 점차 굳건해졌다. 회원들은 도산의 지도를 높이 받들게 되었다.

1905년 4월 5일에는 샌프란시스코에 정식으로 공립협회가 창립되었으며, 초대 회장에 도산이 추대되었다. 앞서 조직된 한인친목회도 공립협회에 흡수되었다. 공립협회는 회원들의 권익을 옹호하는 일에만 그치

상해 임시정부에서 활동할 당시의 도산 안창호.
그는 독립을 위해서는 우선 민족의 실력을 길러야 한다고 주장했다.

지 않고 조국광복을 위해서도 활동을 시작하였다. 1905년 11월 14일에는 샌프란시스코 거리에 3층 건물의 공립협회 회관을 설립했다. 11월 22일에는 기관지로 순 한글판 신문 『공립신보』를 창간하였다. 나중에는 이름을 『신한민보』라고 고쳤다. 공립협회는 1910년대 국민회의 창립으로 발전적 해체를 할 때까지 미국을 중심으로 한 교포사회의 영사관 구실을 했다.

이 무렵 도산의 사람됨을 알려주는 재미있는 실화가 있다. 1904년 러일전쟁이 벌어지고 다음 해 9월 5일 러일 강화조약이 체결되었는데 체결에 앞서 미국의 주선으로 포츠머스에서 강화회의가 열렸다. 하와이 교포단체와 공립협회가 연합하여 러일 강화회의에 한국독립 문제를 제출하기로 결정하였다. 우리 대표는 당시 미국 대통령 루스벨트에게 포츠머스 강화회의에의 참석을 요구하였으나 미국 측에서는 이에 응하지 않았다. 당초 교포들은 도산에게 강화회의 대표로 참석해줄 것을 요청하였지만 도산은 끝내 사양하고 응하지 않았다. 도산이 사양한 이유가 또한 도산답다.

나는 안 간다. 우리가 참석할 권리가 없으니 아무리 애써도 십중팔구는 참석 못 할 것은 뻔하다. 이것을 알면서 동포들의 땀으로 모은 돈을 쓸 수 없다. 국제무대 구경도 하고 새 양복도 한 벌 얻어 입는 맛에 헛된 돈을 써버리면 후일에 참으로 돈을 써야 할 일이 생길 때 누가 돈을 내겠는가.

결국 모았던 돈은 하와이 친목회로 돌려보내게 되었다. 도산은 그런 사람이었다. 도산은 이후에도 실속 없는 국제회의에 참석이나 진정하는 것 같은 일은 거의 하지 않았다. 소득이 없을 것을 너무나 잘 알고 있었기 때문이다. 이런 점에서 이승만과는 아주 대조적이었다. 이승만은 아무런 소득이 없으면서도 피땀 흘려 번 교포들의 돈을 가지고 국제회의 장소를 찾아가 호소를 하고 다녔다. 도산은 그 돈을 저축해두었다가 정말 돈이 필요할 때 쓸 준비를 해야 한다는 주장이었다.

하루는 한국인들이 다니는 교회의 미국인 부인이 도산을 초대하였다. 그 부인은 어머니 같은 사랑과 친절로 한국인을 돌보아주었다. 이윽고 만찬이 시작되었다. 먼저 미국인 목사가 말했다.

그동안 이곳에 와서 일하는 한국인을 1년 남짓 치러보니 모두가 좋은 사람뿐인 것 같습니다. 내가 여러분의 생활태도를 우편국을 통해 알아보았더니 다 같이 본국으로 돈을 부치는 이가 많더군요. 은행에도 알아보았습니다. 버는 대로 저축하는 이가 많더군요. 이 점 우리 미국인도 본받아야 할 일이 아닌가 합니다. 나는 한국인을 세계에서 드물게 보는 부지런하고 선량한 문화인으로 보아 오늘 이런 자리를 마련했습니다.

회식이 한창 화기애애한 분위기에 접어들자 한 과수원 회사 사장이 일어섰다.

우리 회사는 금년에 여러 한국인들의 덕분으로 이익을 많이 보아 대단히 고맙게 생각합니다. 거기에는 한국인들의 탁월한 젊은 지도자 안창호 씨의 힘이 컸다고 봅니다. 안 선생은 늘 "귤 한 개를 따도 자기 일처럼 정성껏 따라"고 당부하였고 또 여러분은 그 말씀대로 잘 해주었기 때문에 큰 수확을 거둔 것입니다. 가위질을 함부로 하면 귤이 상하기 쉽고 꼭지를 길게 따서 팽개치면 다른 귤에 박혀서 흠집이 생기지요. 그런데 한국인 형제들은 그런 일이 없도록 각별히 유의해서 따주었기 때문에 나는 큰 이익을 보았습니다.

가난하고 무지하게 자란 한국인 이민자들을 미국인들이 이토록 입에 침이 마르도록 칭찬하게 된 것은 도산의 교육에 의한 것이었다. 사소한 듯한 이 실례를 길게 설명한 것은 도산이 타고난 위대한 민족지도자였다는 것을 말하자는 때문이었다.

교육적 성격을 띤 도산의 독립운동

이 무렵 조국은 을사보호조약으로 사실상 망하고 일본의 로스앤젤레스 영사관에서는 공립협회에 의연금을 보내왔으나 도산의 주장대로 그 돈을 받지 않고 다시 돌려보내기로 했다. 일본의 통치에서 벗어나자는 때문이었다. 뿐만 아니라 을사보호조약이 체결된 데 대해 공립협회는 맹렬히 반대했다. 도산은 공립협회의 대표로 국내에 들어와 사정을 살피는 한편 본국의 유지들과 반대여론을 유도하려 했다. 이때 도산의 나이 30세였다. 귀로에 일본 동경에 들른 그는 약 일주일 동안 머무르면서 재일 한국유학생단체 태극학회에서 격려연설을 했다. 이 연설은 유학생들에게 큰 감명을 주었다. 1907년 이른 봄이었다. 도산은 동경에 약 일주일간 머무르면서 때마침 일본에 망명해 와 있는 박영효와 유길준을 만났다.

서울에 돌아온 도산은 지하비밀결사인 신민회를 본거지로 맹렬한 항일구국운동을 벌였다. 이밖에 도산은 평양에 세운 대성학교를 통해 독립

애국청년을 양성하는 한편 대구에 태극서관을, 평양에는 자기(磁器)회사를 세워 독립운동의 기초를 닦았다. 뿐만 아니라 청년운동의 핵심체로 청년학우회를 조직하여 후일의 흥사단운동의 기초를 닦았다. 청년 도산의 독립운동은 교육적 성격을 보다 더 농후하게 띠고 있었다. 도산의 일면을 보여주는 운동이었다. 도산은 또한 귀국 후 전국 각지를 돌아다니며 독립사상을 고취했다. 그는 타고난 위대한 운동가였다. 도산이 가는 곳마다 사람들이 구름같이 모여들어 그의 연설을 듣고 환호했다. 청년 도산의 이름은 이미 전국에 널리 알려졌다.

도산이 중심이 되어 세운 대성학교에서 그가 학생들에게 입이 닳도록 교육한 것은 정직한 사람이 되라는 것이었다. 죽는 한이 있더라도 거짓말을 하지 않는 것이 도산의 교육방침이었다.

농담으로라도 거짓말을 하지 말라. 꿈에라도 거짓말을 하지 말라. 나라가 없고 우리에게 집과 몸이 있을 수 없고 민족이 천대받고서 혼자만이 영화를 누릴 수 없다.

개인은 전 민족을 위해서 일함으로써 인류와 하늘에 대한 의무를 수행한다.

성실을 내세운 도산은 거짓말을 미워하고 사랑을 환기하면서 건전한 인격을 힘주어 강조하고 또 직접 훈련하였다.

거짓이여! 너는 내 나라를 죽인 원수로구나.
군부(君父)의 원수는 불구내선의 원수라고 했으니 내 평생에 숙어도 다시는 거짓말을 아니하리라.

그대는 나라를 사랑하는가. 그러면 먼저 그대가 건전한 인격이 되라. 백성의 질곡을 가슴 아프게 여기거든 그대가 먼저 의사가 되라. 의사까지는 못 되더라도 그대의 병부터 고쳐서 건전한 사람이 되라.

　도산의 교육방침은 건전한 인격을 가진 애국심 있는 국민의 양성에 있었다. 그가 주장하는 건전한 인격은 성실이 그 중심 되는 것이었다. 거짓말이 없고 속이는 행실이 없는 사람으로 교육하자는 것이 그의 집념이었다.

　청년학우회는 1909년 망국의 전해에 조직되었다. 이 학우회의 목적은 무실·역행·충의·용감의 4대 정신으로 인격을 수양하고 단체생활을 훈련하는 데 있었으며 한 가지 이상의 전문기술이나 기예를 반드시 학습하여 직업인으로서의 자격을 구비하고 날마다 지·덕·체에 대한 수양 행사를 한 가지씩 행하여 수련에 힘쓴다는 것이었다. 청년학우회 중앙총무로서 시종 도산을 도와 실무를 담당한 것은 육당 최남선이었다. 도산은 서울·평양·대구에 태극서관이라는 서점을 설치하여 출판사업을 겸하게 했다. 도산은 책방 자체가 하나의 교육장이라고 보았다.

　도산의 종국적인 사업목적은 조선민족을 깨우치고 젊은이들을 훈도함에 있었다. 도산이 평양에 대성학교를 세운 후 학생들과 직접 접촉할 수 있었던 세월은 불과 3년밖에 되지 않았다. 도산은 대성학교 때부터 학도들에게 노래부르기를 권장하였다. 손수 많은 노래를 지어 학생들과 함께 불렀다. 인격 수련과 품성 도야에 예술을 장려하고 학생들에게 노래를 부르게 하였다. 우리의 국가 '동해물과 백두산'은 표면적으로 윤치호가 작사한 것으로 되어 있으나 도산이 작사하고 윤치호 이름으로 발표했다는 설이 있다. 도산이 학생들에게 노래를 장려한 것은 잘한 일이다. 민중운동에는 노래가 절대 필요하다. 도산은 일면 선천적인 민중교육자라고 할 수 있을 것이다.

> 긴 날이 늦도록 생각하고
> 깊은 밤 들도록 생각함은
> 우리나라로다
> 우리나라로다

도산이 지은 이 노래는 그가 자나깨나 나랏일에 얼마나 골몰했는가를 말해준다.

도산에게는 그때의 모든 항일민족운동가들이 다 그러했듯이 가정을 돌볼 여유가 없어 한결같이 가정생활이 불행했다. 민족이 불행에 빠졌는데 어떻게 가정이 평온할 수 있느냐가 항일운동가들의 공통된 생각이었다. 물론 도산의 가정도 예외일 수 없었다. 도산의 가족은 평생토록 미국에서 남편 없이, 또 아버지 없이 쓸쓸히 살다 남편과 아버지를 잃은 것이다.

1912년 봄 도산이 헌신해 가르친 대성학교 1회 졸업생이 배출되었다. 19명이었다. 그러나 도산의 정신이 어린 대성학교도 1913년 105인 사건을 계기로 직원·학생이 거의 일제의 헌병에 검거되어, 도산이 남긴 위대한 성은 무너지고 말았다. 식민 치하에서의 합법적인 민족교육에는 한계가 있었던 것이다. 이후 도산의 민족운동은 죽을 때까지 계속되나 그의 운동은 언제나 교육적 민족운동의 테두리를 벗어나지 않았다. 도산의 위내한 감화에 이승훈이 새사람이 되어 민족의 교육사업에 몸을 바치게 된 것은 널리 알려진 사실이다. 이승훈은 1907년 7월 미국에서 돌아온 지 얼마 되지 않은 도산의 연설을 평양 모란봉 명륜당에서 들은 다음 새 사람이 된 것이었다.

나라 없고서 어찌 한 집과 한 몸이 있을 수 있으며, 민족이 천대받을 때 나 혼자만 영화를 누릴 수 있겠습니까.

도산의 연설이 절정에 달했을 때 이곳저곳에서 흐느껴 우는 소리가 들렸다. 이승훈도 이때 도산에게서 감화를 받은 것이다.

이토 히로부미와의 면담

을사보호조약 후 국운이 날로 기울어가는 급박한 상황 속에서 도산과 청년 동지들 사이에 견해가 반드시 일치되었던 것은 아니었다. 일부 청년들 사이에서는 도산의 점진적 현실 개혁안에 반기를 들고 어떤 비상수단으로라도 시국을 타개하려는 생각이 퍼지기도 했다. 교육적 독립운동이라는 것은 점진적인 것이지 급격한 타개책이 아니다. 도산은 이런 점에서 점진론자이지 급진론자는 아니었다.

이런 위급한 상황에서 최석하가, 당시 초대 통감으로 부임해 떵떵거리던 이토 히로부미와 도산의 면담을 주선했다. 이토는 당시 국적(國賊)이라는 욕을 듣는 이완용 등을 제거하고 참신한 젊은 인물을 기용하려 한다는 말이 돌고 있었고, 최석하가 이런 눈치를 살피고 도산과 이토와의 면담을 주선한 것이다. 도산은 조선침략의 원흉을 한번 만나보면 정세판단에 도움이 될 것이라 생각했다.

이리하여 을사보호조약이 체결된 1905년 말의 어느 날 30세의 청년

1909년 당시 대성학교 교직원과 학생들.
타고난 교육자였던 안창호는 신민회 활동의 일환으로 대성학교를 운영했다.

안창호와 이미 65세가 된 노회한 이토가 대면했다. 이토는 문밖까지 나와 도산을 정중히 맞이했다. 그러고는 먼저 입을 열었다. 통역은 이갑(李甲)이 담당했다.

"그대는 3천 리 남북을 두루 다니면서 연설을 하고 있다던데 그 목적은 무엇인가. 나는 일본사람이지만 그대의 애국열을 충분히 알고 있소. 일본 유신 공로자의 한 사람으로서 나도 조선을 훌륭한 나라로 만들고자 생각하고 있으니 우리 흉금을 털어놓고 이야기합시다."

잠자코 듣고 있던 도산이 대답했다.

"귀하가 50년 전에 귀국(貴國)에서 일본을 위해 하던 그런 사업을 나는 오늘 한국에서 한국을 위해 할 뿐이오. 그대 말대로 만일 일본이 한국을 위한다면 일본은 어찌하여 한국의 독립활동을 막고 있지요? 이것이 한국을 위한 길인가요?"

도산의 이 같은 의문제기에 이토는 직접 대답하지 않고 "아무튼 우리 동양사람끼리 서로 협력해서 잘해나가야 할 것 아니겠소. 백인들의 화도 면할 수 있겠고."

이에 대해 도산은,

"좋은 말이오. 그러나 일본과 중국, 한국이 모두 동양나라이고 손과 발과 같으면서도 서로 믿지 못하고 의심하여 반목하고 있는 판에 털어놓고 동양인끼리 잘해나가자니 어폐가 있지 않소?"

"아니 청년, 믿지 못한다는 것은 무엇을 뜻하는가요?"

도산은 이에 대해,

"애국운동을 하는 이동휘, 강윤희 등을 죄없이 여러 해나 잡아 가두고 있는 이유가 어디에 있나요?"

이토는 짐짓 당황하는 듯한 표정으로 "아니, 나는 처음 듣는 이야기요"

라고 시치미를 뗐다. 이 말을 받아 도산은 신랄하게 일본의 침략정책을 규탄했다. 눈을 감고 듣고 있던 이토는 이윽고 웃음을 지으며 이렇게 말했다.

"들어보오. 내 평생 소원이 세 가지 있소. 하나는 일본을 열강과 어깨를 겨룰 만한 현대국가로 만드는 일이오. 둘째는 한국을 그렇게 만드는 일이오. 셋째는 청국을 그렇게 하려는 것인데 손쉬운 일이 아닐 줄은 나도 잘 아오. 그러나 일본만으로는 서양세력을 아시아에서 몰아낼 수는 없지 않소. 그러니 우선 한국과 청국이 일본 정도의 힘을 가진 나라가 되어 서로 사이좋게 지내야 될 일이라고 생각하오. 지금 한국의 제반 개화에 전심전력을 다 기울이고 있는바 이 일이 완성된다면 청국으로 갈 생각이오."

이토는 도산의 손을 잡으며 능청을 부렸다. "어떻소? 그대는 나와 같이 이 큰 사업을 경영할 생각이 없소? 내가 청국으로 갈 때 나와 함께 가서 세 나라의 정치가가 힘을 합하여 동양의 영구 평화를 세워봅시다." 이토는 그럴듯한 궤변을 늘어놓으면서 도산을 회유하려 했다. 그러나 도산이 이 정도의 속임수에 넘어갈 청년은 아니었다. 도산은 다음과 같이 받았다.

"한 · 중 · 일 세 나라의 협력이 동양 평화의 기초라는 그대의 말엔 동감하오. 또 그대가 일본을 혁신한 것에 경의를 표하며 한국을 사랑하여 돕겠다는 호의에 감사하오. 그렇다면 그대가 한국에 가장 잘 협조하는 길이 있을 텐데 그것을 알고 있나요?"

이토가 정색하여 묻는다. "그 방법이 무엇이오, 청년?" 도산은 마침내 하고 싶은 말을 털어놓고야 말았다. 도산은 힘주어 "그대의 조국인 일본을 잘 만든 것이 일본인인 그대였던 것처럼 한국은 한국인으로 하여금 혁신케 하는 것이 도리가 아니겠소. 만일 메이지유신을 일본인 아닌 미국인이 와서 시키고 간섭했다고 한다면 그대는 가만히 보고만 있었겠소. 그대는 어떻게 생각하오? 그래 가지고 오늘의 유신이 성공할 수 있었겠소?"

도산의 이 당당한 반문에 이토도 할 말이 없었다. 도산은 이어 이토에게 다음과 같이 타이르듯이 말했다.

"일본은 불행하게도 한국이나 중국에서 인심을 잃고 말았소. 이는 일본의 불행인 동시에 세 나라 모두의 불행이오. [……] 일본은 한국의 독립을 보장한다고 매양 공언하였고 청일·러일 양차의 전쟁도 한국의 독립을 위함이라 하였으므로 한국인은 일본에 감사하였으며 얼마나 일본을 믿었는지 알고나 있소! 반대로 전승 후에 일본이 제 손으로 한국의 주권을 깎을 때 한국은 얼마나 일본을 원망하고 있는지 알기나 하오? 한일 양국의 이러한 관계가 계속되는 한 한국인이 일본에 협력할 것을 바라지 마시오. 또 그대가 청국을 거들어서 도울 것을 말하는데 그것은 한국의 자주독립을 회복시킨 뒤에 시험해도 늦지 않을 것이오. 중국의 4억 민족은 일본이 한국을 보호국으로 가지고 있는 한 그 한 가지 사실만으로도 결코 일본을 신뢰하지 않을 것이오. 세 나라의 이 불행한 관계를 그대의 수완으로 해결하기를 바라오."

도산이 이렇게 결론을 내린 다음 물러가자 이토는 측근을 돌아보며 이렇게 도산을 평했다고 한다.

"그 사람 곧은 사람이라 꿈쩍도 안하겠어. 앞으로 큰 인물이 될지 몰라."

도산이 이토와 만난 소득이 있다면 그것은 옥중에 있는 이동휘 등이 출감하게 되었다는 것이다. 그러나 이토는 도산과 만난 뒤 얼마 안된 1909년 10월 어느 날 만주의 하얼빈 역두에서 의사 안중근 선생이 쏜 총탄에 맞아 숨졌다. 이토는 한국을 식민지로 강점할 계획을 작성 완료하고 일단 러시아의 양해를 얻고자 러시아를 방문할 예정이었다. 이토가 조선의 독립과 개화를 위한다고 말하면서 뒤에서 식민지로 지배하려는 흉모를 꾸미고 있었다는 사실은 오늘날의 국제관계를 이해하는 데 큰 도움이 될 것이다. 도대체 국제관계에 있어 '원조'란 있을 수 없는 것이다. 어느 국가를 막론하고 제 나라 국가이익을 위해 경제 '협조'를 하고 군대를 주둔시키고 상대방 국가의 '안보'를 운위한다. 원조란 어디까지나 그럴듯한 명분을 붙여 자기 나라 국가이익을 추구하자는 것 이외엔 아무것도 아니다. 우리는 이토가 도산에게 늘어놓은 그럴듯한 감언이설에서 오늘날 깨닫는 바가 있어야 할 것이다.

강온 양론으로 벌어진 청도회담

이토가 피살되자 도산과 같은 인물이 무사할 리 없었다. 10월 30일 평양 대성학교를 포위한 일본군대가 도산을 무조건 연행 구속하였다. 당시 한국의 사법권과 경찰권은 이미 일본통감부 지휘 하에 있었다. 두 달 뒤 헌병대에서 풀려나온 도산은 이미 고국을 떠날 생각을 하고 있었다. 신민회의 마지막 모임에서 나라 안에 머무를 사람, 망명할 사람이 나뉘었다.

1910년 2월 이갑·이종호 등 선발대가 얼음이 얼어붙은 압록강을 걸어서 건너 망명의 길에 올랐다. 두 달 후인 4월 7일 새벽, 도산은 단재 신채호·김지산·정영도와 함께 조그마한 목선을 타고 행주의 한강변에서 조국 강산을 하직했다. 다감(多感)한 도산의 눈에서는 눈물이 하염없이 흘렀다. 사라져가는 고국 산천을 바라보며 도산은 마지막 '거국가'를 불렀다.

간다 간다 나는 간다
너를 두고 나는 간다
일로부터 여러 해는
너를 보지 못할지니
그동안에 나는 오직
너를 위해 일할지니
나 간다고 섧워 마라
나의 사랑 한반도야

배멀미를 앓는 신채호는 개성 후포에 상륙하여 육로로 압록강을 건너 만주에서 다시 북경으로 향했다. 도산 일행은 황해도 장연에서 중국인 소금배를 타고 중국 산동성 위해위에 상륙했다. 이들이 망명의 길을 떠난 지 얼마 후 한반도는 일제의 식민지로 국권을 빼앗기고 말았다.

독립운동의 당면과제를 토의하기 위해 청도에는 많은 지사들이 모여들었다. 유동열 · 신채호 · 이동휘 · 이종호 · 조성환 · 이강 · 김지간 등이 도산의 사회로 토론을 시작했으나 의견이 둘로 갈라졌다. 급진과 점진으로 분열되었다. 이동휘가 땅을 치며 주장했다. "나라가 망한 이 판국에 산업은 무엇이고 교육은 다 무엇이오. 둘이 모이면 둘이 나가 죽고 셋이 모이면 당장 셋이 나가 싸우다가 죽는 것이 도리일 뿐이오." 지금의 이스라엘이나 PLO와 같이 철두철미한 저항론이다. 식민지 해방투쟁에 있어서 점진론 · 온건론은 전부라고는 할 수 없으나 대부분 종주국에 투항하거나 타협하는 결과를 빚는다. 도산은 물론 이동휘의 주전론(主戰論)엔 반대였고 어느 쪽인가 하면 어디까지나 실력양성주의자였다. 그러나 일제하의 실력양성론자들은 대부분 친일파로 전락하고 말았다. 도산 자신은 죽을 때까지 철저한 비타협론자였고 바로 그 비타협 때문에 죽는 결과가 되었지만 그를 추종하던 이광수·주요한 등 수양동우회 간부들은 도산 별세 후 대부분 친일파로 전향했다.

강온 양론으로 벌어진 청도회담은 이렇다 할 합의를 못 보고 도산은 만주에 농지개간사업을 벌일 계획을 세웠다. 이 무렵 망명해온 일부 인사들 사이에 이와 비슷한 생각을 비교적 여러 사람들이 가지고 있었다. 개간사업을 위한 현지 시찰차 러시아령의 블라디보스토크에 도착한 것은 1910년 9월의 일이었다. 여기에서 그는 나라가 완전히 일본의 식민지로 전락된 사실을 알고 암담한 조국을 위해 빛이 될 것을 굳게 마음먹었다. 도산의 평생을 두고 이때처럼 상심한 적이 없었다. 설상가상으로 만주의 개척을 위해 출자한다던 자금줄도 끊어져 모처럼 희망과 기대를 걸게 한 만주에서의 독립운동 근거지 건설계획은 수포로 돌아가고 해외 망명 중인 독립운동자들은 저마다 의견이 달라 공리공론만 일삼고 있었다.

흥사단을 조직하다

"어느 때라고 지도자들은 당파 싸움질만 하는가" 하고 도산은 개탄했다. 도산은 이른 새벽 혼자 방 안에 엎드려 "나는 죄가 많다"고 하느님께 죄를 빌고 흐느껴 울며 오래도록 기도를 올렸다. 도산은 상심하면 홀로 우는 때가 많았다고 한다. 암담한 조국의 현실을 생각하곤 눈물을 절로 흘린 것이리라. 일제 말 가장 암담하던 시절, 술을 마시면 자주 눈물을 흘렸다는 만해 한용운과 비슷한 심정이었는지도 모른다.

그러나 도산은 온갖 신고와 가난을 일신에 받으면서도 결코 좌절하거나 절망하는 일이 없었다. 조국을 떠나 망명생활을 하는 도산의 유랑생활은 정처없는 것이었으나 미국에 돌아갈 때까지 4년간 그는 눈코 뜰 새 없이 바쁘게 활동했다. 그는 중국에서 러시아대륙을 횡단하여 독일에 도착했다. 이곳에서 도산은 독일인이 얼마나 부지런한 사람인가를 발견하였다. 독일인의 근면은 도산에게 커다란 충격과 교훈을 주었다. 도산은 그때의 독일 인상을 잊지 않고 뒷날 훈화의 자료로 삼았다. 독일인의 근면과 검소한 생활, 기술을 중요시하는 합리적인 생활태도, 조직적인 애국심, 인정이 감도는 친절 등은 도산에게 큰 교훈이 되었다.

독일에서 도산은 배편을 이용, 영국을 방문하고 다시 대서양을 건너 뉴욕에 상륙하였다. 4년 만의 귀환이었다. 그러나 도산의 마음은 한없이 외로웠다. 도산은 뉴욕에서 대륙을 횡단, 몇 년 만에 처자가 있는 로스앤젤레스로 돌아왔다. 그동안 주인 없는 가정의 살림은 부인의 삯바느질과 세탁 등 품팔이로 근근이 이어져가고 있었다. 4년 만에 돌아온 아버지를 보고 아들 필립은 엄마에게 "이 사람이 누구냐?"라고 물어 도산의 가슴을 아프게 했다.

미국에 돌아온 도산은 민족개조운동의 일환으로 흥사단을 조직하는 한편 재미동포를 묶어 '대한인국민회'를 조직했다. 이때 도산의 나이 35세였다. 도산은 이후 직접 간접으로 국민회 중앙총회와 북미총회를 지도했다. 도미(渡美)해오는 동포가 날로 늘어나 국민회에는 약 7천 명의 회원이 가입하게 되었다. 이 국민회는 3·1운동 이후 항일독립운동에 매우 중요한 재정적 지원을 계속한 단체였다. 이 돈은 재미동포들이 푼푼이 모아 저축한 돈이었다.

도산은 국민회운동의 당면과제로 두 가지 목표를 세웠다. 하나는 동포들의 당면한 권익을 옹호하는 일이고 또 하나는 그들의 생활개선을 도모하는 일이었다. 그 한 실례가 재미동포를 일본인이 아닌 한국인으로 별도

1937년 로스앤젤레스로 이전한 대한인국민회 중앙총회관.
국민회는 상해 임시정부 청사의 세를 부담하는 등 항일독립운동에 매우 중요한 재정적 지원을 했다.

로 대우케 한 일이었다. 캘리포니아 주에서 일본인 배척운동이 벌어졌는데 한국인까지도 배척을 받은 일이 생겨, 도산을 위시한 국민회에서 적극 운동을 벌여 마침내 미국정부가 한국인을 일본인과 다른 별도의 사람으로 대우케 만들었다. 이제 미국의 관청은 한국인에 관계되는 일이면 일본 영사를 통하지 않고 대한인국민회를 통하게 되었으며 미국 민간인들도 한국인과 계약관계가 있을 때에는 국민회를 통해서 했다. 또 여권 없이 미국에 입국한 유학생들도 있었으나 이들을 국민회가 신원과 재정을 보증해주어 공부를 계속시켰다. 전에는 여권이 없는 한국인은 미국을 떠나야만 했다. 국민회는 기관지로 『신한민보』를 발간하였다.

도산은 동포들에게 권장하였다.

— 청결을 위주로 하여 이웃 서양인보다 더 깨끗하게 하시오.

— 예의를 지키고 어떠한 일이 있더라도 거짓말을 해서는 안된다.

거짓말을 하지 않아야만 신용을 얻을 수 있고 신용을 얻어야만 돈도 벌 수 있고 생활을 향상하며 나아가 민족 전체의 위신을 높일 수 있기 때문이다. 그래서 도산은 더욱 강조했다.

— '예스' '노'를 분명히 해야 한다.

도산의 이 같은 운동에 따라 미국인들은 점차 한인들을 신용하게 되었다. 한국인들에 대한 태도가 점점 달라졌다. 이리하여 도산이 국민회운동에 한창 열중해 있을 때인 1915년경 그의 이름은 미국에 널리 알려지게 되었다. 캘리포니아 주에서 '한국인 애국운동자'라면 곧 도산 안창호를 가리키게 되었다.

도산이 미주에서 국민회운동에 열중하고 있을 때 국내에서는 데라우치(寺內)라는 군인이 초대 총독으로 취임, 한국의 민족운동을 말살하기에 광분하고 있었다. 소위 '안악사건' '105인 사건'을 조작하여 민족지도자들을 일제히 검거·구속하였다. 고국의 이러한 암담한 사건들이 전해올 때마다 도산의 가슴은 찢어질 듯 괴로웠다. 도산은 힘을 기르는 것만이 독립의 길이라고 확신하게 되었다. 국내에서는 이미 신민회가 파괴·해산되고 청년학우회도 자취를 감추고 없었다.

이리하여 조직된 것이 흥사단(興士團)이었다. 이 단체는 1913년 5월 13일 샌프란시스코에서 결성되었다. 흥사단은 지역차별을 없애기 위해 창립위원을 8도를 대표하는 청년들로 구성하였다. 이밖에도 몇 사람을 더 보태어 발기인은 25명에 달했다. 그 목적인 무실역행(務實力行)으로 생명을 삼는 충의(忠義) 남녀를 단합하여 정의를 준수하고, 덕·체·지 3육을 동맹 수련하여 건전한 인격을 형성하고, 신성한 단결을 조성해 우리 민족 전도대업의 기초를 준비함이었다.

창립 당시 도산에 의하여 기초되고 그뒤에 정식으로 채택된 흥사단의 목적조항이 있다. 흥사단의 설립목적은 건전 인격과 단결을 위한 무실·역행·충의·용감의 4대 정신이었으며, 이 정신은 흥사단 단기에도 그대로 상징되어 있다. 흥사단은 인격수양과 단체생활을 훈련하고 만인 개업의 원칙에 따라 일인일기(一人一技)의 전문학술이나 기예를 연마하는 데 그 취지가 있었으며 정치단체는 아니었다. 어디까지나 일종의 도덕운동이었다. 도산은 흥사단운동을 벌이는 이유를 다음과 같이 밝혔다.

우리는 힘이 없어서 나라가 망했으니 나라를 흥하게 하려면 힘을 길러야 한다. 그러면 힘이란 무엇인가. 나라의 힘이란 부력과 병력이다. 그러나 건전한 인격과 신성한 단결이 없이는 부력도 국력도 생길 수 없다. 국민의 건전한 인격과 신성한 단결이 없이는 농업이나 공업도 발전할 수 없고 또 대포와 군함이 있어도 그것을 쏠 사람이 없는 것이다.

이리하여 도산은 나라를 독립시키고 부강하게 만드는 근본 힘은 도덕에서 나오고 도덕은 인격수양에서 생긴다고 본 것이다. 도산이 흥사단을 조직하고 인격운동을 벌인 근본목적은 이러한 점에 있었다. 흥사단의 정신은 흥사단에 가입할 때 주고받게 되어 있는 문답 속에 소상히 나타나 있다. 흥사단운동은 비정치적 도덕운동이었다.

도산은 언제나 환경미화에 주력했다. 그가 기거하는 방은 말할 것도 없고 집 안팎을 알뜰하게 손질했다. 언젠가 도산이 집에 돌아와 있을 때 사랑하는 아들 필립을 몹시 매질한 일이 있었다. 그것은 아들이 약속시간보다 늦게 돌아와 결과적으로 거짓말을 한 때문이었다. 흥사단 정신으로는 '정직'해야 했고 거짓말을 해서는 안 되었다.

사실 도산의 생활은 깨끗했다. 그의 가정은 평생 셋방살이를 벗어나지 못하는 가난한 생활이었다. 모든 정력을 민족을 위해 바친 도산으로서는 가정을 돌볼 여유가 없었던 것이다. 그리고 도산은 여성문제에서도 지나칠 정도로 깨끗했다. 미국생활에서 처음 돌아왔을 때 아직 나이 30 전후였던 그는 이미 서울에서 유명해져 있었으며, 그래서 하루는 도산을 사모하는 한 기생이 그와 더불어 가정을 꾸밀 것을 꿈꾸어, 하다 못해 하룻밤 사랑이라도 나누고자 구애를 했으나 도산의 부드러운 거절로 뜻을 이루지 못했으며, 상해에서 독립운동할 때 중국 남경의 어느 여학교 졸업반인 한국인 여학생의 열렬한 구애를 받았으나 타일러 보냈다는 일화도 있다. 도산은 개인적으로 그렇게 깨끗했고 고결한 인격자였다.

상해 임정의 산파 구실을 하다

도산은 민족의 독립도 민족의 독립을 할 수 있을 만한 실력을 갖추어야 할 수 있으며, 한국은 아직 독립을 할 만한 자격이 부족하니 우리의 독립운동은 무엇보다도 힘을 길러야 한다는 주장이었다. 제1차 세계대전이 끝났을 때에도 도산은 조선의 독립이 시기상조라는 생각이었다. 그는 전승국 측에서 조선의 독립 필요성을 인식하지 않고 있으며, 우리 자체를 보더라도 경제적 여건이나 그밖의 정세가 아직 독립의 기회가 성숙하지 못한 형편이며, 재외동포가 한국의 독립을 희망하고 분기한 것은 착오에 가까운 것이라고 판단하고 있었다고 한다. 이것은 그의 측근인 장이욱의 증언이다. 자력으로 능히 일본을 배척할 힘이 아직 부족하기 때문이라는 것이었다. 만약 이러한 생각이 사실이었다면 이는 도산의 큰 착오였다. 하여간 도산은 독립운동에 있어 신중론자였다. 3·1운동의 소식을 들은 도산은 독립운동이 너무 일찍 일어났다는 판단을 했다.

도산이 상해에 도착한 것은 1919년 5월이었다. 당시 상해에는 아직도 각처에 흩어져 있는 지도자들이 모이지 않은 때였다. 신한청년단은 각지 지도자를 한데 모아놓고 임시의정원과 임시정부 조직의 장소와 시일을 정하고 자진 해체함으로써 임시정부 수립에 산파 구실을 했다. 도산은 다른 지도자보다 먼저 상해에 도착하였으며 6월 28일에야 내무총장 겸 국무총리 대리에 취임했다. 각 영수들이 상해에 오면 그 직을 내놓는다는 조건을 수락하고서였다. 아무튼 상해 임정은 도산이 옴으로써 본격적인 준비가 시작되었다. 도산은 미국에 연락하여 대한인국민회로부터 2만 5천 달러를 마련하여 이 돈으로 프랑스 조계에 집을 세내어 임시정부 청사를 마련하고, 아직 지도자급 인물들이 다 모이지 않은 관계로 차장들로 하여금 총장 직무를 대행케 하고, 각부 직원을 임명하여 사무를 규율 있게 집행하도록 하였다.

상해 임정의 조직에 있어 도산의 기여는 거의 절대적이었다. 이승만은 대통령이라고 미국에서 자칭하고 뒤늦게 1920년 12월에 상해에 도착했으나 얼마 안 있다가 다시 미국으로 돌아갔다. 도산이 상해에 일찍 도착해 임시정부의 기틀을 잡아놓은 것은 그의 조직력과 실천력이 가져온 성과였다.

도산이 구상하고 실시한 것에 연통제(聯通制)가 있다. 약 반년 만에 경상남북도와 강원도를 제외한 전국 10개 도에 조직을 완료했다. 군감까지 임명된 곳은 함경남북도, 평안남북도, 황해도, 경기도, 충북 등 7도에 달했다.

도산은 독립운동 방략을 작성하였으며 한편으로 대외선전, 문화사업에도 착수했다. 영자신문 『차이나 프레스』(China Press)와 교섭, 「한국의 진상」을 연재케 했으며 임시정부 사료편찬회를 조직하여 이광수에게 맡기고 전부터 발간해오던 『우리 소식』을 활판 인쇄로 발간토록 해내외의 홍보에 힘썼다. 그러나 각지에서 영수들이 모여들자 도산 자신은 노동국 총판이라는 자리로 스스로 물러났다. 그후 임정은 미국에 조선의 위임통치를 진정한 이승만 배척운동을 비롯해 끊임없는 파쟁을 계속했고 도산은 1921년 5월에 임시정부에서 물러났다.

독립운동과 도덕운동의 갈림길

1921년 4월 이광수가 변절하여 애인 허영숙을 뒤따라 서울로 돌아갔다. 서울에 돌아간 이광수는 조선총독 사이토를 만나 지난날의 죄를 용서

받는 대가로 일제에 협조할 것을 밀약했다. 그후 이광수는 「소년에게」 「민족개조론」 등을 발표하여 일제에 협조하였으며 이로 인해 민중의 지탄을 받았다. 그런데 도산의 잘못된 이광수 신뢰가 여기에서 시작되었다. 도산은 이광수가 독립운동을 포기하고 귀국할 뜻을 밝혔을 때 귀국을 극력 말렸으며 "군이 압록강을 건너자마자 일제에 투항서를 제출하는 것"이라고까지 말하며 귀국을 저지했으나 이광수는 끝내 귀국했다. 이리하여 이광수는 세상이 다 아는 변절자가 되었다. 이러한 이광수를 통해 도산이 자기의 흥사단운동, 자기의 민족운동을 국내에 보급시키려 한 것은 도산 일대의 실수였다.

도산은 일제에 투항한 이광수의 재능을 아낀 나머지 그와 1922년 1월과 1923년 10월 두 번에 걸쳐 상해와 북경에서 밀회를 하고 국내에서 흥사단운동 전개에 관한 방략을 협의했다. 이광수가 허영숙을 따라 귀국한 것도 일제 당국의 공작 결과였으며, 그러한 그가 도산과 두 번이나 밀회를 한 것도 남을 의심할 줄 모르는 성실한 도산을 속여 아직도 민족적 양심을 가진 사람으로 자신을 위장해서였다. 이광수가 수양동맹회를 결성할 때 이미 사전에 총독부 당국과 긴밀히 협력하고 그들의 협조를 얻고 있었음은 총독의 고문 아베(阿部)가 남긴 서한에 밝혀져 있다.

당시의 조선사회는 아직도 3·1운동의 열기가 전국에 타고 있어, 독립분위기가 고조되고 농민이나 노동자의 쟁의가 점차 증가하여 새로운 차원의 항일운동이 일제를 위협하고 있던 터라, 인격수양으로 실력양성을 하자던 민족개조운동 같은 것은 궁지에 몰린 일제에게는 더없이 도움이 되는 민족운동이었다. 분명한 민족운동이기는 했으나, 식민지로 전락된 원인을 조선민족성의 결함 속에서 찾고 윤리적 민족개조운동의 전개로 실력을 양성함으로써 독립의 터전을 닦자는 이론은, 1920년대 당시의 조선사회에서 항일의 불길을 진화하는 데 더없이 좋은 이론이었던 것이다.

물론 도산의 민족사상, 흥사단운동은 어디까지나 고결한 인격자인 도산의 진정에서 우러나온 애국운동이었으나 간교한 일제가 이것을 악용한 것이었다. 이광수가 귀국 후 발표한 「소년에게」나 「민족개조론」이 사실은 흥사단 정신을 가진 것이라고 이광수는 변명할는지 모르나, 이 글이 발표되었을 때 민중이 그토록 분개한 것은 당시 이 글이 조선총독에게 그 무엇보다도 도움이 되고 조선의 항일운동에는 해악이 되는 글이기 때문이었다.

도산이 위대한 애국자요 위대한 민족운동가임에는 의문의 여지가 없으나 도산은 자기의 민족운동·독립운동을 정치문제로서 보지 않고 하나의 윤리문제로 파악하고 있었다. 따라서 도산의 독립운동은 어디까지나 독립을 위한 도덕적 실력양성에 중점을 두었으니, 그의 독립운동은 '준비주의'라고 할 수 있고 '실력양성주의'라고도 할 수 있겠다.

식민통치의 비참한 현실을 일제의 군국주의·식민주의적 수탈과 탄압에서 원인을 찾지 않고 민족의 도덕적 결함에서 원인을 찾고, 민족의 도덕적 개조에 의해 독립할 수 있는 실력을 양성한다는 데 목적을 둔다면 일제로서는 그보다 더 좋은 이론이 없다 할 것이다. 일제에 귀순, 그들의 포로가 된 이광수는 일제의 협조 아래 수양동맹회를 조직하고 이렇다 할 일제의 방해 없이 1937년까지 지속할 수 있었다. 1919년 3·1운동 이후 1930년대 전반까지 약 15, 6년간 다른 항일운동은 철저히 탄압받는 속에서 수양동우회운동이 지속될 수 있었다는 것은 이 운동이 비정치적 윤리운동으로서 당시의 일제에 보다 바람직한 민족운동 형태였기 때문이라고 보아야 할 것이다.

1937년 수양동우회 관계자가 일제히 검거된 것은 미나미 지로(南次郎)가 조선의 새 총독으로 부임하면서부터였다. 조선민족의 존재 그 자체를 부인하고 내선일체를 강요하는 정책 하에서는 아무리 온건한 도덕운동이라 해도 조선민족의 인정을 전제로 하는 한에서는 이미 용인될 수 없었던 것이다. 1937년과 1938년에 걸쳐 그때까지 일제가 용인해주었던 온건한 모든 민족적 색채의 여러 단체들을 일제히 해산시킨 것도 이와 같은 정책적 전환이 있었기 때문이다. 도산을 속이고 수양동우회 등을 통해 일제에의 비타협적 항일운동을 약화·분열시키는 데 일조한 이광수가 이른바 수양동우회사건을 계기로 이제까지의 위장을 벗고 공개적으로 적극 친일의 길로 치닫게 된 것은 당연한 결과였다. 다만 비록 민족운동을 윤리적 차원에서 벌이기는 했으나 결코 일제에 타협하지 않고 순수한 동기에서 민족운동을 벌인 위대한 도산이 일제의 야수적 옥고 속에서 숨을 거둔 것은 어느 면에서 불가피한 운명이기도 했다.

도산은 우리 민족이 낳은 가장 양심적이며 성실하고 근면하고 헌신적인 사람이라는 점에서 좀처럼 다시 보기 어려운 지도자임엔 틀림없으나 그는 너무나도 정직하고 순수하여 일제와 같이 잔인무도하고 교활한 식민치하에서는 비극으로 끝나기 쉬운 지도자형이라 할 수 있을 것이다. 도산이 일경에 체포된 경위만 보아도 그가 얼마나 성실하며 거짓말을 안 하는 사람이었나를 보여주고 있다. 윤봉길 의사가 홍구공원에서 폭탄사건을 일으켜 일경의 일제검거가 시작되고, 그래서 모든 항일지도자들이 피신을 서두르고 있는 상황에서 한 어린아이와의 약속을 지키기 위해 위험을 무릅쓰고 그 집을 찾았다가 일경에 체포되었다는 것은 과연 도산다운 비극이었다고 아니할 수 없다.

한마디로 도산이 분명히 항일 민족해방 투쟁이라는 엄중한 정치투쟁을 하면서도 이 운동을 어디까지나 윤리적 측면에서 파악하고 있었다는 점이 그의 결함이라면 결함이고 비극이라면 비극이었다고 할 수 있을 것이다. 이것은 또한 독실한 한국 기독교 신도로서의 도산이 가진 민족독립 사상의 한계였는지도 모른다.

"나는 좌우합작의 성공을 처음부터 믿지 않았습니다.
그러나 현재는 미국정책이
공산주의와의 합작을 단념하였으므로
캄캄하던 우리의 길은 열렸습니다.
우리 동포는 한데 뭉치어 남북통일을 위한
남한과도정부를 수립하여야 합니다."

이승만
분단체제를 부른 영욕의 지도자

미국 망명시절

우남(雩南) 이승만(李承晩, 1875~1965)은 오늘의 한민족과 한반도의 운명에 가장 큰 영향을 미친 문제의 정치인이었다. 그의 민족노선에 힘입어 영화와 부귀를 누린 사람도 있었으나 그의 분단노선으로 이 민족은 백범이 우려한 대로 동족상잔의 비극을 겪었고 오늘날까지 분단은 그대로 지속되고 있으며 핵전쟁의 위협까지 받게 되어 남북 6천만 민족의 생존이 중대한 위기에 빠지게 되었다. 그간 국시(國是)인 민주주의는 수난 속에 신음하며 고난의 길을 걷고 있고 평화로운 통일조국의 건설은 한낱 꿈처럼 민족의 비원이 되고 만 것이 오늘 우리의 민족적 현실이다.

이승만에 대한 시비(是非)는 오늘날도 구구하다. 아직도 그의 정치노선은 현실적인 정당성을 가지고 있으므로 그의 노선을 비판한다는 것은 쉬운 일이 아니나 벌써 한 세대가 지났고 미군정 하의 기밀문서도 공개되는 시기가 되었으므로 비판의 대상이 되어도 무관할 것이다.

이승만은 청년시절부터 벼슬을 하고자 여러 번 과거에 응시했으나 그때마다 낙방을 하고, 그나마 갑오경장으로 과거제가 없어져 벼슬길이 사라지자, 하는 수 없이 당시에 한창 밀어닥치던 개화바람을 타고 배재학당에 들어가 영학(英學)을 배우게 되었다. 고집이 세고 완강한 그는 독립협회운동 때 벌써 상당한 비중으로 개혁운동에 참여한 것으로 전해진다. 이러한 결과 그는 한때 옥고를 겪었고 민족의 독립을 위해 미국의 도움을 얻고자 태평양을 건너가기도 했다. 그런데 이때부터 이승만은 독선과 고집으로 여러 가지 문제를 일으키기 시작했다.

이승만은 1911년부터 8·15를 맞는 1945년까지 35년간의 긴 세월을 주로 미국에서 망명생활을 했다. 물론 그가 긴 망명기간 도중에 변절하지 않고 끝까지 항일의 자세를 견지했다는 점은 높이 평가될 수도 있으나 35년간의 망명생활에서 그가 보여준 몇 가지 특징은 이미 한 민족의 지도자로서 앞으로 문제를 야기시킬 것이라는 것을 예고하고 있었다.

독립협회운동 당시 이승만의 동지로서 그와 함께 옥고를 치르고 후일 이승만을 하와이로 초청한 바 있는 박용만은 하와이 시절의 이승만에 대해, 이승만이 입으로는 민주주의를 말하면서 행동으로는 작당과 몽둥이질을 일삼아 자기의 조그만 자리를 지키기 위해 정력을 소비하는 문제의 인물임을 경고한 바 있다. 이승만은 자기가 한인운동단체의 '장'(長)이 안 되면 못 참는 인물이었으며, 또 누구의 충고나 여론 같은 것에 상관없이 자기 고집대로 행동하는, 지나치게 독선적 인물로 알려졌으며 또한 그때부터 이미 반공주의자로서 두드러졌다.

이승만은 제2차 세계대전 당시 미국의 한국인 사회에서 재미한족연합위원회와 불화·반목·갈등을 일으키고 있었다. 그는 자기와 적대관계에 있는 한인을 용공분자로 몰아붙이는 사람으로 그때부터 알려져 있었다. 당시 미국무성의 일부에서 신임을 얻고 있던 한길수와 제휴할 것을 종용받자 이승만은, 한길수와 합작하는 것은 공산주의자들을 이롭게 할 뿐이라는 엉뚱한 주장을 하여, 중국의 외교부장 송자문(宋子文)이 루스벨트에게 "한국인은 너무 분열도가 심해 효과적인 힘을 발휘할 수 없다"는 보고를 한 바도 있다. 이러한 사정 때문에 당시 임시정부가 대일(對日)선전포고를 하고나서, 임정을 연합국의 한 나라로 인정받도록 이승만을 미국무성과 교섭케 했으나, 미국무성이 이승만을 전혀 상대조차 해주지 않아 목적을 달성하지 못했음은 널리 알려진 사실이다.

전쟁이 막바지에 달하고 샌프란시스코에서 유엔 창립준비가 연합국 사이에서 시작되자 이곳에 많은 한국인 지도자들이 독립문제를 협의코자 모여들었다. 그러나 이들 사이에서는 벌써 장차 독립 한국정부를 공산주의자와 연립하여 세울 것인가 아닌가의 문제를 놓고 격렬한 논쟁이 벌어졌다. 이때 이승만은 공산주의자들에게는 정부요직을 줄 수 없다고 주장하여 독립도 하기 전에 벌써 자리다툼을 하는 듯한 인상을 샌프란시스코에 와 있는 외국지도자들에게 주었다. 그러나 이승만은 정말 정치적 운이 좋은 사람이었다. 8·15 직후 서울은 좌익의 장악 속에 있었고 미군 당국은 이들 좌익과 대항하기 위해서 반공으로 이름난 이승만이 필요해진 것이다. 그래서 그간 철저히 무시하고 상대조차 않던 이승만을 맥아더 장군의 지시에 따라 갑자기 한국민족의 영웅으로 대접하게 되어 이승만은 거의 힘 안 들이고 민족의 지도자로서 민중 앞에 군림할 수 있게 되었던 것이다.

이승만은 미 극동정책의 필요에 따라 한국민족의 영웅으로 환국하게 되었다. 36년간 식민통치 하에 신음하는 국내민중과 사실상 연락이나 유대가 없었고 따라서 일반에 거의 알려져 있지 않았는데도 갑자기 영웅으로 추대되었다는 것은 어디까지나 이승만의 행운이라고 아니할 수 없다. 이와 같은 유리한 여건 속에서 이승만의 환국이 이루어졌다는 사실에 우리는 주목할 필요가 있다.

미군정의 정치적 입장

1945년 9월 8일 한국에 진주한 미 주둔군, 즉 미군정은 다음 해인 1946년 초까지 서로 모순된 두 가지 정책노선을 갖고 있었다. 하나는 모스크바 3상회의의 결정을 공식적으로 이행한다는 방향이었고, 또 하나는 남한에서의 모든 권익들을 기정사실화한다는 방향이었다. 전자는 국제적인 가치고, 후자는 국가이익에 충실하려는 가치였다. 한편에서는 통일 임시정부를 세우기 위한 미·소공위를 추진하면서 다른 한편에서는 미군정의 기득권을 기정사실로 만들고자 하였다.

그러나 1946년 조지 캐넌의 대공(對共)봉쇄이론의 제창과 함께 미국의 대한정책은 미·소공위 문제에 있어서도 서서히 변화의 조짐을 보이기 시작했다. 이것은 전쟁 중 소련과 협조관계를 유지하려고 한 루스벨트 정책의 폐기를 의미하는 것이기도 했다.

당초 미국은 제2차 세계대전 중에도 기회 있을 때마다 한반도에 대한 신탁통치를 제의한 바 있었다. 따라서 전후 한국문제의 처리를 논의한 모스크바 3상회의에서도 미국은 한반도를 신탁통치하자는 주장을 내놓았다. 전시에 미국이 한반도를 신탁통치하자고 주장했을 때 소련은 오히려 한국에 지체없이 독립을 부여하자는 의견으로 기울어지고 있었다. 1945년 11월 당시 주소 미국대사였던 해리만은 본국 정부에 보고하기를 소련은 한반도문제에 있어 신탁통치 실시 여부에는 입을 다물고 침묵하고 있으나 기회 있을 때마다 여러 차례 한국의 독립을 지지한 바 있다고 보고한 일이 있다.브루스 커밍스, 「한국전쟁의 기원」 해리만은 소련이 이와 같은 한반도 정책을 주장하는 까닭은, 한반도에 소련에 우호적인 국가가 서야만 소련으로서는 다른 나라에 비해 보다 강력한 발언과 영향을 미칠 수 있으며, 한반도를 어떤 형태로든 국제 신탁관리 하에 둔다면 소련으로서는 더욱 불리하게 될 것이라고 판단한 때문이라고 보았다. 해리만은 이 같은 판단 하에 미국이 한반도에 신탁통치 실시를 주장하는 것이 국가이익상 바람직스러울 것이라고 보고했다. 왜냐하면 한반도를 국제적 신탁 하에 둔다면 소련은 3개국이나 4개국 중의 한 나라로서 3분의 1이나 4분의 1의 발언권밖에 행사하지 못한다고 본 때문이다.

미국망명 시절의 우남 이승만. 상해 임시정부 분열의 단초였던 그는
해방 후에는 남북분단을 초래함으로써 민족의 역사에 큰 상처를 남겼다.

소련은 어떤 유리한 발언권을 행사하려면 한반도가 미국에 발언권이 있을 신탁통치보다 독립된 나라여야 한다고 믿고 있었음에 틀림없다. 그럼에도 불구하고 소련이 모스크바 3상회의에서 한반도 신탁통치를 양보한 것은 일종의 타협의 결과이거나 얄타정신에 따른 것일 것이며, 다른 한편으로는 한반도를 신탁관리 하에 두는 대신 동유럽에 대한 소련의 특수권익과 관련해 미국의 양보를 얻어내자는 속셈이 있었는지도 모른다.

아무튼 미국이 한반도에 대해 품고 있던 신탁통치안은 5년간으로 되어 있으나 필요하다면 다시 5년간을 더 연장할 수도 있다는 조항이 들어 있었다. 앞에서도 언급한 것처럼 미국이 신탁통치 정책을 지지한 이유는 한반도에 대한 소련의 일방적으로 유리한 위치를 저지하자는 데 있었다. 당시의 미군정의 공식문서에 의하면 한국에서 미국이 추구하는 노력의 기준은, 많은 한국인들의 환심을 사거나 그들의 적극적인 협조를 얻는 것이 중요하다기보다, 질서 있고 효율적으로 운영되며 정치적으로 미국에 우호적인 나라를 세우는 것, 이것이 미국으로서는 더 필요했던 것이다.브루스 커밍스, 『한국전쟁의 기원』

또 다른 문서에 의하면, 미국이 한국을 점령한 것에는 표면상 내세운 것보다도 더 근본적인 목표가 따로 있었다고 한다. 즉 한반도를 군사적으로 점령함으로써 다른 어떤 강대국도 한국에서의 정세를 전단적으로 좌우하지 못하게 하는 일이었다. 미국정부는 전시인 1943년 이래 한반도 전체가 만약 고스란히 소련의 수중에 들어갈 경우 미국의 안보가 부딪치게 될 위험을 강조해왔다. 물론 이러한 대한(對韓) 기본전략은 한반도에 대한 신탁통치 정책과는 대치되는 노선이었다. 미국무성 안의 일부 국제주의자들은 점령군 당국의 위와 같은 정책을 반대해왔던 것이다.

미국의 한반도 정책은 이같이 극동에서의 미국의 대소(對蘇) 전략에 좌우되었다. 뿐만 아니라 한국 내에서도 이 정책을 적극 뒷받침해주는 세력이 있었다. 주한미군 진주 후의 군정사를 살펴보면 이를 이해하는 데 좋은 자료를 발견할 것이다.

첫째, 미국과 일제총독부 당국과의 빠른 접근사실을 간과할 수 없다. 한번은 미8군이 1945년 인천에 상륙할 때 인천시민들이 환영하기 위해 해변가로 접근했으나 미군의 지시 아래 이들을 저지하는 일본군의 발포로 2명이 사망했다. 이것은 한국인들에게 크나큰 충격을 주었다. 그러나 한국인들을 더 놀라게 한 것은 서울에서 하지 중장이 기자들에게 한 발언이었다. 그는 인천에서 질서를 유지하는 데 일본인들이 협력해준 것을 치하한 것이다.

부두에서 우리를 환영하려 드는 한국사람들의 집단에 일본인들이 발포한 것을 포함해서 한국인과 일본인 사이에 일부 충돌사건이 있었다. 나는 상륙작전에 방해가 되기 때문에 민간인들의 접근을 금하도록 명령한 바 있다.

묘하게도 많은 미국인들은 한국에 진주한 처음부터 한국인보다 일본인을 더 좋아했다. 그 이유는 일본인들이 협조적으로 질서를 잘 지키고 고분고분 말을 잘 듣는 반면 "한국인들은 성급하고 제멋대로이고 다루기 힘들다"고 봤기 때문이다. 일본인들은 아무리 살기를 품고 싸움을 하다가도 일단 싸움에 졌다고 항복을 하면 그 순간부터 철저히 복종하고 아부·아첨까지 한다. 때문에 전쟁에 일단 항복하자 그토록 증오하고 욕설을 퍼붓던 진주미군에 대해서도 일본인 특유의 기질을 발휘한 것이다. 따라서 미군정 당국은 일본인들을 해임하고도 그들을 비공식 고문으로 불러들여 여러 가지 자문을 구했다. 일본인들은 진주 초기의 미군 당국자에게 가장 주요하고 거의 유일한 정보제공자였다. 일본인들은 8·15 후 10월까지 350종에 달하는 각종 정보를 영문으로 작성하여 제출했다.브루스 커밍스, 「한국전쟁의 기원」

아무튼 하지 중장의 미군정은 서울에 진주한 지 불과 며칠 만에 한국민주당과 깊은 관계를 맺게 되었고 그것은 미군정이 다른 정당을 보는 관점에 결정적 영향을 주게 되었다. 한 기록에 의하면 9월 10일 한민당을 대표한 2명, 즉 '조' '윤' 씨 등이 군정청 관리들을 만나 "소위 인민공화국은 일본에 협력한 일단의 친일분자들에 의하여 조직된 것이며 여운형은 한국인들 사이에 친일분자로 잘 알려진 사람"이라고 말했다. 일본인들도 8·15 이래 건국준비위원회와 인공이 공산주의자 집단이라고 말하였다. 그후 10여 일간 미군정 관리들에게 정보를 제공한 인사들은 거의가 한민당계 사람들이었다.

한민당은 살기 위해 싸우고 있었다. 한 미국 측 자료는 한민당을 "일반 대중의 지지도 없었고 인공과 같은 조직의 솜씨도 갖추지 못했던 그들은 조선시대 당파싸움의 전통적 수법으로 대응할 수밖에 없었던 것"이라고 평했다. 이 문서는 또 "한민당에 일본의 전쟁노력에 협력하여 반미연설을 한 인사들이 많다"며, 이들은 미국의 정책적 변수가 무엇인가를 정확하게 읽고 재서 미군정 당국이 듣기 원하고 믿기 원하는 바를 들려주었다고 했다.

한민당 간부들과 자주 접촉한 당시의 G-2(정보참모부—편집자) 책임자 세살니스트 대령은 한민당을 "저명하고 존경할 만한 사업가요, 지도자이며 [……] 자격이 있고 덕망이 있는 보수주의자의 대다수를 포함한 정당"이라고 평하였다. 당시 한민당이 미군정에 어느 정도의 영향력을 미칠 수 있는 당이었나를 이 글 하나만으로도 충분히 알 수 있다. 당시 하지 중장의 정치고문인 H. 메럴 베닝호프가 워싱턴에 보낸 초기 보고서에는 한민당에 관해 다음과 같이 쓰여 있다.

정치 정세 가운데에서 가장 고무적인 한 가지 요인은 나이 들고 교육 수준이 높은 층에 속하는 수백 명의 보수주의자들이 서울에 존재한다는 사실이다. 그들은 비록 일본인들과 함께 일한 사람들이지만 그 같은 비난은 결국 사라질 것이다.

이 보고서는 당시 대부분의 주한미군 고위간부들의 견해를 정확히 반영한 것이었다.

주한미군의 이 같은 한민당 편향정책은 미국무성 안에서 비판의 대상이 되었다.브루스 커밍스, 『한국전쟁의 기원』 공식기록에 의하면 1945년의 마지막 3개월 동안 미군정은 약 7만 5천 명의 한국인을 고용했는데 그 대부분은 일본 치하의 옛 관리들을 그대로 종전의 자리에 앉힌 것이었고, 고위직에 대한 인사는 거의 한민당이 제공하는 정보에 의해 이루어졌다. 그 한 예로 경찰 총책임자 조병옥의 임명은 한민당의 송진우가 추천한 것이며 조병옥 자신도 한민당원이었다. 수도청장 장택상도 한민당계였는데, 수도청장 자리는 경찰에서는 조병옥 못지않게 중요한 자리였다.

경찰간부들의 대부분은 과거 일본에 협력한, 그래서 친일파로 규탄받고 있는 사람이었다. 그러나 미국 측 경찰책임자 윌리엄 매크린은 친일경찰관의 재임용에 비난이 높자 이렇게 응수했다. "만약 그들이 과거에 일제를 위해 일을 잘했다면 우리 미국을 위해서도 일을 잘해줄 것이다."

미군정청 경무국 수사국장으로 있던 최능진은 1946년 11월 20일 군정

당국에 제출한 한 보고서에서 "경찰이 일본인 밑에서 그들에 협조한 전직 경찰관과 민족반역자들의 피난처가 되고 있다"고 당시 경찰의 내막을 폭로 비난하고 있다. 최능진은 친일인사의 채용문제를 둘러싸고 조병옥과 사사건건 싸웠다. 그는 "군정청 경찰부는 썩어빠졌으며 민중의 적이다. 만약 사태가 이대로 가다가는 한국인의 80퍼센트는 공산주의자가 될 것이다"라고 말했다. 그는 이와 같은 보고서를 제출한 후 그 자리에서 해임되었다. 결국 최능진은 1948년 이승만과 국회의원 경쟁후보로 나섰다가 이승만정권의 미움을 사서 1952년, 전쟁 중에 처형되었다.

국방경비대 창설에서도 미군 당국은 일제 때 징역살이 경험이 있는 사람은 자격을 주지 않았기 때문에 항일투사는 국군장교가 될 수 없었다. 하여간 하지 중장과 그의 고문들은 좌익에 대한 반대투쟁에 도움이 될 수 있다고 생각하면 어떤 집단이나 인사고 그 배경을 가리지 않고 모두 포섭했던 것이다. 그러나 많은 애로가 따랐다. 애국자들은 친일파와 함께 일하기를 원하지 않았으며, 친일협력자들은 오히려 다른 사람들의 사상을 조사하기를 원했기 때문이었다. 친일협력자들은 미국인에 의해 어느새 '민주주의자'로 변신해 있었다.

친일파와 결탁하다

이승만이 귀국하기 전의 한국 정세는 대체로 이와 같았다. 남한에서 좌익을 견제하는 데 이승만의 반공정신과 그의 권위가 하지 중장에게는 매우 필요했던 것이다. 또한 이승만의 조속한 귀국을 한민당은 여러 번 군정 당국에 요청하기도 했다. 이리하여 이승만은 1945년 10월 16일 맥아더가 주선한 비행기를 타고 동경을 경유해 서울에 도착했다. 하지 중장은 이승만이 동경에 도착했을 때 그를 만나러 동경까지 가서 맥아더 장군과 3인회담을 가졌다. 이승만은 미 극동사령부를 위해 좌익과 대항하여 그들을 견제하는 데 도움을 줄 수 있는 인물이었다.

1945년 10월 중순 이승만이 오랜만에 귀국했을 때 그가 가질 수 있었던 최대의 장점은 한국사람 중에서 그에 관해 다소라도 아는 사람이 거의 없었다는 사실이다. 다만 그는 나라가 일제에 망할 때부터 항일투쟁을 한 몇 안되는 독립운동의 대선배라고만 알려져 있을 뿐이었다. 그가 얼마나 고집불통이고 자기중심적이고 그래서 가는 곳마다 말썽이 일지 않는 곳이 없는, 문제의 인물이라는 것을 아는 사람은 거의 없었다. 그는 미국에 머물고 있을 때부터 자기생활을 위해 직장을 갖거나 다른 돈벌이 생활을 한 적이 없는 인물이다. 이승만의 생활비는 재미동포들이 마련해주는 돈으로 충당했다.

이승만은 귀국하자마자 공산당은 물론이고 여운형 등까지와도 대립했다. 그는 모든 정치인 · 정당들은 단결을 해야 한다고 강조하면서도 좌익과는 대항적 자세를 가졌다. 때문에 좌익에서는 그가 정치적 단결을 강조하는 것은 결국 친일파들을 받아들이기 위해서라는 비난을 하고 나왔다. 한편 한민당에서는 자기네들에게 애국정당으로서의 정통성을 부여해줄 수 있는 사람으로서 이승만을 절실히 필요로 했다.

이승만이 귀국 후 국민에게 단결을 호소할 때 친일파를 숙청해야 한다는 여론이 강하게 대두되고 있었다. 이러한 여론에 대해 이승만은 먼저 단결을 한 다음 친일파를 숙청하는 것이 좋겠다는 주장이었다. "지금은 바쁜 때이니 그들을 처단할 수는 없지 않소"라고 말하였다.「우남실록」이승만의 이 말에는 다소 모호한 점이 있었다. 즉 단결을 하는 데 있어 지금은 바쁜 때이니 친일파 · 애국자 가릴 것 없이 우선 단결을 한 다음 단결된 그 속에서 친일파·민족반역자들을 가려내 숙청하자는 것인지, 단결을 하되 친일반역자를 제외한 애국자만이 단결하고 반역자는 지금은 시기가 바쁘니까 후일에 숙청하자는 뜻인지 애매하기 이를 데 없었다.

양심적인 민족주의자들은 이승만의 이러한 태도가 친일파를 감싸기 위한 술책이라고 비난을 퍼부었으나 이승만은 친일파를 끝내 숙청하지 않고 감싸돌았다. 이승만의 본심은 후일 반민특위의 해산에서 여실히 드러났지만, 만약 이때 이승만이 여론의 방향을 존중하여 그의 주도 하에 애국자의 단결을 대대적으로 전개했더라면 이승만은 능히 민족의 유일한 지도자로서 추앙을 받았을지도 모른다. 그러나 그가 친일파를 숙청하라는 빗발치는 여론 앞에서 그들을 감싸고 돈 것은 그만한 이유가 있었던 것 같다. 하지 중장의 증언이 참고가 될 것이다.

이승만은 한국에 돌아온 후 얼마 안 있어 일부 부유층의 영향을 받는 몸이 되었다. 그런데 그들은 일제 밑에서 많은 돈을 벌었기 때문에 친일파라는 비난을 받을 수 있는 인물들이었다.

이는 이승만이 귀국 후 친일기업가들한테서 적지 않은 정치자금을 받고 있었다는 것을 시사한다. 커밍스는 "이승만은 그들의 기부금을 받는 대가로 장차 민족주의정권이나 공산정권이 들어설 경우 일제에 협력했다는 죄로 재산을 잃게 될지도 모를 그런 계층의 사람들을 보호해 주지 않을 수 없었던 것이다. 이승만은 그후 얼마 지나지 않아 부유한 계층의 집단인 한민당과 그들의 산하에 있던 경찰까지도 자기 수중에 두게 되었다. 이승만이 한 일은 1927년 장개석이 상해의 은행가 집안과 정략결혼한 것과 비슷한 성질의 것이었다"고 말했다.

1945년 10월 16일 귀국한 이승만의 연설 장면. 망명 34년 만에 개인 자격으로 돌아온 이승만은 미국을 등에 업은 강한 반공노선으로 한반도의 분단체제를 정초했다.

미군정이 자기들 나름대로 개혁을 추구하던 시기, 즉 1945년 말까지의 기간에 미군 당국은 한민당계의 사람들이 군정청의 요직에 앉아 있는 한, 그들의 반대에 봉착하지 않으면 안되었다. 이를테면 농지개혁에 대한 의욕 같은 것은 차츰 미온적으로 되어버렸고 일련의 개혁안들은 아무런 결단 없이 미루어졌다. 한민당은 당초에 재산 있는 친일파들에 의해 구성되었을 뿐 아니라 친일기업들의 도움을 받고 있었는데, 가령 당시 대표적 사업가 박 모 씨로부터는 2백만 원, 지주 김 모 씨로부터는 5백만 원 등의 정치자금을 받은 바 있다고 미 정보기관의 보고서는 기록하고 있다.

선 분단 후 통일 노선

모스크바 3상회의 결정이 발표된 직후 하지 중장은 송진우를 만나 모종의 이야기를 나누었다고 한다. 회담 내용은 밝혀지지 않았으나 하지 중장이 후일 말한 바에 의하면 송진우는 동지들에게 자기는 신탁통치 문제에 대해 좀더 슬기롭게 대처할 생각이라는 말을 했다고 한다. 그가 죽은 것은 바로 다음날 새벽이었다. 12월 30일 하지 중장은 백범이 발표한 반탁성명의 내용을 동경의 맥아더 원수에게 전하고 이 반탁성명서를 다른 관계국에 전달해줄 것을 요구했다. 한편 좌익에서는 하지 중장이 우익의 반탁운동을 선동하고 있다고 비난하고 나섰다.

처음 한때는 신탁통치가 전적으로 소련의 주장에 의해 합의된 것이라는 설이 떠돌았다. 『한민당특보』1946년 1월 10일는 일면 톱으로 "소련은 신탁을 주장하고 미국은 즉시 독립을 주장한다"고 발표했고, 이승만 측의 대한독립촉성중앙협의회도 결의문에서 "미국의 트루먼 대통령, 번스 국무장관, 맥아더 원수, 하지 중장은 모두 한국의 즉각 독립을 주장하며 신탁을 반대하고 있으나 국무성 안의 일부 용공분자들이 소련에 동조하여 신탁을 지지하고 있다"고 주장했다.

하여간 우익진영에서는 이 반탁운동을 통해 전면적인 반공·반소운동을 벌였으며 이로써 우익진영에서는 처음으로 자기들의 정치목적을 위해 대중을 동원할 수 있게 되었다. 브루스 커밍스, 「한국전쟁의 기원」 지난날의 부일협력자들과 극우세력은 미·소 합의에 의한 통일임시정부 하에서는 희망을 찾을 수 없다고 본 것 같다고 커밍스는 분석하고 있다. 이승만 측은 반탁운동을 통해서 미·소 관계를 크게 악화시키는 결과를 빚었다.

1946년 1월 하순, 모스크바 3상회의는 한국문제 결정을 놓고 중대 위기에 빠졌다. 그것은 국내의 반탁운동만이 아니라 트루먼 대통령 자신이 3상회의 결정에 불만이었기 때문이다. 트루먼 대통령은 앞으로 한국에 강력한 중앙정부를 수립하겠다는 뜻을 밝혔다. 하지 중장과 그의 보좌관들도 한국문제에 있어 소련과, 공동으로 신탁통치를 하거나 또는 다른 문제에 있어 협조가 가능하리라는 희망을 거의 포기하고 있었다. 그들은 진주 초기부터 일방적으로 남한을 친미기지로 굳히는 일을 서둘렀다.

하지 중장의 한국문제 해결책이란 이승만과 같이 분단정부를 세우는 일이었다. 하지 중장이 후일 시인한 것처럼 그는 모스크바 협정의 회담석상에서도 남북한의 영원한 분리를 위해 일한 것이 아닌가 하는 추측을 자아낸다. 브루스 커밍스, 「한국전쟁의 기원」 이승만은 소련이 전 한반도를 손안에 넣을 기회가 보이지 않는다면 결코 38선을 철폐할 의도가 없다고 믿고 있었다. 뿐만 아니라 어떤 형태로든 소련이 남한에 발을 붙이게 되면 그것은 결국 소련에 남한 전역을 넘겨주는 결과를 불러올 것이라는 것이 그의 신념이었다. 그리고 만약 신탁을 받아들인다면 소련과 공산당이 전 한국을 쉽게 지배할 수 있는 길을 열어주는 것이라고 굳게 믿고 있었다.

이승만은 소련과의 협상이나 좌익과의 연립정부가 결코 한국의 자주독립정부를 세우는 길이 될 수 없다고 믿고 있었다.「우남실록」 그러므로 이승만은 우선 남한만이라도 굳게 지켜야 한다고 생각했을지도 모른다. 정읍에서 남한단정의 불가피성을 말한 이승만의 발언은 이러한 정치적 목적에서 나온 것이었으며 이미 미·소 분할 점령되어 있는 한반도의 상황을 기정사실로 받아들여 남한만이라도 우선 확보하고 그것을 기반으로 새로운 통일정책을 구상하자는 것이 그의 주장이었다. 이승만의 이러한 통일노선은 그것이 미·소의 협조가 아닌 대립을 전제로 한 것인 이상 통일은 실현 불가능할 뿐 아니라 결국 통일을 위한 일시적 분단이 아니라 분단을 영구화하는 지극히 위험한 생각이었다. 그의 분단노선으로 해서 30년이 지난 오늘날까지 오히려 분단이 더욱 심화되고 있음은 누구나 다 아는 바와 같다.

그리하여 한독당에서는 이승만의 단정담화가 발표되자 이를 즉각 반박하고, "요즘 항간에는 단독정부 수립설이 유포되고 있으나 우리 당으로서는 이에 찬성할 수 없다. 38선의 장벽이 연장되는 한 경제적 파멸과 민족이 격리되어 역사적인 큰 비극을 자아내게 되고 민족통일에 큰 방해라 아니할 수 없다. 장래에도 이 사태가 그대로 계속되는 때에는 한민족 자체의 생존을 위하여 그대로 방관할 수 없을 것이다"라고 단호한 태도를 보였다. 미·소공위가 결렬되기 전부터 이승만이 단정을 꿈꾸고 있었음은 위에서도 이미 밝힌 바 있거니와 한민당은 한독당과는 달리 선전부장 함상훈을 통해 "이승만 박사의 민족통일기관 설치 운운의 연설을 일부에서는 무슨 역적질이나 한 것같이 선전하나 그 이유를 이해할 수 없다"고 이승만의 단정노선을 적극 지지하고 나섰다. 남한만이라도 우선 정부를 세운 다음 남북통일운동을 한다는 이승만 통일노선은 당초부터 공산당과는 연립정부를 세울 수 없다는 것이 기본자세였으므로, 그의 지도 아래 통일을 하려면 소련과 북한공산당을 박멸한 후에나 가능한 일로서 현실적으로는 영구분단이 되지 않을 수 없었다.

이와 같은 국내의 정세를 배경으로 그의 미국방문은 이루어졌다. 1946년 12월 국민들이 거두어준 거금을 가지고 미국을 방문했으나 유엔총회 의장 폴 앙리 슈파크가 면담을 거절하는 등 실질적인 어떤 외교적 성과가 있었던 것 같지는 않다. 다만 이때 그를 크게 환영하고 잦은 접촉을 가진 것은 미국의 대재벌들이었다. 이 무렵 이승만은 하지 중장과의 사이가 매우 나빴다. 이승만은 하지가 공산당을 지원하고 있다고 공공연히 비난하였다. 하지는 미·소공위의 성공을 한때 기대했었고 그래서 좌우합작을 위해 여운형·김규식을 중심으로 합작할 것을 지원한 일이 있었다.

이승만은 김규식에게 합작을 위해 노력할 것을 한편에서는 당부하면서 한편에서는 이 합작운동을 좌익에 동조하는 행위라고 비난하였고 이같은 합작을 지원한 하지까지도 비난하였다. 김규식은 이승만한테 합작을 위해 노력해보라고 권유받았을 때 이승만이 자기를 '합작'이라는 나무 위에 올려놓고 흔들어 떨어지게 하려는 속셈이라고 이승만의 검은 마음을 이야기했다. 그러나 그것이 민족을 위한 길임을 믿기 때문에 그 길을 걷는 것이라고 말했다.

아니나 다를까 이승만은 미국을 방문하면서 미군정이 용공정책을 펴고 있다고 맹렬히 비난했다. 특히 이승만은 1947년 1월 25일 발표한 성명에서 "하지 중장이 좌익에 호의를 가지고 있으며 한국에서 공산당 건설과 이에 대한 원조노력을 계속하고 있다"고 미군정관 하지 중장을 신랄히 공격했다. 그러나 이승만은 미·소공위의 재개를 앞두고 국내에서 다시 반탁운동의 불이 붙자 여러 차례에 걸쳐 국내에 전보를 쳐서 반탁운동이 너무 치열하면 미국의 비위를 거스를 우려가 있으므로 자중해주기 바란다는 지시를 했다.「우남실록」

찰스 앨런의 평대로 이승만은 미국인 이상으로 미국이 극동에 대해 품고 있는 여러 정치적 야망을 때로는 그들의 뜻을 어겨가면서까지 충실히 지켜온 철저한 친미정치인이었다. 이승만은 미국에 머물러 있는 동안 주로 캘리포니아 주 출신의 윌리엄 놀런드, 오하이오 주 출신의 로버트 태프트, 아서 반덴버그 등 극단적인 반공주의 의원들과 사귀었다.

그가 체미 중 미국의 대재벌들과 접촉이 많았다는 사실은 주목할 만하다. 이승만을 초청한 재벌에는 록펠러, 모건, 그로버 윌렌, 파이어 스턴 등이 포함되어 있었다.「우남실록」 미국의 재벌들은 무엇보다도 후진국인 한국이 장차 그들의 경제적 진출을 위한 '시장'이 되어주기를 원했고 그런 점에서 한국이라는 시장을 미국이 지켜줄 것인가가 큰 관심거리가 되지 않을 수 없었다. 이와 같은 사정으로 이들 미국의 군부와 재계는 이승만의 철저한 반공주의에 호감을 갖지 않을 수 없었고 그들은 서로의 이해관계의 일치 때문에 아주 쉽사리 접근할 수 있었다.

남한 단독선거의 길로

이리하여 1947년 5월 21일 재개된 미·소공위는 협의대상 문제로 다시 결렬되고 말았고 미국은 한국문제를 유엔에 상정시키려 했다. 이 무렵 미국은 제2차 세계대전 후 한때 조용하던 대소(對蘇) 온화정책을 갑자기 경화시켜 이해 3월부터 그리스와 터키에 군사원조를 시작하는 등 대소 강경정책으로 전환하던 시기였다. 따라서 1차 미·소공위 때는 신탁통치 문제를 둘러싸고 찬탁이냐 반탁이냐로 분열돼 있었는데 1947년 중반부터는 '찬탁이냐, 반탁이냐'가 아니라 '반탁을 통한 남한단정이냐, 찬탁을 통한 남북통일이냐'의 문제로 변질되었다.

지금까지 반탁에 대해 가장 앞서서 반대한 사람은 김구였다. 김구는 27년간 대한민국 임시정부를 지켜온 자주성이 강한 민족주의자였으므로 일제로부터 해방된 한국은 당연히 임시정부가 통치권을 그대로 인수해야 한다고 기대했다. 그러나 임정요인들이 해방 후 고국으로 돌아올 때 미국은 임정을 승인하지 않고 임정요인으로 입국하는 것을 거부하였다. 김구는 참을 수 없는 모욕을 느꼈으나 참고 귀국했다. 그런 마당에 신탁통치란 명분으로도 용납되지 않는 것이었고 따라서 김구를 비롯한 임정계 민족진영이 신탁통치를 가장 앞서서 반대한 것은 당연한 일이었다.

김구는 이승만이 자기와 같이 반탁을 하고 있으나 반드시 생각이 같다고는 보지 않았다. 그러나 김구는 이승만이 자기보다 나이가 몇 살 위이고 또 국제적 경험도 많은 선배로 대접하여 이승만을 언제나 '형님'으로 예우했다. 이승만이 독립정부 수립이나 반탁문제에 있어 자기와 뜻이 다르다는 것을 알고 있으면서도 될 수만 있으면 이승만과의 대립이 표면화되는 것을 피하고 언제나 공동보조를 취하는 체하고 있었다. 그러나 김구는 반탁은 민족자주정신의 발로이므로 미·소공위가 한국문제를 해결하지 못하면 한반도문제의 해결, 즉 통일정부 수립문제는 당연히 민족자주정신에 따라 남북민족대표가 만나 해결해야 한다는 생각이었다. 김구가 품고 있는 민족자주정신에 의하면 반탁이 남북지도자의 협상으로 발전하는 것이 당연한 논리적 발전이 될 수밖에 없었다. 그러나 미국방문에서 돌아온 이승만은 일주일 후 서울운동장에서 거행된 그의 환영대회에서 의미심장한 연설을 하였다.

이번 도미외교에 있어 우리가 성취한 것이 있다면 그것은 첫째로 세계 정세의 변화에 따라 트루먼 대통령의 대(對)국회연설을 계기로 미국정책이 전환된 까닭이며, 둘째로 우리 동포가 이같이 한 덩어리로 뭉친 까닭입니다.

이승만은 모든 국민이 자기를 전폭적으로 지지하고 있고 그래서 이같이 많은 시민이 자기의 도미외교의 성과를 환영해주고 있는 것이라고 믿고 있었다. 이승만은 이 연설에서 주목할 만한 말을 했다.

남한에 있어 총선거가 지연되고 미군정이 실패한 까닭은 하지 중장이 공산파와의 합작을 고집한 때문입니다. 나는 좌우합작의 성공을 처음부터 믿지 않았습니다. 그러나 현재는 미국정책이 공산주의와의 합작을 단념하였으므로 캄캄하던 우리의 길은 열렸습니다. 우리 동포는 한데 뭉치어 남북통일을 위한 남한과도정부를 수립하여야 합니다. 그리고 이를 유엔에 참가시킴으로써 자유로운 입장에서 소련과 절충하여 남북통일을 실현하지 않으면 안됩니다. 그리고 미국정책의 전환에 따라 우리가 미군정과 합작해서 우리 문제를 해결할 수 있게 되었으니 이제 우리는 대한임시정부(김구가 주석으로 있는 망명 임시정부)의 법통을 고집할 필요가 없으며 이 문제는 보류해두어야 할 것입니다.

평범한 연설 같으나 이승만은 매우 놀랍고 중대한 정책전환을 밝힌 것이다. 즉 그는 미국정책의 전환에 따라 단독정부 수립의 절차를 빨리 완수하는 일만이 남아 있다고 역설하였으며 노골적으로 자기는 처음부터 좌우합작에 기대를 걸지 않았다고 공언하기에 이르렀다. 그가 김규식에게 좌우합작을 위해 일해달라고 재촉하면서 김규식에게 50만 원의 돈까지 준 것이 얼마나 음흉한 술책이었나를 알 수 있을 것이다. 그리고 더욱 놀라운 것은 임정의 법통을 더 이상 고집할 필요가 없다고 하여, 임정을 강화하여 자율정부 수립을 서두르고 있던 김구의 활동을 노골적으로 무시하는 태도로 나왔다는 것이다. 이승만과 거의 같은 무렵 역시 본국을 방문하여 한국문제를 협의하고 돌아온 하지 중장도 도착성명에서 "만약 미국이 소련의 협조를 얻지 못한다면 미국은 단독적으로 책임을 수행할 것이다"라고 단독정부 가능성을 비추며 소련 측에 공위 속개를 요구했다.

한때 성공될 듯이 보이던 제2차 미 · 소공위가 협의대상단체의 자격문제로 다시 결렬되는 등 난항을 거듭했지만 2차 공위가 속개되었다. 그리고 공위가 성공될 듯한 분위기가 조성되자 이제까지 반탁에 열을 올리던 한민당이 공위 참가로 태도를 표변하여 그후 우익진영에서 많은 정당 · 사회단체들이 한민당을 뒤따라 공위 참가로 태도를 바꾸었다. 그리하여 신청마감인 1947년 6월 23일까지 등록된 공위의 협의대상이 남한에서만 425개 단체에 구성원 수가 5,200만 명에 달하는 기현상을 빚었다. 남북을 합쳐도 3천만이 조금 넘는 당시의 인구로 보아 확실히 문제가 있었다. 한편 한민당의 이 같은 표변에 대해 이승만이나 김구는 크게 노했고 이승만이 후일 정부수립 때 한민당을 배제한 이유도 바로 이때 한민당이란 믿을 수 없는 집단이라는 생각을 갖게 된 때문이라고 한다.

예상과는 달리 2차 공위도 협의대상 문제로 벽에 부딪히게 되어 마침내 결렬되고 미국은 한국문제를 그해 9월 17일 유엔에 상정했다. 그리고 통일정부 수립을 위한 총선실시 등을 감시하기 위해 유엔 한국임시위원단을 설치하자는 안을 제안하고, 소련은 이에 대해 한국문제 토의에 남북한 대표를 참가시킬 것과 총선실시 전에 미·소 양군이 다 같이 동시철수하여 한국인이 자신의 정부를 수립토록 하자는 대안을 제출했다. 그러나 당시 유엔은 미국의 영향력이 압도적이었으므로 미국안이 약간의 수정을 거친 후 43 대 9, 기권 6으로 가결되었다.

이와 같은 사정 하에서 미국 결의안이 소련의 동의를 얻으리라는 것은 처음부터 기대할 수 없었다. 김구는 한국문제 토의에 한국대표가 참석하지 못한 것에 유감의 뜻을 표시하고 유엔은 소련이 38선 입북을 거부한다고 그것을 남한단정의 구실로 삼아서는 안 된다고 다짐했다.

그러나 이승만은 유엔에서 한국문제를 다루게 되었다는 것이 알려지자 유엔 한국위원단 대표들이 도착하기 전에 선거를 하루빨리 실시하는 것이 좋다는 주장을 했다. 이승만은 유엔 한위 위원들이 서울에 와서 만약 김구나 김규식 같은 인사들과 이야기하고 혹 그들의 영향을 받는 일이 있어선 안 되겠다는 생각을 하고 있었다. 즉 "유엔 위원들의 정신을 어지럽게 만들어서는 안된다"는 것이 이승만의 염려하는 바였다. 이에 대해 백범은 "이 박사가 도미하여 단정운동을 할 때에는 표면으로만 말 안 했을 뿐 동지들에 대해서는 그 부당성을 지적했다"고 밝히면서 "이승만 박사가 돌아오면 친히 만나서 그것을 만류하겠다"고 하면서 자기는 "이 박사와 충돌해서 그것이 표면화되지 않도록 노력하고 있다"고 밝혔다. 그리고 김구는 마지막으로 이렇게 호소했다.

무엇보다도 슬프고 딱한 것은 이 박사가 나오지 못할 함정으로만 들어가고 있다는 사실입니다. 이 박사를 포위하고 있는 세력이 어떤 종류이며, 그 종국이 어떠한 것이 될 것인가에 대해서는 이 박사를 아끼고 국가의 전정을 염려하는 사람으로서는 모르는 이가 한 사람도 없을 것입니다. 나는 하다가 실패하는 한이 있더라도 유엔 위원단이 오기 전에 이 박사를 붙들고 정성을 다하려 합니다.

이승만과 김구의 노선이 서로 어떻게 다르고 그들이 서로 어떻게 생각하고 있었던가가 여기에 잘 나타나 있다.

유엔 한국위원단은 1948년 1월 12일에 한국에 도착하여 활동을 개시했다. 그들은 좌우익의 지도급 인사들을 만나려고 했으나 좌익은 이미 거의 지하에 잠입해 만날 수 없었고 이승만·김구 등이 그들과 만나 각각 의견을 교환하고 위원단에 의견서도 제출했다.

우리는 1년 전부터 남한만이라도 총선거를 실시하여 과도정부를 수립해서 유엔을 통하여 세계 공의에 호소하기를 역설하였다. [······] 미군정에서는 중간파를 후원해서 공산분자가 다시 활약할 기회를 얻게 되므로 전 민족이 우려 공포 중에 있는 터이므로 오직 바라는 바는 유엔 위원단이 과도선거를 허락하여 3, 4주일 내로 민선대표단을 성립하여 협의공결을 주장하든지 그렇지 않으면 하루바삐 남한에서 선거를 실시하여 3분의 2 이상의 인구를 가진 남한에서 통일정부를 수립하여 그 정부를 원조해서 국권과 강토를 먼저 회복시켜 평화를 보장시켜야 한다.

이것은 대체로 이승만이 유엔 위원단에 제출한 의견서였다. 이에 대해 김구는 다음과 같이 주장했다.

나는 남북을 통한 총선거로 통일 완전자주정부의 수립만을 요구하여 현 미군정의 연장이나 또는 남한단정은 절대 반대한다.

남북한은 모든 정치범을 석방해야 하고 미·소군은 즉각 동시에 한반도에서 철수하고 유엔이 한국의 치안을 담당하고 한인은 완전 자유로운 분위기 속에서 선거를 실시해야 한다. 그리고 남북한 지도자회의가 열려야 한다.

소련군뿐 아니라 미군까지도 철수해야 한다는 김구의 주장은 미국의 영향력에 힘입어 단정노선을 추구하고 있던 한민당 등으로부터 그것이 소련안과 무엇이 다르냐고 맹렬한 공격을 받았다. 한민당이 중심이 되어 결성된 '한국독립정부수립대책협회'는 김구를 소련의 대변자라 격렬히 비난하고 난 다음 "우리는 앞으로 김구 씨를 조선민족의 지도자로서 보지 못할 것이고 소련의 한 신자라고 규정짓지 않을 수 없다"고까지 공격하였다.

그러나 인도 대표 메논을 비롯해 프랑스·캐나다·시리아 등 5개국 대표는 오히려 김구의 통일노선에 관심을 보였다. 이에 당황한 이승만은 당시 이승만을 적극 따랐던 모 여류시인을 불러 무슨 수를 쓰더라도 메논 대표의 마음을 사로잡으라고 엄명을 내려 이 여류시인은 밤에 메논을 찾아간 것을 시작으로 여러 번 그와 단둘이 접촉을 거듭한 끝에 메논을 완전히 이승만을 지지하는 대표로 만들고 말았다. 후일 메논은 이때 자기가 순간적으로 이성을 잃었다는 것을 한 회고록에서 고백했다.송남헌, 「해방 30년사」

이승만의 통치와 과오

유엔에서 실시하는 총선거가 남북총선거가 아니라 남한단선이 된다는 것은 이미 처음부터 예상한 바였다. 그리고 남한단선에 있어 치안을 담당한 경찰을 한민당의 영향 아래 있는 인사들이 장악하고 있었고, 경찰을 보조하기 위한 '향보단'이 전국 촌락에 조직되어 단선의 반대는 물론 선거 보이콧도 할 수 없게 엄중 감시했다. 또한 한민당은, 선거를 앞두고 인권유린을 막기 위해 유엔위원단의 요청으로 성안된 개정 형사소송법의 실시를 연기해줄 것을 요청했다. 이승만은 자기 선거구인 동대문 갑구의 경쟁자 최능진을 방해해서 출마를 못 하게 하고 후일 그를 살해하기도 했다.

선거는 96퍼센트의 투표율을 보였다고 발표되었고, 이승만은 "모든 동포가 건국정신으로 이와 같이 애정을 나타낸 것은 깊이 감사하여 마지 않을 일이다"고 만족해하면서 마침내 미군정 3년간의 통치로부터 정권을 이양받았다. 그러나 남한의 정치·경제·사회·문화는 극도로 혼란스러웠고 부패마저 만연해 있었다. 1945년 8월 15일을 100으로 칠 때 1948년 9월 미군정이 끝날 무렵, 통화발행고 지수는 506퍼센트로 팽창했고 물가지수는 1,060퍼센트로 10배 이상 폭등했다. 또 정부는 262억 2,004만 원의 부채를 지고 있었다.

이와 같은 상황에서 정권을 이양받은 이승만은, 한민당에 의해 지연되어 유명무실해진 농지개혁법을 방치했고, 농민에게 불리한 양곡도입법을 제정 공포하는가 하면, 반민처벌법이 온갖 방해 속에 겨우 제정 공포되었으나 특위의 행동이 개시되자 특위 습격을 지시하여 '특경대'를 해산시키고 결국 유명무실한 것으로 만들어버렸다.

김약수 부의장 이하 13명의 소장파 의원들을 국가보안법 위반혐의로 투옥했고(국회 프락치사건), 김구를 암살하는 한편 김구와 동조한 각 정당, 한국독립당·민족자주연맹·사회당 등에 압력을 넣어 사실상 활동

1948년 한반도 최초로 실시된 국민투표인 5·10선거. 남한단독정부 수립을 반대하는
김구·김규식 등이 불참한 가운데, 이승만 진영은 남한만의 단독총선거를 강행했다.

이 끊어지게 했다. 언론에 대해서는 공보처를 통해 7개항의 언론단속지침을 발표하여 '국시위반' '정부모략' '허위사실날조' '국위손상' '자극적 기사로 민심에 악영향을 끼치는 기사' '국가기밀 누설' 등을 금지해 언론의 기능을 위축시켰다.

반대파에 대해 이 같은 온갖 탄압을 가하면서도 1950년 5월 30일의 선거에서 이승만계는 여당인 대한국민당이 겨우 24석, 독립국민회 12석, 대한청년단 11석 등 모두 합쳐야 57석밖에 당선되지 않았고 반이승만계는 조소앙, 안재홍, 원세훈 등 거물이 다수 당선되었다.

6·25 후 피난지에서 이승만정권은 갖가지 추태를 연출했다. '국민방위군사건' '거창사건' '중석불사건' 등 연이은 의혹사건 속에서 이승만은 국회에서의 간접선거로는 대통령에 당선될 가능성이 없다고 보자 야당의원 다수를 공산당과 내통했다는 혐의로 구속하고 대통령 국민직선제를 골자로 한 개헌안을 국회에서 강제 통과시켰다.

그리고는 3선금지 조항으로 계속 집권의 길이 막히자, 1954년 10월 경쟁자인 신익희를 '뉴델리 회담설' 조작으로 실각시키려 했고, 같은 해 12월에는 3선 개헌안이 부결되었는데도 사사오입으로 통과된 것으로 번복하는 전무후무한 횡포를 자행했다. 그 이후에도 김성주 살해, 장면 부통령 저격사건, 야당 시국강연장 테러습격, 진보당수 조봉암의 사형집행(간첩혐의), 보안법파동, 『경향신문』 폐간, 3·15부정선거 강행 등 12년간 집권기간 중 온갖 횡포를 부리다 마침내 국민의 궐기로 추방되어 하와이에서 쓸쓸히 여생을 보내다 1965년 7월 19일 세상을 떠나고 말았다.

이승만은 여러 일을 했다고 볼 수도 있겠지만, 그가 범한 많은 과오 중에서도 민족에게 용서받을 수 없는 것은 외세의 국가이익 추구에 편승하여 이 나라를 분단하는 데 앞장섰다는 것이다. 그리고 민족을 배신한 친일역적들을 싸고돌아 민족정기를 흐려놓은 점과 12년의 통치기간에 이 나라를 자주 아닌 열강 예속으로 전락시켰다는 사실을 들어야 할 것이다. 이승만의 집권기간 동안 그로부터 직접 간접으로 혜택받아 영화를 누린 층은 어떻게 생각할지 모르나 오늘 한반도가 겪고 있는 민족의 수난은 다름 아닌 이승만의 지도노선에 일단의 책임이 있다는 것을 개탄하지 않을 수 없다.

"『성서조선』아! 너는 소위 기독 신자보다도
조선혼을 가진 조선사람에게 가라.
산촌으로 가라.
거기에서 나무꾼 한 사람을 위로함으로써
너의 사명을 삼으라."

김교신

민족 기독교의 참 신앙정신

종교의 보수주의 문제

우리나라 기독교 인구는 신·구교 합쳐 이제 1천만 명에 육박하고 있다. 크리스마스날은 공휴일이 되었으며 고장마다 거리마다 교회당 없는 곳이 없고 사실상의 기독교국이라 해도 과언이 아니게 되었다. 하지만 이렇게 양적 성장에도 불구하고 문제가 없지 않다.

우선 그 철저한 보수성을 지적하지 않을 수 없다. 물론 보수성이 모두 나쁘다고 말할 수는 없겠다. 그러나 기독교의 에큐메니컬 운동(Ecumenical movement: 기독교 각 교파들의 교류와 협력을 주장하는 운동-편집자)이나 사회참여를 주장하는 기독교도들을 이단시하거나 불온으로 몰아붙이는 견해도 있고 보니 기독교를 진보니 보수니 하는 것으로 가치판단하는 것 자체가 옳은 것인지 문제라고 할 수도 있을 것이다. 그러나 각도를 달리해 기독교란 내세의 영적 구원을 위주로 하느냐 아니면 사회의 구원, 이 경우 사회라고 할 때 다수인을 말할 수 있겠는데 다수인의 현실적인 공동구원을 위주로 하느냐에 따라서 기독교의 성격을 구분할 수 있겠고, 여기에 따라서 기독교 교파의 가치판단도 가능할 수 있을 것이다.

보수주의 성향의 종교는 무엇인가? 그것은 둘로 나타난다. 그 하나는 사회의 정치적·경제적 현실에 대한 철저할 만큼의 무관심이라 할 것이다. 사회정의는 본래가 그 시대의 정치·경제적 현실과 밀접한 관련이 있는 것이므로 정치·경제적 현실에 무관심하다는 것은 자연 사회정의에 무관심해지는 것을 뜻하고 그럴수록 기독교는 개인의 영적 구원에 열중하게 마련이다.

개인의 영적 구원에 치중하는 기독교운동은 동시대의 정치·경제 세력과 접근하게 마련이고 급기야 서로 이용하고 이용당하는 정치·종교 유착관계가 성립된다. 극단적으로 말하면 종교운동은 보수성향이 강할수록 그때그때의 정치권력에 밀착해서 간접·직접으로 그 권력을 지원하고 정치권력의 도움과 편의 제공으로 교세를 확장하는 것이다. 이는 권력과 같은 길을 걷는 종교의 역사가 되고 있다.

또 하나의 경향은 교회의 대형화를 들 수 있을 것이다. 사람이란 일반적으로 개인주의적 성향이 강해 사회구원 같은 것보다 개인구원이 더욱 관심의 대상이 된다. 따라서 개인구원을 강조하는 보수교단일수록 신도가 많고 교세가 확장되며 교회의 대형화가 급속히 이루어진다. 교회의 대형화가 문제되는 것은 대형화될수록 교회활동이 세속적이 되고 권력과 야합하기 쉽고 결국 영적 구원마저 어렵게 된다는 데 있다.

오늘날 한국 기독교계에는 일부 이 같은 경향이 현저히 나타나고 있다. 기독교의 성장이 구가될수록 교계 일부에는 위에 지적한 바와 같은 병폐가 돋보이기 시작하고 있다. 이러한 상황에서 기독교 활동의 반성이나 개혁이 문제되는 것이고, 이 글에서 쓰고자 하는 김교신(金敎臣, 1901~45)론도 이런 점에서 의미가 있다고 할 수 있을 것이다.

우치무라 간조의 문하에 들다

한 인간의 삶이 세상에 알려졌다 해서 그의 삶이 역사적이라고 할 수는 없다. 김교신은 잘 알려진 인물은 아니다. 그가 지금까지 크게 알려져 있지 않은 것이 조금도 이상하지 않다. 그러나 김교신은 한국 기독교를 한국의 현실에 필요한 가장 민족적인 기독교로 발전시키는 데 헌신한 사람이고, 기독교를 제도화·형식화로부터 탈피시켜 하나님과 사람의 직접 관계로서 신앙했다는 점에서 누구보다도 기독교의 순수성을 수호한 사람이다. 김교신이 교계에서 두드러진 활약을 하거나 중요한 인물로서 존중된 일이 없기 때문에 지금까지 일반적인 관심을 모으지 못했으나 교단과 교회가 비대해지고 교계에 여러 가지 문제가 많아지면서 기독교의 순수성, 신앙의 순수성을 찾으려는 운동이 생기고 이에 따라 김교신에 대한 관심은 날로 높아져가는 것 같다. 김교신은 교회를 부정했다기보다 교회를 거치지 않고 성경을 통해 직접 신앙을 찾으려는 운동을 벌였다.

김교신은 1901년 4월 18일 함경남도 함흥 사포리에서 부친 김염희와 모친 양신 사이에 큰아들로 태어났다. 그의 집안은 비교적 부유한 편이었으나 그의 나이 3세 때 아버지가 폐암으로 별세했으므로 일찍부터 편모 슬하에서 자라났다. 1912년 그는 당시의 조혼 관례에 따라 12세의 어린 나이로 그보다 네 살 위인 한씨 가문의 처녀와 결혼했다. 그의 아내는 신식교육을 전혀 받지 않은 여성이었으나 김교신은 평생을 두고 아내를 사랑했고 가정에서는 언제나 훌륭한 아버지였다.

1918년, 즉 3·1운동 전해에 함흥농업학교를 졸업하고 다음 해인 1919년 일본에 유학하여 동경 세이소쿠 영어학교(正則英語學校)에 입학했다. 그는 유교적인 가정교육과 인생관·사회관 때문에 고민하고 있던 차에 동경의 거리를 지나다 전도를 하는 어느 기독교인의 설교를 듣고 깊이 감동하여 성결교회의 문을 두드리게 되었고 마침내 교회에서 세례를 받았다. 1920년 4월의 일이었다. 그러나 그가 발견한 교회라는 제도는 그를 너무나 실망시켰다. 하나님을 믿는다면서 믿음의 간판 밑에 온갖 세속적인 추악한 모습을 본 때문이었다. 제도화된 교회 신앙에 실망을 느끼고 있던 차에 내분이 일어나면서 목사의 축출사건까지 일어나자 그는 교회를 떠나기로 마음먹고 한때 신앙의 방랑생활을 했다. 그러다가 우연한 기회에 일본의 유명한 무교회 기독교의 제창자인 우치무라 간조(內村鑑三)의 문하에 들어가 성서강의를 듣게 되고 그후 7년간, 즉 1927년 초 귀국할 때까지 우치무라의 성서강의를 들었다.

1922년 나이 22세 때 그는 동경고등사범학교의 영문과에 입학했다. 그는 자기의 취미에 따라 박물과로 전과를 하고 1927년 3월 학교를 졸업했다. 이 7년간 가장 사상적 감수성이 예민하던 시절에 그는 우치무라의 성서강의에서 결정적 영향을 받았다. 이 무렵 김교신과 함께 우치무라의 성서강의를 들은 송두용은 당시를 회상하며 다음과 같이 기록하고 있다.

우치무라 성서연구회에는 1925년 5월에 다니게 되었다. 그때 우치무라는 시외(지금은 시내)인 가시와기(柏木)에 살고 있었고 주택 안에 있는 금정(今井)의 강당에서 집회를 하고 있었다. 이 집회는 일반 교회와는 달리 누구든지 가고 싶으면 갈 수 있는 곳이 아니고 반드시 선생의 허락을 받아야 하며, 그것도 이미 다니는 회원의 소개가 있어야 했다. 또 회원은 응분의 회비를 내야 했다.

아마 이런 일들을 교회사람들 같으면 놀라고 욕했을 것이다. 그러나 이렇게 했기 때문에 이 집회는 항상 질서를 유지하고 분위기는 긴장되고 회원은 자주성과 독립정신과 책임감이 강했으며 그러므로 이 집회에 다닌 사람들은 누가 강요하거나 시비해서가 아니라 부지불식간에 조심성이 생기고 매사에 진실하여 일거일동이 신중하였다.

집회의 또 한 가지 특징은 먼저 간 사람이 앞에 앉고 다음에 온 사람이 차례로 다음 자리에 앉았으므로 늦게 간 사람은 맨 뒤에 앉거나 자리가 없으면 서서 들을 수밖에 없었다. 그리고 정각이 되면 문을 닫아 버렸다. 기도가 끝난 후에 들어오는 사람도 간혹 있었지만 어떤 사람은

1938년 당시 37세이던 김교신.
그는 무교회주의적 기독교 신앙에 바탕을 둔 진정한 교육자였다.

되돌아가기도 했다. 늦게 들어갈 분위기가 안 되었기 때문이다.

집회가 끝나면 역시 앞줄에서부터 순서에 따라 퇴장하였다. 그러니까 늦게 온 사람은 나중에 나가게 되었다. 물론 이 집회에서는 누구도 잡담을 하는 사람이 없었다. 나는 이런 분위기 속에서 같이 하숙을 하고 있는 유석동과 꾸준히 다녔다. 그것은 마치 꿈같기도 하였다.

무교회주의 신학의 창시자인 우치무라의 성서연구회는 그렇게 엄숙하고 진실하였다.

그런데 어느 날 유의 제의로 다음날엔 일찍 나가 앞좌석에 앉았다가 빨리 문간에 나와 나오는 사람들의 얼굴을 살펴서 조선사람을 찾아냈다. 집회장소인 금정관은 3백 명 정도 이상은 수용하기 어려웠기 때문에 주일 예배를 오전 오후로 나누어서 보았다. 학생들과 청년은 오후반이 되었다. 집회에는 약간의 중국인과 조선인도 있었다. 그러나 서로 모르고 지내기 때문에 유와 나는 처음으로 우리나라 학생이 몇인가를 알게 되었다. 그때에 비로소 김교신·함석헌 등을 알게 되었다. 조선인은 6명으로 모두 학생이었다. 이 중에서 김교신은 모든 면에서 가장 앞서고 큰 편이었다. 함하고는 동갑이었으나 생일이 한두 달 위였다. 따라서 김교신이 제일 먼저 학업을 마치고 귀국하여 자기 고향인 함흥에서 교편을 잡았다.

우치무라 문하에서 성서연구를 계속하던 조선유학생 6명(김교신·함석헌·송두용·정상훈·유석동·양인석)은 조선성서연구회를 만들어 그리스어를 배우면서 원문으로 성서를 연구하고, 귀국하면 성서를 통해 조선민족의 영혼을 구원하는 모임과 사업을 계속할 것을 굳게 약속했다.

『성서조선』에 심혈을 기울이다

1927년 봄 김교신이 제일 먼저 귀국하고 다른 신앙동지들도 졸업과 함께 하나 둘 귀국하기 시작했다. 그해 7월 그들은 오랜 숙원인 『성서조선』을 월간지로 발간하기 시작했다. 『성서조선』은 40쪽 안팎의 신앙동인지인데 처음에는 신앙을 공부한 정상훈이 주로 글도 쓰고 편집도 하면서 수년간 고생하다가 그가 부산으로 떠난 후부터는 김교신이 책임을 맡았다. 일제 말기의 기독교 탄압으로 이른바 『성서조선』사건이 일어나 조선총독부의 정간명령을 받고 폐간하게 될 때까지 김교신은 온갖 고난을 무릅쓰고 원고 집필과 편집을 거의 도맡다시피 했다.

김교신이 하나님에 바친 일편단심은 오로지 『성서조선』의 제작에 쏠렸고 『성서조선』의 원고집필에 발휘되었다. 그의 헌신적 노력이 얼마나 절실했던지 그의 어머니가 "우리 교신이는 『성서조선』밖에 몰라"라고 한 말로도 충분히 짐작할 수 있다. 낮에는 학교에서 담임까지 맡으면서 교편을 잡고 밤이면 지친 몸으로 열심히 성서를 연구하여 매월 빠짐없이 『성서조선』을 발간하였다. 그는 고양군 숭인면 정릉리(지금은 서울 성북구)에서 근무지인 양정고보까지 자전거로 통근하였으며 『성서조선』의 편집과 발간을 위해 가끔 철야하는 일도 있었다. 그는 박물과 교사였으므로 박물 실험실을 혼자 쓰고 있었으며 수업시간 외에는 주로 이곳에서 혼자 『성서조선』의 원고집필과 편집일을 보았다.

그는 인쇄소와 총독부의 검열과를 드나드는 일 외에 잡지가 나오면 몇 군데 서점에 배달하는 일까지 도맡아했다. 그는 걷지 않으면 늘 자전거를 이용했는데 녹자에게 보내는 잡지의 피봉을 쓰고 봉투에 넣고 난 뒤에 하나하나 우표를 붙여서 발송준비를 마치면 자전거에 싣고 우체국에 가서 발송하였다.

　김교신은 중학교 교사요 『성서조선』의 편집자인데다 일요일이면 성서
집회를 오랫동안 꾸준히 계속하였다. 틈틈이 주택 주변에 있는 수천 평의
밭에 갖가지 채소 농사를 지었으며 많지는 않았으나 관목도 재배하였다.
『성서조선』을 시작한 초기에는 6명이 모두 집필했지만 세월이 흐르는 동
안 한 사람 두 사람 떨어져 나가고 함석헌이 끝까지 글을 썼을 뿐 잡지의
원고집필·편집·교정에 이르기까지 사실상 김교신의 개인잡지처럼 되
어버렸다. 신앙동지인 송두용의 글을 직접 인용하여 그의 생활을 증언해
보자.

　　오늘날에도 한국에서는 무교회 잡지가 적자를 면치 못하는 것은 당
　연한 일처럼 되어 있으니 30여 년 전에는 더더구나 말할 나위가 없었
　다. 생각하면 봉급생활하는 그가 자녀교육을 하면서 매월 잡지를 혼자
　부담으로 발간했다는 것은 놀라운 일이다. [……] 일제 말기에 일제의
　단말마적인 최후 발악으로 잔인무도한 악정을 자행한 총독부의 탄압
　밑에서 창씨개명을 거부하고 신사참배를 반대했다는 것은 거의 죽음
　과 파멸을 자초하는 일이었다. 그것을 김교신은 실로 용감하게도 물리
　쳐나갔다. 그것은 용감하다기보다 차라리 비장한 일이었다. [……] 분
　명히 나도 그가 야곱이나 요한처럼 야망가이며 예수보다도 이스라엘
　을 더 깊이 더 많이 사랑한 바울과 같이 예수보다도 그의 조국인 '조
　선'을 더 사랑한 것을 알고 있다. 그가 학생시절에 어느 날 현해탄을 건
　너 귀국 도중 연락선의 갑판을 구르면서 "조선사람은 불쌍하다"고 외
　친 것은 유명한 이야기다.

김교신과 무교회 신앙의 뜻을 같이하고 『성서조선』의 동인이며 그와 가장 가까웠던 송두용의 숨김없는 증언의 한 토막이다. 『성서조선』은 1930년 5월호, 즉 16호부터 김교신이 주필로서 책임편집하는 개인잡지가 되었다. 그후 이 잡지는 12년 동안 일제경찰·검찰의 혹독한 검열을 견디며 계속 발간되다가 1942년 3월 제158호의 권두언인 「조와」(弔蛙: 개구리의 죽음을 슬퍼함)가 말썽이 되어 폐간되었다. 일제의 검찰은 이 글의 뜻이 "어떠한 혹한에도 살아남는 민족혼의 희망을 개구리의 생명력을 빌려 노래했다"고 주장하며 폐간시킨 것이다. 이때 김교신은 전국의 약 3백여 명 지우·독자·동지들과 더불어 검거되었고 그중 함석헌·송두용·유달영 등 13명은 서대문형무소에서 1년간 옥고를 치렀다. 조선어학회사건은 이해 10월에 일어났는데 이 두 사건은 같은 성격의 탄압이었다.

그는 이 잡지에 시사평·교회평 등도 실었으나 그가 가장 중점을 둔 것은 성서연구, 민족적 신앙, 그리고 외국의 교파·교리나 외국의 선교회로부터의 독립신앙 문제였다. 김교신의 이런 신앙 자세와 방향은 많은 저작을 낳게 했는데 그의 대표작은 『산상수훈연구』(1933)이고 같은 무렵에 함석헌의 『성서적 입장에서 본 조선역사』(뒷날 『뜻으로 본 한국역사』로 개제)가 나왔으며 그의 제자 유달영은 심훈이 소설화한 『상록수』의 주인공 최용신의 전기를 쓰기도 했다.

1940년 그는 양정고보를 사직하고 동경고사의 선배인 이와무라(岩村) 교장의 권유로 공립중학인 경기고보 교사로 부임하였다. 그가 어떤 동기와 계기로 양정에서 공립인 경기로 옮겼는지는 정확하게 알 수 없으나 그는 성기에 부임한 지 6개월 만에 그곳을 그만두게 되었다. 학생들에게 민족주의를 주입하는 불온한 인물로 낙인찍혀 사임하게 된 것이다. 8·15

후에 일본으로 돌아간 일인교장 이와무라는 당시를 회상하면서,

> 김교신 교사의 교육방법은 메이지유신의 인재를 양성한 일본 근대화
> 의 유명한 교육자인 요시다(吉田)의 송하(松下)서당의 교육방법과 비
> 슷했다.

고 격찬했다. 이와무라가 무엇을 보고 이같이 격찬했는지는 알 수 없으나
교육자로서 김교신이 매우 우수한 사람이었다는 것을 짐작케 한다. 이같
이 그는 교육자로서도 탁월했고 기독교도로서도 훌륭했으나 이 모든 것
에 앞서 그는 조선인으로서의 민족의식에 투철한 행동하는 지식인이었
다. 김교신 연구가인 김정환 교수는 그에 대해 다음과 같이 말한 바 있다.

> 그는 자기에게 주어진 사명을 다하고 갔다. 그의 사명은 무엇이었던
> 가. 첫째는 민족적 기독교의 이념과 실천방안의 모색이요, 둘째는 민족
> 교육의 실천이요, 셋째는 높은 차원의 애국의 길을 기독교의 높은 이상
> 에서 찾아내고 그것을 몸소 행하고 보이고 증명하는 일이었다.

김치 냄새 나는 기독교를 찾아서

1927년 7월에 창간된 『성서조선』의 창간사에서는 잡지 발간의 취지를
다음과 같이 말하고 있다.

> 걱정을 같이하고 소망을 한 곳에 붙이는 우인 5, 6인이 처음으로 화
> 합하여 조선성서연구회를 시작하고 매주 때를 기하여 조선을 생각하

고 성서를 대하면서 지내온 지 반여 세에 누가 동의하여 저간의 소원 연구의 일단을 세상에 공개하려 하니 이름은 『성서조선』이라 하게 되도다. 명명의 우열과 시기의 적부는 우리의 불문하는 바이다.

다만 우리 염원의 전폭을 차지하는 것은 '조선' 두 자이고 애인에게 보낼 최선의 선물은 성서 1권뿐이니 양자의 1을 버리지 못하여 된 것이 그 이름이었다. 기원은 이를 통하여 열애의 순정을 전하려 하고 지성의 선물을 그녀에게 드리려 함이로다.

『성서조선』아! 너는 우선 이스라엘 집집으로 가라. 소위 기성 신자의 손을 거치지 마라. 그리스도보다 외인을 예배하고 성서보다 회당을 중시하는 자의 집에는 그 발의 먼지를 털지어다.

『성서조선』아! 너는 소위 기독 신자보다도 조선혼을 가진 조선사람에게 가라. 산촌으로 가라. 거기에서 나무꾼 한 사람을 위로함으로써 너의 사명을 삼으라.

『성서조선』아! 네가 만약 그처럼 인내력을 가졌거든 너의 창간일 이후에 출생하는 조선사람을 기다려 면담하라, 상론하라.

동지를 한 세기 후에 기한들 무엇을 탓할까.

이 창간사가 어떠한 교단적 상황에서 나왔는가를 생각하면 김교신이 어떤 사람인가를 발견하게 될 것이다. 지금이나 그때나 이 땅의 기독교는 여전히 백인 선교사들의 명령 하에 움직이고 있었다. 신앙생활에 국한된 것이기는 하나 한국 기독교는 그 본질에 있어 사대주의적 성향을 띠고 있다. 지금과는 달리 그때는 이 사대주의가 오히려 일제의 식민지적 상황 속에서 합리화되기조차 했다. 평양 신학교계의 일부 기독교파 중에는 일본을 거쳐 들어온 기독교가 친일 기독교인 것처럼 비난하는 사람도 있었으나 이것은 너무 피상적 편견이었다.

김교신은 기독교의 영향을 일본을 거쳐 받아들였으나 그후 창씨개명
은 물론 신사참배도 끝내 거부했다. 평양을 본거로 한 장로회가 공식적으
로 신사참배에 전면 항복한 것과는 대조적이었다고 아니할 수 없다. 김정
환 교수는 김교신의 이러한 자세를 '민족적 · 민중적 · 토착적 기독교'라
고 개념지으며 다음과 같이 말하고 있다.

김교신의 신앙 목적은 첫째 민족적 기독교 이념의 탐색 및 생활화요,
둘째는 종교적 신앙과 교육적 실천의 이상적인 조화요, 셋째는 교육에
서의 인격적 감화력의 절대적인 현시요, 넷째는 개인잡지를 통해서 소
신을 밝힘으로써 민족사회의 온 성원을 교육의 대상으로 포섭한 일이
요, 끝으로 그의 동지 · 독자들을 통하여 자신의 사상을 다음 세대에 계
승 발전시킨 '코이노니아'(기독교도 상호간의 친분, 그 모임)의 육성이
라고 필자는 생각한다.

김교신이 민족적 기독교인이자 동시에 무교회 신자임은 누구나 다 아
는 일인데 그는 자기의 무교회주의에 대해 다음과 같이 말하였다.

조선에는 부(富)도 필요하다. 힘도 필요하다. 위대한 작품도 필요하
다. 그러나 가장 필요한 것은 기독교다. 그러나 그것은 불행히 기독교
청년회의 기독교가 아니다. 교회의 기독교가 아니다. 제도의 기독교가
아니다. 의식의 기독교가 아니다. 16세기 종교개혁자들이 체험한 기독
교다. 바울의 기독교요 요한의 기독교다. 성서의 기독교다. 영적 기독
교다. 산 기독교다. 즉 그리스도다. 그렇다. 현재의 조선에 절실한 것은

기독교요, 그 기독교는 살아 계시어 역사 속에 사는 산 그리스도 자신이다.

우리는 교회를 요하지 않으나 그리스도를 요하며 청년회를 요하지 않으나 그를 요하며 제도와 의식을 요하지 않으나 그를 요한다. 그를 얻고 우리는 전부를 얻은 바 되며 그를 잃고 우리는 전부를 잃게 된다.1928년 7월

김교신이 기독교인이기는 하되 제도화된 기독교, 의식화된 기독교를 철저히 배격하고 기독교의 참된 정신과 신앙을 성서 속에서 직접 찾으려 했음을 알 수 있다. 그가 무교회 기독교파가 된 이유를 알 수 있을 것이다. '무교회'라는 것은 교회를 없앤다는 뜻이 아니고 교회당 밖에서 순수한 신앙생활을 한다는 뜻이다. 경직되고 생명력을 잃은 교회의 굴레를 벗어나겠다는 뜻이다. 껍질만 남은 교회에 대한 일종의 저항이라 할 것이다. 참 종교개혁의 정신을 한국에 실현해보겠다는 뜻이다.

김교신 등의 무교회 신앙방식의 특색을 몇 가지 들어보자.

그 첫째는 『성서조선』의 창간사에서 밝힌 바와 같이 민족적 성격을 지적할 수 있다. 그들은 이미 알려진 바와 같이 백인 선교사들과 그들의 선교 자금, 교파 · 교리를 거부하고 조선의 정신적 독립교파를 구축하려 하였다. 체제개혁적 · 종교개혁적 기독교를 주장했는데 그의 이런 사상의 바탕에는 민족적 기독교의 이념이 자리잡고 있다. 그는 미국식 기독교에 대해 언제나 이렇게 신랄히 공격하였다.

밤 청년회 성서반에서 세계 일주한다는 미국 종교가의 침입을 당하여 자리가 혼란에 빠졌다. 내가 불운하여 아직 경의를 표할 만한 미국

인 종교가에 접하지 못하였음을 탓하였더니, 오늘 또다시 세계 일주식의 미국 기독자를 대하니 [……] 치기, 젖내음 분분한 미국식 기독교! 조선 기독교가 완전히 발육되려면 우선 온갖 미국과의 관계를 그 교회와 교육기관에서부터 절연하여야 한다. 미국 능사란 첫째, 황금 둘째, 스포츠 셋째, 토어커.1933년 2월 1일의 일기

김교신은 미국식 기독교를 이렇게 공격하였다. 그는 미국식 교권에 순종해야 할 아무런 신앙적인 이유도 발견하지 못했다. "자기 교회가 있을 뿐이요, 조선과 조선인의 체면(독립)은 염두에 없는" 교회에 반대하고,1938년 7월 3일의 일기 "기독교도 조선김치 냄새 나는 기독교"가 되어야 한다1934년 12월 11일의 일기고 외쳤다.

"교회 외에도 구원이 있다"는 주장이며 이것은 "교회 밖에는 구원이 없다"고 위압한 로마 가톨릭의 제도와 기독교에 대한 루터의 종교개혁론과 비슷한 바 있다.

생활의 현장이 바로 교회다

무교회 사상은 눈으로 보이는 회당을 진정한 교회로 인정하지 않는다. 그들은 두 사람이 모여 기도드리는 바로 그곳이 교회라고 부르짖는다. 또 성경을 읽는 바로 그 자리가, 그리고 기독자가 봉사하는 생활의 현장이 바로 교회라고 믿으며 성직제도에서 비롯한 갖가지 교회의 권능을 그들은 인정하지 않는다. 정치적 조직 못지않게 관료화된 계층구조와 그에 따른 갖가지 비본질적인 구속·규제는 오늘날의 교회를 각 개인의 순수한 복음에 의한 신앙생활의 질곡으로 화하게 하고 있기 때문이다. 일례로 성

직자를 통해서 물로 받은 세례만이 참 세례라는 식의 사고방식에서 나오는 교회의 갖가지 의식에 신앙적 의미를 부여하기를 그들은 거부한다. 각자가 회심을 통해서 영으로 받는 세례가, 즉 하나님에게 직접 받는 갖가지 유형·무형의 세례가 진정한 세례라고 그들은 믿는다.

그들은 교회만이 가지는 성서해석권을 인정하지 않는다. 천국의 열쇠는 교회를 대표하는 신학자만이 풀이하는 것이 절대 아니고 신자 각자가 신에게 받은 믿음의 분수와 은총의 분수대로 가르침을 받는 것이라고 믿는다. 따라서 성서구절의 뜻풀이로 야기되는 교회의 분열과 중세식의 종교재판 따위를 그들은 무의미한 것으로 여긴다. 그리고 섭리사관에 입각하여 신이 우리 민족에게 주신 고유하고 독특한 세계사적 사명이 무엇인가를 자각·정립하는 것을 우리 민족의 가장 중요한 신앙적 과제로 삼는다.

이런 무교회 운동의 이념이 『성서조선』을 통해 식민 치하에서 주로 미국 선교사들에 매여 사는 한국 기독교인들에게 전해졌다. 『성서조선』의 정기구독자는 불과 1백여 명을 넘지 못했으며 그들의 모임은 언제나 교계에서 백안시당하거나 배척당하기 일쑤였고, 심지어 YMCA 강당 사용마저 사절되었으며 밖으로는 총독부 당국의 철저한 감시와 검열 속에 시달림을 받았다. 그러나 재정적인 어려움으로 늘 고통을 받으면서도 15년 동안 158호까지 계속 간행되었던 것이다.

기독교인으로서 김교신은 이와 같이 무교회주의에 철저했는데 이것은 교회 그 자체를 반대했다기보다 교회가 세속화된 탓으로 참된 신앙을 찾기 위해 직접 예수에 접하고자 성경에 의지하려 한 것이다. 이러한 점을 통해 우리는 그가 얼마나 인간으로서 순수했는가를 이해할 수 있을 것이다.

『성서조선』 창간 당시 동인들과 함께. 1927년 2월 촬영된 것으로 뒷줄 왼쪽부터 양인성·함석헌 앞줄 왼쪽부터 류석동·정상훈·김교신·송두용.

신앙에 바탕을 둔 참된 교육

김교신은 중학교의 평교사로 생애의 대부분을 보냈다. 본래 지도자란 민중에 대해서 일종의 교사 구실을 하는 사람이라고 볼 수 있다면, 김교신은 전형적인 교사였다. 그가 동경고사를 졸업한 인물이라는 점에서뿐만 아니라 그는 천성이 교육자였다. 그의 일기에 의하면1939년 12월 23일 양정중학교에 1학년에 3개 반이 있었는데 2학기 때 성적을 보면 1등에서 7등까지가 김교신이 담임한 반 학생이다.

이 무렵 이 중학교에서는 1학년에서 5학년까지 한 선생이 계속 담임을 하기로 되어 있었기 때문에 그가 5년간 담임한 반에서 훌륭한 인재들이 많이 나왔다. 그는 타고난 교육자로서 지성을 다해 교육에 임했으며 특히 참된 인간의 양성, 신앙에 바탕을 둔 참된 교육에 심혈을 기울였고 그에게 깊은 감화를 받은 학생들이 많았다.

그에게는 제자들로부터 많은 편지가 왔다. 학교에서 돌아오면 그러한 뜻하지 않은 제자들의 편지를 받아 읽는 것이 큰 즐거움이었다고 한다. 특히 두 번이나 퇴학당한, 가정과 사회에서 거의 버림받다시피 한 퇴학생 제자에게서 학교 때 선생님에게서 받은 간곡한 교훈을 잊지 못했다는 참회의 편지를 받은 일은 여느 졸업생 6백 명의 편지를 받은 것보다 더욱 기쁘고 감격스러웠다고 술회하였다.

처음이라면 모르겠거니와 두 번이나 학교에서 처분당한 저는 부모님께 면목도 없고 부모님도 저를 자식같이 생각지 않으시오니 자식으로서 내일 수가 없습니다. 모든 사람에게서 버림받은 저는 고독이라는 것을 처음 느꼈습니다. 그러하오나 고독한 자가 갈 길을 발견하였습니다.

그때에 선생님 생각이 났습니다.

두 번씩이나 퇴학당한 제자가 부모와 사회에서 버림을 받고 비로소 스승인 김교신의 가르침을 잊을 수 없어 편지를 띄운 것이다. 많은 편지 중에는 꼴찌로 겨우 졸업한 어느 학생에게서 받은 편지도 있었다.

지난 5년간을 회고하니 아무것도 인상에 남은 것은 없고 다만 선생님께 꾸중 듣고 매맞은 것밖에 없습니다. 선생님께서도 아마 생전에 못 잊으실 것입니다. 저 역시 학교에 다닐 때는 지긋지긋하더니 이제 나와 생각하니 선생님의 은혜를 뭘로 갚아야 할지 모르겠습니다. [⋯⋯] 선생님이 아니 계셨으면 아마 이놈은 양정고보를 졸업 못하고 부랑자가 되었을 것입니다. 졸업할 즈음 기분이 좋았던 것은 선생님 덕택으로 제일 꼴찌로나마 졸업하고 또 다른 친구들은 못 받은 회초리를 받은 것입니다. 저는 그 회초리를 시골에 갖다 보관해두고 번뇌가 심할 때에는 그것을 내놓고 본답니다.

여기서 우리는 김교신이 단지 지식의 전달자가 아니요 참된 인간을 만들기 위해 얼마나 열과 성을 다했는가를 짐작할 수 있을 것이다. 그러기에 1938년 3월 3일 그가 5년간 담임한 학생 50여 명이 졸업하는 날 놀라운 일이 벌어졌다. 이날 1백 명 가까운 졸업생을 위한 식이 끝나고 내빈과 학부형과 재학생을 돌려보낸 후 스승과 졸업생만이 모인 사은회가 열렸다. 사은회는 보통 스승들에 대한 기념품 증정, 식사 같은 절차로 시작하여 끝판에 대체로 시끄럽고 소란스럽게 끝나는 것이 관례인데 이때는 김교신이 담임한 반의 졸업생 대표가 일어서서 사은품 증정이 아닌 '사은기념증정문'이라는 것을 낭독하기 시작했다. '사은기념증정문'이란 양정에서는 물론 다른 학교에서도 듣도 보도 못했던 것이었다. 처음에는 이 의외의 낭독에 자리를 같이한 여러 선생들은 놀랐으나 낭독하는 학생의 말을 한 마디 한 마디 듣는 가운데 가슴을 울리는 감동적인 어조에 졸업생 사이에서는 흐느끼는 소리가 들리는가 하면 김교신 자신도 감격을 억제할 수 없어 자제를 잃었다고 한다.

콧물을 흘리며 이 마당에서 양정에의 입학을 기뻐한 것도 어언간 5년의 그 옛날, 이제 졸업식으로 이 마당에 임하였도다.

이렇게 시작한 증정문은 김교신이 5년간 평소에 가르친 교훈, 가령 '신의' '양심' '우애' '의' '우주' 같은 덕목을 하나하나 들면서 계속되었다.

우리들의 처세의 방침이 될 것이로다. 선생님이여, 모름지기 안심하시라, 우리들은 이 교훈을 지킬 것입니다. 우리들은 지금 여기 사은의 미성(微誠)을 표하여 조품(粗品)을 증정하려고 하나 사은에 대한 감사의 길은 달리 오직 하나 있을 뿐, 무어냐, '과거 5년간의 교훈을 실행하는 일' 이것이다.

스승이여, 이 소품을 받으소서! 그리고 우리들이 스승의 교훈을 잘 지킬 수 있었다는 소식을 들으시면 크게 기뻐하시라. 우리 스승 위에 축복이 있으라! 이로써 감사의 말씀에 대함.

양정 제22회 졸업식 갑조 대표 낭독 1930년 4월

이렇다 할 명예도 재산도 없으면서 교직생활에 보람을 느끼게 되는 것은 그래도 이같이 감동적인 순간을 경험할 수 있는 때문인지도 모른다. 그는 어느 날 일기에 이런 기록을 남기고 있다.

얼마 전에 가로(街路)에서 사직했느냐고 묻는 친구가 있더니 금일은 천만뜻밖에 학무국에서 불려 모 관립사범학교를 오라는 교섭을 받았다. 관립학교에 임관된 후에는 여러 가지로 우대한다는 전도의 호조건도 있었다.

일단 유예를 청하고 답을 보류하는 것이 예의인 줄 아나 사무를 민활히 진척시키기 위하여 즉석에서 이를 사퇴하였다. 여하간 호의는 감사했다. 이 일에 연상되는 것은 친구의 출세와 나의 불출세의 대조이다.

동기동창 학우 중에서 속(速)한 자는 시학관 이상으로 보통이라도 대개 교장은 되었고 후배들도 대개 교무주임은 되었는데 나 홀로 시종일관 평교원으로 남아 있다. 현재가 그럴뿐더러 금후 10년을 지나도 마찬가질 것이다. [······] 말석 평교원은 우리 교사 노릇할 평생의 소원이다. 1938년 4월 7일의 일기

사람이면 누구나 인정받고 싶고 출세하고 싶고 명예도 부러워지는 것이 상정이다. 그러기에 절(節)을 굽히고 나쁜 짓도 하고 때론 민족도 배반하게 된다. 김교신의 일기를 보면 그에게도 출세와 명예를 부러워하는 면이 나타나 있다. 그러나 그는 평생 평교사로 머무를 것을 각오하고 있다. 지극히 사소한 일 같지만 여기에 김교신의 훌륭한 점이 있다. 한낱 평범한 지식인이요 기독교 신자에 지나지 않는 것 같으나 그는 결코 평범한 인물이 아니었다. 그것을 여기에서 발견한다.

김교신이 한 교사로서보다 한 인간으로서 얼마나 순진하고 또 그의 생활이 건실했던가를 알려주는 이야기가 있다. 1940년 11월 28일, 때는 바야흐로 태평양전쟁 전야로 한반도 전체가 전쟁 분위기에 감싸여 있었고 일제는 '신체제'란 말을 요란스럽게 선전하고 있을 때였다. 아마 교직원회의 때문으로 짐작되나 하여간 남산촌의 어느 요정에서 회합이 있었는데 시간을 엄수하라는 지시에 고지식하게 제 시간에 갔다. 30분이나 일러 그 사이 기생들의 조롱을 받고, 술을 안 하는 그는 동료들이나 기생들과 술잔을 주거니받거니 하는 데 흥미가 없어 연회가 시작된 지 30분도 안돼 슬그머니 자리를 빠져나와, 집에 돌아와 산록에 가서 냉수마찰을 한 다음 『성서조선』의 독자들이 보내온 편지를 읽었다는 것을 보면, 그가 이른바 '유흥'이라는 것을 모르는 얼마나 성실한 신자요 착실한 생활을 하는 모범교원이었나를 알 수 있다. 이러는 가운데 시국은 민족과 김교신에게 점점 암담해져갔다.

불길해져가는 시국

1937년 7월 7일 일본은 중국 침략전쟁을 시작하고 이와 때를 같이해 조선 내의 민족적 양심을 지키던 잡지 · 신문들이 차례로 일제에 굴복했으며 모든 조선인 중학교에는 '내선일체' 교육이 강요되고 조선어 교육이 폐지되었다. 일제는 학교에서의 모든 교육은 '국체명징'(國體明徵)으로 귀일되어야 한다고 강조하고 거리에는 '북지사변 시국대처 대강연회'를 연다는 전단을 뿌렸는데 연사로는 한때 민족지도자로 이름 있던 윤치호 · 서춘 등이 들어 있었다. 양정중학교 교정에 세워진 손기정의 기념비가 철거되고 '애국일'에 신사참배를 하지 않는다고 기독교계 학교인 광주의 수피아 여학교, 숭일학교, 목포의 정명여학교, 여흥여학교가 차례로 폐교되고 전주의 신흥학교와 기전여학교는 견디다 못해 스스로 폐교하고 말았다.

1937년 12월 남경 함락을 계기로 일본군의 침략전선은 중국 전역에 끝없이 확대되었고 김교신의 신앙 선배인 일본 동경대의 야나이하라 다다오 교수는 일본의 중국 침략에 항의하는 강연을 하고 학교에서 추방당했다. 시국은 점점 암담하고 절망적인 상황으로 돌아갔다. 이러한 가운데에서도 김교신의 『성서조선』은 조심조심 눈치를 살피며 시국에 대한 비판을 하고 있었다. 그중 1937년 8월 15일자 일기(『성서조선』 게재)에 의하면, 여름방학에 고향을 내려간 제자의 편지라고 하면서, 중일전쟁이 벌어지면서 시골에까지 관리가 출장 나가 전쟁에 관한 시국강연회를 열어 동민들에게 듣게 하는데 조금이라도 한눈을 팔거나 하품을 하는 자가 있으면 뺨을 치는 일까지 있었다고 기록, 시국이 점차 심상치 않게 돌아가고 있음을 보여주고 있다. 또 시국의 발전에 따라 한때의 민족지들이 점차 민족의 양심을 버리고 일제에 굴복해가는 양상을 비꼬아 비판하기도 했다.

요새의 신문기사는 한번 조판해놓고 매일 날짜만 바꿔서 발간하는 듯, 어제나 오늘이나 천편일률적이다. 3면 기사고 사설이고 기억력이 약한 우리로도 요새의 기사내용을 모조리 암송할 수 있으리만큼 일색이다. 예전 같으면 같은 지방에서 나오는 신문이라도 각기 자기의 특색이 있었고, 각자의 향취가 있었다. 그러나 지금은 아무 데서도 이를 볼 수 없다. 그러므로 오늘부터 신문구독을 중지한다고 통고하였다. 그러나 배달부가 하도 사정하기에 못 이겨 한 달만 더 보아주겠다고

했다. 1937년 9월 22일의 일기

1938년 9월 22일 김교신은 경기도 경찰국에 호출되어 약 2시간 반 가까이 조사를 받고 돌아왔다. 경찰 당국의 압력으로 그는 시국에 협조하는 글을 눈물을 머금고 실었다.

'황국신민의 서사(誓詞)'를 비롯하여 '전승동아의 안정' '황군의 무운 장구' '광위의 선위' '문필 보국' '국민정신 총동원' '총후(銃後)생활과 사치품 배격' 이렇게 간행조건을 지켜나가는데도 총독부 경찰의 검열은 더욱 심해져갔다. 이런 중에서도 『성서조선』사의 가장 큰 기쁨은 1939년 12월 12일 유달영의 『최용신 소전』이 간행된 사실이었다. 이 책은 출판되자마자 그날로 전부 팔려 매진되었고 다음날 재판을 찍었다. 이 책은 이광수가 소설화하면서 사랑이야기로 왜곡시켜놓은 최용신의 생애를 바로잡으려는 것이었다.

『성서조선』의 폐간, 그리고 투옥

1940년 3월 22일 그는 10년 근속한 양정고보를 사임하고 신앙의 선배인 야나이하라를 방문차 일본 동경을 찾았다. 야나이하라는 김교신의 초청으로 조선을 방문하고 9월 9일부터 5일간 서울에서 강연회를 가졌다. 이 강연회에 참석코자 북은 강계, 남은 부산에서부터 150명 청중이 모여들어 성황을 이루었다. 이때 조선을 방문한 야나이하라는 시골 국민학교에서 조선인 스승과 조선인 아동들이 조선말 아닌 일본어를 주고받는 것을 보고 저들의 가슴속은 얼마나 슬픔에 잠겨 있을까 싶어 눈물을 흘렸다는 일본의 대표적인 양심 있는 지식인이다. 중일전쟁을 반대하다 동경대학을 쫓겨난 석학으로, 마지막 고별강연회 자리에서 일본이 전쟁에 져야만 평화가 오고 아시아 민족이 구원을 얻는다는 내용의 대담한 강연을 한 것은 누구에게나 알려진 이야기다. 야나이하라는 약 150명의 청중 앞에서 "한국은 장차 일본이 갖지 못한 기독교로 독립할 수 있을 것이고, 이로써 세계사에 이바지할 것"이라고 말해, 당시 극도로 의기소침해 있던 조선청년들을 고무했다.

이 무렵 『성서조선』은 폐간 일보직전에 있었다. 우선 원고가 검열을 받았고, '치안방해'가 된다고 생각되는 곳은 삭제되었으며, 삭제 부분의 분량이나 내용에 따라 판금이 되기도 했다. 『성서조선』은 107호까지 '삭제'와 '불허가'가 10여 회에 달했고 105호는 한때 휴간 통지를 받았으며 108호, 즉 1938년 신년호의 경우는 특히 어려움이 많았다. 이 호에는 '황국신민의 서사'를 넣게 하는 데 그치지 않고 권두언의 상당 부분이 삭제되었고 「성서적 입장에서 본 세계역사」도 일부 삭제되었다.

1940년 9월 21일 주기철 목사를 비롯해 많은 기독교인이 검거되었고, 1941년 12월에는 일본이 미국을 기습, 연합국과 전쟁을 시작했다. 본격적인 세계대전이 벌어진 것이다. 이리하여 『성서조선』이 폐간될 날이 마침내 오고 말았다. 1942년 3월 1일자로 발행된 제158호의 권두언이 문제된 것이다. 「조와」라는 제목의 이 글 내용은 다음과 같다.

작년 늦은 가을 이래로 새로운 기도터가 생겼었다. 층암이 병풍처럼 둘러싸고 가느다란 폭포 밑에 작은 연못을 형성한 곳에 평탄한 반석 하나 연못 속에 솟아나서 한 사람이 꿇어앉아서 기도하기에는 천성(天成)의 성전(聖殿)이다.

이 돌 위에 혹은 가늘게 혹은 크게 기도드리며 또한 찬송하고 보면 전후좌우로 엉금엉금 기어오르는 것은 연못 속에서 암색(巖色)에 적응하여 보호색을 이룬 개구리들이다.

산중에 대변사(大變事)나 생겼다는 표정으로 새로 온 객(客)에 접근하는 개구리군들. 때로는 5, 6마리 때로는 7, 8마리.

늦은 가을도 지나서 연못 위에 엷은 얼음이 붙기 시작함에 따라 개구리군들의 기동(起動)이 나날이 완만하여지다가 나중에 두꺼운 얼음이 투명을 가리운 후로는 기도와 찬송의 음파가 저들의 귓전에 닿는지 안 닿는지 알 길이 없었다. 이렇게 격조하기 무릇 수개월.

봄비 쏟아지는 날 새벽,

이 바위틈의 얼음 덩어리도 드디어 풀리는 날이 왔다. 오래간만에 친구 개구리군들의 안부를 살피고자 연못 속을 구부려 살폈더니 오호라! 개구리의 시체 두세 마리 연못 꼬리에 떠돌고 있는 것이 아닌가!

짐작컨대 지난 겨울의 비상한 혹한에 작은 연못 물의 밑바닥까지 얼어서 이 참사가 생긴 모양이다. 예년에는 얼지 않았던 데까지 얼어붙은 까닭인 듯, 동사한 개구리 시체를 모아 매장하여 주고 보니 연못 바닥에 아직 두 마리 기어다닌다. 아! 전멸은 면했나 보다!

이 글에서 김교신은 민족의 강인한 생명력을 노래하였다. 이 생명력이 따뜻한 봄날을 맞아 마침내는 소생한다고 그는 믿은 것이다. 이렇게 상징적으로 쓴 글도 당시 거의 광적으로 폭압의 손을 뻗치던 일제의 눈초리에 걸려 마침내는 폐간의 비운을 맞이하였다. 그리고 일제경찰은 이른바 『성서조선』사건이라는 것을 조작하여 김교신·함석헌 등 『성서조선』의 관련자와 구독자까지 무려 1백여 명을 전국에 걸쳐 일제 검거하였다. 이 때 일제경찰은 "너희놈들은 지금까지 우리가 잡은 많은 불온 조선놈 중에서도 가장 악질적인 부류들이다. 결사니 조국이니 해가면서 팔딱팔딱 뛰어다니는 놈들은 오히려 좋다. 그런데 너희놈들은 종교라는 탈을 쓰고 조선민족의 정신을 길이 심어서 백 년 후에라도, 아니 5백 년 후에라도 독립이 될 수 있게 할 터전을 마련해두려는 고약한 놈들이다"라고 욕설을 퍼부었다는 것이다.

김교신은 암흑이 닥쳐온 1940년 12월에 이미 『성서조선』을 통해 다음과 같이 말하였다.

우리는 오직 믿음에 머물러 살고 있으면 족하다. 그것이 전도도 되고 사업도 될 것이다. 사방에서 환난이 임하되 굴하지 않고 진퇴유곡인 듯하되 희망을 저버리지 않으며 핍박받되 주님의 저버림이 되지 않고 공격받아도 아주 멸망되지 않고 견디어 나가는 것은 질그릇에서 예수의 생명이 나타나기 위함인 줄로 확신한다.

온갖 어려움을 극복한 그의 강인한 의지는 오로지 신앙의 힘에서 솟아나왔다는 것을 고백하고 있는 것이다. 그런 고난 속에서도 그는 봄이 올 것을 의심하지 않았다.

춥지 않은 겨울이 없었건만은 두 해 겨울은 유난스레 추운 것 같았다. 특히 먼저 겨울보다 지난 겨울이 더 춥고 더 길었던 것 같다. 강과 산과 땅과 하늘까지 언 것 같았다. 때는 다시 봄이 올 것 같지 않았다.

입춘을 지난 후로 추위가 더 심해졌을 때는 영구한 겨울만 남은 것 같기도 했다. 그러나 드디어 봄은 돌아왔다. 전체가 얼음 덩어리 같던 지구도 무르녹아 생기가 돌기 시작했다. 만물이 모두 사(死)에서 생

(生)으로 통하기 시작했다. 지금 우리에게 임하는 모든 동결은 춘양의 부활을 확연히 하고자 하는 데 없을 수 없는 과정이다. 우리의 소망은 아직 부활의 봄에 있고 부활은 봄과 함께 확실히 임한다.

김교신은 계절의 변화를 상징해서 조선민족의 광복을 확신하고 있다.

참말이 그리운 시절

김교신 · 함석헌 등 연루자 18명은 1942년 3월 30일을 전후해 모두 검거되어 만 1년간 서대문형무소에서 고생을 하고 1943년 3월 29일에 석방되었다. 그리고 '불령선인'(不逞鮮人)으로 낙인 찍힌 김교신은 정상적인 취직생활을 할 수 없었다. 그는 일본이 머지않은 장래에 망하리라는 것을 예견하고 있었다. 그는 친지들의 권유로 현지징용의 형식으로 흥남질소비료공장에 들어가 일을 했다. 그는 강제징용의 대상이 되어 언제 어디로 끌려갈지 모르는 불안한 몸이었다. 이 공장에 들어감으로써 신앙 상으로는 공장에서 일하는 불쌍한 한국인 노무자들을 도와주며 민족적으로는 공장의 사정을 잘 알아두었다가 조국광복의 그날이 오면 공장을 접수하겠다는 속셈이었다. 흥남비료공장은 세계적으로 이름난 대공장으로 일제가 자랑하는 공장이었다.

이곳에서 김교신이 할 일은 한국인 노무자 주택 관리, 도로 보수, 하수도 수리, 변소 청소, 부엌과 침실 점검하기 등이었다. 침구 · 의복 등을 끄집어내어 일광소독까지 시켰다. 그는 노무자들을 위해 성인교육을 실시했다. 그중에서도 그가 실시한 한글교육은 말썽이 많았다. 그는 한국인에게는 한글로 가르치는 것이 효과적이라는 변명으로 한글교육을 계속하였다. 이 무렵 한글교육이란 엄두를 내기조차 어려웠다. 한글 때문에 조선어학회사건이 일어난 곳은 함흥에서 멀지 않은 흥원이었다. 그는 또 노무자들의 생활을 개선하는 일에 나섰다. 민족적이라는 말이 허용되지 않는 때라 '조선인으로서의 인격적 자각'이라는 말을 즐겨 썼다.

그러나 이 공장에 온 지 불과 10개월 만에 그는 발진티푸스에 감염되어 쓰러졌다. 1945년 4월이었다. 4월 8일 한국 노무자들이 모여 사는 마을에 무서운 악성전염병이 유행하였다. 환자는 발견되는 대로 격리 수용되었으나 그렇게 되면 거의가 목숨을 건질 수 없었다. 그래서 병과 환자를 숨기는 일이 많았다. 병은 더욱 번질 수밖에 없었다. 김교신은 무서운 전염병임에도 환자 집을 찾아다니며 방에까지 들어가 계몽과 간호에 힘썼다. 며칠간 이런 생활로 밤을 새우다시피 하다가 그도 결국 전염병에 걸리고 말았다. 처음에는 배가 몹시 아프다고 하다가 높은 열로 고생하더니 결국 4월 25일 새벽 4시 40분에 운명하였다. 발병한 지 겨우 7일 만이었다. 그는 죽기 전 이런 말을 했다.

이 백성은 참 착한 백성입니다. 불쌍한 민족입니다. 그들에게는 말이나 빵보다도 따뜻한 사랑이 필요합니다. 이제 누가 그들을 그렇게 불쌍한 무리로 만들었느냐 묻기 전에 누가 그들을 도와줄 수 있느냐가 더 급한 문제가 되었습니다. 나와 함께 가서 일합시다. 추수할 때가 되었으나 일꾼이 없습니다. 꼭 갑시다.

5월 1일 이 회사로서는 역사상 처음으로 공장장이 엄숙하게 치러졌다. 그런데 유해 앞에서 원고도 없이 한 일본인 과장의 조사가 놀라웠다. 그는 자기 나이가 얼마 되지 않았지만 오늘날까지 김교신 선생처럼 위대한 인물을 접한 일이 없다고 울먹였다. 그는 또한 그 자리에 나와 삼엄하게 감시하는 정사복(正私服) 경찰들에게 그동안 여러 가지로 선생을 괴롭혔던 일에 대하여 그들을 맹렬히 비난하는 말을 했다.

공장장 다음날에 유해는 온종일 걸려 함흥에서 50리 되는 함주군 가평면 다래봉 선산 가족묘지의 선친 옆에 모셔졌다. 부인, 노모, 가족 그리고 친척들과 송두용, 노평구 등이 장례식에 참가하였다.

김교신은 45세의 젊은 나이로 그렇게도 그리던 민족의 광복을 몇 달 앞두고 세상을 떴다. 그의 평생은 파란이 많았던 것도 아니고 생전에 높은 요직에 있었던 것도 아니다. 한낱 중학교 평교사에 지나지 않았다. 그러나 사대주의가 도도히 흐르는 기독교계에서 그처럼 기독교의 민족화를 위해 헌신한 사람은 없고, 그토록 독실하게 기독교를 믿으면서도 교회와 서양 선교사를 외면하고 오로지 하나님과 성경만을 의지한 기독교인은 없었다.

그는 일본인 스승 우치무라를 통해 기독교를 믿게 되었으나 그토록 강요하는 창씨개명과 신사참배를 끝내 거부하고, 총독정치를 강요당한다면 차라리 옥쇄하겠노라고 일본인 친구에게 편지한 일도 있었다. 1938년 1월 한 목사는 그가 죽은 지 30주년을 맞는 날 지금 새삼스레 그를 다시 끄집어내는 이유가 "그것은 참말이 그리운 시절, 참말이 듣기 힘든 시절, 거짓이 버젓하게 참이 되고 참이 공공연하게 거짓이 되는 이 고약한 시절 때문이다"라고 개탄했다. 기독교의 발전이 찬송되는 가운데 김교신이 다시 우리의 관심 속에 떠오르는 이유도 바로 여기에 있을 것이다.

"국가는 모든 물질문명이 완전히 구비된 후에라야
꼭 독립되는 것은 아니다. 독립할 만한 자존의 기운과
정신적 준비만 있으면 충분하다.
조선인은 당당한 독립국민의 역사와 전통이 있을 뿐만 아니라
현대문명을 함께 나눌 만한 실력이 있는 것이다."

한용운
민족을 위한 불교혁신의 생애

홀로 빛난 민족의 양심

일제강점의 식민 치하에서 적 일본에 철저하게 비타협으로 일관하다가 비극적인 그러나 자랑스러운 생을 마친 항일애국지사의 가장 대표적 인물은 국외에서 단재 신채호를, 국내에선 만해(萬海) 한용운(韓龍雲, 1879~1944)을 들 수 있을 것이다. 특히 적 치하에서 일제의 모진 학정을 받아가면서도, 더욱이 이제까지 서로 속마음을 터놓고 친근히 사귀던 동지가 하나 둘 일제의 품안을 향해 떠나가는 한없이 외로운 상황 속에서 홀로 민족의 양심을 지키다 한을 품은 채 세상을 떠난 만해를 생각할 때 실로 눈물 없이는 그의 생애를 더듬을 수 없는 것이다. 그러나 우리 민족이 만해와 같은 지사를 그 암담한 적 치하에서 단 한 사람이라도 가질 수 있었다는 것은 한없는 자랑이요 영광이 아닐 수 없다.

8·15해방을 맞은 지 벌써 37년의 세월이 흘렀는데 1970년대에 들어서야 겨우 만해에 대한 관심과 연구가 본격화되었다는 것은 오늘의 시대적 상황에 비추어 무엇인가 감회가 없을 수 없다. 세상에서는 아직도 만해를 기벽가(奇癖家)나 심지어 기인(奇人)으로까지 보려는 사람조차 없지 않으나, 민족의 양심이 거의 마비된 일제말기의 절망적 상황 속에서 사라져가는 민족의 양심을 수호하기 위해 상황을 향하여 가식 없이 저항한 만해의 가슴속을 생각할 때, 그의 숱한 기행과 기벽의 이야기를 아무런 감회 없이 들을 수 없는 것이다.

만해는 흔히 말하는 역사학자도 아니고 민족이론의 연구가도 아니다. 그의 글이나 말 속에서 무언가 그의 사상을 찾으려고 한다면 아마 상당히 힘든 작업이 될 것이나. 그러나 평생을 민족의 사유와 독립을 위해 바쳤다면 무엇인가 민족에 관한 의식이 없을 수 없겠고, 죽을 때까지 일제의 멸망과 민족의 광복을 굳게 믿었다면 무엇인가 역사에 대한 신념, 즉 역사의식이 없을 수 없었을 것이다.

민족불교의 살길

만해는 충남 홍성에서 국운이 한창 기울어져가던 1879년에 태어나 일제의 민족말살 정책이 광태를 부리던 1944년 세상을 떠났다. 만해는 33인 중에서도 가장 특이한 인물이었다. 그가 불교도라는 점에서도 그러했지만 가장 혁명가적인 기질과 의식을 타고났다는 점에서도 그러하였다. 그의 가문은 사족 출신이며 그의 아버지 한응준과 형 윤경은 모두 정의감이 강했다. 그의 가문에서는 대대로 이름있는 무장이 나온 것으로 알려져 있다. 만해 자신도 의병투쟁에 가담해 1896년 18세 되던 해에 군자금을 마련키 위해 홍성 호방의 관고를 털어 돈 1천 냥을 탈취하였다고 하니 만해의 일가가 모두 저항적이며 혁명적 기질이 강했다는 것을 알 수 있다.

그러나 만해는 어린 시절 이야기나 부모 또는 형제에 관한 이야기를 말한 일이 없었으므로 자세한 것은 거의 알려지지 않고 있다. 만해는 몸집이 과히 큰 편이 아니었으나 힘이 세고 모험심이 강하고 특히 담력이 대단했다고 한다. 그는 누구와 다투더라도 끝까지 싸우는 강인한 인내심과 기력을 갖고 있었다. 설악산 백담사에 들어가게 된 것도 불도(佛徒)가 되기 위해서라기보다 혁명가로서 그가 한 투쟁이 빚은 피신생활이었다.

민족주의는, 특히 식민 치하의 민족운동은 외세에 의해 허물어져가는 민족적인 문화·가치·전통을 수호하기 위해 독립을 실현하자는 데 목적이 있으므로 일면 보수적인 면도 없지 않다. 그러나 민족을 내부로부터 개혁하여 후진성을 극복하고 또 외세와 야합하여 식민 치하에서도 아무

불만 없이 이권을 얻고 있는 반민족적 사대주의자와의 투쟁에서 민족의 광복을 되찾으려는 민족운동은 보수적 성격보다도 오히려 개혁적이며 혁명가적 요소를 갖고 있다고 보아야 한다.

만해가 불문에 들어갔다고 해서 흔히 생각하듯 결코 보수적인 인물은 아니었다. 불교계에서 벌인 운동을 보아도 그는 언제나 혁신적 인물이었다는 것을 알 수 있다. 그가 벌인 운동은 첫째 불교계의 통일이었다. 그때만 해도 불교는 저마다 사찰을 중심으로 겨우 산간 서민들에게 신앙하는 바가 되었을 뿐 아무런 통일도 없어 일반사회의 공통의 종교로서는 군림하지 못했다. 사찰은 인간사회와 고립된 것으로 인정되었고 불교 자체도 사찰 중심으로 고립되어 무통일적이고 독자적인 영위로 기형적 과정을 밟아왔다. 이러한 상태는 불교를 산중고사(山中孤寺)에서 고고연(孤高然)한 소승적인 불교로 타락시켰다. 일부 지방의 사찰들은 교리의 아무런 통제도 없이 극락(極樂)과 인과(因果)만을 위주로 해 무지한 하층민들이 전유하는 미신적 종교로까지 타락하게 되었다.

불교계에 이러한 자각과 반성이 일어나 1908년 전국의 사찰대표 52명이 모여 원종종무원(圓宗宗務院)을 설립했다. 그러나 이들은 일제의 조종을 받아 친일파 이회광을 대종정으로 삼았고, 이회광은 1910년 원종의 대표로 일본에 가서 조동종(曹洞宗)과 야합, 조선의 단종사원(丹宗寺院)을 일본의 조동종과 완전히 그리고 영구히 연합한다는 용서 못할 조약을 체결하고 돌아왔다. 일부 몰지각한 승려들은 이회광에 부합하여 조선의 민족불교는 점차 일본적 색채를 짙게 띠어가기 시작했다.

이와 같은 불교계의 위기를 맞아 만해도 민족불교의 살길은 오직 불교의 독립과 통일 그리고 이를 위한 전국 사찰의 통제밖에 없다고 생각하게 되었다. 만해는 박한영 · 진진응 · 김종래 등과 더불어 호남에서 이회광의 원종에 반기를 들고 그들의 망동을 규탄하는 한편 새롭게 임제종(臨濟宗)을 창립하여 마침내 전국 불교계의 호응을 얻어 원종의 연맹을 깨고 말았다.

만해는 조선불교가 자치통제기관을 두느냐 안 두느냐에 따라 조선불교의 흥망이 달려 있다고 생각했다. 당시의 불교계는 통일 대신 지리멸렬한 상태에 빠져 있었고 일제의 간섭과 승려들 간의 갈등·불화만이 성행했다. 그러나 만해는 조금도 용기를 잃지 않고 불교의 통일을 계속 주장 노력하였다. 그는 불교의 통일을 거부하는 것은 불교의 발전을 거부하는 것이라고까지 극언하였다.

불교 유신의 선두에서

만해는 우리 민족의 중심사상이 되어온 불교를 혁신하는 길만이 우리 민족과 국가를 구하는 길이요 일체중생 개공함(皆共咸)과 불도의 불원(佛願)을 성취하는 길이라 생각했다. 그러나 이러한 이상(理想)은 미온적인 태도나 정책으로는 도저히 실현될 수 없음을 또한 깊이 깨닫고 오로지 파괴를 전제로 하는 혁신만이 유일한 방법이라고까지 생각했다. 만해는 『조선불교유신론』(朝鮮佛敎維新論)을 통해서 이를 널리 일반사회에 공개하였다. 그리고 이러한 불교운동을 할 수 있는 힘이 청년회에서 나올 수 있다고 믿었다. 청년이란 전도가 양양한 시대의 주인공이요 그들의 생각과 행동은 언제나 진취적이고 활동적이기 때문이다.

만해가 주장한 불교유신론의 골자는 오늘의 세계는 과거의 세계가 아니고 현대는 급격히 변천해가는 시대이므로 과거의 고루한 것에 애착을 가지면 도저히 앞날의 발전을 바랄 수 없기 때문에 미래의 발전을 위해서

만해 한용운의 초상. 그는 일생 동안 불교사상에 바탕을 둔
민중적 색채의 민족주의를 견지하였다.

는 오로지 현재의 유신만이 필요하다는 것이다. 이러한 유신은 천운에 있는 것도 아니고 타인에게 있는 것도 아니고 다만 나 자신에게 있는 것이라 주장한 만해는 자신이 불교 유신의 선두에 나선다.

유신자는 내(內)요, 파괴지자손야(破壞之子孫也)요, 파괴자는 내(內)요, 유신지모야(維新之母也)라. 천하에 무무모지자즉류능언지(無無母之子則類能言之)로되 무무파괴지유신즉막혹지지(無無破壞之維新則莫或知之)하나니 하기어비례지학(何其於比例之學)이 추지미원야(推知未遠也)오.

이와 같이 만해는 무엇보다도 파괴만이 최급선무임을 주장했다. 파괴가 있은 후에 건설이 있는 것이요, 파괴가 빠르면 빠를수록 유신이 빠르고 파괴가 크면 클수록 유신도 크다고 했다.

내 뜻에 맞지 않는 것이 있을 경우에는 그것이 큰 성인이나 위대한 철인의 이론이라 해도 헌신짝처럼 주저없이 버려야 하고, 내 마음에 합치할 경우에는 지극히 어리석은 사람이나 매우 미미한 자의 말이라 해도 진기한 꽃이나 만난 듯 완미하며 여러모로 자주 처지를 바꾸어가면서 연구하여 진리에 합치하도록 추구하고, 만일 그것이 진리에 일치하는 경우에는 움직일 수 없는 정론을 삼아 천고의 소견에 반대하여 자립하며 일세의 의견에 거슬러 미혹하지 말아야 한다.
그러기에 사상의 자유야말로 사람의 생명이며 학문의 핵심인 것이다.

이 글을 통해 우리는 만해가 진리를 위해서는 어떤 기성권위에도 주저 없이 또 두려움없이 도전할 수 있는 용기와 신념의 인간이라는 것을 알 수 있다. 만해는 진보적 자유주의자였다.

만해는 기성불교사상이나 기성사찰을 신랄히 공격했다.

첫째, 절이 산간에 있으면 어떤 일이 생기는가. 먼저 진보의 사상이 없 어질 것이다. 진보란 자주 나아가 물러남이 없다는 뜻이다. 만해는 이어 이렇게 말했다.

대도시의 진보가 시골에 비해 비상한 속도로 이루어지는 것이 그 증 거라고 하겠다. 승려들은 산이 아니면 큰일날 듯이 두려워하는 까닭에 보고 듣는 것이 물이 흐르고 꽃이 피고 새가 울고 구름이 흘러가는 것 이 고작이다. 이것으로 만족하므로 한 걸음도 전진하지 못한다. 이것은 진보의 사상이 위치와 관계되어 생긴다는 첫 결과다.

절은 산중에 있는 것으로 되어 있으나 도시로 나와야 한다는 주장이다. 그래야만 불교도 발전과 진보가 있다는 것이다.

둘째, "불교는 모험적인 사상이 없다"는 것을 지적하였다. 그는 모험이 발전과 진보의 근원이라고 했다. 육지보다 바다가 모험심을 자극하며 따 라서 해양민족이 더 발달한다고 했다. "하물며 더없이 궁벽하고 깊어서 하늘의 해밖에는 다시 볼 것이라고는 없는 절에 있어서야 말은 해 무엇하 겠는가. 이것은 모험사상이 위치와 관계가 있다는 둘째 점이다"라고 하 여 불교가 역사의 진보에 언제나 뒤지는 이유는 절이 산에 위치해 있기 때문이라고 했다.

셋째, 만해는 불교에는 구세의 사상이 없음을 들 수가 있다고 했다.

1912년 간행된 한용운의 『조선불교유신론』.
이 책에는 타락한 조선불교를 혁신하려는 의지와 함께 앞으로 전개될
그의 사상과 문학의 윤곽이 총체적으로 집약되어 있다.

석가 · 공자 · 예수도 다 세상을 구제한 점에서 비길 바 없는 분들이 었기에 여럿 속에 섞여 살았고 혼자 살지 않았다. 그리고 소부 · 허유 · 상산사호(商山四皓) · 엄자릉(嚴子陵)은 다 염세주의의 대표적 인물이 었으므로 산에 살고 번화가에 살지 않았다. 홀로 사는 일은 구세주의자 의 싫어하는 바이며 산은 염세주의자가 좋아한다. 구세주의자가 여럿 속에 혼자 살지 않는 것은 무엇 때문인가. 두루 세태인정의 희비를 고찰하여 그 폐단을 구하고자 하기 때문이다. 염세주의자가 산중에 살고 번화가에 살지 않는 것은 무엇 때문일까. 세속의 고락을 외면하여 그 정을 끊고자 함이다.

만해는 불교가 중생을 구제하는 데 목적을 두어야 한다고 주장한다. 그러기 위해서 사찰은 산중에 있을 것이 아니라 인간사회로 하산하여 사회 속에서 중생과 더불어 살아야 한다는 것이다. 그러한 주장이 기성불교에 모두 혁명적인 사상이었음은 말할 것도 없다.

넷째, 만해는 불교가 경쟁하는 사상이 없음을 개탄하였다. 그는 이에 대하여 다음과 같이 지적한다.

승려는 원래 세계 밖의 세계, 인류 밖의 인류를 구성해서 다른 사회 와 뚜렷이 구분되어왔다. 그리하여 이해득실에 있어서 하등 관계가 없 어 마침내 고립된 독선주의자들로서 살아왔다. 그러면 세계 밖의 세계 란 무엇인가. 절이 이것이다.

인류 밖의 인류란 무엇인가. 세상일에 외면하고 자기 몸만 깨끗이 가 짐이 이것이다.

[······] 지금 여기에 두 개의 것[宗敎]이 대립하는 경우 하나가 이기

면 다른 한쪽이 패하는 것은 누구나 아는 터이다. 그렇다면 다른 종교의 세력이 왕성해지는 경우 우리 불교가 쇠미해질 것은 명명백백한 터인데도 불구하고 당장 다른 종교가 잠시 칼날로 내 피를 흘리게 안 한다는 이유로 괜찮다고 생각한다면 이는 성문에 일어난 불이 당장 못[池]을 태우지는 않는다고 고기가 아무런 탈이 없으리라 여기는 것과 무엇이 다르겠는가.

불교에는 종단이나 승려 개인이나 경쟁이 없다. 오히려 경쟁을 피하기 위해 불도에 들어왔다고 생각할는지도 모른다. 기독교의 경우는 신도들이 합쳐 하나의 종교적 세력으로 형성되어 있다. 그러나 불교의 경우는 아무리 신도들이 많아도 결코 세력화되지 않는다. 신도 한 사람 한 사람이 고립되어 자기와 부처님과의 관계에 그치며 다른 신도와의 관계는 아무것도 없다. 이 점이 기독교와는 전혀 다르다. 만해가 불교에 경쟁하는 사람이 없다고 개탄한 것은 이 때문이었을 것이다.

다음에는 승려에 대해 비판하고 있다.

수백 년 이래 승려들은 대단한 압박을 받아 사람이면서도 사람대접을 못 받아왔다. 놀면서 입고 놀면서 먹는 것은 요즘의 경제학자가 말하는 분리(分利: 남이 올린 이익을 나누어 가지는 것)의 개념에 해당한다.

이런 분리주의자가 남에게 해롭고 나라에 해롭고 세계에 해로운 존재임은 말할 나위도 없다. 사람이 옷을 입을 수 있는 것은 길쌈질하는 데 있고 먹을 수 있는 것은 밭 가는 데 있다. 따라서 길쌈질 않고 옷을 입는다면 반드시 남이 길쌈질한 것을 입는 것이며 밭 갈지 않고 먹는다면 반드시 남이 밭 간 것을 먹는 것이 될 것이다.

[……] 조선의 승려치고 누가 감히 분리하지 않는다는 말을 들을 수 있는가. 전부터 승려의 생활방법에는 대개 둘이 있었다.

첫째는 사취생활(斯取生活)이요 둘째는 개걸생활(丐乞生活)이다. 그러면 사취생활이란 무엇인가. 글자를 좀 이해하고 약간 교활에 가까운 자가 화복·보시 따위의 말로 우매한 부녀자를 꾀어 행동을 개처럼 하고 아첨을 여우같이 해서 몸에 감고 입에 풀칠하는 계략을 영위하는 경우를 말한다. 개걸생활이란 무엇인가? 승려 대부분이 하고 있는 짓인바 남의 집 대문에 이르러 절을 하면서 한 푼의 돈이나 몇 알의 곡식을 구하는 것을 이름이다.

그리고 이밖에는 따로 생계가 없는 것이다.

승려들에게 한 가지 이상한 이야기가 있다. 보살만행(菩薩萬行)이라는 것이 그것이다. 그들은 생각하기를 보살만행에 있어서 가장 잘 걸식하는 행위가 최고의 진리라 하여 걸식으로 불교의 종지를 삼아 다투어 달려가 오직 걸식에 뒤질 것을 두려워하고 있는 판이다. 그리고 만약 생산에 종사하는 승려라도 있으면 곧 중상해 떠들어대어 승려로서의 마음을 상실한 듯이 지목하기 일쑤다.

만해는 위에 소개한 바와 같이 기성불교를 혹독하게 비판했다. 그의 개혁론은 가위 혁명적이다.

만해의 민족사상이나 역사의식을 이해하는 데 있어 그의 불교사상을 이해하는 것은 매우 중요한 일이다. 만해는 불교계의 위와 같은 온갖 병폐를 제거하고 불교를 부흥시키는 길은 승려의 결혼금지를 푸는 것이 중요하고 시급한 대책의 하나가 될 것이라고 결론지었다. 그의 대책이 과연 옳은지 그른지는 차치하고라도 당시 승려로서 결혼을 주장했다는 것은 보통 용기가 아니며 그가 얼마나 용기 있고 소신에 차 있으며 혁신적 생각을 하고 있었는가를 이해할 수 있을 것이다.

만해는 불교의 민중화를 주장하는 「불교유신회」(佛敎維新會)에서 "첫째, 교리를 민중화해야 하며 둘째, 제도를 민중화하여 불교재산을 민중화하여야겠다는 것이다"라고 했다.

재래의 불교는 권력자와 결탁하여 망하였으며 부호와 결탁하여 망하였다. 원래 불교는 계급에 반항하여 평등의 진리를 선양한 것이 아닌가. 이것이 권력과 합하여 그 생명의 대부분을 잃었으며 원래 불교는 소유욕을 부인하고 우주적 생명을 취함으로써 골자를 삼지 아니하였는가.

부호와 결탁하여 안일에 탐욕에 그 생명의 태반을 잃었도다. 이제 불교가 실로 진흥하고자 할진대 권력계급과의 관계를 단절하고 민중의 신앙 위에 세워져야 할지며, 진실로 본래의 생명을 회복하고자 할진대 재산을 탐하지 말고 이 재산으로써 민중을 위하여 법을 넓히고 도를 전하는 실제적 수단으로 삼아야 할 것이다.

만해가 생각하는 불교의 유신화가 대체로 어떠한 것인가를 간략하나마 잘 설명해주고 있다. 만해의 불교사상은 여기에 머물지 않고 그후 더욱 발전되어갔다. 즉 불교의 사회주의화를 생각하게 된 것이다. 즉 1931년 10월 『삼천리』지 기자와의 인터뷰에서 이 문제에 대해 다음과 같이 말했다.

"석가의 경제사상을 현대어로 표현한다면?"이라는 질문에 "그것은 불교 사회주의라고 하겠지요. 불교의 성지인 인도에는 불교 사회주의라는 것이 없지만 그러나 나는 이 사상을 가지고 있습니다. 나는 최근에 불교 사회주의에 대하여 저술할 생각을 가지고 있습니다. 기독교에 기독교 사회주의가 학설로서 사상적 체계를 이루고 있듯이 불교 역시 불교 사회주의가 있어야 옳은 줄 압니다."

만해의 불교 사회주의에 관한 저술은 불행하게도 출판되지 않았지만 그의 사상적 발전이 시대의 발전과 더불어 계속되었다는 사실을 알 수 있다.

필자가 만해의 불교사상을 이렇게 장황하게 늘어놓는 것은 그의 민족의식·민족사상을 이해하는 데 큰 도움이 될 것이라 믿었기 때문이다.

만해의 민족의식

만해의 민족사상을 이해하는 데 있어 중요한 점은 그의 사회성분이다. 만해의 집안이 양반 혹 아전이라고도 하나 그의 아버지와 형이 동학혁명에 가담한 것이라든지 그의 사상이 시대의 발전과 더불어 민중적인 것 또는 자유사상이나 사회주의 사상으로 계속 발전해간 것을 보면 일부에서 추측하듯 양반출신은 아닌 듯하다.

하여간 만해는 이미 18세의 소년으로서 날로 부패해가는 국권을 바로잡고 민생을 도탄에서 구하고 외세의 침탈을 막는 유일한 길은 민중의 의거에 있으며 썩어빠진 탐관오리에 맡길 수 없다는, 당시로서는 상당히 혁명적 생각을 갖고 있었다는 것을 알 수 있다. 이와 같은 민족사상은 그가 이미 봉건적 정치체제를 신랄히 비판하고 있었다는 것을 말해준다.

만해의 민족의식이 한층 뚜렷이 나타난 것은 3·1운동 때의 활약을 통해서였다. 3·1운동의 발발 동기에 대해서는 여러 설이 있으나 만해가 최린을 설득하고 그를 통해 의암 손병희를 설득한 것은 공지의 사실이다. 소극적인 의암을 설득하여 33인에 가담시키고 천도교 측을 통해 최남선과 접선하고 다시 기독교 측과 접선한 것도 주지의 사실이다. 처음에 천도교나 기독교 측이 독립선언이 아닌 독립청원으로 하자고 한 의견을 반박하고 독립선언으로 한 것과 육당의 독립선언서 중 불만스러운 점을 수정·가필하고 공약삼장(公約三章)인 "최후의 일인까지 최후의 일각" 등을 첨가한 것이 모두 만해의 활동이었다는 것도 주지의 사실이다. 그는 선언문 발표 후 일경에 구속되었을 때 1) 변호사를 대지 않는다, 2) 사식을 취하지 않는다, 3) 보석을 요구하지 않는다는 세 가지 투쟁원칙을 내세웠다.

이 무렵 그의 민족사상이 가장 잘 정리되어 나타난 것이 「조선독립에 대한 감상의 개요」였다. 이 글은 3·1만세운동이 일어난 해인 1919년 7월 19일 일인검사의 요청에 의해 작성한 것으로 너무나 당당하고 논리정연한 주장에 일인검사도 할 말이 없었다고 한다. 조지훈은 이 글에 대해 "3·1운동 당시 선생이 기초한 「조선독립에 대한 감상의 개요」라는 장논문은 육당의 독립선언서에 비하여 시문으로서 한걸음 나아간 것이다. 조리가 명백하고 기세가 웅건할 뿐 아니라 정치문제에 몇 가지 예언을 해서 적중한 명문이었다"라고 격찬한 바 있다. 찌는 듯이 무더운 여름날, 그것도 비좁고 답답한 감방 안에서 아무런 참고자료 하나 없이 작성한 이 독립이유서 속에는 만해의 민족사상이 당당히 서술되어 있다. 이 글은 1) 개론, 2) 조선독립선언의 동기, 3) 조선독립선언의 이유, 4) 조선총독정책에 대하여, 5) 조선독립의 자신 등으로 구성되어 있다.

태화관에서 독립선언식을 거행하는 민족대표들.
만해는 단호한 민족주의자로서 3·1운동 조직과 독립선언서 작성에 큰 기여를 했다.

자유는 만물의 생명이요 평화는 인생의 행복이다. 그러므로 자유가 없는 사람은 죽은 시체와 같고 평화를 잃은 자는 가장 큰 고통을 겪는 사람이다. 그러므로 자유를 얻기 위해서는 생명을 터럭처럼 여기고 평화를 지키기 위해서는 희생을 달게 받는 것이다.

만해가 다른 모든 사상에 앞서 인간의 자유와 평화를 주장하였다는 것은 그의 민족의식이 국가주의로 기울지 않은, 강한 민주주의를 바탕으로 한 민족주의였다는 것을 보여준다. 그의 민족주의가 특히 자유와 민주에 바탕을 두고 있다는 것은 다음과 같은 이론에서 이해할 수 있다.

그러나 참된 자유는 남의 자유를 침해하지 않음을 한계로 삼는 것으로서 약탈적 자유는 평화를 깨뜨리는 야만적 자유가 되는 것이다.

모든 민족에 자유가 있어야 한다고 주장했으나 그 자유도 약탈적 자유가 되어서는 안 된다고 하여 일본의 조선침략을 정면에서 비난하였다. 만해는 '2) 조선독립선언의 동기'에서,

국가는 모든 물질문명이 완전히 구비된 후에라야 꼭 독립되는 것은 아니다. 독립할 만한 자존의 기운과 정신적 준비만 있으면 충분한 것으로서 문명의 형식을 물질에서만 찾음은 칼을 들어 대나무를 쪼개는 것과 같으니 그 무엇이 어려운 일이라 하겠는가.
일본인은 항상 조선의 물질문명이 부족한 것으로 말머리를 잡으나 조선인을 어리석게 하고 야비케 하려는 학정과 열등교육을 폐지하지 않으면 문명의 실현은 보기 어려울 것이다. 이것이 어찌 조선인의 소질

이 부족한 때문이겠는가. 조선인은 당당한 독립국민의 역사와 전통이 있을 뿐만 아니라 현대문명을 함께 나눌 만한 실력이 있는 것이다.

만해의 글 중에서도 특히 이 대목은 중요하다. 3·1운동 후 일제는 조선민족의 독립의지를 약화시키기 위해 이른바 문화정치를 표방하면서 조선민족에게 실력양성을 종용한 것이다. 즉 일제는 조선민족의 독립주장을 정면에서 반대하는 것이 조선인들을 도리어 자극시키는 것이라 판단, 조선민족의 독립을 일단 받아들이는 척하면서 그러나 조선민족은 아직도 독립할 만한 능력이나 실력이 부족하므로 우선 시급한 것이 실력양성이라 하고 또 조선인들은 민족적으로 결함이 많으므로 독립을 하기 위해서는 민족개조를 해야 한다고 주장했던 것이다.

물산장려운동·민족개조론·자활운동·실력양성론은 3·1운동 후 일부 조선인들에 의해 추진된 민족운동이었으나 그들의 주관적 의도와는 관계없이 이 모든 운동들이 조선민족의 독립의지를 약화시키기 위한 고등정책의 결과였던 것이다.

춘원 이광수가 일제에 회유되어 귀국 후 총독 사이토와 비밀리에 만나 민족주의자의 탈을 쓴 채 일제의 '문화정치'에 적극 협력할 것을 밀약, 당시 총독부 당국에 회유된 김기전이 편집인으로 있는 『개벽』지에 「소년에게」라는 논문을 발표해, "조선민족은 경제적 파산을 하고 도덕적 파산을 하고 지식적 파산을 했다"라고 하고는 "현재의 조선민족은 생존할 능력도 권리도 없는 무리"이며 "그러니까 이 무리로 하여금 생존할 능력과 권리를 향수케 하려면 그만한 능력과 권리를 가질 만한 자격이 있도록 개조하지 아니코는 안될 것이니 그러므로 조선민족이 살아날 수 있는 조건은 오직 개조외다"라고 말한 데에서 당시 일제의 조선통치 술책이 어떤 것이었나를 이해하고도 남음이 있다.

만해가 논문 속에서 "국가는 모든 물질문명이 완전히 구비된 후에라야 꼭 독립되는 것은 아니다. 독립할 만한 자존의 기운과 정신적 준비만 있으면 충분하다"고 갈파한 것은 3·1운동 후 일제가 벌인 문화정치의 저의를 이미 꿰뚫은 실로 정곡을 찌른 말이라 아니할 수 없다. "조선인은 당당한 독립국민의 역사와 전통을 가지고 있다"고 말한 것은 만해가 춘원이나 육당 등과는 차원을 달리하는 민족지도자였음을 보여주는 것이다.

민족자존성 혹은 비타협적 민족주의

만해는 민족의 독립당위론을 '민족자존성'에서 찾고 있다.

같은 무리는 저희끼리 사랑하며 자존을 누리는 까닭에 자존의 배후에는 자연히 배타(排他)가 있는 것이다. 여기서 배타라 함은 자존의 범위 안에 드는 남의 간섭을 방어하는 것을 의미하며 자존의 범위를 넘어서까지 배척함을 뜻하는 것이 아니다. 자존의 범위를 넘어서 남을 배척하는 것은 배척이 아니라 침략이다.

민족 간에는 자존성이 있다. 유색인종과 무색인종 간에 자존성이 있고 같은 종족 중에서도 각 민족에 자존성이 있어 서로 동화하지 못하는 것이다.

만해는 어느 민족에게나 스스로 살아가려는 자존성이 있으므로 한민족이 다른 민족을 자기들에게 동화시키려 해도 절대 되지 않으며 가령 중

국의 경우 아무리 청나라 만주족이 한민족을 동화하려 했어도 도리어 한
민족의 민족주의에 청이 망했다 했고 티베트족이나 몽고족도 각각 자존
을 꿈꾸며 기회만 있으면 궐기하려 하고 있다고 지적하면서 아일랜드나
인도에 대한 영국의 동화정책, 폴란드에 대한 제정러시아의 동화정책,
그리고 수많은 민족에 대한 열강의 동화정책이 어느 하나도 성공한 것이
없다고 단언하였다. 만해는 이어 "한 민족이 다른 민족의 간섭을 받지 않
으려 하는 것은 인류가 공통으로 가진 본성으로서 이 같은 본성은 남이
꺾을 수 없는 것이며 또한 스스로 자기 민족의 자존성을 억제하려 하여도
되지 않는 것이다"라고 주장하였다.

만해는 그의 민족주의의 기초를 이같이 민족의 자존성에 두고 있다. 그
는 이 자존성이, 혹 자기 민족 내부에서 외세와 결탁한 세력이 억압하려
해도 절대로 억압되지 않을 것이라고 강조하였다. 이것은 조선민족 내부
에 숨어들어 있는 사대매족배들을 경계한 말이라 할 것이다. 만해의 이
논문을 읽으면 그가 옥중에 들어오기 전 세계 대세를 놀라울 정도로 정확
히 그리고 예리하게 파악하고 있었다는 것을 알 수 있다.

만해는 민족이 스스로 살려고 하는 민족자존성을 위한 노력과 운동은
따라서 당연히 자유에 있는 것이라고 보았다. 그래서 만해는 "인생생활
의 목적은 참된 자유에 있는 것으로서 자유가 없는 생활에 무슨 취미가
있겠으며 무슨 즐거움이 있겠는가. 자유를 얻기 위해서는 어떤 대가도
아까워할 것이 없으니 곧 생명을 바쳐도 좋을 것이다"라고 했다. 민족의
자결독립을 위해서라면 생명을 바쳐도 아까울 것이 없다는 주장이다.

만해는 또 민족의 자존·자결은 세계평화를 위해서도 불가결한 요건
이라고 했다.

민족자결은 세계평화의 근원적인 해결책이다. 민족자결주의가 성립되지 못하면 아무리 국제연맹을 조직하여 평화를 보장한다 하더라도 결국에는 수포로 돌아가고 말 것이다. 민족자결이 이룩되지 않으면 언제라도 싸움이 잇따라 일어나 전쟁이 계속될 것이기 때문이다.

이런 관점에서 만해도 "조선민족의 독립자결은 따라서 세계의 평화를 위한 길이요 또한 동양평화에 대해서도 중요한 열쇠가 되는 것이다"라고 결론을 맺었다. 만해는 조선반도를 둘러싼 세계 정세를 정확히 파악하고 앞날에 대한 예언까지 하였다. 그리고 일제에 다음과 같이 경고하고 있다.

이번에 일본이 조선독립을 부인하고 현상유지가 됐다 하여도 인심은 물과 같아서 막을수록 흐르는 것이니 조선의 독립은 산 위에서 굴러내리는 둥근 돌과 같이 목적지에 이르지 않으면 그 기세가 멎지 않을 것이다.

만해의 이와 같은 민족자존론과는 달리 3·1운동에 가담한 일부 지도층은 조선의 독립이 도저히 실현될 가망이 없다고 일찍부터 절망하고 일제 통치를 현실적인 것으로 받아들이자는 이른바 '자치론'을 주장하는 타협론자들도 나타났으나 이러한 타협론자들이 그후 예외없이 친일로 전향한 것은 주지의 사실이다.

만해의 민족주의 사상은 민족자존성을 바탕으로 한 비타협주의로서 그의 날카로운 시대감각은 민족주의 사상을 시대의 발전과 더불어 계속 발전시켜나갔다. 옥중에 있을 때 일제는 그에게 참회서를 써내면 석방시켜주겠다고 회유했으나 이를 거절하고 1922년 3월, 3년의 옥고를 치르고 출옥했다. 그가 출옥했을 때는 이미 일제에 대한 타협론이 대두되어 최린 등 3·1운동의 지도급 인사들 일부가 이른바 연정회(硏政會) 등의 조직을 준비하기도 했으나 만해는 이러한 타협론에 완강히 반대하였다.

1927년 비타협을 원칙으로 한 민족협동전선인 신간회가 발족되자 솔선 이에 가담, 중앙집행위원 겸 경성지회장 자리를 맡은 것은 그의 민족주의가 일관해서 일제에 비타협적이었다는 것을 말해준다.

민중운동에 대한 긍정적 태도

1920년대 들어서면서 항일운동은 이미 농민·근로자·학생 등 민중적 차원으로 발전되고 있었다. 상당수의 3·1운동 지도급 인사들은 이러한 역사적 발전을 이해 못하고 혹은 적대시하는 경향조차 있었으나 만해는 전통적 항일운동과 새로운 단계의 민중적 항일운동은 연결되어야 한다는 주장을 했다.

「혼돈과 사상계의 선후책」에서 만해는 이 문제에 대해 다음과 같이 말한다.

민족운동과 사회운동, 이것이 우리 조선 사상계를 관류하는 2대 주조입니다. 이것이 서로 반발하고 대치하여 모든 혼돈이 생기고 그에 따라 어느 운동이고 다 똑같이 진행되지 않는가 봅니다. 나는 두 운동이 다 이론을 버리고 실지에 착안하는 날에 이 모든 혼돈이 자연히 없어지리라 믿습니다. [⋯⋯] 우리는 지금 농수과우(同舟過雨)한 격이니 갑이고 을이고 다 지향하는 방향이 있으나 우선 폭풍우를 피하는 것이 급무로서 공통되는 점을 해결하는 것이 상책입니다. 물론 일조일석에 해결할 문제도 아니나 근래에 이르러 사회운동가들이 민족운동을 많이 이해하여가는 경향이 있는 것은 매우 축하할 만한 일입니다. 우리는 오늘 우리의 특수한 형편으로 보아 이 두 주조가 반드시 합치리라고 믿으며 또 합쳐야 할 것인 줄 믿습니다. 「동아일보」, 1925년 1월 1일

만해는 이 글을 쓴 2년 후인 1927년에 신간회에 적극 가담했다. 만해가 신간회에 적극 참여한 것은 이 운동의 비타협적 성격 때문이며 또한 좌파와 합작함으로써 위의 주장을 실천에 옮길 수 있다고 본 때문이다.

만해는 노동운동·농민운동에 대해 오히려 긍정적으로 보려 하고 있다. 「사회운동과 민족운동: 차이점과 일치점」이라는 논문에서 다음과 같이 말하고 있다.

나라도 없고 민족의 자활권조차 없는 우리 조선에서 어떻게 완전한 사회혁명이 이루어지겠습니까. 그러므로 우리는 민족운동에 앞장서지 않을 수 없습니다. [……] 지금 농촌문제, 즉 소작쟁의는 그것이 같은 조선사람으로서 서로 이해를 다투는 것이니 손해를 본다 하여도 같은 조선사람이 볼 것이라고도 하나 [……] 대다수의 조선사람이 이익이 된다면 소수는 희생시키는 것이 마땅하고 또 인도상 견지로 보아 잘못이면 어디까지든지 응징할 터이니 이 점에 있어서 정신이 같지 않습니까.

만해는 명백히 가난한 소작농을 지지하고 있는 것이다. 1920년대 후반부터 1930년대 전반부는 특히 전국적으로 소작쟁의가 치열해 항일운동

은 사실상 이들 민중운동에 집중되어 있었다. 만해가 소작쟁의를 거론한 것도 이 같은 시대상황의 한 반영이라 볼 수 있고, 여기에서 그는 3·1운 동의 지도적 인물로서 드물게 지주층보다 소작인층의 이익을 옹호하고 있다.

만해는 여기에서 한 걸음 앞서 소작인들의 단결을 강조했다. 「소작농 민의 각오」라는 글에서 만해는 분명히 소작쟁의를 지지하면서 소작농의 단결을 촉구하고 있다.

소작쟁의는 연말에 남선지방에 여러 번 있었으나 대부분 실패에 돌 아갔다. 실패한 원인에 대해서는 관권의 압박이 있어 그리 되었느니 어 쩌느니 하지만 실상은 소작인의 단결이 부족했기 때문이다. 갑과 을이 다 같은 한 지주의 땅을 부치는데 소작쟁의가 일어났을 때에 갑의 주장 을 배반하고 을이 지주에게 붙어서 저의 권리를 도모했다면 일시적으 로는 이익이 있었다 할지라도 긴 장래에는 반드시 공도(共倒)하는 것이 다. 이것은 소작쟁의뿐 아니라 무슨 일이든지 이해가 같은 사람이 서로 반대되는 행동을 하면 큰 해를 입는다. 이것을 일반 소작농민은 깊이 깨 달아 일치행동을 하여야 할 것이다. 같은 배를 탄 사람은 같이 그 배를 같은 방향으로 운전하여야 빠져 죽지 아니할 것이다. 「조선농민」, 1930년 1월

소설 속에 담긴 사회주의적 경향

만해는 1935년 이래 『조선일보』 등에 연재소설을 쓰는 일이 잦아졌다. 물론 이것은 만해가 그만큼 다재하다는 것을 의미하기도 하지만 그보다 도 생활이 궁핍한 만해를 돕는다는 뜻이 많았던 것 같다. 그를 돕기 위해

자주 글을 쓰게 한 것은 『조선일보』나 『조선중앙일보』였으며 『동아일보』에는 거의 글을 쓰는 일이 없었다. 이것은 아마 만해가 『동아일보』의 정치적 성격을 못마땅히 생각한 때문이었는지도 모른다.

1935년 이후 그가 소설을 쓰기 시작한 것은 당시 일제의 군국주의화가 점차 노골화되어 글을 쓰기가 점점 어려워졌기 때문이다. 그래서 만해는 연재소설 속에서 자기의 사상을 발표했던 것 같다. 그의 문학작품은 아직도 신소설의 테두리를 크게 벗어나지 못한 것 같고 문학으로서의 가치가 어떤지에 대해서는 문외한으로서 논할 입장이 못 되나 내용을 통해 그의 사상 특히 민족사상을 엿볼 수 있다.

만해는 1920년대의 새로운 시대상황에 따라 그의 민족사상이 점차 민중적 차원으로 발전하여 농민이나 근로자의 생활 또는 그들의 사회운동에 적극적인 관심을 돌리기 시작했다. 특히 1930년대 후반기에는 문학작품을 통해 이러한 사상을 나타냈다. 만해는 자신의 문학활동에 대해 다음과 같이 말한 적이 있다.

나는 소설 쓸 자질이 있는 사람도 아니요, 또 나는 소설가가 되고 싶은 사람도 아니올시다. 왜 그러면 소설을 쓰느냐고 반박할지 모르나 지금 이 자리에서 그 동기까지를 설명하려고 않습니다. 오직 나로서 평소부터 여러분에 대하여 알렸으면 하던 것을 알리게 된 데 지나지 않습니다. 그런데 이야기의 중심은 중국 청조 말엽 한창 다사다난하던 때 무명의 풍운아 왕한과 그의 애인이요 지기인 여자를 놓고 그 당시 중국사회의 이모저모를 전개시키고자 합니다. 많은 결점과 단처를 모두 다 눌러보시고 글 속에 숨은 나의 마음씨까지를 읽어주신다면 그 이상 다행이 없겠습니다.

이것은 그의 첫 신문연재소설 『흑풍』(黑風)에 대하여 작가로서 한 말이다. 자신이 소설을 쓴 목적은 평소 독자에게 알렸으면 하던 것을 알리기 위함이라는 것, 글 속에 숨은 마음씨를 읽어달라고 부탁한 점 등을 통해 우리는 만해가 소설을 쓴 목적이 기실은 항일민족의식을 고취하기 위함이었다는 것을 어렵지 않게 알 수 있다.

이 소설이 연재된 1935년은 만주사변 후 중일전쟁을 앞두고 조선 천지가 완연히 군국주의 체제화되고 조선인의 출판물에 대해 혹독한 검열이 행해지고 있을 때였다. 일제는 저희들 비위에 조금이라도 거슬리면 압수·삭제·정간·폐간 등을 다반사로 일삼던 때였다. 더욱이 만해의 글이라면 일제의 예리한 감시의 눈이 집중되어 있을 때였다. 그가 중국의 청나라를 무대로 한 것은 일제의 이러한 감시와 검열을 피하기 위해서였다. 만해는 이 소설 속에서 하고 싶은 이야기를 어느 정도 할 수 있었다. 『흑풍』은 부패하고 썩은 청조를 뒤엎고 나라를 바로잡으려는 혁명당의 활약상을 그린 것이다.

만해는 『흑풍』을 통해 독자대중에게 두 가지 교훈을 주려고 했다. 하나는 일제에 대한 반항으로 독립사상을 고취하자는 것이고, 다른 하나는 자본가층에 대한 증오와 반감을 불러일으켜 혁명을 조장하자는 일종의 사회주의적 경향이 곧 그것이다. "글 속에 숨은 나의 마음씨"의 정체를 여기서 파악할 수 있다.

『죽음』이라는 소설 속에도 그의 애국적 경향이 유감없이 나타나 있는데 특히 한국사회를 무대로 한 이 소설은 일신의 안락을 위해 경성신문사 편집국장이 되어 허위보도와 곡필을 일삼는 정성렬, 보성전문학교를 중퇴한 민족청년 심흥철 등을 그리고 있다. 이것은 모두 1930년대 조선사회의 한 단면을 묘사한 것이다. 다만 여기에서 한 가지 주목할 점은 만해

1935년 『조선일보』에 연재된 장편소설 『흑풍』.
항일투쟁의지를 고취시키려 쓴 이 계몽적 소설에는 만해의 민중적 색채가 드러나 있다.

가 작품을 통해 지주나 기업가 등 특권상류층에 대한 증오와 함께 소작인·노동자 같은 경제적 하층빈민들의 비참한 상태에 동정을 보인 점이다. 만해는 단순한 신경향파라기보다 어떤 대목에 가서는 노골적으로 사회주의로 기울어지는 경향을 나타내고 있다.

물론 불교 승려로서 무신론을 주장하는 사회주의운동에 대해 앞장서 반론을 편 것으로 보아 그를 일반적 의미의 공산주의자로 보기는 어려우나 하여간 그의 민족주의 사상은 민중적 색채를 짙게 띠고 있어 3·1운동 당시의 다른 지도자와는 전혀 질과 역사적 단계를 달리했음을 발견하게 된다. 이러한 사상적 발전은 그의 역사의식과 밀접한 관계가 있어 보인다.

만해의 역사의식

만해는 위에서 보았듯이 가정성분부터 혁명적 분위기 속에서 성장했다. 아버지와 형이 동학에 가담했다가 참살당한 사실, 아직 18세의 어린 나이에 의병에 참가하여 군자금을 마련코자 관고를 습격해 1천 냥을 탈취한 혁명적 용감성, 불교유신론을 주장하여 김윤식 교수가 "문체로 보나 사상으로 보나 근세에 짝을 찾기 어려운 글"이라는 격찬을 하게 한 사실, 일제 말기의 절망적 상황에서도 온갖 회유를 물리치고 민족의 양심을 지키다가 해방을 불과 1년 앞두고 한많은 생애를 마친 것 등이 만해의 일생이었다고 볼 수 있겠다. 만해의 생애를 이렇게 겉으로만 볼 때 죽을 때까지 변함없었던 그 민족적 양심으로 해서 정신생활은 오히려 침체된 면이 없지 않은 것 같으나 사실인즉 그의 내면생활은 시대의 변천과 더불어 쉼없는 발전을 거듭했다는 것을 발견할 수 있다.

1927년 신간회운동 가담, 불교청년회 지도, 그후 문학활동 등을 통해 그의 민족사상은 쉴새없이 발전을 거듭했다. 이는 그 정신이 그의 역사의 식으로부터 나온 것이라고 볼 수밖에 없다. 만해의 역사관은 「조선독립에 대한 감상의 개요」에서 그 일부를 엿볼 수 있다.

인류의 지식은 점차적으로 발전하는 것이다. 역사는 인류가 몽매한 데서부터 문명으로, 쟁탈에서부터 평화로 발전하고 있음을 사실로써 증명하고 있다. 인류진화의 범위는 개인적인 데로부터 가족, 가족적인 데로부터 부락, 부락적인 것으로부터 국가, 국가적인 것에서 세계, 다시 세계적인 것에서 우주주의로 진보하는 것인데 여기에서 부락주의 이전은 몽매한 시대의 티끌에 불과하다.

이와 같이 만해는 인류역사를 끝없는 발전으로 비교적 낙관하고 있다. 그것은 몽매와 쟁탈에서 벗어나 문명과 평화를 위해 전진한다는 일종의 진보사관이다. 또한 소수의 지배자가 역사를 움직이는 시대에서 다수 민중의 힘이 역사를 창조하는 시대로 나아가고 있다고 믿는 민중사관이다. 이런 관점에서 만해는 세계사의 현 단계를 분석하여 제국주의의 침략적 본질을 갈파한 동시에 제국주의와 군국주의가 타락할 수밖에 없음을 주장한 다음, 이러한 세계사의 필연적 진행에 비추어 조선의 독립은 불가피한 것이라고 결론을 내리고 있다. 그는 "군국주의는 인류의 행복을 짓밟는 가장 흉악한 마술"이라고 규탄하며 이 같은 침략주의자들이 얼마나 뻔뻔스런 거짓말쟁이인가에 대해 다음과 같이 말했다.

이른바 강대국, 즉 침략국은 군함과 총포만 있으면 자신의 야심과 욕망을 충족시키기 위하여 도의를 무시하고 정의를 짓밟는 쟁탈을 행한다. 그러면서도 그 이유를 설명할 때에는 세계 또는 어떤 지역의 평화를 위한다거나 쟁탈의 목적물, 즉 침략을 받는 자의 행복을 위한다거나 하는 기만적인 헛소리로써 정의의 천사국으로 자처한다. 예를 들면 일본이 폭력으로 조선을 합병하고 천만 민중을 노예로 취급하면서도 겉으로는 조선을 병합함이 동양평화를 위함이요 조선민족의 안녕과 행복을 위한다고 하는 것이 그것이다.

만해가 이같이 침략주의와 그들의 기만성을 신랄히 공격한 것은 이러한 모든 인류의 죄악이 평화와 정의를 향해 끊임없이 발전하는 역사의 한 과정, 즉 멸망해가는 한 부분이라고 봤기 때문이다. 만해가 군국주의 독일과 그들과 싸운 연합국을 사실상 동렬에 놓고 비판한 것은 대단한 탁견이라 할 만하다. 연합국도 독일 측과 아무런 다름이 없는 준군국주의로 본 것이다. 여기에서 만해는 또 다시 새로운 탁견을 보인다.

연합국 측의 대포가 강한 것이 아니었고 독일의 칼이 약한 것도 아니었다면 어찌하여 전쟁이 끝나게 되었는가. 정의와 인도의 승리요 군국주의의 실패 때문인 것이다.

그렇다면 정의와 인도, 즉 평화의 신이 연합국과 손을 잡고 독일의 군국주의를 타파했다는 말인가. 아니다. 정의와 인도, 즉 평화의 신이 독일국민과 손을 잡고 세계의 군국주의를 타파한 것이다. 그것이 곧 전쟁 중에 일어난 독일의 혁명이다.

평화의 신이 연합국이 아니라 독일국민과 손을 잡았다고 한 것은 그의 역사관이 바로 민중사관임을 뚜렷이 보여주는 것이다. 만해의 역사관은 바로 진보사관이자 동시에 민중사관이었다. 이 같은 그의 사관은 바로 그가 가진 불교사상에 의해 밑받침되고 있다.

승려 만해 인간 만해

만해는 육당이 쓴 독립선언의 일부에 대해서 불만이 없지 않았고 그래서 따로 공약삼장을 첨가하였다. 그중 제2장에 "최후의 일인까지 최후의 일각까지 민족의 정당한 의사를 특히 발표하라"고 했는데, 이것은 만해의 무력항쟁적인 호전성을 의미하지 않고 본래 불교사상에서 나온 것이었다. 즉 불교의 '세세생생'(世世生生)에서 비롯된 사상이라 할 수 있다. '세세생생'이란 말은 연기론(緣起論)에서 비롯된 것이다. 즉 처음에 뜻한 바를 성취시키기 위해서는 온갖 정력을 다 기울일 것이며 중도에서 포기하는 일이 없어야 한다는 뜻이다. 우리가 일단 마음속으로 결심한 것이 있다면 그 목적을 달성하기 위해서는 시공을 가리지 않고 계속 노력하여야 할 것이며, 만일 우리 대(代)가 죽어버린다면 우리의 다음 대까지라도 계승되어 뜻하는 바를 이루어야 하고, 또 죽은 우리도 그냥 가만히 있는 것이 아니라 저승에서도 계속해서 일의 성취를 위하여 노력하여야 한다는 것이다. 박노준·인권환, 『한용운 연구』

일제 말의 절망적 상황 속에서도 민족독립의 의지를 추호도 굽히지 않아 후대에 길이 그리고 높이 추앙받는 그 민족양심은 실로 위와 같은 불교사상에서 연유된 것이라고 볼 수 있었다. 세상에서는 만해가 법정에서 다른 대표에 비해 남달리 용감히 투쟁한 것을 그의 강직한 성격 탓으로 돌리기도 하나 만해가 승려 출신으로 깊은 불교철학을 체득한 인사로 그의 사상과 처세가 불교사상의 영향을 강하게 받았으리라는 것은 추측하기 어렵지 않다.

'법인'(法忍)은 반야(盤若)의 제3원리로서 불경(不驚)·불공(不恐)·불굴(不屈)·불퇴(不退) 등을 뜻한다. 즉 놀라지 않고 두려워하지 않으며 굴하지 않고 물러서지 않는다는 뜻으로 이것이 불도의 가장 고귀한 정신이다. 만해는 불교사상의 심오한 철리를 체득한 인물로서 일제 말의 총검에 의한 발악 속에서도 두려움 없이 자기의 생각하는 바를 직언한 것은 아마도 몸에 밴 법인이란 불교철리의 힘 때문이었는지 모른다.

그러나 만해를 이렇게만 본다면 아무래도 형식적 이해에 지나지 않겠다는 생각이 든다. 그도 감정을 가진 인간이다. 더욱이 시인이기도 한 그는 누구보다도 감정이 섬세하고 예민했을 것이다. 그런 점에서 욱일승천 승전을 구가하는 일제의 전성기에 그의 심정은 어떠했을까.

만해가 술을 좋아했다는 사실에 우리는 무관심할 수가 없다. 이제 그만 들라고 하면 만해는 "한 잔만 더! 한 잔만 더!" 하면서 술에 취하기를 좋아했다 한다. 그리고 술에 취하기만 하면 비분강개 한없이 눈물을 흘렸다고 한다. 사람이란 목석이 아니며 강직하기만 할 수는 없다. 그가 취중에 울기도 하고 비분강개하기도 한 것은 그가 얼마나 괴로워했던가를 보여주는 것이다.

진실한 민족주의자는 민족이 불행할 때 행복할 수 없다. 민족이 수난에 처했을 때 그도 고난의 생활을 한다. 나라가 위국(危局)에 빠졌을 때 이 땅에 생을 받고 민족과 더불어 수난의 길을 걷다가 광복의 기쁨도 못 보고 한을 품은 채 영면한 만해의 일생을 생각하면 한 줄기의 눈물이 없을 수 없다.

그러기에 위당 정인보도 이렇게 시조 한 수를 읊으며 만해의 한 맺힌 혼을 위로했다지 않는가.

풍란화(風蘭花) 매운 향내 당신에야 견줄손가

이날에 임 계시면 별도 아니 빛날런가

불토(佛土)가 이외 없으니 혼(魂)아 돌아오소서.

"내가 국가를 위하여 눈물을 흘리면
눈물을 흘리는 나의 눈만 내가 아니라
천하의 유심한 눈물을 흘리는 자 모두 이 나이며,
내가 사회를 위하여 피를 토하면
피를 토하는 나의 창자만 내가 아니라
천하의 값있는 피를 흘리는 자 모두 이 나이다."

신채호

천고의 기개로 세운 민족사학

항일언론활동과 민족사관의 형성

단재(丹齋) 신채호(申采浩, 1880~1936)는 사학자이자 독립투사이며 문호이고 언론인이기도 한 개화기의 지식인이다. 개화기의 지식인으로서 흔히 볼 수 있는, 다방면으로 활동한 인사였지만 그는 그 투철한 역사의식과 행동으로 이 땅의 현대사에 독특한 삶의 자취를 남겼다.

단재는 1880년 충청남도 대덕군 산내면 가난한 선비의 집안에서 태어났다. 조부 신성우가 과거에 응시해 문과의 정언(正言) 벼슬까지 지냈으나 일찍이 벼슬을 내어놓고 은거하면서 학문을 닦고 농사를 짓는 한편 한문서당을 열어 생계를 유지하고 있었다. 아버지 신광식도 문재가 있었으나 일찍 세상을 떠서(38세) 집안은 더욱 가난했기 때문에 그는 외가인 대전 근처 안동 권씨 묘막에서 출생하였으며 어려서는 콩죽으로 연명하는 가난한 생활을 해왔다. 그가 후일 성장해서 일찍 유교의 보수주의에서 당시로서는 파격적인 독립협회에 가담해 개화운동에 적극 참여한 것도 이 같은 가난한 가정환경의 영향을 받은 때문으로 볼 수 있다.

7, 8세경 단재는 할아버지가 경영하는 서당에 들어가 공부를 시작했는데 재주가 비상해 9세 때 통감 전질을 해독하고 10세 때 행시를 지었으며 12, 3세 때는 사서삼경을 독파하여 근동에 신동이라는 소문이 자자했다. 그는 18세까지 할아버지 밑에서 공부를 열심히 하였다. 그러나 단재의 향학열을 만족시키기에는 시골에는 책이 너무나 귀했다. 단재는 할아버지 소개로 우연히 한말의 재상인 신기선의 집을 찾았는데 며칠을 드나들며 그 책을 모조리 읽어 신기선을 크게 놀라게 했다. 결국 그는 1898년 19세 때 상경하여 신기선의 소개로 성균관에 입교하였다.

단재가 독립협회에 가입한 시기는 1898년 말로서 독립협회가 의회개

설운동을 벌이면서 황국협회와 충돌하던 시기로 독립협회운동이 민중투쟁단계로 발전하고 있던 때였다.

이 무렵 단재는 성균관에 나가는 한편 시사문제와 세계사에 대한 관심이 많았고, 22세 때에 문동학원(文東學院) 강사로 나가면서 시국에 관한 이야기를 논하는 한편 학생들에게 한문무용론을 주장하기도 했다. 한문무용론은 당시의 사회상황으로 보아 받아들여지지는 않았으나, 독립협회의 기관지나 다름없는 『독립신문』이 그 무렵 순한글로 제작된 사실을 보면 독립협회 회원으로서 일단 있을 수 있는 일로 생각된다. 단재는 성균관에서도 한문실력이 뛰어나 원장 이종원의 총애를 받았다고 하는데 이러한 그가 한문무용론을 주장했다는 것은 그가 얼마나 진보적 개화사상을 갖고 있었는가를 말해준다.

단재는 1905년 2월, 26세에 성균관 박사가 되었다. 바로 이해 11월 17일 을사보호조약이 체결되고 이를 반대한 민영환이 자결한다. 『황성신문』 주필 장지연은 논설 「시일야방성대곡」을 쓰고 투옥되기도 했다. 단재가 『황성신문』 논설위원으로 들어간 것이 장지연의 초청을 받았던 것인지는 확실치 않으나 장지연이 독립협회의 같은 회원인 점으로 미루어보아 서로 잘 알고 있었는지도 모른다. 단재나 장지연이 다 같이 유학출신이면서도 개화사상에 공명하고 독립협회 해산 후에는 애국계몽운동을 벌이고 있었으므로 장지연이 신채호를 신문사로 초청한 것은 충분히 있을 수 있는 일이다. 다만 단재가 『황성신문』에 언제 입사했는지 확실치 않고, 또 신문사에 이내 사표를 냈는데 이것은 장지연이 문제의 사설로 구속된 후의 일이 아닌가 추측된다.

장지연이 사설사건으로 구속되고 『황성신문』이 제구실을 못하게 되자 단재는 1906년 양기탁의 초청으로 『대한매일신보』로 옮겼다. 영국인 베

델이 1904년 창간한 이 신문은 외국인이 경영했기 때문에 일본 당국의 검열대상이 되지 않았다. 단재는 『대한매일신보』로 옮긴 후 5년 동안 열정을 쏟아 항일언론을 폈다. 단재의 이름은 이미 서울 장안에 널리 알려지게 되었다.

그러나 이 무렵 한국의 언론은 이미 일본 수중에 들어가 제구실을 못하는 때였다. 즉 1905년에는 일본통감부에서 한국의 외교권을 박탈했고, 1907년에는 고종이 일제의 압력으로 양위하고 내정간섭을 용인하는 정미7조약을 체결했으며, 7월 24일에는 이른바 '광무신문지법'을 제정하여 언론을 본격적으로 탄압하고 나왔으므로 신문다운 신문의 발행은 더욱 어렵게 되었다. 1908년에는 양기탁도 일본군의 압력으로 한때 구속되었다가 『대한매일신보』를 물러나게 되었다. 황현(黃玹)은 『매천야록』에서 당시 언론계 사정을 다음과 같이 말했다.

신문은 수십 종이 있었으나 모두 아부 아첨을 일삼는데 오직 『대한매일신보』만이 왕왕 격앙비분을 터뜨렸고 하와이 교민들이 발간하는 『신한민보』나 블라디보스토크 동포들이 발간하는 『해조신문』만이 먼 곳에 자리잡은 탓으로 때로 항일언론을 펴는 정도였다.

단재가 언론인으로서 활약한 것은 26세이던 1905년부터 나라가 일제에 병합당한 1910년까지 6년간이었다. 이 6년간 그는 『황성신문』과 『대한매일신보』 같은 가장 격렬한 항일민족지에서만 활동했으므로 그의 언론인으로서의 활동은 곧 항일투쟁의 일환이었으며 바로 그의 긴 항일독립투쟁의 시발이 되는 셈이다.

그리고 단재의 민족사학 역사이론이 발상된 것은 1905년 『황성신문』

논설위원으로 입사해서 다시 『대한매일신보』 논설위원으로 활동하면서 1907년 신민회운동에 가담하여 항일독립운동에 종사하다가 망명한 1910년까지, 즉 변법자강사상을 수용한 전후 6년간의 기간으로 보는 것이 옳을 것이다. 단재가 언론인으로서 가장 활발하게 활동한 것도 바로 이 6년간으로 이 사이에 그는 항일·민족자주의 언론으로 민중에게 애국심을 고취하였으며 한편 1906년 『이태리건국 삼걸전』을 역술하고 1907년에는 신민회에 가입, 그 취지문을 초하고 1908년에는 『가정잡지』라는 한글잡지를 편집했으며 『대한협회월보』 『기호흥학회월보』에 논설을 기고하기도 했다. 한편 민족적 영웅에게서 애국적 교훈을 얻고자 1907년에는 『을지문덕』, 1908년에는 『이순신전기』, 1909년에는 『동국거걸최도통전』(東國巨傑崔都統傳)을 서술했다는 것은 한편 민족주의 사학의 애국적 계몽활동으로 평가할 수도 있으나 한편 그의 사학이 영웅사관에 입각해 있었다는 점을 알 수 있다.

단재가 1908년 8월 27일부터 『대한매일신보』에 연재한 「독사신론」(讀史新論)은 사대사관을 극복하고 웅대한 한국사를 구상한, 자강론적 애국주의에 깊이 영향받은, 말하자면 국사에 있어서의 주체성 모색이다. 단재는 문제의 이 「독사신론」에서 그때까지 한국사학에 뿌리박고 있던 사대주의 사관을 신랄히 비판하고, 중국에 대한 사대사상이 정착되기 전의 '동아시아' 고대세계에서 한족과 비견할 만큼 웅장했던 한국민족사의 전통을 더듬는다. 이로써 그는 모방적 사대주의 사관을 극복하고 한민족 중심의 민족사관을 구축했다.

북경시절의 단재 신채호. 그는 철저하고 단호한 항일운동과 함께
민족주체 사관을 확립한 탁월한 업적으로 민족사에 뚜렷한 족적을 남겼다.

민족 주체적인 개화를 역설하다

단재의 사관은 변법(變法)과 자강(自彊)이었다. 변법은 모방적 사대를 부정하고 자주적 서구수용의 근대화 방향으로 구현되고, 자강은 4강이 아시아 제국을 서로 다투어 식민지로 침략하는 국제적 상황 속에서 약육강식 · 적자생존이라는 사회 '다위니즘'적 진화법칙이 지배하는 시대를 맞아 안으로 애국심을 고취하여 근대적 국민주의를 심는 한편 민족적 영웅을 대망하여 부국강병의 근대적 주권국가를 확립하고 밖으로 적자생존의 대외경쟁력을 강화하여 자주독립의 부국강병형 민족국가를 형성 · 발전시키자는 것이다. '변법자강'이라는 일종의 내셔널리즘을 토착화시키고 계몽 · 교화시키기 위해서는 본국사, 즉 주체적 국사를 형성하고 애국심을 주입하는 교육이 무엇보다도 중요하다는 것이었다.

여기에서 간과해선 안 될 점은, 청국 사상계의 '변법자강론'이 장지연 · 신채호 등에 의해 우리나라에 수용된 것과 일본 군국주의자들이 대한제국정부에 압력을 가해 강제로 실시한 1890년대의 위로부터의 행정적 개혁과는 서로 성격이 달랐다는 점이다. 즉 일제의 강압에 의해 추진된 개화는 '개화'라는 탈을 쓴 친일운동에 지나지 않았으나 '변법자강론'은 서구사상의 수용에 의한 개화운동으로 보다 더 주체적 운동이었다. 즉 단재의 변법자강론식 서구수용은 메이지유신을 모델로 한 탈아론(脫亞論)적 성격을 가진 개화 · 개혁과도 성격이 근본적으로 달랐다. 단재 등의 개혁운동은 탈아론적 개혁도 아니고 외세를 업는 개화운동도 아니었다. 청국 양계초의 변법자강론을 수용한 단재의 개화운동은 일종의 안으로부터의 근대화, 민족운동으로 나타나 지식인들의 항일민족주의의 이론적 거점이 되었다. 동일한 서구화운동의 맥락이면서도 하나는 항일운동의 기초가 되고 또 하나는 유신 일본의 근대화를 모델로 한 친일개화운동으로 발전되었다.

양계초의 변법자강론은 장지연 등에 의해 수입되어 자강주의와 '대한자강회'의 정치적 실천으로 발전되어갔다. 장지연은 「자강주의」라는 논문에서 자강론적 인물로서 나폴레옹·콜럼버스·마치니·링컨 등을 들었으며, 이들 모두 모험적 진취적인 경쟁의 승자요 국혼(國魂)을 환기한 애국자라 평했다. 특히 링컨을 일러 "국론이 분열되는 것을 돌보지 않고 전쟁의 참극을 돌보지 않고 의연 노예들을 해방시킨 이상을 사랑한 사람"이라고 평가했다. 장지연의 영향을 받아 단재도 전기를 통해 을지문덕·이순신·최영 등을 자강주의적 영웅으로서, 또 국가주권이 존립하고 열강이 서로 치열한 경쟁을 벌이는 국제사회에서의 우승자로서 가장 적합한 이상적 인간상으로 그리고 있다. 단재의 이 같은 자강론적 국사인식의 발상은 주로 『대한매일신보』의 논설을 통한 청년기 언론활동에서 싹텄다고 볼 수 있다.

1905년부터 1910년까지, '보호'로 위장된 일제강점의 침략과정에서 허울만 남은 대한제국시대에, 열강이 경쟁하는 한반도의 국제적 환경 속에서 단재는 자립·자강의 독립국가 건설의 방도를 모색하는 데 열중하였다. 그는 논설과 논문 속에서 독립국가 건설의 방도를 외경력(外競力)과 자강이라고 주장했다. 당시 한국을 둘러싼 국제적 환경은 지난날과는 달리 시대적 명분의 질서가 아니라 오직 실력이 좌우하는, 열강들의 세력 균형에 입각한 냉엄한 권력정치의 무대였다. 이와 같이 힘이 지배하는 강자생존의 새 국제질서 속에서 구국·애국의 방책은 오로지 자강책, 다시말해 근대적 국가주권의 확립과 부국강병의 국력배양이었던 것이다.

단재의 사상을 그의 역사인식을 통해 볼 때, 그의 웅장한 고대사 사상은 부여족을 중심으로 한 한족의 민족주의적 역사인식인 동시에, 한반도 주변종족과의 경쟁관계에서 생존경쟁·우승열패·강자생존의 외경사상을 고취한, 곧 자강론적 국사상과 애국주의적 영웅사상을 모색한 국사관 구성노력으로 요약될 수 있다. 이 사상은 항일독립을 위한 근대민족국가의 민족주의적 이데올로기 형성과 그 보편화의 기초가 되는 민족주의적 교훈사관(敎訓史觀)의 성격을 띤 것이었고 따라서 단재에게 국가와 국사 그리고 민족은 한 문제의 다른 측면이라고 할 수 있겠다. 구한말의 자강론적 내셔널리즘의 국사상이 단재의 사상에 전형적으로 구현되어 있음을 발견하게 된다.

단재가 장지연을 통해 또 직접 중국서적을 통해 서구사상을 수용한 것이 1906년부터 1910년 사이였으며, 가장 활발하게 언론활동을 한 것도 이때였다. 그리고 바로 이 5년간이 대한제국이 일본제국주의에 망하는 시기이기도 했다. 때문에 양심 있는 지식인은 항일언론을 전개하지 않을 수 없었고 그만큼 신변에 위험을 느끼기도 했다. 단재가 앞장서 항일언론을 편 것은 물론이지만 그것은 위정척사식 항일이 아니고 유교교육을 받았으면서도 이미 서구사상의 영향을 받은 국민주의적인 것이었다. 이 기간 동안 그가 어떠한 항일운동을 폈는가, 바꾸어 말하면 그의 자강론적·애국계몽적 항일운동이란 어떤 것이었나를 알아볼 필요가 있겠다.

대대로 유교사상에 젖어 있는 그때의 애국지사와는 달리 그의 애국은 이미 왕가에 대한 충성으로서의 애국에서 벗어나 있었다. 단재는 왕에게 충성을 바친 충신이란 나라에 별반 도움이 될 것이 없다는 주장이었다. 단재가 배격한 이 같은 충신은 민주주의를 한다는 지금도 얼마든지 볼 수 있는 인물형이다. 이른바 과잉 충성한다는 공무원이 바로 이들에 속한다. 그는 유교교육을 받고 성균관 박사가 됐으면서도 이른바 충의사상을 버리고 국민주의 사상과 국가에 대한 애국을 강조하였다. 단재가 이미 이때 정치적으로 놀라울 만큼 근대적 사상을 가지고 있었음을 보여준다.

당시의 한국사회는 개화의 열이 대단했다. 너나 할 것 없이 서구의 선진문명을 받아들이려 했고 일본의 다소 앞선 문명을 받아들이기에 여념이 없었다. 한마디로 해외문물에 대한 모방의 풍조가 풍미하고 있었다. 이런 시대적 상황에 처해 단재는 개화의 자세를 둘로 구분했다. 하나는 주체적 도입이요 또 하나는 노예적 모방이라고 했다. 해외문물에 대한 단재의 자세는 어디까지나 민족의 주체성을 견지하자는 주장이었다. 단재 자신 유교 교육을 받았음에도 누구보다도 먼저 서구사상을 받아들였다. 당시 일부 완미한 유생을 제외하고는 도도히 밀려오는 서구문명에 현혹되어 주체를 잃은 풍조가 있었다. 단재는 바로 이러한 사대풍조를 비판한 것이다. 서구문물을 받아들이기는 하되 한국인으로서의 자각과 긍지를 갖고 동등한 입장에서 받아들여야 한다는 점을 강조하였다.

신랄한 친일파 비판

단재의 강한 민족의식은 당연히 교육문제에도 관심을 보였다. 당시의 교육계의 상황은 어떠했는가 하는 문제와 관련해서 그의 교육사상을 살펴보기로 한다.

1909년은 을사보호조약이 체결된 지 4년이 되는 해요, 일제에 국권을 빼앗기기 바로 1년 전으로 사실상 식민지 상태였다. 교육계에서는 이미 애국교육이 금지되고 민족에 관한 언급도 불가능했다. 친일파들이 이러한 매국적 교육을 장려했다. 대세가 나라를 팔아먹는 일에 경쟁을 벌이는 것 같은 개탄할 풍조에 놓여 있었다. 민족이니 애국이니 하고 거론하는 일이 용기를 필요로 하는 상황으로 치닫고 있었다. 단재가 분연히 매국의 교육계에 공격의 화살을 던진 것은 이때였다. 「애국, 2자를 구시(仇視)하는 교육가여」라는 논설에서 당시의 교육자들을 통렬히 비난 공격했다. 교육계는 이미 민족을 저버리고 일제에 아부·영합하기에 급급해하고 있었다. 단재는 문교부의 이른바 교과서 검정방침의 매국성에 대해 더욱 격렬한 공격을 퍼부었다. 단재는 학부에서 결정한 교과서 검정방침에 대한 항간의 언론이 분분한 데 대해 지금까지는 뒤에서 나라를 망치게 하는 문교부였지만 그래도 표면으로는 나라를 이롭게 한다고 자처하더니 이제는 아주 정체를 드러내 나라를 팔아먹는 일을 서슴지 않게 타락하였다고 통박하였다. 단재의 비분강개한 논설에 감동되지 않은 사람이 없겠으나 그보다도 단재의 폭로적 논설을 통해 당시 문교부가 얼마나 매국적 정책을 서슴지 않았는가를 발견하게 되는 것이다.

단재는 「경고 유림동포」라는 명쾌한 논설에서 유림의 훌륭한 전통을 인정하고 그들의 세력이 아직도 사회에 크게 남아 있음을 시인하면서도 나라가 망하려는 중대한 순간에 각성하고 분발하라고 고무·격려하였다. 단재는 유림에 대해 아직 미련을 갖고 한 번 더 각성과 분발을 촉구한 것이다. 그러나 앞서의 논설보다 1년이나 늦은 1909년 2월 28일, 망국을 몇 달 앞두고 쓴 글이라서인지 유림에 대한 힐책과 격려가 더욱 격렬하고 간절한 감을 주고 있다. 즉 「유교계에 대한 일론」이라는 논설에서 단재는 유림이 보수와 형식을 일삼고 입으로는 인의와 예의를 내세우나 실상인즉 부귀와 명예만을 추구할 뿐이니 이는 유교를 망치게 하고 나라를 망치게 하는 결과를 빚었다고 결론을 지었다.

단재는 「큰 나와 작은 나」라는 논설에서 민족과 나라를 위해 목숨을 바친다 해도 그것은 결코 죽은 것이 아니라 참된 나는 영원히 살아남는다는 다분히 종교적·철학적 인생론을 전개했다.

물질과 껍질로 된 거짓나와 작은 나를 뛰어나서 정신과 영혼으로 된 참나와 큰 나를 쾌히 깨달을진대, 일체 만물 중에 죽지 아니하는 자는 오직 '나'라.

천지와 일월은 죽어도 나는 죽지 아니하며, 초목과 금석은 죽어도 나는 죽지 아니하고, 깊은 바다와 끓는 기름가마에 던질지라도 작은 나는 죽으나 큰 나는 죽지 아니하며, 예리한 칼과 날랜 탄환을 맞으면 작은 나는 죽을지언정 큰 나는 죽지 아니하나니, 신성하다 나여. 영원하다 나여. 내가 나를 위하여 즐거하며 노래하며 찬양함이 가하도다.

단재는 자기는 결코 죽지 않는다고 여러 예를 들어 설명했다. 왜 자기는 영원히 죽지 않는가. 그 이유를 단재는 다음과 같이 말하고 있다.

내가 국가를 위하여 눈물을 흘리면 눈물을 흘리는 나의 눈만 내가 아니라 천하의 유심한 눈물을 흘리는 자 모두 이 나이며, 내가 사회를 위하여 피를 토하면 피를 토하는 나의 창자만 내가 아니라 천하의 값있는 피를 흘리는 자 모두 이 나이며, 내가 뼈에 사무치는 극통지원의 원수가 있으면 천하에 칼을 들고 일어나는 자 모두 이 나이며……

단재의 애국의 논리가 여기에 잘 나타나 있다. 나라와 민족을 위해 자기 목숨을 바쳐도 작은 나는 죽으나 큰 나는 죽지 않는다는 논리다. 나라와 민족을 위해 일신을 바침으로써 영원한 자기 생명을 살린다는 것이다.

그의 애국논리가 이와 같았으므로 단재의 항일투쟁은 굴복을 모르는 용감성·일관성을 보여주었다.

단재는 친일파에 대해 어떠한 생각을 가지고 있었던가. 단재는 「일본의 큰 충노 세 사람」이라는 논설에서 이렇게 말했다.

오늘날 한국의 국권이 동편으로 건너가는 것을 사람이 다 통곡하더라도 나는 홀로 통곡치 아니하며, 한국 내 제반이익을 모두 빼앗기는 것을 사람이 다 통곡하더라도 나는 통곡치 아니하며, 한국정부에 일인이 날로 더 오는 것을 사람이 다 통곡하더라도 나는 홀로 통곡치 아니하며, 한국토지에 일인이 식민하는 것을 사람이 다 통곡하더라도 나는 홀로 통곡치 아니하는 바이어니와, 한국에 일본의 큰 충노가 세 사람 있는 것은 내가 부득불 통곡치 아니할 수 없으며, 부득불 방성대곡치 아니할 수 없으며, 부득불 가슴을 두드리며 통곡치 아니할 수 없으며, 부득불 하나님을 부르고 땅을 부르짖으며 통곡하지 아니치 못할지로다.

저 세 사람의 일본 대충노가 다만 저의 일신만 노예되고 말진댄 내가 마땅히 묻지 아니할지며, 저의 일신만 노예가 되고 말진댄 내가 마땅히 슬퍼하지 아니할지나 귀가 막히고 참혹하도다. 저희들로 인하야 무고 양민들이 모두 노예의 굴속으로 몰려들어가니, 귀 있는 자들아 내 말을 믿지 아니하는가. 내 말을 좀 살펴 들을지어다.

단재는 3대 친일 매국노로서 송병준·조중응·신기선을 들고는 자기가 3대 매국노를 통박하고 통곡치 않을 수 없는 이유로서 일인들이 한국에 침략해 들어오는 것은 그들이 외국인으로서 있을 수 있는 일이나 한국 지도자로서 자신이 노예가 되는 데 그치지 않고 무고한 수많은 국민들까지도 노예의 구렁으로 몰아넣으려는 것은 땅을 치며 통곡해도 시원치 않을 일이라고 개탄했다.

단재는 사회다위니즘을 받아들여 약육강식을 국제무대의 생존원리로 생각하고 있던 만큼, 일제가 한국에 침략의 마수를 뻗쳐오는 것은 충분히 있을 수 있는 일이나 어찌 지도층으로서 영향력 있는 한국인이 자신들뿐 아니라 무고한 국민들까지도 노예의 구렁으로 몰아넣으려 하느냐고 한탄한 것이다.

「친구에게 절교하는 편지」

단재의 글 중에서 빼놓을 수 없는 것이 「친구에게 절교하는 편지」일 것이다. 이 글은 단재의 애국심뿐 아니라 일진회 가입 등 친일로 기울어진 자들의 생태와 심정 그리고 이런 자들이 친일을 어떻게 합리화하고 궤변을 늘어놓았던가를 이해하는 데 적지않은 도움을 준다. 이 「친구에게 절교하는 편지」는 오늘의 우리에게도 시사하는 바가 많다.

평소에 눈을 부릅뜨며 팔뚝을 뽐내고 천하 일을 논란하던 노형으로 일진회에 들었단 말인가. 항상 하늘을 부르짖으며 땅을 두드리고 나라를 위하여 한 번 죽지 못하는 것을 한탄하던 노형으로서 일진회에 들었단 말인가. 온 세상사람이 모두 일진회에 들더라도 독(獨)히 들지 아니할 줄로 믿었던 노형으로서 일진회에 들었단 말인가.

노형이 향일에 우리나라는 사천 년 이래로 하루도 완전한 독립이 없음을 홀연히 단식하기에 노형의 소국을 나빼 녀기는 것을 의심하였으나 일진회에 들 줄은 알지 못하였으며, 노형이 향일에 우리나라 힘으로는 필경 자주독립하지 못하겠다 하기에 노형의 동포를 업수이 여기는 것을 애석히 여겼으나 일진회에 들는지는 알지 못하였으며, 노형이 향일에 민영환·최익현·이준·김봉학 제씨는 다만 그 몸만 죽고 나라의 이익이 없는 줄로 평론하기에 노형의 언론이 돌연히 변하는 것을 이상히 여겼으나 일진회에 들 줄은 알지 못하였으며, 노형이 평소 송병준·이완용·박제순·이지용도 역시 한때 영웅이라 목전에 부귀가 자족하니 국가와 인민의 멸망하는 것을 알리요 하기에 노형의 사상이 홀연히 변하는 것을 민망히 여겼으나 일진회에 들 줄을 알지 못하였으니, 노형으로서 지금 일진회에 들었단 말인가.

오호라! 내가 이로 좇아 노형과 절교하노니, 노형이 지금 일진회에 든 바에야 내가 비록 아니 끊고자 한들 아니 끊을 수 없으며, 노형이 스스로 조국을 잊은 바에야 내가 아니 끊고자 한들 아니 끊을 수 없으며, 노형이 스스로 동포를 잊은 바에야 내가 비록 아니 끊고자 한들 아니 끊을 수 없으니 오호라!

내가 노형을 끊지 아니하면 조국이 장차 나를 끊을지며 동포가 장차 나를 끊을지니 내가 노형을 끊을지언정 어찌 조국과 동포에게 끊기리오. 그러나 내가 지금 노형을 끊지 아니할 수 없는 경우를 당하여 또 차마 절교치 못하는 인정이 있으니, 슬프다 노형이여, 우리가 지금 아니 끊지 못할 경우를 당하여 가히 끊지 아니할 도리를 연구하여 볼지니 끊지 아니할 도리는 다름 아니라 노형이 스스로 조국과 동포를 배반치 아니하면 내가 언감히 노형을 끊으리오.

이 글에서 가장 우리의 주목을 끄는 부분은 일진회에 들어간 친일파들이 거의 대부분 일제식민주의 이데올로기 독소에 이미 다 물들어 있다는 점이다. 가령 한국은 사천 년 이래 한 번도 자주독립을 못했다느니, 우리 자신의 힘만으로는 도저히 독립할 수 없다느니, 민영환·최익현·이준 열사 같은 애국자의 죽음은 무의미하다느니, 즉 독립에 별 도움을 못 주었다는 등의 이론이다. 이러한 이론은 식민주의자들이 식민지 원주민으로부터 자주독립 정신을 빼내기 위해 퍼뜨리는 제국주의 이데올로기인 것이다. 이러한 제국주의 이론은 아직도 우리 주변에서 완전히 사라지지 않고 있다는 사실을 알아야 한다.

국민의 독립정신은 하루도 없어지지 아니하였거늘 지금 노형이 사천 년 이래로 하루도 완전한 독립이 없다 하며, 다른 사람의 힘을 빌려 독립을 하고자 하면 이것은 물에 들어가면서 빠지지 아니하기를 요구하는 것이니, 미국의 힘을 빌려 독립코자 하면 미국의 노예를 면치 못할지며 프랑스의 힘을 빌려 독립코자 하면 프랑스의 노예를 면치 못할지어늘 지금 노형은 장차 일본인의 퇴물상을 빌려 충복지계를 하고자 하니 이것은 몇백 세라도 걸인의 이름을 면치 못할지며 민·최·이·김의 한 번 죽음이 외양으로 보면 비록 아무 이익도 없는 듯하나 그 실상으로 볼진댄 지금 교육이니 실업이니 국권회복이니 하는 것이 이 제공의 끼친 바람이거늘 노형이 어찌 쓸데없이 그 몸만 죽음이라 하며, 저오적·칠적의 잠시 득세가 비록 영광인 듯하나 대저 한 집과 한 사람만 망케 하더라도 반드시 현저한 앙화를 받거늘, 하물며 우리 사천 년 국가기업을 전복하여 이천만 인민의 생명을 끊어버리고 어찌 아무 일도 없으리오. 사람이 미워하고 귀신도 노여워하여 앙화 받을 날이 불원하였거늘 노형이 시금 서겻들(이완용·송병준·박제순·이지용)노 또한 일시 영웅이라 하니 노형의 오해가 어찌 그리 심하뇨.

서대문에 있던 일진회의 집회장.
신채호는 고종양위와 한일합방에 앞장선 일진회를 신랄하게 비판했다.

[……] 노형이 근일에 『국민신보』와 『대한신문』, 두 마귀의 신문을 구람하더니 홀연히 혼을 잃었는가. 노형이 근일에 '개진교육회'와 '대동학회'의 두 마귀 당파를 추축하더니 홀연 지조를 변하였는가.

슬프다! 노형아. 저희들의 말을 나도 또한 들었노라. 저희들이 항상 하는 말이 일진회원이 날로 강성하고 의병의 당류가 날로 감쇠하여야 생명을 가히 보존하며 국권도 가히 회복하리라 하노니, 의병의 해가 없는 것은 아니로되 그 해는 다만 외면상으로는 생명과 재산의 해뿐이거니와, 일진회의 해는 곧 내면상으로 국민정신을 해롭게 하노니, 정신을 이미 잃은 후에야 어찌 국권을 회복하리오.

이것은 나의 허회 탄식하는 바이며 저희들이 항상 말하되 참 일본을 친근히 하는 자라야 능히 일본을 배척한다 하니, 『국민신보』, 제587호 논설 대개 그 뜻인즉 겉으로는 일본을 친밀히 하여도 속으로는 일본을 배척한다 함이나, 그러나 한 번 일본을 친하여 오조약이 성립되었고 두 번 일본을 친하여 칠협약이 성립되었고, 세 번 일본을 친하여 군대가 해산되었고, 네 번 일본을 친하여 한국 내에 식민하는 문제가 제출되었고, 전선·우편도 일본을 친하여 빼앗겼으며 [……] 일본을 친하여 이러한 일은 있거니와 하루도 참 배일하는 것은 보지 못하였으며 듣지도 못하였으니, 아지 못게라(알 수 없어라-편집자).

저희들이 장차 우리 사천 년 국가가 영망하고, 이천만 동포가 몰사한 후에 새로이 총중 고골을 일으키며 천상 귀졸을 몰아 저희 소위 배일이라는 것을 행하려는지 이것은 나의 항상 통곡하는 바이며, 저희들이 또 말하되 지금 시대는 인종끼리 서로 전쟁하는 시대라 황인종이 성한즉 백인종이 쇠하고 백인종이 흥한즉 황인종이 망하노니, 우리 일본과 한국은 같은 황인종이라 불가불 사소한 혐의를 잊어버리고 동양제국이

서로 단결이 되어서 저 가장 강한 일본을 맹주로 추천하고 한·청 양국
이 차제로 진보하여야 가히 서로 보존하리라 하노니, 오호라. 저희들이
취중에 취담을 하는가 몽(夢)중에 섬어(譫語: 잠꼬대−편집자)를 하는
가. [……]

천만인이 모두 침을 뱉어, 살아도 영광이 없고 죽어도 씻을 수가 없
으리니, 노형아, 무엇이 괴로워서 그리 하는가.

오호라, 노형이 차마 조국과 동포를 끊지 못하면 나도 또한 노형을
차마 끊지 못하려니와 지금 노형이 스스로 조국과 동포를 끊으니 내가
어찌 노형을 끊지 아니하리오.

개화와 척사를 넘어서

한편 단재는 아무리 오늘의 우리 현실이 험난하고 비참하고 고통스러
워도 희망이 살아 있으면 마침내 흥하고야 만다고 논했다. 망국을 1, 2년
앞둔 절망적인 상황 속에서 국민에게 희망을 잃지 말자고 격려를 아끼지
않았다. 희망은 모든 영광과 성공을 이룩하는 데 없어선 안될 보배스러운
정신적 힘이라고 했다. 한마디로 단재는 뜻이 있는 곳에 길이 있다고 격
려한 것이다. 단재는 「대한의 희망」이라는 논설 속에서 "지금 우리 대한
은 망하고 인민은 자유가 없으며 돈의 주조권이 없으며 사법권이 없으며
삼림을 빼앗기고 광산을 빼앗기고 철도를 빼앗겼으며 대교육자·대신문
가·대철학자·대문호·대이상가·대모험가가 없으며 그 현상은 차마
눈뜨고 볼 수 없을 만큼 참담한 것이 사실이지만 그러나 우리에게는 한
가지 가지고 있는 것이 있다. 그것이 바로 '희망'이다"라고 강조했다. 아
무리 절망적인 역경에 처해도 미래에 희망을 갖고 분투·노력을 하면 살

길은 저절로 생긴다는 뜻이다.

망국을 앞두고 온 나라가 자포자기 상태에 빠져 있을 때 단재는 단연 일어나 결코 실망하지 말고 조국의 자주독립을 위해 희망을 갖고 분투 노력하자고 호소하고 있다. 절망적 분위기가 천지에 가득 차 있는 속에서 불굴의 용기로 민중을 고무·격려하는 단재의 모습이 눈앞에 선히 보이는 듯하다. 결론적으로 볼 때, 단재는 사회진화론의 사상적 영향을 받은 점에서 위정척사의 유림하고는 대립되어 있었으나 한편 개화파의 비자주성을 비판하고 강한 민족주체 의식을 견지하고 있다는 점에서는 척사파와 통하고 있었다.

이같이 개화사상과 위정척사 사상을 종합·지양시켜 한민족의 항일 독립운동을 일보 전진시켰다는 점에서 단재의 애국계몽운동은 의의가 컸다.

단재가 망명길에 오른 것은 1910년 4월이었다. 나라가 망하기 꼭 4개월 전이었다. 이때는 이미 『대한매일신보』에 대한 압력이 날로 가중되어 도저히 항일언론을 쓸 상황이 아니었다. 최남선의 『소년』지에 「독사신론」이 전재되고 또 『대한매일신보』에 「동국거걸최도통전」을 연재중이었으나 이미 주위의 사정이 험악해 연재물을 다 끝마치지 못한 채 고국을 떠났다. 그가 압록강을 건널 때 단출한 여장 속에는 순암(順菴) 안정복(安鼎福)의 『동사강목』(東史綱目) 친필 원본이 들어 있었다. 그는 후일 국사 연구에 이 책을 많이 참고하여 썼다고 한다. 국경을 무사히 탈출한 단재는 안동현에서 기선을 타고 우선 망명지사들의 모임에 참석하고자 청도에 도착했다.

그는 다시 동지들과 러시아의 블라디보스토크에 도착, 1년 후인 1911년 12월 19일 '권업회'(勸業會)라는 교민단체에서 독립운동의 한 수단으로 창간한 『권업신문』의 주필로 활동했다. 이상설·이동휘 등도 참여한 권업회는 시베리아 지방의 조선민족단체 중 가장 활발했던 교민단체로, 교포들에게 직업과 일터를 알선하고 산업을 장려했으며, 교포 자제들의 교육을 담당하는 한편 항일운동을 전개했다. 이러한 운동과정에서 단재가 신문을 통해 커다란 기여를 했을 것은 짐작하고도 남음이 있다.

그러나 1914년 8월 제1차 세계대전이 일어나자 러시아정부는 대일관계를 염려해 권업회와 『권업신문』을 해산과 동시에 폐간시키고 말았다. 이 무렵 블라디보스토크의 기후는 너무나 찼고 병약한 단재는 생활고까지 겹쳐 고생이 말이 아니었다. 이때 상해의 신규식이 여비까지 보내며 굶든 먹든 같이 지내자는 연락을 해와, 단재는 1913년 북만주를 거쳐 상해로 갔다. 그러니까 단재가 『권업신문』에서 활동한 것은 2년이 채 안 되었지만 하여간 언론생활로서는 이것이 제2기가 되는 셈이다. 그의 나이 33세에서 34세까지의 일이다.

단재의 활동 제3기는 조선의 위임통치청원 사실을 들어 이승만의 임시정부 대통령 추대를 반대한 데서부터 시작된다. 상해에 온 단재는 신규식이 조직한 동제사(同濟社)라는 독립단체에 가담하는 한편 신규식의 후원으로 영국 조계에 박달학원(搏達學院)을 세우고 국내에 있는 조선청년들에게 민족교육을 실시했다. 그러는 한편 그는 김규식 등으로부터 영어를 배웠다. 영어는 이미 국내에 있을 때부터 배우기 시작했으므로 영어 원서를 읽을 수준에 있었으나 발음에는 전혀 신경을 쓰지 않았다고 한다.

그는 이 무렵 건강이 좋지 않아 고생이 많았다. 1914년 단재는 윤세용·윤세복 형제의 초청으로 만주의 서간도인 봉천성 회인현으로 가서 한동안 체류하게 되었다. 단재는 이곳에서 윤씨 형제가 세운 동창학교 (東昌學校)에서 동포청년들에게 한국사를 가르치는 한편 고대사 연구에 몰두했다. 사료를 수집하고 민족의 명산인 백두산에 오르기도 했다. 그는 동반한 신백우에게 자기 반생을 되돌아보는 시를 지어 남겼다.

인생 40년 지리도 하다.
병과 가난 잠시도 안 떨어지네
한스럽다 산도 물도 다한 곳에서
내 뜻대로 노래 통곡 그도 어렵다.

상해 임정과 손을 끊다

1915년 서간도에서 북경으로 간 단재는 그곳 도서관을 출입하면서 역사연구와 함께 문학활동에 몰두했다. 1916년 3월에 탈고한 『꿈하늘』이라는 소설은 단순한 문학작품이 아니라 우리 민족의 역사적 과제와 독립운동의 길을 상징적으로 극화한 작품으로, 후기에 집필된 『용과 용의 대격전』(1928)과 함께 단재의 대표적 문학작품이다.

1917년 그는 단 한 번 국내에 몰래 잠입한 일이 있었다. 조카딸 향란의 양육문제와 아끼던 제자 김기수가 지병으로 세상을 떠났다는 소식을 접한 때문이었다. 단재는 위험을 무릅쓰고 진남포를 거쳐 서울에 잠입하였다. 1918년을 전후해서 그는 북경의 보타암에서 기거하며 한국사 연구와 집필생활에 몰두하였다. 그러는 한편 중국신문 『중화보』에 사설을 집필하며 생계를 유지했다. 이 무렵 생활고는 극도에 달해 굶는 날이 많았다. 단재가 북경에서 굶주림을 참으며 국사연구에 몰두하고 있을 때 세계대전의 진전과 더불어 국내외에서 독립운동의 조짐이 싹트기 시작했다.

1917년 상해에서는 신규식 등이 중심이 되어 '조선사회당'이 결성되고 이해 연말에는 시베리아 교포들이 '전러한족회중앙총회'를 조직했다. 1918년 6월에는 하바로프스크에서 이동휘 등이 중심이 되어 '한인사회당'이 조직되었으며, 후일 1919년 4월 본부를 블라디보스토크로 옮기고 '고려공산당'으로 개칭하게 되었다. 1918년 8월에는 상해에서 여운형 등이 '신한청년당'을 조직하고 김규식을 파리강화회의에 파견하는 등 활발한 움직임을 보였다. 1919년 2월에는 급변하는 국제정세에 때맞추어 '대한독립의군부'라는 독립운동단체가 결성되고 독립운동 지도자 39명의 명의로 「대한독립선언서」를 발표했다. 이 선언서에 단재도 서명하였다. 국내에서 3·1운동이 터지자 중국을 비롯한 해외 각지의 지사들도 의연 활기를 띠기 시작했고 북경에서 3·1운동 소식을 들은 단재는 감격과 흥분으로 전신을 떨었다. 그는 이때 독립운동의 중심지인 상해로 달려갔다.

단재는 상해에서 조직된 대한민국 임시정부에 당초에는 가담하였다가 회의 도중에 퇴장해버렸다. 미국정부에 한국의 위임통치를 청원한 이승만을 어떻게 임시정부 수반으로 추대할 수 있느냐는 것이 반대 이유였다. 그는 이승만을 수반으로 추대해서는 안 된다는 반대파의 선봉 논객이었다. 단재는 임시의정원 회의석상에서 이승만이 청원했다는 위임통치안을 철저히 규명할 것을 요구했다. 그러나 요구가 관철되지 않고 이승만이 임정의 수반으로 선임되자 의정원 전원위원회 위원장 자리를 박차고, 이승만 노선을 지지하는 임정과 손을 끊었다.

단재는 외교론이나 점진론을 주장하는 이승만이나 안창호 노선을 반대하고 제국주의 일본에 철저히 항전하자는 군사노선을 주장했다. 그는 임정기관지 『독립신문』이 창간된 지 2개월 후인 1919년 10월 17일 임정노선과 대립한 주간지 『신대한』을 발간, 주간으로 활약했다. 『신대한』은 신규식의 후원으로 발간되었으며, 이 신문의 선명하고 통쾌한 논지는 교포사회에 큰 영향력을 미쳤다. 임정 측에서는 『신대한』을 없애기 위해 여러 공작을 폈는데 『독립신문』 주간으로 있던 이광수가 단재를 찾아온 것도 이때였다. 이광수는 단재를 만나 『신대한』을 폐간시키려고 노력했으나 성공하지 못했다. 단재는 외교론이나 도산의 교화주의적 독립노선을 맹렬히 공격하고 이승만이 이끄는 구미위원부의 폐지도 주장하였다. 그리고 그 무렵 일본정부의 초청으로 동경을 방문하고 돌아온 여운형의 '타협적' 노선에 대해서도 신랄히 비판했다. 이리하여 단재는 마침내 임정 자체도 부인하기에 이르렀다. 8·15 후 애국열사 단재가 이승만 치하에서 거의 거론조차 못된 것은 이때 이승만이 품은 감정 때문이었다.

무력에 의한 독립투쟁전략

단재는 대의명분에 어긋나는 행동은 추호도 용서하지 못하는 철저한 비타협 민족주의자였다. 『신대한』은 오래 계속하지 못했다. 단재가 1920년 북경에서 제2회 '보합단' 조직에 참가한 것으로 보아 이 신문은 1920년 이후 계속되지 못한 것을 알 수 있다. 1920년부터 단재의 활동무대는 상해를 떠나 북경으로 옮겨갔다. 그가 『천고』(天鼓)라는 한문 잡지를 심산 김창숙과 함께 1921년 1월 창간한 것도 북경에서였다. 7호까지 속간된 것으로 알려진 이 『천고』지는 거의 단재의 힘으로 지면이 메워졌다. 그는 이 무렵 원고집필을 위해 밤을 새우는 날이 많았다. 「조선독립 및 동양평화」를 비롯해 제국주의 일본의 침략을 신랄히 공격하는 글을 매호마다 발표하여 교포뿐 아니라 중국인 사회에서도 명성이 높았다.

이로부터 얼마 후인 4월 19일에는 단재를 비롯한 54명이 서명한 '이승만 성토문'이 발표되었다. 성토문은 단재가 작성했다. 이 무렵 상해에 나타난 이승만은 독립운동 지도자로서 어떠한 포부를 가져보지도 않고 또 무엇보다 급한 정치자금도 전혀 가져오지 않아 상해에서는 실망이 컸다. 이승만은 약 반년쯤 중국에 머물러 있는 듯하다가 적당한 구실을 붙여 다시 미국으로 돌아가고 말았다.

1922년 전후부터 단재의 사상은 조금씩 변하기 시작했다. 임정노선에 불만을 품고 북경에 온 단재의 주변에는 철저한 항일론자와 무력투쟁론자가 많았으며, 그는 1922년 겨울 의열단장(義烈團長) 김원봉을 만나게 됐다. 그의 주변에는 이회영·김창숙·유자명 등이 은연중 일종의 그룹을 형성하고 있었다. 단재를 맞은 김원봉은 비로소 존경할 만한 항일투사를 만나게 된 것을 기뻐했다. 김원봉은 의열단의 행동강령과 앞으로의 투쟁목표를 모두 단재에게 털어놓고 이야기하고 의열단의 활동지침이 될 역사적인 선언문을 기초해줄 것을 부탁했다. 이리하여 마련된 것이 저 유명한 「조선혁명선언」이었다.

이 선언문은 비단 의열단의 행동선언만이 아니라 1920년대의 민족독립사상 및 민족운동의 새로운 단계를 반영한 독립투쟁선언이라는 점에서 크게 주목할 만했다. 「조선혁명선언」은 민족독립운동의 주도적 담당세력으로 민중의 역할을 정면으로 강조하면서 그 실천방법도 임정의 독립노선인 외교론·준비론이 아니라 암살·파괴·폭동 등 무력에 의한 독립투쟁전략을 내세우고 있다. 이 선언문은 1920년대 초 일제의 회유책에 휘말려 국내의 일부 사이비 민족운동자들 사이에서 대두된 '내정독립론' '참정권론' '자치론' '문화운동론' 등 타협주의적 경향에 대해서도 통렬히 비판, 신채호의 독립사상이 얼마나 철저하고 또 단호한 것인가 하는 점뿐만 아니라 식민지 통치방법과 현실의 참상을 절실하게 상기시켰다.

朝鮮革命宣言

強盜日本이 우리의 國號를없이하며 우리의 政權을해앗으며 우리의 生存的 必要條件을다 剝奪하엿다

經濟의 生命인山林、川澤、鐵道、礦山、漁場……乃至小工業原料까지다빼앗어 一切의 生產機能을칼로버이며 독기로끊고 土地稅、家屋稅、人口稅、家畜稅、百一稅、地方稅、酒草稅、肥料稅、種子稅、營業稅、淸潔稅、所得稅……其他各種雜稅가逐日增加하야 血液은있는대로 다빨아가고 如干商業家들은 日本의製造品을朝鮮人에게 媒介하는中間人이되야 차차資本集

強盜日本의 統治를打倒하고 우리生活에 不合理한 一切制度를改造하야 人類로써 人類를壓迫지못하며 社會로써 社會를剝削지못하는 理想的朝鮮을建設할지니라

四千二百五十六年 一月 日

義烈團

단재가 집필한 「조선혁명선언」 초판 원문의 일부.
이 선언은 독립운동에서 민중의 역할을 강조하고 무력투쟁 노선을 확고히 천명했다.

민족의 무한한 자랑

1924년 단재는 특히 심각한 경제난에 부딪혔다. 며칠을 굶는 일쯤은 예사였다. 이 무렵 단재의 북경생활은 실로 암담했다. 그는 한때 북경의 관음사로 들어가 삭발하고 참선을 하면서 승려의 계를 받기 위해 고행에 들어갔다. 1924년 여름 관음사에 딸린 암자에 머물면서 『전후 삼한고』를 비롯해 『조선상고사』, 『총론』 등을 집필했고, 뒷날 『시대일보』, 『조선일보』, 『동아일보』 등에 발표된 대부분의 역사 논문과 저작들도 모두 이 무렵에 집필 또는 퇴고한 것으로 알려진다. 1925년 이후에도 신채호의 한국사 연구와 집필생활은 활발하게 계속되었다. 이 무렵 그는 영양실조인데다 무리한 독서와 집필 탓으로 안질이 심해져 고통을 받았다.

1927년 2월 민족협동전선이라고 할 '신간회'가 결성되었다. 일체 타협을 거부하고 민족주의좌파와 사회주의 세력이 연합하여 결성된 단체였는데 단재도 신간회 발기인이 되었다. 그와 교분이 두텁던 홍명희 · 신석우 · 안재홍 · 한기악 등의 요청이 크게 작용했던 것이 아닌가 한다.

이 무렵 단재는 '무정부주의동방연맹'을 창립하고 그 운동전략을 모색한다. 이것은 아마 1926년 전후로 믿어진다. 무정부주의운동은 민중직접혁명을 통해서만 실현된다고 믿은 그는 적의 중요 기관 일체를 파괴하기 위한 폭탄제조를 계획하고 여기에 소요되는 막대한 자금을 외국 수표를 위조해 마련코자 했다. 단재가 책임진 돈 액수는 1만 2천 원이었다. 단재는 위조수표를 가지고 돈을 찾으려고 일본 고베를 거쳐 대만 기륭항에 상륙했다가 대기하고 있던 일제경찰에 체포되었다.

만주 요동반도에 있는 대련감옥에 수감된 그는 재판이 거듭 연기되어 어둡고 지루한 미결감에서 지내다가 거의 반년 만인 1928년 12월 13일

대련 지방법원 형사법정에서 재판을 받았다. 재판정에서 단재는 범행을 숨기거나 부인하지 않고 조선독립을 위하는 일이라면 조금도 나쁠 것도 부끄러울 것도 없다고 당당히 진술하였다. 1930년 4월 28일 신채호는 2년여의 지리한 미결감 생활 끝에 대련법정에서 10년의 실형을 선고받고 여순감옥으로 이감되었다.

영하 20도의 혹한 속에서 다다미 한 장 위에서 홀로 지내는 일은 참으로 고통스러웠다. 그의 건강은 점점 악화되어갔다. 일제도 이름 있는 단재가 만약 옥사하면 시끄러워질 것을 염려하여 누군가 조선의 유력자가 신원을 보증해준다면 가출옥시켜줄 뜻을 밝혔다. 이에 그의 친척이자 친지인 친일파 모 씨가 나타났으나 단재는 친일파의 신세는 질 수 없다고 거절하여 살아날 수 있는 마지막 기회를 스스로 포기하였다.

대의와 지조를 지켜 추호의 타협도 없었으나 결국 그는 감옥생활을 한지 8년, 자유의 몸이 될 날을 1년 10개월 남겨둔 채 얼음같이 찬 만주 여순감옥에서 한 많은 생애를 마쳤다. 위독하다는 소식을 듣고 달려간 외아들 신수범이 임종도 못한 채 1936년 2월 21일 오후 4시 20분 그는 눈을 감았다. 단재의 유해가 일본헌병의 감시 속에 서울역에 도착했을 때 역에는 생전 고인의 동지인 안재홍·정인보·홍벽초·원세훈·여운형 등이 통곡을 하며 눈물로 말없는 유해를 맞았다. 단재의 유해는 다시 서울을 출발, 조치원을 거쳐 밤이 깊어서야 고향인 청원군 낭성면에 도착했다. 민사령 이전에 망명을 한 그는 호적도 없는 처지였다. 동지·친척들의 눈물 속에 암매장되는 수밖에 없었다.

8·15 후에도 이승만 치하에서는 누구 하나 단재를 입에 올리는 사람이 없었고 일제시대나 다름없는 금기의 인물대접을 받았다. 1960년대에 들어서야 그는 겨우 햇빛을 보게 되었다. 철두철미 항일투쟁으로 생애를 마

친 단재가 만약 오늘의 민족적 현실을 보면 무어라 말하고 무어라 신문 논설을 쓸까. 나라가 망한 지 40년간 그간 수많은 항일투사가 나타났으나 그중에서도 하늘을 우러러 한 점의 부끄러움 없는 투쟁의 생애를 마치기는 아마 단재만한 인물이 없었을 것이다. 그가 쓴 「조선혁명선언」은 읽기만 해도 피가 끓고 원수 일본에 대한 적개심이 솟아오르는 천하의 명문이다. 단재는 일제와 싸우는 데 타협을 모르는 사람이었다. 이승만에 대해 끝까지 성토를 그치지 않은 것에도 대의와 명분 속에 살려는 단재의 기개가 여실히 드러나 있다.

그는 본래 유가의 가정에서 태어났으나 유학의 완미한 독선과 관념에 얽매이지 않고 서구사상을 수용하고 자강론에 기울어 개신 유학자로서 신문에 새 바람을 불러일으키는 논설로 이름을 떨쳤고, 만년에 가서는 민중 속에 역사발전의 무한한 가능성을 발견하여 마침내 무정부주의를 신봉하게 되었다. 그의 사상은 정체하지 않고 시대와 더불어 발전하여 정지할 줄 몰랐다. 생전에 단재가 웅대하고 창조적인 민족사학을 완성하지 못한 것은 무엇보다도 한스러운 일이었다.

그가 실천가로서 투쟁하기보다 민족의 대의를 위하고 민족사학의 연구와 발전을 위해 공헌했다면 얼마나 좋았을까 하는 아쉬움을 누를 길 없다. 일제 36년간의 민족 수난기에 우리가 단재와 같은 인물을 가지고 있었다는 것은 분단시대인 지금 백범을 가진 것이 민족을 위해 무한한 자랑이 되듯이 똑같은 자랑이 아닐 수 없다. 나라가 어지러우면 충신을 생각한다고 우리는 이 땅에 또다시 단재 같은 인물이 나와주기를 고대하지 않을 수 없다.

"닭은 길러서 새벽 한 번 울음소리 듣자는 것이요,
돼지는 먹여서 제삿날 한 번 잡자는 거요,
　　신문·잡지도 해서 필요한 때 한마디 하자는 것입니다.
새벽이 와도 울지도 않고 제삿날이 왔는데
　　도마 위에 올라가기 싫다는 닭이나 돼지가 못쓸 거라면,
말을 할 때에 하지 않는 언론인도 못 쓸 것입니다."

함석헌
잠든 혼을 일깨우는 씨올의 스승

함석헌과 언론

'함석헌(咸錫憲, 1901~89)과 언론'이라고 하면 아마 어떤 사람들은 그가 언제 신문사에서 일한 적이 있는가 하고 의아하게 생각할지도 모른다. 사실 그는 신문사에서 일한 적이 없는 것 같다. 필자는 그의 입에서 신문사에 다닌 일이 있다는 이야기를 들은 적이 없다. 좀 실례의 말이 될는지 모르겠으나 그의 글을 읽어보면 신문사에 다닌 분이 아니라는 것을 이내 알 수 있다. 왜냐하면 신문 문장이란 쓴다고 다 기사가 되는 것이 아니다. 신문기자가 되려면 우선 글쓰는 훈련부터 시작한다. 육하원칙이니 무어니 해서 까다로운 조건이 따른다.

조금이라도 주의를 안 하면 기사는 어느새 데스크 손에서 짝짝 찢겨 휴지통에 들어가게 마련이다. 기자라고 해서 누구나 유능한 기자가 될 수는 없다. 신문기사나 논설을 제대로 쓰는 것이 그만큼 까다롭다는 것을 의미하는 것이다. 반나절만 지나도 휴지쪽지가 되기 마련인 신문기사이지만 신문 문장처럼 쓰기 까다로운 글이 없고 말썽 많은 문장도 없다.

함석헌의 글에 대해서는 좋다는 사람도 있겠지만 이것저것 불만이라는 사람도 없지 않을 것이다. 사실 그의 글을 읽어보면 신문 문장하고는 거리가 멀다는 것을 이내 알 수 있다. 까다로운 데스크가 아니더라도 불합격의 붉은 줄을 그을지도 모른다. 물론 이것은 그가 신문사나 신문기자나 신문 문장하고는 아무런 인연도 관계도 없는 사람임을 생각하면 당연한 일이라고 할 수 있을는지 모른다.

그런데 이런 양반이 언론상까지 받았다면 사람들은 또 이것이 어떻게 된 일인가고 어리둥실해할는지 모른다. 언론인이라고 하면 누구나 신문사를 생각하고 신문을 연상한다. 물론 이것은 당연한 일이다. 언론인이란 으레 신문사에서 활동해온 것이 이제까지의 관례가 되어왔기 때문이다. 신문기자란 신문을 무대로 하고 있을 때에는——이미 옛말이 됐지만——무관의 제왕이니 무어니 하는 말을 듣는다. 그러나 일단 신문이라는 무기를 잃으면 꽁지 빠진 꿩처럼 아무 쓸모가 없어진다. 현역에 있을 때에 '무관의 제왕'이지 일단 예편이 되어 신문사를 떠나버리면 그처럼 무력한 것이 없다. 지금 서울에만도 '신문'이라는 무대를 떠난 이른바 기자라는 사람들이 많지만 그들처럼 초라하고 무력한 존재가 없다. 현역에서 예편된 기자들, 그것은 한심한 존재들이다. 그런데 여기에 예외인 한 사람이 있다. 그것도 혈기에 찬 젊은 사람이 아니라 이제 80이 넘은 노인이니 놀라운 일이 아닐 수 없다.

저널리즘(Journalism)이 '신문'이라는 뜻을 가진 단어라는 것은 누구나 다 아는 상식이다. 그리고 이 저널리즘의 어원이 바로 '저널'(journal)이고 이것이 '일지'(日誌)라는 뜻을 가진 단어라는 것도 신문기자면 누구나 다 아는 사실이다. 즉 신문이란 그때그때의 시사적인 문제들을 세밀하고 정확하게 기록하는 인간사회의 한 기능이라는 것은 오늘의 사회에선 하나의 상식이 되어 있다. 그러므로 신문이란, 또는 신문기자라는 직업을 가진 사람은 누구를 막론하고 그때그때의 중요한 문제, 즉 국민이면 누구에게나 깊은 이해관계가 있고, 따라서 깊은 관심이 가는 문제에 대해 솔직하고 성실한 보도와 논평을 하여 국민에게 올바른 판단의 재료와 눈을 주는 것을 사명으로 한다.

국민에게 매우 중요한, 따라서 당연히 알려야 할 문제는 지체없이 보도하여야 하고, 국민과 국가에 중대한 영향을 미치는 관심사에 대해서는 언론인으로서 이를 솔직하고 기탄없이 논평하여 시비를 가려야 한다. 그러나 우리나라 언론은 그것이 권력과 이해관계가 얽혀 있을 때는 중요한 문제인데도 아예 국민에게 알리지 않거나, 논평으로써 시비를 가려야 하는 데도 이를 외면하고 묵살하거나, 아니면 언론매체를 갖고 있다는 것을 기화로 곡필을 휘둘러 국민을 오도하는 경우가 없지 않다. 이리하여 한국언론은 이름만 있을 뿐 언론으로서 제구실을 못하게 된 지 이미 오래됐다는 세평이 들려오고 있다. 어떤 사람들은 이러한 현상이 마치 언론인의 윤리적 타락에서 유래하는 양 개탄하는 사람도 있으나 이것은 사태를 정확하게 파악한 것이라고 할 수 없다.

우리나라 신문기업은 그 대부분이 권력과 금융·재정적으로 밀착해있다. 따라서 언론기업을 살리는 길이 언론의 독립을 수호하는 것과 상극이 되어, 언론의 자유나 독립 같은 언론의 사명에 충실한 기자들을 명색 언론기업주라는 자들이 앞장서서 물리치는 예가 없지 않게 된 것이 우리가 볼 수 있는 일부 신문들의 현실이다. 언론이 있으면서도 언론이 없고 언론인이 있으면서도 언론인이 없다는 것이 오늘 언론계의 현실이라는 세평도 들려온다.

함석헌이 이른바 직업적 언론인으로서는 전혀 경험이 없는 인물이면서도 그야말로 죽은 언론계에 언제나 생기와 양심과 용기를 불어넣어주는 참된 언론인으로서 높이 평가되는 이유가 있을 것이다.

그는 물론 신문기사를 어떻게 쓰는 것인지 육하원칙으로 배웠을 까닭이 없고, 따라서 신문기사를 쓸 줄도 모르고 써본 경험도 없을 것이다. 신문사에 들어와 기자생활을 해본 경험이 없는 그에게 그러한 것을 기대하는 것 자체가 무리라고 해야 할 것이다. 신문기사를 어떻게 쓰는 것인지 전혀 경험이 없는 그를 우리 언론계에서 위대한 언론인으로서 존경할 수 있는 것은 그가 가진 양식과 용기와 일편단심 때문일 것이다. 그는 세상이 다 아는, 아무 재산도 없고 그리고 아무것에도 예속되어 있지 않은, 심지어 기독교인이면서도 어떤 교회에도 얽매여 있지 않은 문자 그대로의 자유롭고 독립된 존재다.

세상에서는 그를 누구도 언론인이라고 보지 않는데 사실상 그야말로 가장 뛰어난, 아마 가장 진정한 언론인이 될 수 있는 하나의 조건이 바로 이 점에 있는지도 모른다. 자칭 언론인이 구름처럼 많은 이 세상에서 오직 유일한 진짜 언론인으로서 활동해온 것은 그 아무것에도 매여 살지 않는 자유롭고 독립된 생활이 한 조건이라고 할 수 있을 것이다.

기독교인이라고 하면 흔히들 태평양 저쪽 지향적이라는 말을 곧잘 듣지만 그는 기독교를 믿으면서도 양(洋)냄새 하나 풍기지 않는 순수 시골 할아버지 풍모 그대로이다. 언제나 흰 두루마기와 고무신, 그리고 옛날 시골 할아버지를 연상시키는 희고 긴 수염은 아무리 보아도 이 강산의 백의민족을 상징한다.

함석헌은 자신이 결코 민족주의자가 아니라고 말한다. 그러나 그러면서도 그는 민족주의자라고 자칭하는 누구보다도 더 민족적이다. 일제 때 처음 시작한 문필활동이 『성서적 입장에서 본 조선역사』였다. 기독교도라고 하면서도 그는 누구보다도 민족을 생각했고 민족의 지난날을 연구하였다. 굳이 말하면 '민족적 기독교인'이라고 할까, 아니면 '조선적 기독교인'이라고 할까, 하여간 그는 누가 무어라고 하든 누구보다도 민족적 기독교인이다.

생각하는 백성이라야 산다

함석헌이 언제부터 언론생활을 시작했는지는 확실치 않으나 "아마 1956년 『사상계』에 기고하기 시작한 때부터"라고 보는 것이 옳을 것이

함석헌은 기독교 신앙을 바탕으로 독재정권과 지식인의 위선 등을
신랄하게 비판한 이 시대의 진정한 언론인이었다.

다. 언론생활이란 반드시 신문사에 입사해서 취재기자나 논설위원이 돼야만 언론인이 되는 것은 아니다. 보다 중요한 것은 그가 신문사에 적(籍)을 두었느냐 아니냐보다 언론활동을 어떻게 했느냐가 중요하다. 아무리 언론계에 몸담고 있어도 이른바 저널리스트로서의 구실을 제대로 못하면 그를 두고 언론인이라고 할 수는 없다. 국민이 알아야 할 중대한 문제가 생겼는데도 이것을 보도하지도 않고, 또 논평하지도 않는다면 그러한 사람이 언론인이라고 할 수는 없다. 굳이 이름을 붙여준다면 언론인이라는 탈을 쓴 사이비, 가짜 언론인이라고 할 수밖에 없을 것이다. 같은 이치로 몸은 비록 신문사에 적(籍)을 두고 있지 않아도 시대가 제기하는 중대한 문제들을 남들이 알고도 모른 체하고 있을 때 용기있고 솔직하게, 그리고 양식에 따라 이것을 국민 앞에 글로써 시비논평한다면 그는 훌륭한 언론인이 될 수 있는 것이다. 그가 기자들이 우글우글한 신문사 밖에 있으면서도 빛나는 언론활동을 하게 된 것은 이른바 언론을 업으로 삼고 있는 자들이 제구실을 못하고 있을 때 그의 언론활동이 상대적으로 더욱 빛을 발했기 때문이다.

그렇다고 그를 신문사에서 언론을 업으로 먹고 사는 신문인들처럼 그때그때 시사적 문제를 다루는 사람이라고 보아서는 안된다. 그는 그때그때 일어나는 시사적 문제에 얽매이지 않는다. 한 시대의 흐름, 그 흐름에는 정치적 흐름도 있고 사회적 흐름도, 문화적 흐름도 있다. 사회적으로 보면 풍조(風潮)라 할 수 있을 것이고, 정신적으로 보면 사조(思潮)라 할 수 있을 것이다. 그의 언론활동이란 한국 민족사회에서 역사적으로 흘러가는 풍조와 사조에 대해, 즉 형이상학적 상황에 대해 문화적·종교적·윤리적·사상적 비판활동을 벌인 것이라고 볼 수가 있다.

그리고 상황이 아주 절박해 있을 때에는 이러한 형이상학적 비판활동에서 급변, 직업적 언론인이 감히 엄두도 못 내는 한 시대의 본질적 문제에 핵심을 찌르는 비판활동을 벌인다. 이런 때의 그의 글은 비수보다도 더 예리하고 날카로운 글이 된다. 그래서 흔히 권력자들은 그를 옥에 가두기도 하고, 그가 내는 잡지를 압수처분하기도 하고, 그를 위협하기도 하고, 미행ㆍ감시ㆍ연금하기도 하며 그의 글을 꺾으려고 했다.

그러나 그는 사회적으로 아무것도 잃을 것이 없는 자유인인지라 두려워하지 않았다. 지킬 만한 재산도 없고, 보호할 만한 감투도 없으며, 간수해야 할 정치적 지위도 없었다. 그는 철저하게 무욕하고 잃을 것이 없는 자유인이기 때문에 누구도 그를 어찌하지 못했다. 그의 빛나는 언론활동은 바로 이러한 '무욕의 지위'에서 나온 정론(正論)이었다.

1956년 그가 어떠한 경위로 해서 『사상계』의 기고자가 되었는지는 알 수 없으나, 이미 50대도 후반에 들어선 나이답지 않게 예리하고 날카로운 그의 언론활동이 시작되었다. 1956년이라는 해는 전 세계가 미ㆍ소를 양극으로 해서 냉전이 절정에 달하고 있던 시대였다. 사고엔 신축성이 없고 모든 판단기준이 오로지 냉전이데올로기에 의해 좌우되었다. 사상적 횡포와 정치적 비리가 냉전이데올로기의 기치 밑에 자행되었다. 나라 안팎이 이성을 잃고 이데올로기의 독재가 지성을 위축시켰다.

이른바 '뉴델리 회담설'이 조작되어 정치적 적을 때려잡으려 한 사건이 생긴 것이나, '사사오입 개헌안'이 강행된 것이나, 야당인사 집에 조작된 불온문서 투입사건이 일어난 것이나, 김성주(金聖柱)불법살해사건이 국회를 떠들썩하게 한 것이나 그 모두가 1956년을 앞두고 일어난 사건이었다. 말하자면 자유당정권의 횡포가 점차 노골화되기 시작할 때였다. 또 아첨하는 무리들이 이른바 한글간소화안이라는 것으로 한글까지도 망치려 했고, 정비석의 『자유부인』이 세인의 입에 오르내린 것도 당시의 세태의 일면을 보여주는 것이었다.

종교계를 보면 문선명의 통일교, 박태선의 전도관이 물의를 일으켰고 대처승과 비구승과의 분규 등이 있었다. 또 박인수(朴仁秀)사건을 통해 알 수 있듯이 성윤리조차 땅에 떨어지고 있었다.

언론계 상황을 보면 '오식(誤植)사건'으로 『동아일보』가 한 달 남짓 정간처분을 당하고, 「학생을 정치도구화하지 말라」는 지극히 상식적인 사설이 문제되어 『대구매신』이 테러를 당하는 등 시국이 극도로 어수선할 때였다. 시대사조가 냉전이데올로기 속에서 이성과 양식을 잃었고 이러한 상황에서 권력의 횡포는 더해갔다.

이때 『사상계』에 「생각하는 백성이라야 산다」는 글을 발표하여 이성의 회복을 부르짖은 사람이 함석헌이었다. 사고는 경직화되고 세태는 혼란되고 권력의 횡포는 날로 가중되어가는 속에서, 남북분단은 더욱 굳어지고 민족은 방향감각을 잃어가고 있는 듯이 보였다. 이 나라는 언제까지 이대로 살아가야만 하는가. 그의 종교적 양심은 이러한 현실을 묵과하지 못했다. 이래서 발표된 것이 「생각하는 백성이라야 산다」였다. 상당히 긴 글 속에서 그는 1950년대의 한국을 이렇게 말했다.

우리가 일본으로부터 해방이 됐다 할 수 있으나 참 해방은 조금도 된 것이 없다. 도리어 전보다 더 참혹한 것은 전에 상전이 하나였던 대신 지금은 둘 셋이다.

일본시대에는 종살이라도 부모형제가 한 댁에 살 수 있고 동포가 서로 교통할 수는 있지 않았나? 지금은 그것도 못해 부모처자가 남북으로 헤어져 헤매는 나라에 자유는 무슨 자유, 해방은 무슨 해방인가. 남한은 북한을 소련·중공의 꼭두각시라 하고, 북한은 남한을 미국의 꼭

두각시라 하니, 남이 볼 때 있는 것은 꼭두각시뿐이지 나라가 아니다. 우리는 나라 없는 백성이다. 6·25는 꼭두각시의 놀음이었다. 민중의 시대에 민중이 살았어야 할 터인데 민중이 죽었으니 남의 꼭두각시밖에 된 것 없지 않은가?

냉전이 절정에 달하고 반공교육·반공선전이 어느 때보다도 요란하던 당시의 상황 속에서 이런 말을 한다는 것은 '정상'이 아닌 것처럼 보였다. 그는 여기에 그치지 않고 다음과 같이 계속했다.

전쟁이 지나간 후 서로 이겼노라 했다. 형제 싸움에 서로 이겼노라니 정말은 진 것 아닌가? 어찌 승전축하를 할까? 슬피 울어도 부족할 일인데, 어느 군인도 어느 장교도, 주는 훈장 자랑으로 달고 다녔지 "형제를 죽이고 훈장이 무슨 훈장이냐?" 하고 떼어 던진 것을 보지 못했다.

함석헌이 아니면 못할 소리다. 당시의 상황으로 감옥행을 각오하지 않고는 못할 말이다.

한 번 내리 밀리고 한 번 올려 밀고, 그리고는 다시 38선에 엉거주춤, 전쟁도 아니요 평화도 아니요, 그 뜻은 무엇인가? 힘은 비슷비슷한 힘, 힘으로는 될 문제 아니란 말 아닌가? 이 군대 소용없단 말 아닌가? 전쟁 중에 가장 보기 싫은 것은 종교단체들이었다. 피난을 가면 제 교도만 가려 하고 구호물자 나오면 서로 싸우고 썩 잘 쓴다는 것이 그것을 미끼로 교세 늘리려고나 하고, 적을 불쌍히 여기는 사람, 정치하는 자의 잘못을 책망하는 정말 의(義)의 빛을 보여주고 그 때문에 핍박을 당한 일을 한 번도 못 보았다. 그 간난 중에서도 교회당은 굉장하게 짓고 예배당은 꽃처럼 단장한 사람으로 차지, 어디 베옷 입고 재에 앉았다는 교회를 못 보았다.

다른 나라 원조는 당연히 받을 것으로 알아 부끄러워할 줄 모를 뿐 아니라 그것을 잘 얻어오는 것이 공로요 솜씨로 알고 원조는 받는다면서, 사실 나라의 뿌리인 농촌은 나날이 말라들어가는데 대도시에서는 한 집 건너 보석상, 두 집 건너 요릿집, 과자집, 그리고 다방, 댄스 홀, 연극장, 미장원이다. 아무것도 없던 사람도 벼슬만 한번 하고 장교만 되면 큰 집을 턱턱 짓고, 길거리에 넘치는 것은 오늘만을 알고 나만을 생각하는 먹자 놀자의 기분뿐이지 어느 모퉁이에도 허리띠를 졸라매고 먼 앞을 두고 계획을 세워 살자는 비장한 각오를 한 얼굴을 볼 수 없으니 이것이 전쟁 치른 백성인가? 전쟁 중에 있는 국민인가? 이것이 제 동포의 시체를 깎아먹고 살아난 사람들인가?

그리고 선거를 하면 노골적으로 내놓고 사고 팔고 억지를 쓰고, 내세우는 것은 북진통일의 구호뿐이요 내 비위에 거슬리면 빨갱이니, 통일하는 것은 칼밖에 모르나?

1950년대 말기의 한국사회의 상황을 이렇게 생생하게 기탄없이 솔직하게 숨김없이 말한 언론인은 아무도 없었다. 그가 이 글로 구속된 표면적 이유는 "괴뢰만 있을 뿐 나라 없는 백성이다"라는 구절이 반공법을 위반한 때문으로 되어 있으나 아마 참 이유는 위에서 길게 인용한 당시의 사회상황을 혹독하게 비판한 구절 때문이 아니었나 싶다. 자기들의 치부를 이처럼 가차없이 폭로한 글이 또 어디 있었나? 그는 마지막으로 종교인답게 이렇게 결론을 맺고 있다.

국민전체가 회개를 해야 할 것이다. 예배당에서 울음으로 하는 회개 말고(그것은 연극이다) 밭에서 광산에서 부엌에서 교실에서 사무실에서 피로 땀으로 하는 회개이어야 할 것이다.

누구를 나무라는 것 아니오. 책망하는 것도 아니다. 나 자신을 보고 하는 말이다.

죽지 못하고 부산까지 피난을 갔던 나는 완전히 비겁한 자요, 어리석은 자다.

그러면서도 오히려 말을 하는 것은 말을 파는 자요 진리를 파는 자요, 하나님을 팔아 더럽히는 자다. 만 번 죽어 마땅하나 오늘까지 하나님이 살리신 것은 그 속죄하라 함이 아닐까? 무슨 십자가에 거꾸로 못 박혀야 그 죄를 속할까? 하나님, 이 나라를 불쌍히 여기소서!

이 글이 『사상계』에 발표되자 집권층 사이엔 큰 소란이 일어났다. 그러나 그 소란은 반성을 위한 소란이 아니라 자기들 치부를 건드린 데 대한 분노의 소란이었다. "어느 놈이 감히 우리를" 하는 소란이었다. 이리하여 58세의 그는 마침내 구속되는 몸이 되었다. 누구나 비리로 알면서도 아무도 말 못 하는 것을 앞장서 잘잘못을 가리는 그의 믿음의 용기는 언론을 업으로 하는 사람들에게 큰 교훈이 안될 수 없었다.

그의 언론활동은 직업적인 언론인들처럼 그날그날 발생하는 시사문제에 얽매이지 않았다. 한 시대의 바닥을 탁류처럼 무섭게 흐르는 풍조에 맞서 혼신의 힘과 용기로써 싸우는 종교인이요, 철인이요, 문명비평가였던 것이다. 이 무렵 쓴 글을 보아도 종교인다운 그의 면모를 볼 수 있다.

「할 말이 있다」 「한국 기독교는 무엇을 하고 있는가」 「청년 교사에게 말한다」 「정치와 종교」 「진리에의 향수」 「사랑과 실천」 「새 삶의 길」 등

많은 글을 썼다. 모두 그때그때의 시대가 주는 글들이다. 그러나 독재정권이 무너져 언론의 자유가 만발한 4·19 후에 그는 오히려 자중을 호소했다. 그가 빛을 발하는 것은 공포 속에 위축되어 세상이 죽은 듯 말이 없을 때 민중을 대변해서 감연히 일어서는 점에 있었다.

언론자유를 위한 투쟁

5·16군사쿠데타로 한때 그토록 백화제방(百花齊放) 요란스럽던 언론이 소리를 죽이고 말이 없을 때 그는 다시 펜을 들고 감연히 일어섰다. 「5·16을 어떻게 볼까?」를 발표한 것이다. 「사상계」, 1961년 6월 그는 이 글 속에서 5·16을 4·19와 비교하면서 "그때는 맨주먹으로 일어났다. 이번은 칼을 뽑았다. 그때는 대낮에 내놓고 행진을 했지만 이번에는 밤중에 몰래 갑자기 됐다. 그만큼 정신적으로 낮다"면서 5·16이 4·19와 다르고 4·19만 못하다는 것을 밝히고 "혁명은 민중의 것이다. 민중만이 혁명을 할 수 있다. 민중의 의사를 듣지 않고 꾸미는 혁명은 아무리 성의로 했다 하더라도 참이 아니다"라고 선언했다. 그는 용기를 갖고 할 소리를 한 것이다. 그러기에 그는 이런 말로 끝을 맺었다.

3년 전 이 밤엔 잠 못 자고 한 생각 말했더니 "나라 없는 백성이라" 했다고 이 나라가 나를 스무 날 참선을 시켰지, 이번엔 또 무슨 선물 받을까?

그때의 분위기에서 5·16이 혁명이 아니라는 것과 4·19만 못하다는 것을 정면에서 주장한 사람은 아마 그 한 사람뿐이었을 것이다.

5·16이 혁명이 될 수 없는 이유를 당당히 주장한 그는 얼마 후 당시 국가재건최고회의 박정희 의장에게 정면으로 직언을 하였다. 그는 「3천만 앞에 울음으로 부르짖는다」라는 글 속에서 박정희 장군을 비롯해 정치인 · 지식인 · 군인 · 학생 그리고 민중에게 호소하였다.

박정희 님, 내가 당신을 국가재건최고회의 의장이라고도 육군대장이라고도 부르지 않은 것을 용서하십시오. 나는 당신을 양심을 가지고 이성을 가지는 인간 박정희 님으로 알고 대하고 싶습니다. 지위는 관 덮개 밑에 들어가는 날 같이 떨어져버리고 사업도 비석에 글자가 지기 전 먼저 무너져버리는 것이나 영원히 남는 것은 양심과 이성으로 쌓아올린 인간상이기 때문입니다. 나는 당신과 군사혁명 주체 여러분의 애국심을 인정합니다.

여러분의 정의감과 의협심도 모르지 않습니다. 나는 또 혁명정부가 이날까지 해온 일 중에 여러 가지 잘한 일이 있는 것도 알고 칭찬하기를 서슴지 않습니다.

그러나 여러분은 여러 가지 잘못을 범했습니다. 첫째, '군사 쿠데타'를 한 것이 잘못이었습니다. 나라를 바로잡잔 목적은 좋았으나 수단이 틀렸습니다. 그리고 수단이 잘못될 때 목적은 그 의미를 잃어버립니다. 여러분은 나라의 기본 되는 헌법을 깨치고 직접 정치에 손을 댔을 때 후예를 위하였거든 마땅히 무기를 들지 말고 비밀리에 일을 꾸미지도 말고 정정당당하게 청천백일에 내놓고 항의를 해야 했을 것입니다.

또 여러분은 아무 혁명이론이 없었습니다. 그러나 민중은 무력만으로는 얻지 못합니다. 지금의 민중은 영웅의 휘두름을 따라 폭동을 일으키던 옛날의 군중과는 다릅니다. 저들은 자각해가는 인간이므로 이론을 요구합니다.

여러분은 종시 민중을 얻지 못했습니다. 여러분은 민중을 이해하지 못했습니다. 여러분은 자신의 성의만을 너무 과대평가했습니다. 자기네를 위해서 좋은 일을 해주겠다는데 왜 듣지 않느냐 하고 심지어는 민중을 강제하여서까지 선정을 해보려 했는지 모르나 그것이 여러분의 사상적 빈곤을 말하는 것입니다. 여러분은 구시대의 지도자의식, 특권의식을 청산하지 못했습니다. 그러나 그보다 더 큰 잘못은 혁명공약을 아니 지킨 것입니다. 당초에 군사혁명이 일어났을 때 국민은 어리둥절했습니다. 그것은 결국 있어서는 아니 될 것이었기 때문입니다. 그러나 혁명공약을 내세우고 할 일을 마친 다음에는 본래의 직장으로 돌아간다 하는 데 일부의 희망을 걸고 믿고 묵인하기로 했습니다. 그러나 군정을 2년간 하겠다는 말을 듣고는 깜짝 놀랐습니다. 이때부터 지식인은 벌어지기 시작했습니다. 그러나 원체 부대껴온 민중이므로 그것까지도 참기로 하고 2년이 끝나기만 기다렸습니다. 그러나 2년이 다 되어도 당신들이 물러갈 생각은 아니 하고 미리 정당조직을 하는 등 박정희 님이 출마한다 했다 아니 한다 하는데, 아주 실망을 해버렸습니다.

당신들한테 민심의 실정을 바로 말해드리는 사람이 있습니까, 없습니까? 나는 아무 당파에도 속하지 않았습니다. 실정을 조금도 속임없이 말합니다. 지금 당신들은 민중의 신임을 얻지 못하고 있습니다. 당신들을 아끼기에 하는 말입니다. 그러므로 이제 당신들이 설령 군복을 벗고 출마한다 하더라도 민중은 불안한 생각을 놓지 않습니다.

박정희 님, 당신이 정말 나라를 사랑한다면 이제 남은 오직 하나의 길은 혁명공약을 깨끗이 지킬 태세를 민중 앞에 보여주는 일입니다. 그다음 일은 당신이 걱정하지 마십시오. 말하는 내 맘도 슬픕니다.

1964년 서울시민회관(현재 세종문화회관 자리)에서 열린 한일회담 반대 연설회.
자리가 없어 들어가지 못한 시민들에게 함석헌이 베란다에 나와 인사하고 있다.

좀 긴 인용이지만, 이 글이 당시의 상황 속에서 씌어졌다는 것을 생각할 때 함석헌이야말로 한국 전체 언론인이 다 합쳐도 못할 일을 한 진정한 언론인임을 보여준 것이다. 박정희 의장은 결국 그의 충고를 받아들이지는 않았지만 20년간에 걸친 집권기간 동안 그를 감시는 했어도 구속하지는 않았는데, 이것은 함석헌의 양심·애국심·용기를 내심 존경하고 두려워한 때문인지도 모른다.

한편 정치인에 대해서는 군 출신세력의 힘을 내세우며 파벌싸움을 일삼는, 이른바 구정치인에 대해 개탄하면서 그것을 간곡히 타일렀으며, 지식인에 대해서는 이렇게 경고했다.

지식인들 이제는 어쩌렵니까? 종교가들 여러분은 마음은 갸륵한 줄 압니다마는 생각이 너무 좁습니다. 3천만이 벙어리가 되고 앉은뱅이가 되는데 기도는 무슨 기도를 한다고 불단·성당·기도원·바위 밑에 중얼거리고 있는 것입니까? 나라의 구원을 내놓고 또 무슨 구원이 있단 말입니까?

신문인들 왜 그리 비겁합니까. 닭은 길러서 새벽 한 번 울음소리 듣자는 것이요, 돼지는 먹여서 제삿날 한 번 잡자는 거요, 신문·잡지도 해서 필요한 때 한마디 하자는 것입니다. 새벽이 와도 울지도 않고 제삿날이 왔는데 도마 위에 올라가기 싫다는 닭이나 돼지가 못 쓸 거라면, 말을 할 때에 하지 않는 언론인도 못 쓸 것일 것입니다.

[……] 지성인이 할 일은 첫째 분간하는 데 있습니다. 긴 듯 아닌 듯한 것을 잘라놓아야 합니다. 겸손 밑에 숨은 야심을 지적해내야 합니다. 시비를 알았거든 그 어떤 일이 있어도 시(是)를 주장할 것을 결단해야 합니다. 결단 없는 것은 사람 아닙니다. 결단을 했거든 행동해야 합

니다. 지성인은 늘 회색이라 기회주의자라는 비난을 듣는 것을 잘 알아야 할 것입니다. 여러분은 특권계급에 붙으렵니까, 민중에 붙으렵니까? 여러분은 정몽주가 되렵니까, 김부식이 되렵니까? 지식은 잘못을 합법화하고 죄악을 정상화하는 데 쓰자는 것 아닙니다. 단 한 가지 일이 여러분을 명령하고 있습니다. 민중의 여론을 일으키는 일입니다.

지식인에게 맹성을 추구하고 있다. 그의 호소는 한 마디 한 마디가 지식인의 가슴을 찌르는 말들이다.

「왜 말을 못 하게 하고 못 듣게 하나」라는 글은 언론통제에 대한 항의이다.

다시금 정부 당국에 묻노니 당신들은 왜 우리들의 자유를 뺏고 짓밟는가? 우리는 목숨을 사랑하고 가정을 지키고 싶고 사회의 안녕질서를 유지하고 싶기에 참을 수 있는 데까지 참을 것이다. 그러나 참아도 대답이 안 나오고 맨 것이 풀리지 않는 한 우리는 종시 노(怒)하고야 말 것이다.

말 막하는 민중이라 업신여기지 마! 어리석어 그러는 것 아니다. 착해서 그러는 거지, 무지해 그러는 것 아니다. 도리가 우리 속에 있어 그러지, 겁나서 가만있는 것 아니다. 크기 때문에 그러는 거지.

이 민중을 뒤에 두고 나는 정부 당국에 묻는다. 민중이 내 말을 듣고 싶어하는데 왜 내가 말하는 것을 방해하나? 대답하라. 천하에 내놓고 대답하라.

실로 당당한 항의문이다. 읽어 가슴이 후련한 글이다.

그러나 군정은 통제가 점점 엄중해지고 집권층은 민중 앞에서 점점 오만해져 갔다. 「자유도 감옥에서 알을 까고 나온다」는 이런 시대적 배경 속에서 씌어진 글이었다. 격렬하기 이를 데 없는 글이다. 정치인에게 정치를 맡기고 군인 본연의 자세로 돌아간다던 5·16주역들이 민정에 참여할 준비를 은밀히 하는 데 대한 분노였다.

또 바른 길 말할까? 이것도 다 알면서 못 본 척하는 길이다. 무슨 길? 언론의 자유다. 민중이 깨는 데 언론의 자유 없이 어떻게 되겠나? 독재 정치하는 사람들의 답답한 것은 자기 의견을 절대화하는 일이다. 제딴 으로 애국심이 있노라 하겠지만 내가 하는 생각이면 남도 한다. 스스로 영웅인 듯하는 스스로 나랏일 맡은 듯 생각하는 그런 구식머리 좀 고쳐라. 이 시대를 모르나? 매스컴의 시대라 하지 않나?

인생이 예와 다르다. 한 사람이 걱정해서 천하를 건진다는 생각은 이제는 인생을 망치는 생각이다. 너는 겸손히 민중에 물어라. 그러기 위해 언론의 자유가 있어야 한다.

그의 이 당당한 언론도 놀랍거니와 이러한 글이 그대로 활자화되고 그러고서도 필자에게 아무런 탈이 없었던 당시의 정치상황에, 아니 당시의 집권자에게 오히려 경의를 표하고 싶다.

그의 많은 글 중에서도 우리의 관심을 끄는 것으로 「언론의 게릴라전을 제창한다」가 있다. 이 글이 발표된 것은 1967년 『사상계』 신년호였다. 1967년은 제2공화국 제2대 대통령선거가 실시되는 해였다. 1966년 말부터 언론에 대한 권력의 간섭이 점점 노골화되고 있었다. 정상적인 방법으로는 언론활동을 자유롭게 할 수 없는 상황이라 일종의 게릴라 전술로 언론활동을 하자고 제창한 것이다. 이미 66세의 노인치고 생각이 기발하고 아직도 지적 활동이 왕성했다는 것을 알 수 있다. 1966년 말에 쓴 이 글 속에서 그는 이렇게 말하고 있다.

새해는 돈 있는 사람의 새해지 가난한 사람의 새해가 아니다. 해마다 크리스마스면 산타클로스 할아버지가 온다지만 그도 돈 있는 집에만 가지 가난한 집엔 절대 오지 않는다. 다 신화다. [……] 새해가 무슨 새해인가?

[……] 새해가 올 수 있다면 단 하나의 길이 있을 뿐이다. 그것은 정치를 일신하는 일이다. 정치를 일신하지 않는 한 봄이 와도 소용이 없고 농사를 지어도 공장을 세워도 소용이 없다. 그것은 나라의 발전을 방해하는 모든 악이 정권 속에 자리잡고 있기 때문이다.

[……] 국민이 현명한 국민이라면 이 시기의 중대성을 깨달아 이번에는 매수도 되지 않고 위협에 넘어가지도 말고 공정한 선거를 하는 일이다. 그러나 국민의 생각이 아무리 있어도 이 권력구조를 그대로 두고는 공명선거도 바랄 수 없을 것이다. 악을 조직적으로 과학적으로 하는 시대다.

[……] 다음에 오는 선거가 성공이 되거나 실패가 되거나 실패되면 될수록 내가 주장하고 싶은 것은 언론의 게릴라전이다. 이것은 전쟁에서 정규군의 싸움의 시대가 지나가고 게릴라전이 그 승부를 결정하듯이 언론에서도 큰 신문, 큰 잡지로 여론을 지배해가던 시기는 지나간 것을 말하는 것이다.

그러므로 정규군이 깨지면 그 패잔부대를 무수한 게릴라부대로 재편성하여 대부대로는 어떻게 할 수 없는 방방곡곡으로 보내어 도리어 승리를 거둘 수 있듯이 우리 사상의 싸움에서도 그래야 한다는 것이다. 전차간에서나 버스간에서나 결혼식에서나 장례식에서나 때와 장소를 가리지 말고 우리의 정의혁명사상을 고취하고 지금 잘못된 정치의 비판을 하자는 것이다.

1967년의 대통령선거, 1969년의 3선개헌 공작을 앞두고 언론계에 대한 권력의 공작은 더욱 노골화되어 이 무렵 대신문은 제구실을 거의 못하게 되어 있었다. 그는 이러한 어두운 언론계 상황을 내다보면서 여기에 대비할 언론의 한 전술로 언론의 게릴라전을 제창한 것이었다.

그의 언론투쟁은 1968년에 들어서서도 멈추지 않았다. 「혁명의 철학」(1968. 4), 「5·16 혁명공약의 행방」(1968. 5), 「저항의 철학」(1967. 2), 「역사의 격전지를 찾아서」(1968. 7·8·10), 이렇게 그의 저항언론은 조금도 쉴 줄 모르고 계속되었다. 당시 거의 모든 언론인, 언론기관이 적당주의로 현실과 타협하고 있는 가운데 홀로 그만이 수난을 각오하고 진실을 계속 주장하고 있었던 것이다.

권력 당국에게 그의 붓대가 크게 두려움의 대상이 되었다. 그래서 적당한 인물들을 동원, 일제히 그의 글을 반격하기 시작했다. 양(梁)모라는 인사는 「함 옹에게 할 말 있다」라는 글에서 격렬하게 그를 비난하였다.

수많은 시민들은 함 씨의 주장하는 부자유란 말이 공연한 트집에 불과하며 불평을 하기 위한 비겁한 불평임을 알 수가 있는 것이다. 함 씨의 그러한 왜곡된 비겁한 불평은 건설적이 아닌 파괴적 잠재의식에서 말재주 농간하는 사람들이 흔히 범하고 있음을 잘 알고 있다.

자유를 지나쳐 방종에까지 이르도록 함 씨의 입이 방언(放言)을 하고 있으면서 무슨 까닭으로 함 씨는 민중의 입을 거짓으로 내걸며 민중의 이름을 팔아먹고 부자유·부자유하면서 민중을 선동하는 것일까. 여보시오 함 씨. 당신은 진리를 탐구해야 한 순진한 학생들을 선동하고 국경을 지켜야 할 순진한 군인들까지 선동하는 것은 무엇 때문이오? 무엇을 선동했느냐고? 당신의 비겁한 수단과 방언으로 지상에서 범한 범과 사실을 축소해서 법원이 아니라 3천만의 양심에 내가 고발할 것이오.

당신은 비겁한 신문인들(글쓰는 이도 신문인은 비겁한 자들로 보고 있는 모양이다—필자), 꾸며내는 예술인들하고 또는 '종교가' 교육자, 그밖의 모든 지식인들을 향하여 안하무인의 교만을 부릴 대로 부리고 있습니다. 군인도 야당 정치가들도 나라 건질 실력이 없다고 단언합니다. 그러면 나라 건질 사람은 결국 함 씨 당신 한 사람밖에 없지 않겠어요? 장하십니다. 「일요신문」, 1963년 7월 28일

이렇게 그에 대한 공격은 치열하며 또한 대체로 인신공격에 치우친 것들이었다.

이(李) 모 씨는 「들이대는 말에 갖다 바치는 말씀」에서 애써 점잖은 평을 하려고 힘쓴 듯한 흔적을 보이기는 하나,

선생님은 표현의 폭행이 어처구니없이 심하고 안하무인격의 호방(豪放)이 넘쳐 예의와 겸손이 티끌만치도 보이지 않으며 일체의 권위를 병적으로 부정하고 계십니다. 지나친 현실부정으로 사회질서에 무엄한 도전을 하였습니다.

라고 사회의 기본질서에 무엄한 도전을 한 것이 누구인가고 되묻고 싶은 비난을 하고 있다.

선생님, 무녀의 주문 같은 글귀나 마법사의 요술처럼 꽈배기 논조로 군인을 후려치고 군민 간의 이간을 획책하시니 어쩌자는 것입니까?「동아일보」, 1963년 8월 24일

논리의 평이 아니라 감정에 치우친 비난이다.

박달수(朴達樹)라고 하는, 아마 언론인 모 씨의 가명(假名)이 분명한 한 평자는 「억지울음 속에 숨은 음험(陰險)」이라는 평 속에서,

아무리 어릿광대가 악을 쓰고 입가에 거품을 튀기면서 우충좌돌 사면팔방으로 욕지거리를 퍼붓는다 하더라도 그의 너무나 부정적이며 파괴적이며 너무나 외식적(外飾的)이며 너무나 독선적이며 너무나 악의적이며 너무나 저의적인 야비막심한 욕설들 [……] 대중에게는 단 1원짜리 국화빵 한 개의 가치도 없는 것이다.

「3천만에게 울음으로 부르짖는다」라는 억지울음의 노 연극배우—협조와 건설을 부르짖는 이 나라에서 분열과 파괴를 노리는 씨의 악랄한 매명선동(賣名煽動), 안정과 긍정을 찾고 있는 지금 이 겨레에 불안과 부정을 던져주는 씨의 너무나 역리적인 소영웅관!

논리가 무엇인지조차도 모르고 지껄여댄다는 것은 정신분열의 소치 이외의 아무것도 아니다. 필자의 붓이 더러워질까 하여 더 논급하고 싶지 않고 논급할 가치조차 느끼지 않는다.

[……] 함 씨야말로 민중에 대한 반역이요, 국가에 대한 이적을 감행

하는 죄가를 범하고 있는 현행범인 것이다. 민중의 이름으로 국가의 이름으로 처벌되어야 할 간첩 이상의 파괴악랄 분자인 것이다. 「서울신문」, 1963년 7월

라고 그를 공격하고 있다. 신문 편집인의 양심이 우선 의심된다. 어떻게 이런 결론이 그대로 활자화되어 나갔는지 개탄스러울 뿐이다. 비난공격이 집중되는 가운데서도 그의 지칠 줄 모르는 민주언론은 마침내 그 자신이 직접 개인잡지를 발행하는 데까지 이르렀다.

『씨올의 소리』 발간

1970년 4월부터 그는 『씨올의 소리』, 바꾸어 말하면 '민중의 소리'라고 하는 월간지를 내게 되었다. 1백 쪽 안팎의 이 잡지는 그의 사상을 발표하는 잡지로 그가 대부분의 원고를 쓰고 있었으나 그후 그의 사상에 공명하는 인사들도 기고하기 시작했다.

창간호는 56쪽 정도의 크지 않은 잡지로 그 내용을 보면, 「나는 왜 이 잡지를 내나?」 「씨올」 「썩어지는 씨올이라야 산다」 「씨올의 울음」 등 모두 그가 직접 쓴 글인데, 이중에서도 「나는 왜 이 잡지를 내나?」는 한국 잡지사상, 아니 한국언론사상 오래 기록될 만한 명문이다. 70세에 달한 노인으로서 이렇게 예리하고 날카롭게 시국과 언론의 자유에 관해 쓴 탁월한 글을 못 보았다.

그러던 중 1971년 남북적십자 대표의 접촉이 시작되면서 1972년에는 7·4남북공동성명이 발표되고 전 국민은 통일에 대한 관심과 열의로 들끓기 시작했다. 그는 『씨올의 소리』를 통해 통일문제에 관해 적극적인 발언

을 하기 시작했다. 그는 이미 1958년 자유당정권 때 괴뢰 칭호를 반대하다 구속된 일이 있었다. 그의 글은 논리적이라기보다 직관적이다. 그의 날카롭고 예리한 판단력은 논리적 접근보다도 더 문제의 핵심을 찌르고, 논리만 가지고는 이해할 수 없는 깊은 통찰력으로써 남북문제에 대한 해결방향과 정신자세를 제시하였다.

그는 『씨올의 소리』 1971년 9월호에 「민족통일의 길」이라는 긴 논문을 발표했다. 정부수립 후 33년 만에 남북적십자 대표가 처음으로 판문점에서 악수를 나누며 이야기하던 때였다. 한편에서는 경계와 불신을 가진 채였으나 하여간 웃는 얼굴로 남북문제를 이야기하는 분위기였다.

그는 이 글에서 '자주성 없는 따라지정치' '국민부재의 정치'를 비판한다음, "나라도 민족도 한 생명체요 한 인격이다. 그러므로 분열이 오기는 아무리 외래의 힘으로 왔어도 다시 통일이 되는 것은 1백 년이 걸리더라도 제 힘에 의해서만 될 것이다. 민족은 민족 전체에만 있다. 어느 일부 사람이 대신할 수 없다. 비록 좋은 뜻에서 했다 해도 그것은 죄악이다"라고 철저하게 민중의 주체성을 강조하고 있다.

우리 남북문제에 있어서도 남이 북을 정복해서 문제의 끝이 날 것 아니라고 주장한다. 그렇게 될 리도 없고 될 리 없기 때문에 그렇게 하려 해도 못쓴다고 생각한다. 싸웠던 일이 서로 우습게 보일 만큼 높은 자리에 올라가야 한다.

실력도 없는 명분 따지는 모양 보기 싫었다. 그런 것이 다 우리가 당한 문제가 어디에서 오는지를 모르는 데서 오는 것이다. 우리가 싸울 까닭이 아무것도 없는데 다만 우리를 문명의 쓰레기통으로 대접했기 때문에 생긴 두 조각이라는 것을 생각하면 얼싸안고 울지언정 싸울 수는 없었을 것이다.

남북민족의 화해를 주장하고 있다. 싸울 아무 이유도 없다는 것이다. 그리고 그는 우리 민족이 옳은 일을 하면 결코 고립되지 않고 우리를 돕는 나라가 많이 생겨날 것이라고도 말한다.

세계는 아무리 어지러워도 역시 인간이기 때문에 의로운 마음이 곳곳에 있다. 그러므로 덕불고(德不孤)라, 정말 우리가 민족적으로 일명(一命)을 각오하고 세계사적인 사명과 동포애를 살리며 노력한다면 반드시 많은 응원이 왔을 것이다.

그의 말인즉 남북이 한 민족으로서 싸움질을 하지 말고 서로 동포애를 발휘해 통일을 위해 노력한다면 세계 여러 나라의 존경과 지지를 받아 반드시 통일이 될 것이라는 것이다. 그는 「북한동포에게 보내는 편지」에서,

하나이기 때문에 하나 돼야 합니다. 하나 돼야 삽니다. 갈라진 이대로는 살 수도 없고 산다 해도 사람이 아닙니다. 남은 북을 믿고 북도 남을 믿고 일어섭시다. 빨리 일어설수록 좋습니다. 「씨울의 소리」, 1971년 10월

이렇게 말하는 그는 통일에 대해서,

민족통일은 곧 혁명입니다. 이것은 민족혁명만도 사회혁명만도 아니요 그보다도 더 크고 더 깊고 더 새로운 혁명입니다. 쉬운 생각을 해서는 안 됩니다. 그런 각오를 못하거든 통일소리 하지도 마십시오. 그런

싸구려식의 통일론에 참여했댔자 야심가의 배를 불려주고, 또 속아 전보다 더 심한 종살이를 할 뿐이지 아무 소득이 없습니다.

그의 글은 논리적이 아니다. 그러나 오히려 그렇기 때문인지 그의 글에는 일반 논문에선 찾아볼 수 없는 핵심을 찌르는 예리함을 발견할 수 있다. 「우리나라의 살길」에서 민족의 살길에 대해 다음과 같이 부르짖었다.

무엇보다 먼저 생각할 것은 스스로 서는 일이다. 제 몸을 제가 가누지 못하고는 개인이 사람 노릇을 할 수 없고 제 나라를 제 힘으로 세우지 못하고는 한 민족이 역사를 지어나갈 수 없다. [……] 우리는 이날껏 미국에 너무 매달려 있었다. [……] 그러나 나라는 어디까지나 제 속셈으로 하는 것이다. 남을 도와도 저 본위로 하는 것이지 결코 인도주의에서만 하는 것이 아니다. [……] 스스로 서는 것은 서기만 하는 것이 목적이 아니다. 서거든 나가야 한다. 거기 세 단계가 있다. 개인의 경우를 예로 든다면 우선 제 발로 곧장 일어서야 사람이다. 그러므로 어린이가 나서 맨 처음으로 하는 공부는 이것이다. 말도 하기 전에 우선 일어서야 한다. 무수한 고생을 하며 그것을 배운다.
민족도 마찬가지다. 제 발로 서야 한다. 민족의 발은 서민층이다. 서민층이 튼튼해야 한 민족이 자립할 수 있다.
인지생야직(人之生也直)이라 사람은 곧곧이 서야 한다. 곧은 몸이 건강한 몸이다. 하나라도 사회구조가 공정한 정의의 법칙에 의해 어느 부분도 꾸부러짐이 없이 제자리를 차지할 수 있어야 한다. 그러한 나라는 어떠한 대적도 넘어뜨릴 수 있다. 「씨울의 소리」, 1971년 11월 그는 꼿꼿이 서야 할 것을 주장만 하는 것이 아니라 자기 자신 그것을 실천하고 있다. 80이 넘은 지금도 그는 90도의 수직으로 꼿꼿한 자세를 가진다. 언젠가 그는 필자에게 자기는 허리를 언제나 꼿꼿이 세워 살도록 노력한다고 말한 적이 있다.

그는 「우리나라의 살길」에서 계속해 다음과 같이 말한다.

둘째 단계는 생활의 자립이다. 다리가 튼튼히 서면 손이 자유롭게 해방이 된다. 사람은 손을 자유롭게 쓰면서 동물의 지경을 벗어나 사람이 됐다. 손을 자유롭게 쓸 줄 알 때, 제 살림을 제가 할 수 있게 된다. 서민층이 튼튼히 서면 각층의 사람이 제 기능에 따라 활동하고 국민경제가 이루어진다. 국민경제 이루어지지 않고 자유독립 있을 수 없는 것은 오늘 우리의 사실이 증명하고 있다. 왜 국민경제가 발달하지 못하나? 특권계급이 모든 물자와 기회를 독점하기 때문이다. 안으로 사회문제를 가지면서 밖으로 강한 나라 없다.

그담 마지막으로 정신자립의 단계다. 제 살림을 제가 할 줄 알아야 할 뿐 아니라 제 생각이 있어야 사람이다. 시비선악의 판단을 제가 할 줄 알아야 비로소 인격적인 사람이다. 한국민도 지적 데모크라시가 발달해서 활발한 여론이 작용하여야 참 자립하는 국민이다. 몸의 자립에서 생활의 자립으로, 생활자립에서 정신자립으로 올라가지만 또 정신의 자립 없이 몸의 자립도 생활의 자립도 있을 수 없다. 이 셋이 서로 작용하는 것이 마치 한 사람이 씩씩하게 걸어갈 때 발과 머리와 허리가 잘 협력하여 걸음마다 달라지는 환경에 대해 중심을 잘 잡으면서 넘어지지 않고 나가는 것과 마찬가지다.

그가 강조하고자 한 것은 국민이 상하 뜻을 합쳐 순서를 밟아 자립노력을 하여야 한다는 것이다. 그는 특히 통일문제에 대해 매우 솔직한 의견을 개진하고 있다. 통일문제는 누구나 말하기를 꺼려하는 문제다.

국민적 자립은 민족의 통일 없이는 아니된다. 그러므로 우선 남북통일에 민족의 마음과 힘을 다 모아야 한다.

첫째, 민족이 둘로 갈라져 있으면 언제든지 외국세력의 지배를 벗어나지 못한다. [……] 그러므로 그 마음은 자기 세력을 위해 언제나 밖의 세력의 도움을 구한다. 그 이유는 자기에게 민중의 동의와 신임으로부터 오는 아무런 힘도 없기 때문이다. 그렇기 때문에 야심적인 정치인은 언제나 외국세력을 끌어들이는 법이다. 월남의 일을 보면 환하다. 티우거나 키거나 다 믿을 놈이 못 된다.

둘째, 분열이 있는 한은 서로 제가 독차지하려 경쟁하기 때문에 국민은 거기 말려들어 물질적·정신적 모든 정력을 다 소모해버리고 만다. 그러면 자주독립은 도저히 바랄 수 없다. [……] 보라! 우리가 지금 문화적으로 일본에 떨어진 것이 얼마나 큰가. 도리어 그 차이가 일제시대보다 더 하나 그 주된 원인은 다른 것 아니고 남북 긴장에서 생기는 정력 소모에 있다. 남북을 합해 백만이나 되는 젊은이가 생산은 아무것도 없는 소모전에만 잡혀서 30년이 되도록 있으니 그 손해가 얼마인가. 이러고는 경제부흥도 문화창조도 바랄 수 없다. 더구나 본래 평화적이던 성격을 아주 망쳐 서로 미워하고 의심하고 시기하는 데만 신경을 보내니 정신적 발달을 어떻게 바랄 수 있겠는가.

이렇게 놀라울 만큼 신랄하게 비판하고 있으나 그는 종교인답고 평화주의자답게 이에 대한 해결방도를 생각하고 있다.

그러나 이것을 불행으로만 알고 서로 원망만 하는 것은 어진 일이 아니다. 이 불행을 발전을 위한 좋은 계기로 전환을 시켜야 한다. 이제 이 분열의 비극을 극복하고 다시 하나 되는 자리에 가노라면 전에 없던 좋은 새것을 많이 얻을 수 있다. [……] 민족의 분열도 보다 높은 발전을 위한 계기로 만들 수 있지 않을까?

남북민족이 지난 30년간 서로 다른 사상, 다른 체제 속에서 얻은 경험으로 하나가 되면 보다 많은 경험과 지혜로 통일조국의 앞날을 보다 슬기롭고 훌륭하게 창조할 수 있지 않을까 하는 전망이다. 그다운 신앙과 철학적 전망이라 할 수 있다. 그는 통일의 방안에 대해서도 "통일이 중요하고 근본적이요, 시급한 문제인 줄은 알지만 실지로 어떻게 그 통일을 이룰 것이냐 하는 데 이르면 대답이 간단치 않다. 그러나 쉽지 않다는 것은 그 문제가 어려워서보다는 사람들이 꺼리는 것이 있기 때문이다"라고 전제하고, 직접 그 자신의 통일방식을 피력하였다. 즉 그는 여기에 세 단계가 있다고 하면서, "첫 단계는 남북이 불가침조약을 맺는 일이다"라고 하고, 이것은 충분히 가능성이 있다고 말했다. 다음 단계는 군비를 축소하는 일이라고 했다.

한민족이 제 뜻으로도 아니고 남의 세력에 끌려 이데올로기 싸움으로 대립이 돼가지고 이 악몽에서 벗어나지 못하고 몇 년을 간다는 것은 가만히 생각하면 우스운 일이다. 조금 이성을 활동시키면 쓸데없는 군비경쟁으로 민족을 자멸의 길로 몰아넣지 않고 완전히는 몰라도 이 이

상 더 군비경쟁은 하지 말자는 합의에는 이를 수가 있다. 마지막 단계
는 아주 평화를 국시로 하는 단계다. 첫째 둘째 단계가 성공된다면 이
마지막 단계는 쉽지는 않겠지만 반드시 불가능하다고도 할 수 없을 것
이다. [……] 나도 이해할 수 없는 것이, 군비강화를 하면 누구와 전쟁
을 하겠다는 것인가. [……] 만일 평화로 통일이 안된다면 죽는 사람이
많을 터인데 그 죽는 사람이 누구겠나? 권력계층은 죽기 위해 권력싸
움을 하지 않는다. 제가 살아남아 영화를 누리기 위해서지. 그러므로
죽을 것은 불쌍한 서민뿐이다.

서민이 망해서는 안 된다. 나라도 역사도 문화도 이 서민이라는 씨올
에 있다. 그러므로 절대로 씨올이 야심가들을 위해 개죽음을 해서는 안
된다. 이왕 죽을 건데 앞에 오는 역사를 위해 죽어야지, 역사의 반역자
를 위해 희생이 되어서는 안 된다.

끝으로 그는 씨올이 하나가 되는 길을 밝혀 말하기를, 이데올로기 같은
것을 내세우고 민중을 속이는 지배체제가 중요한 것이 아니라 "살아 있
는 생명인 민족이 문제라는 큰 정신운동"의 물결을 일으켜야 한다면서,
이 큰 물결 속에서 모든 낡은 찌꺼기가 없어져버리고 새 시대의 싹들이
일어날 것이며 이런 의미에서 앞에 오는 통일은 하나의 혁명이 되어야 한
다고 강조했다. 그는 혁명이란 모든 것을 갈아치우는 일이라 하고, 그러
나 이 혁명은 종전의 프랑스나 러시아의 혁명과 같이 폭력을 쓰는 것이
아니라, 이런 낡아빠진 혁명 가지고는 절대 혁명을 못하며 바로 이런 낡
은 혁명을 혁명해야 한다고 하여 그가 종교가이며 비폭력 평화주의자라
는 것을 보여주고 있다.

그의 혁명은, 첫째 제도의 혁명 —— 왜냐하면 우리가 모두 제도의 종이

되어 있기 때문에── 을 해야 하고, 둘째는 사상혁명── 이데올로기 혁
명을 말하는 것 같다── 즉 지금까지의 사고방식을 고쳐야 한다고 하였
다. 그러나 가장 힘주어 강조한 것은 혼의 혁명이라 했다. 그는 이 혼을
사상보다 더 근본되는 일종의 삶의 힘이라는 뜻으로 일컫는 것 같다. 그
러나 그가 말하는 혁명은 사람 죽이는 데 있지 않기 때문에 그것은 지하
운동도 비밀결사도 필요 없고 일상생활 속의 운동이어야 한다고 하였다.
즉 생활을 통한 운동, 운동하는 생활로서 일종의 종교적 교화운동을 뜻하
는 것 같다. 여기에 그의 비폭력 평화주의자로서의 면목이 뚜렷이 나타나
있다.

폐간된 『씨울의 소리』

『씨울의 소리』는 알다시피 그의 개인잡지다. 그래서 부피는 얼마 안 되
지만 자신이 매달 1백 매 또는 2백 매 이상의 글을 쓰지 않으면 안되었
다. 일간지의 젊은 기자들도 아마 그보다 더 많은 글을 쓰지는 않았을 것
이다. 70이 넘은 고령으로 일선기자 못지않게 언론활동을 했다는 것은
놀라운 정력이라고 하지 않을 수 없다. 하여간 그의 언론활동상은 눈부신
바 있으며, 그의 활동상황을 여기에서 일일이 소개할 수 없으므로 이 자
리에서는 주로 통일관계 언론활동을 소개해볼까 한다. 왜냐하면 1970년
에 들어선 후 남북한 사이에 대화가 시작되고 적십자회담·남북조절위
(南北調節委)회담이 서울과 평양에서 열렸으며 통일문제가 전국민의 가
장 큰 관심사가 되었기 때문이다. 그의 관심과 언론활동이 남북문제에 크
게 비중을 두게 된 것은 결코 우연이라 할 수 없는 것이다.
　「민족노선의 반성과 새 진로」는 8·15를 전후한 우리의 현대사를 어떻

게 보고 있는가를 이해하는 데 좋은 자료가 되는 글이다. 「씨올의 소리」, 1972년 8월 일찍이 그는 『뜻으로 본 한국역사』라는 책을 내놓아 사학 전공의 학자들조차 그의 탁월한 사안에 경의를 표하는 것을 들은 바 있지만 이 짤막한 글을 통해 그가 우리 민족의 현대사를 예리하게 꿰뚫어본 데 대해 사학자들은 마땅히 머리를 숙여야 할 것이다.

그는 일제하의 민족사를 보는 데 있어 일제라는 커다란 적을 두고 이데올로기 때문에 좌우파쟁을 그치지 않은 데 개탄했고, 특히 민족진영의 적지 않은 이른바 지도층의 변절·친일을 개탄하였다. 8·15는 그런 뜻에서 우리 민족이 쟁취한 것이 아니라 하늘이 우리에게 주신 떡이며, 따라서 이 떡은 민족 전체가 먹어야 할 하나님의 선물이지 몇몇이 독점할 선물이 아니라고 했다.

"하늘에서 준 떡이라는 데는 몇 가지 뜻이 들어 있다. 첫째는 감사하는 뜻이다." 자기네가 스스로 할 것을 못했으니만큼 값 없이 받은 은혜에 대해 감사하라는 것이다. 둘째는 "당연히 스스로 뉘우치는 마음이다"라고 했다. 셋째는 "소위 지도층이란 것에 대한 심판을 내리는 것"이라 했다. "입으로는 떠들지만 너희 한 것 없지 않느냐" 하는 것이다. 넷째——이 점에 특히 힘을 주어 말하고 있다——그렇기 때문에 "앞으로는 어느 놈도 독점해서는 안 된다는 경고가 들어 있다"는 것이다. "누구에게 특권을 주려고 준 것이 아니다. 그러므로 앞으로는 어떤 놈도 독점해서는 안된다. 그러니 우리 다 같이 즐겁게 힘을 합쳐 새 나라를 세우자는 맹세가 들어 있다." 8·15는 해방 그 자체가 독재를 배격하고 민주주의를 해야 한다는 경고의 뜻이 있다고 그는 보고 있는 것이다.

그는 남북이 분열된 데 대해서 다음과 같이 말한다.

함석헌은 민중과 씨올, 고난사관, 비폭력 평화주의, 세계주의 등
포괄적이고 광대한 사상적 스펙트럼을 보여주는 글과 말을 평생 쏟아냈다.

한마디로 하면 민족분열의 책임은 그때와 그후 나서서 스스로 나랏일 하겠다는 정치인들의 야심에 있다. 화합이 아니 되는 것은 야심때문이다. 이념·사상이 서로 다른 것은 걱정할 것 없다. 여러 가지 사상과 의견은 있을수록 좋다. 그래야 네 생각만도 아닌 내 생각만도 아닌 보다 높은 참에 가까운 생각에 도달할 수 있다. 나쁜 짓은 자기중심적인 야심이다.

그는 "야심 없는 정치인이 어디 있겠느냐 하겠지만, 또 성인(聖人)만이 정치하느냐 반문할지 모르지만 그것은 하나의 변명에 지나지 않는다"는 것이다. 적어도 나랏일을 하겠다고 나선 사람이라면 그만한 양심은 있어야 한다고 했다. 그런 변명을 하는 사람일수록 자기 의견을 신성화하고 절대시하고 독재를 한다는 것이다. 패전 일본군의 무장해제를 위해 진주한 연합군이 그냥 나라 안에 눌러앉게 된 것은 "안에 있는 정치단체들이 손을 내밀어 끌어들였기 때문이 아닌가! [……] 안에서 끌어들이는 손 없이 어찌 그런 일이 성립될 수 있겠는가? 아무리 야심 있고 음험한 강대국들이라 하더라도 절대로 내응(內應)하는 매국노 없이는 남의 나라 점령 못한다." 사실 분단의 책임은 이 땅의 정치인들에게 있는 것이지 강대국만을 나무랄 수 없다는 논리다. 그는 이러한 논리에서 6·25 동족상잔도 불가피하다고 했다. "통일정부 세우지 못한 죄다. 죄는 야심 정치인들에게 있지만 벌은 국민이 받는다"고 했다.

그는 4·19도 "그렇게 돼서 온 것이다"라고 했다. 올 것이 온 것이라고 본 것이다. "해방이 될 때까지 우리는 민족적인 분위기 속에는 살았지만 민주적인 체험을 할 기회가 적었다"고 했다. "관계의 대상이 일본사람이기 때문에 민족성으로 느껴졌지 민주주의로 파악되지 못했다." 그래서 일본세력이 물러갔을 때 이제는 우리 손으로 할 수 있다고 생각했는데 그 '우리'라는 존재는 단지 한국사람이라는 뜻이었을 뿐 '주체적 민중'이란 뜻이 아니었다. 민주주의적 새 나라 건설을 제대로 이해하지 못했다고 했다. 이것은 문제의 본질을 꿰뚫어본 이해라 아니할 수 없다.

그는 5·16을 4·19의 반작용·반동으로 보면서 그러나 5·16은 "혁명운동을 대성시키기 위해 나타난 필요악"이라 보았다. 5·16을 이 나라 민중이 성취해야 할 역사적 혁명을 위한 전주로 본 것이다. 그는 이에 대해 "그렇게 해석하고 그렇게 만들지 않으면 안된다. 믿음이 이긴다"고 했다.

1972년 7월 4일은 한민족 5천만에게 영원히 잊을 수 없는 역사적 날이었다. 이날 7·4남북공동성명이 발표된 것이다. 그는 이 감격적인 날을 맞아 「5천만 동포 앞에 눈물로 부르짖는 말」을 발표했다. 그는 이 글에서 이렇게 부르짖었다.

민족통일은 하나의 물리적 힘이 아닙니다. 정신운동이요, 생명운동입니다. 민족이 분열됐다는 것은 결코 밖에서 온 물리적 힘 때문만이 아닙니다. 안에서 벌써 이 전체가 깨지고 생명력이 쇠퇴했기 때문에 밖의 힘이 들어올 수 있었습니다. 그렇기 때문에 반대로 분열된 민족을 다시 통일하려면 결코 물리적인 힘만으로 될 수 없습니다.

민중 전체가 하나의 전체의식에 들어 강한 영감에 움직이게 돼서만 될 수 있습니다. 다시 말합니다. 영감에 사로잡혀야 합니다. 「씨올의 소리」 1972년 9월

통일에 있어 밖의 힘이 아닌 안의 힘, 즉 5천만 민중의 통일을 위한 진

실로 자각된 주체적인 운동에 의해서만 실현된다는 것을 강조한 것이다.

생각해보십시오. 놀랍지 않습니까? 어제까지 서로 꼭두각시라 욕하며 서로 칼을 갈면서 적대하던 두 정권이 쥐도 새도 모르게 서로 의논하고 청천벽력같이 7·4공동성명을 하지 않았습니까? 거기 뭐라 했습니까? 자주적으로 평화적으로 이데올로기와 제도를 초월해서 민족통일을 하기를 힘쓴다 했습니다.

사람은 말을 하지만 제 하는 말의 뜻은 다 알지 못합니다. 말은 사람보다 위대합니다.

사람이 말을 하는 것이 아니라 말이 사람을 만들었고, 또 만들고 있습니다. 7·4성명하는 그 자신들도 그 하는 말의 뜻을 다 몰랐을 것입니다. 그 말의 참뜻을 아는 것은 씨올입니다. 그 말을 하게 한 정말 주인은 씨올 속에 계시기 때문입니다. 그러면 우리더러 그 뜻을 풀게 하십시오. 이렇습니다.

민주주의 시대도 공산주의 시대도 지나가고 있습니다. 나는 벌써 몇십 년 전부터 세계역사가 공산주의나 민주주의의 어느 하나의 승리로는 끝나지 않는다고 해왔습니다. 잘나서 그런 까닭을 알고 한 말이 아닙니다. 무식하기 때문에 뭔지 모르고 그저 그렇게 마음에 비쳐져서 한 소리였습니다.

속에 알갱이를 품는 씨올 여러분!

우리는 믿어야 합니다. 믿음이 창조입니다. 내 말이 너무 거칠다 책망하지 마십시오. 내가 짐을 겼습니다. 엎어졌습니다. 말을 못다 합니다. 되지 못한 말을 쓰는 동안에 9월 밤이 다 샜습니다. 아!

이때 그의 나이는 72세였다. 남들 같으면 벌써 은퇴하여 노인정 출입이 고작일 나이인데도 그는 민족과 나라의 위기에 밤을 꼬박 새우며 국민에게 호소하는 글을 쓰고 있었다.

그러나 시대는 어느덧 일변하여 유신이라는 상황을 맞게 됐고 여러 가지 정치적 사건들이 일어나 나라의 정치상황은 갈수록 악화, 도를 더해가는 듯이 보였다. 이러한 시련 속에서 그의 고군분투는 계속되었다. 그러나 이 무렵부터 그의 유일한 발표매체인 『씨올의 소리』는 수난을 겪기 시작했다. 『씨올의 소리』는 1972년 5월 2일, 당국에 의해 4월호 제작중지와 압류처분을 당했다.

그해 10월 전국에 비상계엄령이 선포되고 그는 한때 연행되어 조사를 받기도 했다. 그 무렵 11월호에 실릴 예정이던 그의 글 「민족의 씨를 키우는 사람」이 전면 삭제됐다. 전태일의 3주기를 기념해 쓴 글이었다. 1973년 11월호에서도 「씨올에게 보내는 편지」가 전면 삭제되었다. 이밖에 다른 글도 많은 부분이 삭제되었다. 1974년 1월 그는 조사받고 한때 『씨올의 소리』 1월호가 압류당했다.

1974년 5월, 4·5월 합본호에서 그의 글 「민청학련사건과 우리의 반성」이 또 전면 삭제당했고 1975년 1월에 다시 조사를 받았다. 1975년 5월부터 다시 사전검열이 시작됐고, 4월호의 내용이 긴급조치를 위반했다는 혐의로 전국 서점에 배포된 『씨올의 소리』를 전부 회수하라는 지시를 받았다.

1976년 3·1민주구국선언으로 그는 그해 8월 윤보선·문익환·김대중 씨 등과 같이 1심에서 8년형을 선고받았다. 다행히 그는 불구속 상태로 재판을 받고 있었으므로, 재판이 계류중인데도 다시 「씨올에게 보내는 편지」를 써서 잡지에 발표하려 했으나 전문 삭제당했다. 불굴의 투지라 할 것이다.

그후 함석헌은 수없이 자택에 연금당하거나 연행되거나 미행·감시받거나 강연이 금지되거나 기도회나 집회의 참석이 저지당하기도 했다. 유신체제의 위기가 심각해질수록 그에 대한 탄압도 날이 갈수록 가중되어 갔다. 1970년대는 그의 일생 중 가장 수난이 가중된 10년이었다고 할 수 있을 것이다. 그는 1979년 10·26사태 후 전개된 정치사태와 관련, 그해 11월 YMCA 강당에서 벌어진 사건에 연루 연행되었다가 15일 만에 귀가했고, 편집장 박선균 목사도 10일간의 구류 끝에 석방됐으며, 1980년 1월에는 9천 부의 재인쇄를 명령받았고 1980년 3월호는 20여 쪽이 삭제됐다.

그의 빛나는 언론항쟁은 1972년을 고비로 탄압받기 시작했다. 이때부터 그의 글을 비롯해 많은 글들이 전면 혹은 부분적으로 삭제되어 그의 그 폐부를 찌를 듯한 춘추정론(春秋正論)을 읽을 수 없게 됐다. 이리하여 『씨올의 소리』는 상처투성이가 되었다가 그나마 1980년 7월 폐간되고 말았다. 그에게는 이제 펜은 있지만 지면을 제공해주는 신문·잡지가 없고, 입은 있어도 그의 씨올의 사상을 보급시킬 기회가 주어지지 않고 있다.

그러나 80이 넘은 그의 뜻은 예나 지금이나 변함이 없다. 누구도 그의 '씨올의 사상'은 꺾지 못할 것이다.

원효로 4가 버스길에서 꼬불꼬불 서민주택이 꽉 들어선 좁은 길을 따라 한참 동안 들어가면 비탈진 언덕 한 모퉁이에 이미 퇴락한 조그마한 가옥이 보인다. 이곳이 바로 그가 거처하는 곳이다. 그 좁은 길이 어찌나 가파른지 작년 겨울엔 얼음에 낙상을 해 허리를 다쳐 한때 병상에 눕기도 했다(그는 최근 창동의 아들 집으로 거처를 옮겼다).

그처럼 물욕(物欲)이 없는 사람은 없다. 돈을 벌 생각만 있었다면 그의 능력으로 보아 아마 상당하게 벌 수 있었을 것이다.

예나 지금이나 변함 없는 그 흰색 두루마기는 서울의 명물이 되어 있다. 어쩌다 그와 길을 같이 가면 오가는 사람들이 반세기 전에나 볼 수 있었던 그 고유한 조선옷차림에 신기한 시선을 돌리곤 한다.

그의 나이 이제 80세를 넘어섰다(그는 1901년생이다).

여느 노인 같으면 곰방대를 물고 아랫목 차지나 할 골골노인이겠지만 그는 아직도 청년처럼 기력이 정정하다. 펜을 빼앗긴 그에게 '씨올의 사상'을 펼 기회는 사라졌지만 '죽을 때까지 이 걸음으로'라는 그의 삶의 철학에는 변함이 없을 것이다. 일신의 부귀와 영화를 위해 지조쯤 헌신짝만도 못하게 버리는 오늘의 이 땅에서 그의 존재야말로 우리 민족 전체의 자랑이요, 지식인 사회의 자랑이라 할 것이다.

찾아보기

ㄱ

가타야마 센 71
강윤희 250
『개벽』 347
건국동맹 87, 88, 90, 91, 129
건국준비위원회 55, 56, 93, 167, 276
경학사(耕學社) 205
『경향신문』 295
고노에 후미마로 84~86
『고등경찰요사』 161
고려공화국 225
고창덕 120
『공립신보』 242
공립협회 239, 240, 242, 244
곽종석 112, 117
구추백(瞿秋白) 71
국민대표회 223, 225
『국민신보』 381
국민회→대한인국민회
긴내동 200
권동진 131
『권업신문』 384

권업회 210, 383, 384
권중현 108
『기호흥학회월보』 368
김가진 108, 193
김경선 191, 208
김곽제 126
김교헌 211, 212
김규식 49, 61, 70, 71, 98, 131, 132, 134,
    136, 138, 168, 175, 176, 193, 214, 216,
    218, 219, 222, 225, 229, 231, 285, 288,
    384, 386
김기전 347
김달하 116
김대중 431
김동삼 61, 203, 204, 212, 214
김동성 163
김동진 128
김두봉 216, 218, 231
김마리아 159
김무산 163
김병로 173, 175
김병조 116, 218

김봉학 378
김상덕 114
김석황 176, 218
김성수 81, 159
김성주 295
김세용 91
김세준 222
김시현 70
김신 184, 234
김약수 293
김약연 201
김염희 301
김옥균 188
김완섭 122
김용무 122
김원봉 231, 388
김원용 175
김윤식 193, 357
김응섭 116
김의한 233
김입 218, 222
김정호 111
김정환 308, 310
김종래 333
김좌진 212
김지간 254
김지산 253
김진우 87
김찬기 121, 126, 129
김창환 203
김철 61, 214, 222
김필수 195
김형기 130
김호 175
김호림 106

김홍서 218
김홍일 201
김홍집 196
김환기 120
『꿈하늘』 385

ㄴ
나석주 118
나용균 70
나창헌 222
나철 193
남궁억 98, 156, 192~194
남북협상 47, 139, 177
남학봉 120
남형우 116, 222
네루 99
노백린 193, 195, 201, 218, 222, 227
노평구 327

ㄷ
다나카 류키치 82~84
당소의(唐紹儀) 72
『대구매신』 402
대성학교 244~247
대한광복군정서 208, 210
대한독립의군부 386
『대한매일신보』 164, 366~368, 371, 383
『대한신문』 381
대한인국민회 239, 242, 256, 258, 261
대한자강회 371
대한협회 108, 110
『대한협회월보』 368
『독립신문』 158, 366, 386, 387
독립협회 192~195, 238, 269, 365, 366
「독사신론」 368, 383

『동국거걸최도통전』 368, 383
『동사강목』 383
『동아일보』 159~161, 164, 165, 228, 354, 390, 402
『뜻으로 본 한국역사』 307, 426

ㄹ

랭던, 윌리엄 R. 99~101
레닌 32, 71, 225
루스벨트 242, 270, 272

ㅁ

만민공동회 193, 194, 238
『만선일보』 154
『매일신문』 206
『매일신보』 154
『매천야록』 367
맥아더 271, 278, 282
맹보순 206
메논 292
면우→곽종석
명동서숙 201
모스크바 3상회의 23, 26, 35, 39, 172, 271, 272, 274, 282, 283
무정(武亭) 88
무정부주의동방연맹 390
문익환 431
문창범 216, 218
미·소공동위원회→미·소공위
미·소공위 35, 98, 99, 134, 136, 137, 139, 173, 175, 176, 272, 284~287, 289
미나미 지로 81, 265
민영달 212
민영환 57, 193, 198, 366, 378, 379
민원식 126

「민족개조론」 263, 264
민주의원 131~134, 136
민충식 201

ㅂ

박겸 118
박근봉 222
박달학원 384
박무림 199
박선균 432
박승환 87, 88
박영철 81
박영효 188, 244
박용만 46, 193, 194, 212, 214, 218, 222, 225, 270
박용희 175
박은식 22, 113, 192, 193, 212, 221, 223
박정양 193
박정희 407, 408
박제순 108, 196, 378, 379
박춘금 89
박한영 333
박헌영 94, 171
박희도 78
배재학당 57, 269
백관수 163
『백범일지』 20, 25, 183
백순 208, 211
105인 사건 247, 258
베닝호프, H. 메럴 277
변영태 131
보스타빈 208
『불함철학대전』 165

ㅅ

4당 코뮈니케 97, 98, 172, 173

『사상계』 398, 401, 402, 405, 412

『산상수훈연구』 307

『3·1신고주』 166

『삼천리』 342

상동교회 195, 198, 200, 203, 216

『상록수』 307

서겸 72

서로군정서 205

서재필 192, 193

서전의숙 199, 200

서춘 319

선우혁 61

선우협 214

『성서적 입장에서 본 조선역사』 307, 398

『성서조선』 305~309, 311, 313, 319~324

『성서조선』사건 305, 323

『소년』 383

「소년에게」 263, 264, 347

손기정 79, 319

손문 69, 71~73, 114, 158, 225

손병희 344

손영목 89

손영직 117

손정도 61, 116, 214, 217, 222

손중산→손문

손치은 122

송경령 72

송규환 91

송두용 302, 304, 306, 307, 327

송병조 231, 232

송병준 160, 376, 378, 379

송자문 270

송준필 128

송진우 55, 56, 94, 97, 158, 159, 170, 277, 282

수양동맹회 263, 264

수양동우회 255, 264, 265

스티코프 134, 136

『시대일보』 160, 390

「시일야방성대곡」 198, 366

신간회 161, 170, 351, 352, 357, 390

신규식 193, 212, 214, 217, 218, 221, 222, 227, 384, 385, 387

신기선 365, 376

『신대한』 386, 387

신민회 19, 201, 203~205, 244, 253, 259, 368

신백우 385

신석우 61, 159, 160, 164, 390

신수범 391

신숙 223, 225

신익희 49, 222

『신조선』 164

신한독립당 231

『신한민보』 242, 258, 367

신한청년당 60, 386

신흥강습소 205

신흥무관학교 208

신흥우 161, 193, 194

신흥학교 206

『심산유고』 106

『씨올의 소리』 417, 418, 425, 431, 432

ㅇ

안명근 19, 203

안정복 383

안정용 165, 176, 177

안중근 202, 252

안치호 239
안태국 201, 203
안필립 240, 256, 260
안호영 200
애국부인회 158, 159
야나이하라 다다오 320~322
양계초 370, 371
양근환 126
양기탁 193, 195, 200, 201, 203, 227, 231,
 366
양신 301
양인석 304
양재하 91
엄항섭 176, 221, 228, 231~233
엔도 89, 90, 92
여운홍 57, 61, 72, 100, 101, 222
『여유당전서』 164
여준 198~201
연정회 160, 351
연통제 22, 217, 262
오산(吳山) 114
오세찬 193
오세창 131
오영선 222
오조추(伍朝樞) 72
오카와 슈메이 83, 84
오현주 159
YMCA 64, 156, 158, 161, 195, 201, 313,
 432
왕정위 82, 83
『용과 용의 대격전』 385
『우리 소식』 262
우치무라 간조 302, 304, 327
원세개 205
원세훈 223, 225, 295, 391

월슨 대통령 60, 62, 212, 219
유길준 244
유달영 307, 321
유동열 201, 204, 212, 218, 231, 254
유만식 112
유석동 304
유세백 118
유자명 388
윤기섭 203, 204, 222
윤보선 431
윤봉길 20, 23, 33, 230~232, 265
윤세복 384
윤세용 384
윤치호 81, 86, 153, 154, 156, 161, 192~
 195, 201, 203, 246, 319
윤해 223
윤현진 222
『을지문덕』 368
의열단 118, 231, 388
이갑 193, 201, 211, 250, 253, 254
이관용 161, 163
이광 203
이광수 22, 61, 64, 116, 158, 160, 214,
 218, 222, 255, 262~265, 321, 347, 387
이교영 212
이극로 175
이근태 108
이노우에 가오루 191
이대계 108
이동화 91
이동휘 64, 113, 193, 201, 204, 208, 210,
 212, 216~218, 222, 250, 252, 254, 384,
 386
이득연 212
이매리 218

이범석 49, 60
이범진 191
이병옥 208
이병철 158, 159
이봉수 214
이봉창 23, 33, 230
이상룡 22, 212, 227
이상백 87, 88, 91
이상설 198~200, 206~208, 210, 211, 384
이상재 156, 160, 161, 192~195, 201, 203
이석구 87
이석보 238
『이순신전기』 368
이승복 164
이승훈 193, 201, 247, 248
이시영 61, 113, 115, 196, 201, 204, 206,
    208, 212, 214, 216~218, 221~223,
    228, 232
이시형 198
이여성 91
이영선 87, 88
이완용 108, 191, 248, 378, 379
이용익 208
이원혁 163
이위종 200
이유인(李裕寅) 108
이의상 202, 206
이임수 87
이정구 91
이종원 366
이종일 195
이종호 201, 204, 208, 253, 254
이준 192~194, 198, 200, 201, 378, 379
이중업 112
이지용 108, 378, 379

이청천 225
『이태리건국 삼걸전』 368
이토 켄로 89
이토 히로부미 110, 201, 248, 250~253
이혜련 238, 239
이호진 126
이회광 333
이회영 117, 196, 198, 200, 202~206,
    208, 212, 214, 225, 388
『일선융화론』 125
일장기 말소사건 81
일진회 23, 40, 110, 195, 377, 378, 381

ㅈ

장개석 75, 83, 85
장국도(張國燾) 71
장권 92
장덕수 33, 46, 61, 64, 75, 158
장면 295
장이욱 261
장작림(張作霖) 205
장지연 193, 194, 198, 366, 370~372
장태담 72
장택상 277
장필석 114
장학량 208
장효순 205
저보성(楮輔成) 114
전덕기 193, 195, 198, 201, 204
전우(田愚) 112
전태일 431
『전후 삼한고』 390
점진학교 238
정교 193
정구영 153

440

정비석 401
정상훈 304, 305
정순만 199
정영도 253
정인과 22
정인보 132, 134, 164, 178, 361, 391
정재관 208
정훈 82
제1차 유림단사건 113
제2차 유림검거사건 118
『제국신문』 195
조동호 87
조만식 94, 131, 158
조병상 86, 89
조병옥 143, 277, 278
조봉암 19, 295
『조선불교유신론』 334
『조선상고사』 390
『조선상고사감』 165
조선어학회사건 166, 307, 326
조선의용군 88, 90
『조선일보』 159~161, 163~165, 353, 354,
    390
『조선중앙일보』 78, 79, 81, 354
『조선통사』 165, 166
「조선혁명선언」 388, 392
조성환 61, 113, 138, 204, 212, 214, 221,
    232, 254
조소앙 49, 61, 132, 134, 138, 158, 212,
    214, 215, 228, 231, 295
「조와」 307, 322
조완구 132~134, 138, 214, 221~223, 228,
    232
조이풍 205
조중응 376

주시경 193
주요한 255
주진수 201, 204
『죽음』 355
『중화보』 385
지노비예프 71
지석영 193
진과부(陳果夫) 75
진우인(陳友仁) 72
진진응 333
진흥의숙 156

ㅊ

차대운 126
『차이나 프레스』 262
차이석 231, 232
『천고』 387
『총론』 390
최근우 61
최남선 125, 154, 158, 160, 246, 344, 360,
    383
최능진 27, 140, 277, 278, 293
최동오 225, 231
최린 78, 81, 86, 159, 344, 351
최봉준 210
최석하 248
최석현 120
최영 371
최용신 307, 321
최익현 378, 379
최재학 198
최재형 216
최창식 61, 222
7거두 성명 138
7·4남북공동성명 417, 429, 430

ㅋ

캐넌, 조지 272
커밍스 280, 283
크레인, 찰스 60
클라크, 찰스 앨런 58

ㅌ

트루먼 282, 283

ㅍ

「파리 장서」 111, 113
피치, 조지 64
필대은 238
「필리핀 프레스」 75

ㅎ

하라 다카시 69
하야시 곤스케 195
하지 98, 131, 132, 134, 136, 275~278, 280, 282, 283, 285, 288, 289
한국독립당 49~51, 173, 176, 178, 228, 229, 231, 232, 284, 293
한규설 193
한기악 390
한길수 270
한독당→한국독립당
한민당 34, 35, 40~42, 48, 55, 56, 87, 96~98, 155, 167, 168, 172, 173, 175, 277, 279, 280, 282, 284, 289, 292, 293,

376
「한보」 229
한상용 81
「한성」 229
「한성순보」 188
「한성일보」 177
한송계 61
한윤경 332
한응준 332
한진교 214
한형근 225
함상훈 284
「해조신문」 210, 367
허영숙 22, 263
허헌 163
현순 61
현준 214
홍명희 131, 138, 163, 175, 390
홍승균 226
홍증식 212
홍진 22, 227
황공달 199, 200
황국협회 194, 366
「황성신문」 198, 366, 367
황의돈 201
「흑풍」 355
흥사단 73, 237, 245, 256, 259, 260, 263, 264
흥화학교 57

청암 송건호 靑巖 宋建鎬

한국 언론사에 큰 자취를 남긴 언론인 송건호는
1926년 충북 옥천에서 태어나 1956년 경성법학전문학교
(서울대 법대)를 졸업했다. 대학교에 재학 중이던 1953년 『대한통신』
외신부 기자로 언론인으로서의 첫발을 떼었고, 이어 『조선일보』
『한국일보』『경향신문』등 주요 신문사를 거쳤다. 1974년 『동아일보』
편집국장에 취임했으나, 정권의 언론탄압과 기자 대량해임 사태의
올바른 해결을 촉구하며 자진 사임했다. 그후 집필에 전념하여
『민족지성의 탐구』『한국민족주의의 탐구』『한국현대사론』등
역작을 연이어 출간하며 저술가로서 두각을 나타냈다.
1984년 해직언론인들과 함께 '민주언론운동협의회'를 결성,
초대 의장을 지냈다. 특히 기관지 『말』을 창간해 제도권 언론이 외면하는
노동자·농민의 실상과 민주화운동 등을 소개하는 한편, 1986년에는
군사정권의 보도지침을 폭로해 이듬해 6월항쟁의 불씨를 제공하기도 했다.
1988년 『한겨레신문』창간을 이끌었고 초대 사장 및 회장을 지내며
편집권의 독립, 냉전보도의 지양 등을 위해 힘썼다.
그러나 신군부에게 받았던 고문의 후유증으로 1990년부터 파킨슨병을
앓기 시작했고, 투병생활을 하던 끝에 2001년 12월 21일 타계하였다.
제1회 심산학술상(1986), 한국언론학회 언론상(1991), 호암언론상(1994),
금관문화훈장(1999), 정일형자유민주상(2000) 등을 받았으며
국민훈장 무궁화장이 추서되었다.